福建省宗教古籍丛书

佛教卷

福建省宗教古籍丛书编委会 编纂

图书在版编目（CIP）数据

福建省宗教古籍丛书. 佛教卷 / 福建省宗教古籍丛书编委会编纂. -- 北京：宗教文化出版社，2023.9
ISBN 978-7-5188-1452-7

Ⅰ. ①福… Ⅱ. ①福… Ⅲ. ①宗教—古籍—汇编—福建②佛教—古籍—汇编—福建 Ⅳ. ① B929.2

中国国家版本馆 CIP 数据核字（2023）第 180924 号

福建省宗教古籍丛书·佛教卷

福建省宗教古籍丛书编委会　编纂

出版发行：宗教文化出版社
地　　址：北京市西城区后海北沿 44 号　（100009）
电　　话：64095215（发行部）　64095234（编辑部）
责任编辑：卫　菲
版式设计：张尹君
印　　刷：河北信瑞彩印刷有限公司

版权专有　不得翻印

版本记录：880 毫米 × 1230 毫米　32 开　17 印张　450 千字
　　　　　2023 年 10 月第 1 版　2023 年 10 月第 1 次印刷
书　　号：ISBN 978-7-5188-1452-7
定　　价：128.00 元

福建省宗教古籍丛书编委会

编委会主任： 兰明尚
副 主 任： 宋 哩　张东晖　张忠发　钟 声　萨支农
成 员： 黄黎锋　汪迎日　李度国　郭 耕　丁 如
　　　　　　黄廷荣　郭华伟　谢世清　何伙旺

编辑室主编： 谢世清
副 主 编： 杨德伟
整理、编辑： 高 静　郭筱彦　兰 晔
　　　　　　陈湃洋　张淼海　陈 华

▲ 福州雪峰崇圣寺枯木庵旧貌

◀ 福州开元寺宋代石塔

▲ 清同治九年（1870）鼓山涌泉寺全景

▲ 漳州诏安九侯禅寺宋代石刻

▲ 宁德华严寺明万历五爪金龙紫衣

▲ 晋江南天寺宋代摩崖佛像

▲ 清代厦门鸿山寺全景

▶ 清同治重纂《福建通志》

重纂福建通志卷之二百六十四

寺觀

閩自建安立郡以來一切建置不詳獨佛寺為最古紹興因塔院浮屠相望陳隋及唐以數百計王氏入國度僧三萬餘寺二百七十稱佛國焉道觀則梁大通二年建霍林洞天鶴林宮為最先唐天寶初詔通州立業極宮以奉老子榮大中祥符開壽為最先唐天寶初詔通州立業極宮以奉老子榮大中祥符開壽為最先唐天寶初詔

聖朝祝釐並無容其惑眾興端也而正之蓋難然于內名山大剎景標聲韵坐與訪其煙霞尋其清趣捐身割愛者篇者不能居也志寺觀

國家經正民興禮教蠹務則興禪門戒律道行清修轉失之助晨夕香燈皆勵所以禁左道蠹異端者為嚴切獨於

天化之中國不必其人其人而廬其居也志寺觀

福建通志 卷二百六十四 寺觀

福州府

閩縣

東禪院在淨土唐武宗廣為白馬廟咸通上薦名淨土唐武宗廣為白馬廟咸通之中唐武宗廣為白馬廟咸通之助及夜呼定有戒服若拜而辭者是夕或

▶ 明萬曆何喬遠《閩書》

閩書卷之一百三十六 方外志

福州府

懷渾 弘濟 懷海 大智 頭陀

普光 楚南 慈慧 文矩 了拳 靈訓

懷渾有上歸州刺史詩二首家在閩中東復東中歲歲有花紅如今不在花紅處花在舊時啼處啼

弘濟戒精苦嘗於沙岬得一髑髏骨遂貯衣中夜半忽眠中有物以手撼之落聲甚恐濟不顧骨所為也及明果墜在床下遂破氣

僧數十日不語眾不求生天何憑朽骨

洪州百大山懷海禪師長樂人姓王氏帥奧西堂智藏南泉普願同號入室闍化江西領心依附奥西堂智藏南泉普願同號入室聞信請於祖振咸一喝該練歸為祖詞言下有悟被震擇信請於祖振咸一喝宜待三日耳聾自此警音將震擇信請於祖振咸一喝

界住大雄山以居巖居窟極故號百丈庚末革

▶ 明弘治《八閩通志》

◀ 清乾隆《福宁府志》

◀ 清乾隆《永春州志》

▲ 明嘉靖《建阳府志》

▲ 宋至道《宋高僧传》（清乾隆四库全书本）

目 录

前言 /1

福建佛寺概览

福州府（寺555）

　　闽县（寺102）/1

　　侯官县（寺212）/34

　　长乐县（寺92）/76

　　福清县（寺27）/90

　　连江县（寺35）/100

　　罗源县（寺19）/106

　　古田县（寺17）/110

　　屏南县（寺15）/115

　　闽清县（寺10）/117

　　永福县（寺16）/119

兴化府（寺128）

　　莆田县（寺88）/128

　　仙游县（寺40）/141

泉州府（寺151）

　　晋江县（寺75）/146

　　　　南安县（寺22）/155

　　　　惠安县（寺21）/159

　　　　同安县（寺20）/162

　　　　安溪县（寺11）/165

漳州府（寺61）

　　　　龙溪县（寺22）/167

　　　　漳浦县（寺7）/171

　　　　海澄县（寺4）/173

　　　　南靖县（寺7）/174

　　　　长泰县（寺13）/175

　　　　平和县（寺3）/176

　　　　诏安县（寺5）/177

延平府（寺63）

　　　　南平县（寺16）/178

　　　　顺昌县（寺5）/181

　　　　将乐县（寺12）/182

　　　　沙县（寺10）/184

　　　　尤溪县（寺11）/187

　　　　永安县（寺9）/189

建宁府（寺439）

　　　　建安县（寺92）/191

　　　　瓯宁县（寺154）/198

　　　　建阳县（寺64）/211

崇安县（寺38）/220

　　浦城县（寺40）/226

　　松溪县（寺25）/234

　　政和县（寺26）/238

邵武府（寺316）

　　邵武县（寺117）/243

　　光泽县（寺62）/253

　　建宁县（寺55）/259

　　泰宁县（寺88）/265

汀州府（寺251）

　　长汀县（寺76）/272

　　宁化县（寺33）/281

　　清流县（寺25）/284

　　归化县（寺22）/286

　　连城县（寺30）/288

　　上杭县（寺25）/290

　　武平县（寺33）/293

　　永定县（寺10）/297

福宁府（寺339）

　　霞浦县（寺119）/298

　　福鼎县（寺43）/308

　　福安县（寺81）/312

　　宁德县（寺56）/318

寿宁县（寺40）/329

永春州（寺46）

 永春县（寺28）/333

 德化县（寺14）/337

 大田县（寺4）/339

龙岩州（寺7）

 龙岩县（寺2）/340

 漳平县（寺3）/341

 宁洋县（寺2）/341

福建高僧传略

唐（僧95）/343

五代（僧135）/385

宋（僧140）/423

元（僧30）/482

明（僧67）/493

清（僧35）/508

本书辑录史料书目

附录1：福建佛寺史志书目 /523

附录2：福建历代高僧著述书目 /524

后记 /528

前　言

　　学术界一般认为，佛教在西汉末、东汉初传入我国中原一带。西晋太康三年（282），郡太守严高在无诸旧城（即今福州市）建造绍因寺，这是见诸文字记载的福建第一个寺院，由此拉开了福建佛教的序幕。南朝福建佛教进一步传播，唐五代福建佛教走向兴旺，两宋达到鼎盛，宋以后走向衰微，明代归于平淡。清代福建佛教重新呈现复兴之势，据地方志书的不完全统计，清末福建大小佛寺多达2250座。

　　唐代福建名刹林立，高僧辈出，如今在全国，乃至东南亚享有盛名的福建寺院，大都是建于唐代，如福州鼓山涌泉寺、怡山西禅寺、金鸡山地藏寺、雪峰崇圣寺、泉州开元寺、漳州丹霞山南山寺等。是时福建高僧如怀海、希运、灵祐、慧海、义存等脱颖而出，在中国佛教史上占有举足轻重的地位。宋代福建佛教愈加兴旺，其寺院之多为全国之冠。文献记载，宋代仅福州府的佛寺就超过1500座。其时福建僧尼之多，也位居全国之首。福州太守谢泌诗称"道路逢人半是僧"，南宋大儒朱熹为泉州开元寺写了一副对联："此地古称佛国，满街都是圣人。"

这大概就是当时福建佛教鼎盛时期的写照。

福建佛教自唐五代后，虽然发展不平衡，但从全省范围上看，直至近代持久不衰。福建佛教寺院与僧尼数量始终居于全国之冠，是全国汉传佛教大省。福建还是中国古代刻经中心之一。凭借地缘优势，福建自古以来就是我国大陆佛教对外交流交往的中心，与我国台湾地区，及日本，并东南亚等地区的国家交流交往尤为密切，也深刻影响了这些地区的佛教文化乃至社会文化的发展。

佛教是"中国化"程度最高的外来宗教，虽然初创于古印度，却兴盛发扬于中国。佛教传入中国后，与中国传统思想文化产生了双向的互动，被动适应和主动调整兼有之，从而能够很快克服语言、文化上的差异，消弭中国本土宗教的排斥，形成了融合儒道等传统文化的中国佛教文化，对中国社会的政治、经济、哲学、文学、艺术，以及人们的思想观念和日常生活都产生了极其广泛而深刻的影响。佛教中国化早在隋唐时期已初步完成，儒、释、道三教的合流则在两宋时期。

佛教在中国形成的具有影响力的新宗派是佛教中国化的具体体现，禅宗更是其中的典范和代表。禅宗作为中国汉传佛教中影响最大、传播最广、发展最成熟的一个宗派，一直是福建佛教的主流，从创立到传播，福建僧人居功甚伟。

八闽大地历史上禅宗大师辈出，创宗立派的巨匠亦不乏见。如祖籍福清的希运禅师，创立了黄檗宗；祖籍霞浦的灵祐禅师，创立了沩仰宗；祖籍长乐的怀海律师，订立了禅门清规，使佛教律制中国化；祖籍莆田的本寂禅师，为曹洞宗的创宗人；祖籍南安的义存禅师，更是禅宗巨擘，嗣法门人遍天下，在中国佛教禅宗史上具有崇高的地位。他们对中国佛教做出了不可估量的贡献，并对佛教的中国化产生积极而深远的影响。

福建佛教僧人在图生存、求发展的过程中，逐渐消除原始佛教的烙印，主动向中国传统儒家文化靠拢。与此同时，福建儒家学者也在不断加深与佛教的接触和理解，终于在宋代形成了新儒学——以建阳朱熹为代表的程朱理学。后人虽称之为"闽学"，但其随后至少在500年间主导了中国传统思想文化的发展。

佛教中国化的福建特色，还突出表现在佛教广泛融入民众生活之中。许多民俗行为植入了佛教因素，"因果轮回"制约了民众的处世习惯，僧人与地方人士密切互动，乡绅慷慨解囊……如此种种佳话频传。福建民间信仰较盛行，是一种亦佛亦道的混合信仰。信众供奉的诸多神灵中，来自道教、儒教、佛教的皆有不少，即便是纯粹的本地俗神，典型如天妃妈祖，也深深地打上佛教的烙印。尽管历史上统治者曾发起过数次"灭佛"运动，佛教却能在福建继续传承，这和佛教与当地历史人文关系密切、佛教理念千百年来已扎根民众内心是分不开的。

可以说，在漫长的佛教中国化历史进程中，福建佛教始终禅灯不灭，龙象辈出，民间信众广泛，这也是福建佛教久盛不衰的根本原因。

《福建省宗教古籍丛书·佛教卷》作为史料典籍汇编，广泛收集摘录福建地方志书和相关著述文献中关于佛教寺院和僧人的记载,以飨读者。古为今用,服务当代,希望能为全面、准确了解福建佛教的中国化历史状况提供史籍参考。

福建省宗教古籍丛书编辑室

福建佛寺概览

福州府·闽县

东禅院 大乘爱同寺 开元寺 方山寺 东山圣泉院 文殊般若寺 鼓山涌泉寺 鼓山下院 白鹿寺 万岁寺 东报国院 法海寺 南禅寺 圣迹院 太平寺 南法云院 庆城寺 龙德外汤院 法性院 铁佛殿 枕峰寺 华严院 太平兴国院 嘉福院 普光塔院 报恩光孝寺 云门寺 海印庵 双龙庵 栖云庵 劈岩庵 玄真庵 活佛庵 平楚庵 法林尼寺 灵山寺 祥光龙华寺 甘泉院 五仙观音院 兴福文殊院 瑞迹寺 清凉院 高盖院 安福院 三昧院 衡山院 九仙文殊院 宝月院 地藏院 真隐院 龙瑞寺 安福塔院 净业尼院 圆明院 妙峰院 河口弥勒院 弥勒院 舶塔院 崇福院 报慈崇因经院 崇庆尼院 钓龙台院 妙严院 九仙育王院 紫薇院 弥勒院 吉祥寺 闽山塔院 灵山天王院 内汤院 云林寺 甘泉院 梁山院 深翠塔庵 海仙庵 圆通庵 妙喜庵 南院 普度塔院 头陀万寿寺 雪峰庵 石泉寺 三塔庵 兴善庵 涌泉庵 白云廨院 广福寺 玄妙庵 福海庵 青芝寺 洋头庵 能仁寺 积翠塔庵 华严

寺　云卧庵　明真庵　调象庵　般若庵　鹤巢寺　无诤居　吸江兰若　护国禅院（102）

东禅院

【〔清〕同治《福建通志》】东禅院　在易俗里，梁大同五年，郡人郑昭勇捐宅为之。在白马山上，旧名净土，唐武宗废为白马庙。咸通间，僧惠筏居之（僖宗赐号辨才大师），及夜禅定，有戎服若拜而辞者，是夕或见乘白马去。观察使李景温因复为寺，号"东禅净土"。钱氏号"东禅应圣"。宋大中祥符八年，赐号"东禅寺"。崇宁二年，进藏经，加号"崇宁万岁"（有徽宗赐僧达泉御书及大藏经敕）。绍兴十年，改"报恩广孝"。十七年，改"广"为"光"（米芾书额）。明成化间，改"宝峰"，今为东禅寺。唐周朴诗："瓯闽此（案，按现在通行版本应为"在"。以下类似情况，直接在括号中标出现通行版本字）郊外，师院号东禅。物得居来正，人经论后贤。刨槽柳塞马，盖地月支埏（綖）。鹳鹊尚巢顶，惟堪举世传。"宋王逵诗："紫陌破清晨，雕鞍映画轮。因修洛阳契，重忆永和春。锦绣荀香度，楼台梵宇新。忙中得闲暇，来见解空人。"程师孟诗："出城林径起苍烟，白马遗踪俗尚传。第一僧居兰若处，几番身醉荔枝前。百年骚客来闲寺，三月游人作乐天。更爱堂前迎太守，路头先坠碧云鞭。"旧有芙蓉阁、清阴亭，又有东野亭，蔡襄书额。

【〔明〕万历《闽都记》】东禅寺　在白马山。郡人郑昭勇舍宅为之。旧名净土，唐武宗时废为白马庙。咸通中改为东禅净土寺。中有放生池、芙蓉阁、清阴亭、东野亭，郡守蔡襄书额。国朝成化三年重建，改名东禅宝峰禅寺。嘉靖间，中允陈节之废为墓。寺之南，马司徒森赠尚书祖茔。唐周朴《东禅寺》：

"瓯闽在郊外，师院号东禅。物得居来正，人经论后贤。炮槽柳塞马，盖地月支綖。鹳鹊尚巢顶，唯堪举世传。"宋李弥逊《东禅开堂》："闽山多胜（用）地，列屋栖高禅。妙供积香苾，宝华散金莲。往时入廛手，来见住世缘。辽辽百年后，慧炬无复然。我公具正眼，为续旃檀烟。诸方坐老衲，具足世法船。少开迷云昏，氛埃遂澄鲜。我来偶相值，杖屦参高騈。拈花起一笑，归去跨林泉。从兹竹阴下，饱饭纵横眠。"程师孟《上巳游东禅》："出城林径起苍烟，白马遗踪俗尚传。第一僧居兰若处，几番身醉荔枝前。百年骚客来闲寺，三月游人作乐天。更爱堂前迎太守，路头先坠碧云鞭。"明徐熥《经东禅废寺》："春草离离覆古阡，残僧犹解说东禅。满山松柏摧薪尽，孙子何人守墓田。"

大乘爱同寺

【〔清〕同治《福建通志》】大乘爱同寺　在东山遂胜里。梁大同六年，置大乘寺。十二年，置爱同寺。异居而同食，故曰"爱同"。唐神龙间，律师怀道、怀一相继居之。大中间，合二寺为一。宋元祐间，门下侍郎许将请为功德院。国朝康熙八年重修。宋曾巩《游大乘寺》诗："行春门外是东山，览（篮）胜（举）宁辞数往还。溪上鹿随人去远（无），洞中花照水长闲。楼台势出尘埃外，钟磬声来缥缈间。自笑守（粗）官偷暇日，暂携妻子一开颜。"旧有山辉堂。张劢诗："肃肃松竹荫华扉，更有虚堂隐翠微。云掩峰峦横秀色，月低岩谷弄清辉。分开远碧鸣泉落，点破寒光白鸟飞。还似山阴秋霁后，照人怀抱欲忘归。"有神僧室、鉴净轩、清音亭。

【〔明〕万历《闽都记》】大乘爱同寺　在东山。梁大同六年，置大乘寺。十二年，置爱同寺。唐大中十一年，合二寺为一，因名。宋元祐中，许将请为功德院，中有夜光台、神僧室、鉴净轩、放生池、山辉堂。今废。宋李纲《访许子大于大乘寺》："物外仙家长自春，隐沦何必为逃秦。只应榴洞赠花者，便是桃源种树人。丹荔枝头星灿烂，白云峰顶玉嶙峋。主公留客非无意，端为出山多世尘。"黄裳《大乘寺》："奔逸高真避秦侣，远入闽山岂惟楚。落花流水来何处，逐鹿人从石门路。遂造洞门谁得知，鸡黍生涯贯今古。樵客见留何事去，分合随缘落尘土。回头已在尘劳中，手把榴花如痳瘆。紫元素抱超然情，到此令人心骨清。闲跂长林跨深壑，遥见猿鹤来相迎。灵源为我写幽思，但闻历历朱弦鸣。狮子峰前狐退藏，当泯顽空还混茫。龙首涧边云并合，或作人间时雨行。杜鹃有声山意真，杜鹃有花山色明。偶逢奇石可且上，幸乘此兴聊飞觥。顾语娉婷莫予翼，脚力犹争年少轻。三杯通道聊自适，还被谷风吹复醒。忽忽流光已闻暮，红烛如林乐声举。"曾巩《游大乘寺》："行春门外是东山，览胜宁辞数往还。溪上鹿随人去远，洞中花照水长闲。楼台势出尘埃外，钟磬声来缥缈间。自笑守官偷暇日，暂携妻子一开颜。"张劝《山辉堂》："肃肃松竹荫华扉，更有虚堂隐翠微。云掩峰峦横秀色，月低岩谷弄清辉。分开远碧鸣泉落，点破寒光白鸟飞。还似山阴秋霁后，照人怀抱欲忘归。"

开元寺

【〔清〕同治《福建通志》】开元寺　在子城芝山南。梁太清三年建，旧号"灵山"，寻改"大云"，唐初曰"隆兴"。开元间，以年号改今名。会昌间，汰天下僧寺，州存其一，即此是也。国朝顺治十四年重建，康熙三十八年赐今额。唐天复元年，王审知建寿山塔。周朴诗云："开元寺里七重塔，遥对方山影拟齐。杂俗人看离世界。孤高僧上觉天低。唯堪片片紫霞映，不与蒙蒙白雾迷。心若无私罗汉在，参差免向日虹西。"

又泥金银万余斤，作金银子四藏经，各五千四十八卷。翁承赞撰铭。宋建炎间，西京围急，留守孙昭远奉七祖御像走扬州，迁至福州，以朱辇七乘列于寺内，建启运宫以居之。南为灵源阁，额"灵源"二字，书文皆作水形，为面南厌火而设。阁上复祀罗计星像，以制之。

【〔唐〕黄滔《丈六金身碑》】释氏之称释迦牟尼佛，千百亿化身，而古今之世以诸佛菩萨，其或铸成、塑成、刻成，其或壁绘、幅绘乎像，不可胜纪。况多应现感通之，自其非之乎？我公粤天祐三年丙寅秋七月乙丑，铸金铜像一，丈有六尺之高。后二十有三日丁亥，继之铸菩萨二，丈有三尺高。铜为内肌，金为外肤，取法西天，铸成东越，巍巍落落，毫光法相。初，我公登坛之三年己未秋，一夕，雨歇天清，风微月明，瑶兔无烟，铜龙有声。俄梦天之西际，耀以照物，彩云罅裂，大佛中座，岳岳以觐止，熙熙而启言，曰："断予一臂，卫之一方。"既觉而思，现乎形昭像也，断一臂誓诚也，卫一方保众也。始嘉其异，姑默其事。后创其意，乃命自宾席之逮将校，将校之逮步乘，步乘之逮众庶，其有植信根之深者，暎惠烛之明者，许一以金，投吾俸中，将椟于肆，俟以铜易，而后鸠工鸿炉。卜境择日，铸斯佛于九仙山定光多宝塔之右，古仙徐登上升之地。其日圆空镜然，江山四爽，橐爚之上腾为烟云，盘旋氤氲，五色成文。又有群鸟，或若鸿鹄，或如莺鹊，交翔而间鸣，自寅而及午，斯佛也，一泻而成。翌日，我公礼阅之，乃与梦中一类，其形仪长短大小无少差。其一臂，工以之别铸，而会我公神之而露其梦。于是迎入府之别亭，磨莹雕饰，克尽其妙，朝夕瞻拜，时不之怠。冬十有二月丙申，会僧千千，以幡以幢，以钟以磬，引归于开元寺寿山之塔院，独殿以居之，翼二菩萨于左右，三十二相足，八十种好具。螺累累以成髻，珠隐隐以炫额，檀信及门而膝地，童耋遍城而掌胶。夫如是，岂非千百亿化身之一乎？不然者，焉得入乎梦而如乎神，成乎形而如乎梦，梦不之告，工以之缺者哉？其应现感通复为之殊矣。大矣哉！且先天地生之谓道，后天地设之谓象。道者也，以无为为志之也，授心印于虚空。象者也，以有为为志之者，迭慧力于报应。论者惑以之为风马，曾不谓象犹道之毂也。无象，道不行矣。始者摩腾竺法兰二梵僧不慎其像，东其道且西耳，惜乎不与三皇五帝同世而出。设与三皇五帝同世而出，必能从容朴素，迟回仁义，诈伪未之亟蠹也。奈何天将后之，岂徒然哉？岂不以仁义之生也，曰尧与舜。仁义之亡也，曰癸与受。至于列国之际，强秦之立，癸受之悖，曡其躅。天谓仲尼之祖述尧舜，宪章文武，终不能独制之。故东释迦牟尼于中土，大陈出生入死之理，天堂地法之事，以警戒之。虽人世之风波万态逆翻，而幽府之铁缧一无苟免。上智闻之若镜之磨，中智闻之若泉之澄，下智闻之若火之烧。谓之为有，则河沙芥子之说虚诞难测；谓之为无，则应现感通之事寻常立验，故能销嗜欲，更祸福，一贵贱。则为神教化之一源，湛然不动，感而遂通者也。而以金厥地莲厥宫，张法桥以度人，无刑网以束俗。世之敬之可也，怠之可也，黩之可也。由是有以委之国君，委之大臣之旨。既而委之，则人非常人，道非常道。我公旷代之生也，有神僧识，仗钺之雄也，应江沙期，合仙人谶。筑城之盛也，契菩萨说。夫神通为佛，魂交曰梦，神非梦而罕通，梦非神而不感。我公之庆钟也，其如是矣。其明年正月十有八日乙未，设二十万人斋，号无遮以落之。是日也，彩云缬天，甘露粒松，香花之气扑地，经梵之声入空。座客有右省常侍陇西李公洵、翰林承旨制诰兵部侍郎昌黎韩公偓、中书舍人琅琊王公涤、右补阙博陵崔征君道融、大司农琅琊王公标、吏部郎中谯国夏侯公淑、司勋员外郎王公拯、刑部员外郎弘农杨公承休、弘文馆直学士弘农杨公赞图、弘文馆学士琅琊王公倜、集贤殿校理吴郡归公传懿，皆以文学之奥比偓商，侍从之声齐褒向。甲乙升第，岩廊韫望，东浮荆襄，南游吴楚，谓安莫安于闽越，诚莫诚于我公。依刘表起襄汉，其地也交辙及馆。值斯佛之成，斯会之设，俱得放心猿于菩提树上，歇意马于清凉山中。我公乃顾幕下者滔，俾刻贞石以碑之。滔以甲科忝第，盛府蒙招，刊勒之职，不敢牢让，谨推于厥旨。经云，作佛像之功德，斗量海以有尽，尘碎劫以无穷。至若青黛之画辟支，一金之补毗婆，戏为之而以草木，思见之而刻栴檀，其犹蜕现其生，羽金其报，而况今乃俨至诚从灵感，铜乎万万，金乎千千，虔鼓铸于神仙之山，卜贞吉于火土之数。其积功累德，岂可以边以涯而言之哉？或曰，梁武帝之隆释氏，今古靡伦，奚报应之昧乎？对曰，梁武帝隆释氏之教，不隆释氏之旨，所以然也。夫帝王之道理世也，释氏之教化人也，理世之与化人盖殊路而同归。彼宵旰于万有，故一夫不获，若已陨诸隍中。此济度于触类，故欲凡一有情，悉皆成佛。梁武帝则不然，以民之财之力刹将三百，祈功觊德则归诸已，啼亿兆而不乳，削顶额以言觉，所以私，所以然也。今我公为邦，则忠孝于君亲，牧人则父母于生民。造塔四，其一曰寿山，以昭皇帝辛酉岁西巡，发誓愿以祝熊罴乞车驾之复宫阙；其二曰报恩多宝定光，追荐于先世；其三其四，大中、神光，为军旅也，为人民也。缮经五藏，其二进于上，其三附于寿山、定光、大王，意同乎塔。月三其斋，或千僧，或千佛。疏乎诚，首则君亲，次则军旅人民，而已后焉。况诸佛已之而不已，与宾席、将校、步乘、众庶共成之。故其地出明珠，海出珊瑚，几于莲花妙品之繁。车渠、玛瑙、幡幢、璎珞，周乎多宝之涌也。夫其元贶之如彼，灵感之若此，则断一臂卫一方，斯昭昭矣，岂与彼而论哉！滔是辄奋笔而无愧为。其词曰：托入佳梦，铸成鸿炉。毫光法相，铜肌金肤。恍惚现形，昭彰合符。不有为也，其如是乎？唐一其宇，越百其区。伊闽之设，于地之殊。西城瓯彻，东堙鳌隅。匪德莫处，唯仁靡逾。懿其橐钥，飞作醍醐。焦山草木，不得不苏。苦海波澜，不得不枯。仙花罔谢，慧日宁徂。永兹一方，盘石其都。

【〔明〕万历《闽都记》】开元寺　在芝山之南，其地旧隶怀安，今属闽县。梁太清二年建寺，曰"灵山"，寻改"大云"，唐初更"隆兴"。开元二十三年更今名，复匾其门曰"芝山"。会昌中，汰天下寺，州存其一，即此。北宋天禧中灾，庆历二年合开元、庄严二寺地重建。国朝为祝圣之所。南有亭，石柱十六。亭之南为灵源阁，廊东西有钟鼓楼，其东平怀堂。后唐同光初为太平寺，闽王审知建。以铜二万斤范弥陀像于灵、芝二山之麓，下有古井，深不可测。縻金银万余两，为四藏经，各五千四十八卷。翁承赞撰铭。又造木塔七层，宋时屡灾，并入开元。唐周朴《开元寺诗》："开元寺里七重塔，遥对方山影拟齐。杂俗人看离世界。孤高僧上觉天低。唯堪片片紫霞映，不与蒙蒙白雾迷。心若无私罗汉在，参差免向日虹西。"明王恭《题冶城开元寺》："城里青山闻梵音，灵源高阁影沉沉。鸟边祇树人烟近，象外云花野照深。苔色满廊行履迹，月明空界印禅心。自怜人代多氛垢，未得焚香礼遁林。"张潜《开元寺》："偶入菩提门，徙倚灵源阁。抬头眼境宽，适意胸襟廓。四山当衽席，千里在掌握。金容照寰宇，璇题俯城郭。影移雾刹幢，声落风檐铎。

霜林出断鸿,霞空送孤鹤。岳峙天齐年,海晏民同乐。吾人大化中,内观须不怍。"汪文盛《开元寺纳凉》:"佛日明珠海,慈云起鹫林。禅超三乘悟,阁抱四天阴。劫外缘无了,风前乐自喑。万山绕闽粤,豺虎只徒深。"文盛,湖广崇阳人,嘉靖初,知福州。邵傅《避暑开元寺》:"三伏城中寺,灵源宝阁幽。客来能几度,芝化已千秋。松径风涛入,莲池水月留。翻嫌河朔饮,未卜此岩邱。"吴国伦《过开元寺》:"芝林歇马叩文殊,贝阙阴阴复道纡。绕院风灯摇罔象,半山羽盖拥浮屠。晋安城郭千花簇,蓬海烟沙一雨驱。只讶诸天常不夜,摩尼隔水弄明珠。"国伦,兴国州人,知邵武府。郭子章《开元寺》:"空境凌空势欲齐,万家烟火引招提。海澄定水潮常寂,山浴慈云瘴不迷。石鼓遥临仙梵迥,灵芝倒跨堞楼低。禅栖市隐嚣尘绝,白社何劳问虎溪。"赵世显《开元寺》:"结侣恣跻攀,空门俯市阛。秋声摇翠竹,爽气溢苍山。树杪诸天静,云边独鸟闲。幽怀耽木石,逸思出尘寰。日落孤城紫,烟凝万井殷。漫余山简兴,倒载月中还。"

灵山堂,在芝山之东,旧为开元寺经院,有僧纲司。嘉靖间,高侍御世魁丏为别馆。后入方序班,增构亭榭。侍御没未五十年,已数易主。明汪文盛《过经院读郑继之壁间诗》:"瘴雨炎蒸午未深,斜穿曲径过禅林。灵山日傍孤城转,闽海云生废殿阴。苦忆旧游谁在眼,读残新刻倍沾襟。抱琴那有钟期想,挂剑徒悬季札心。"林炫《饮灵山堂》:"高适夙抱烟霞兴,别业新开山水奇。洞口仙人骑白鹿,峰头童子采青芝。晴云起石斜依户,春水滋花细入池。万卷悠然堪习静,红尘车马任奔驰。"朱豹次韵:"寂寂山堂带梧竹,疏帘小簟故清奇。晴云出岫绕苍石,老鹤穿花衔紫芝。招隐自甘黄蘖酒,濯缨何负白鸥池。眇予亦起沧洲兴,惭愧红尘驷马驰。"豹,上海人,嘉靖中福州知府。

袁达次韵："高人住得灵山好，坐觉晴峰天际奇。簪盍芳筵惊白发，歌回空谷踏青芝。柔丝牵树连行径，新潦流花人曲池。作客况逢梁苑赋，挂壶何厌鹿车驰。"高世魁次韵："诛茅结屋随吾意，箨帽荷衣岂好奇。窗外晴云长护竹，岩前春雨□生芝。却惭杜老开花径，愿学山公醉习池。莫许烟霞近成癖，从来筋力怯驱驰。"黄用中《灵山燕集》："窈窕薜萝丛，峻嶒一径通。如何蓬岛胜，宛在市廛中。深莜时藏月，高林晚度风。方干有清隐，那更赏心同。"袁表《灵山堂》："双林别有春，一径迥无尘。曲槛花留客，空山月近人。兴随青草洽，歌逐紫芝频。余亦耽奇者，翛然愿卜邻。"林世吉和："地僻攒山胜，门闲避俗喧。烟霞深锁径，松竹静交轩。岩翠寒披席，林香晚扑尊。幽情同恋赏，不畏日黄昏。"陈椿《灵山避暑》："胜地重来惬赏心，扪萝与客眺层岑。山当睥睨千峰起，路入祇园一径深。古木凌风驱伏暑，悬岩飞霭变秋阴。狂歌不但夸河朔，还有清谈似竹林。"徐熥《夏日灵山堂避暑》："灌木阴中共倚栏，飞来苍翠落檐端。满林花雨诸天近，六月松风一座寒。鸟入乱云翻影灭，蝉当斜日送声残。相逢正有淹留兴，其奈疏钟报夜阑。"

方山寺

在清廉里方山。陈天嘉元年置。旧有阿育王塔及石坛、石床、石棋局。

东山圣泉院

【〔清〕同治《福建通志》】东山圣泉院　在遂胜里。唐景龙元年，僧怀一始卜居于此。苦远汲，忽二禽斗噪于地，杖锡往视，杖卓处泉缕缕出，俄而涌。绫文乃环石分之，东注供汲浣，南注为池。寺旧名法华，后立今额为圣泉。宋曾巩《游圣泉》诗："笑问并儿一举鞭，亦逢佳景暂留连。清冥日抱山腰阁,碧野云含石眼泉。蹑屐路通林北寺,落帆门系海东船。闽王旧事今何在,唯有村村供佛田。"明邓定《游东山寺》诗:"古寺依山不记年,兴来登眺更悠然。题诗遍扫苍苔石,隐几遥看瀑布泉。山径草芳春麂过,水塘沙暖白鸥眠。红尘隔断人间世,肯信桃源别有天。"谢肇淛诗:"东山开宝刹,传是景龙年。野径缘溪远,层峰绕郭偏。锡飞初得地,禽戏忽成泉。竹老阴常覆,松枯脉暗穿。鹿分甘露水,龙出讲经筵。香阙诸天近,霜钟万壑传。沉灰原有劫,沧海已为田。"旧有多宝塔,唐永泰间代宗书额,盖智常藏经所。御书堂,藏太宗所赐。

【〔明〕万历《闽都记》】圣泉院　旧名法华。唐景龙初,僧怀一始卜居寺西,苦远汲,忽二禽噪于地,因凿之,泉忽涌出。先天二年,赐额。又有文殊岩、多宝塔、天台井、放生池、神移泉、松坞、芝坞、□龙渊、涵虚沼、御书堂、罗汉堂诸胜。又有李邕、皇甫政塔碑,今多颓废。万历间,僧善灿重建佛堂。宋曾巩《游圣泉》:"笑问并儿一举鞭,亦逢佳景暂留连。清冥日抱山腰阁,碧野云含石眼泉。蹑屐路通林北寺,落帆门系海东船。闽王旧事今何在,唯有前村供佛田。"李弥逊《游圣泉》:"偶脱尘中一梦阑,欲穷幽事遍寻山。静怜人境鸡虫扰,老惬僧窗枕箪闲。十里秋苔随屐齿,四更山月上帘颜。登临物色催诗兴,未信天于我辈悭。"明陈亮《游圣泉访殊上人》:"步入金沙地,禅居偶闭关。碧云凝曙色,红树满寒山。尚觉香缘浅,空携欲虑还。三车何处演,却放白牛闲。"僧惟岳《神移泉》:"岩头瀑布泻寒烟,井底澄清浸月圆。性水真空同法界,神从何处更移泉。"谢肇淛《游圣泉》:"东山开宝刹,传是景龙年。野径缘溪远,层峰绕郭偏。锡飞初得地,禽戏忽成泉,竹老阴常覆,松枯脉暗穿。鹿分甘露水,龙出讲经筵。香阙诸天近,霜钟万壑传。沉灰原有劫,沧海已为田。云锁门双塔，林围屋数椽。哀涛惊鹤梦，败叶拥僧眠。霜落祇林树，苔深法座莲。稀闻来杖屦，谁复布金钱。废洞迷灵迹，残碑失古镌。六时荒院磬，一炷断炉烟。铁像它寮寄，珠幡尽日悬。樵人寻旧址，行客吊新阡。跌藉蒲团稳，登知蜡屐便。悲风初广莫，残照且虞渊。碧殿猿啼里，元岩鸟道边。城阴浮薄蔼，烧影引归鞭。回首兴亡地，空林咽暮蝉。"徐㶿《游圣泉》："东峰晴翠昼阴阴，旧是闽王施宝林。古路斜通松坞远，冷泉流注树根深。钟移别院销追蠡，锡卓空山绝戏禽。寺额尚存唐代迹，更谁重布给孤金。"安国贤《圣泉院寻榴花洞不见》："不见相将□□岑，屐齿痕青草色侵。窦涌一泓澄净水，幡飞双塔见禅林。遗榴尚忆当年事，逐鹿空怀昔日心。古洞荒芜寻不见，满山松影乱啼禽。"

文殊般若寺

【〔清〕同治《福建通志》】文殊般若寺　在遂胜里。唐景龙四年建，咸通间赐额。明成化七年重建。嘉靖间，郡人倪祖废其寺为墓。寺后有山，旧产金沙。明徐㶿诗："宝刹庄严盛故唐，给孤园路变坟庄。炉抛前垅荒祠座，钟徙它山别院梁。供佛有田豪主得，挂瓢无地老僧亡。村南村北累累冢，几个孙曾哭白杨。"谢肇淛诗："千年灵塔委金沙，憔悴前朝古柏斜。石础尚留青藓篆，墓门空锁白杨花。佛销宝相埋秋草，僧散斋堂馁暮鸦。石马玉鱼零落尽，行人犹说梵王家。"

鼓山涌泉院

【〔清〕同治《福建通志》】鼓山涌泉院　在鼓山里。唐建中四年，龙见于山之灵源洞，从事裴胄曰："神物所蟠，宜镇以寺。"请僧灵峤诛茅为屋，诵华严经，龙不为害，因号曰"华严台"，亦以名其寺。五代梁开平二年，闽王王审知复命僧神晏居焉，号"国师馆"，徒千百，倾国资给之。乾化五年，改为鼓山白云峰涌泉院。宋为华严寺。国朝顺治初，僧元贤重修。康熙四十九年赐额。五十三年，赐御藏经四厨。乾隆七年，赐御藏经七千二百四十卷。十五年，僧兴隆修。明朱梧诗："上方寂寂锁苍藤，门掩双峰最上层。半岭松涛千嶂雨，数行香篆一龛灯。寒潮映月喧残寺，独鹤眠云伴老僧。尘梦欲醒钟磬动，冷然心地证三乘。"徐𤊹《宿鼓山寺方丈》二首："维摩丈室绝尘氛，坐对珠龛演梵文。松际窥人孤嶂月，山中留客半床云。疏钟出寺长林隐，怪鸟啼春彻夜闻。真性由来爱空寂，茗香亲向殿前焚。""孤峰天畔削芙蓉，入夜遥看紫翠重。一片禅心千涧水，五更残梦数声钟。云生净土龙归钵，露冷空坛鹤泪松。借宿僧寮今几载，苍苔埋却旧游踪。" 旧有华严堂、白云堂、妙峰阁、频申楼、东际斋、一多庵，又痴坐崇石、无寄轩、网珠镜台、芬瓶酣睡室、无尽门。古龙潭，在天王殿下。前有罗汉泉，昔有僧指地泉涌，故名。东南为放生池，山下为白云廨院，本涌泉寺积谷处。明嘉靖间，寺毁，遂因而葺之。又圆通庵在东峰下，般若庵在保老洋，积翠庵在白云洞，明万历间建。吸江兰若在舍利窟，深翠庵在海会塔下。

鼓山下院

【〔明〕万历《闽都记》】鼓山下院　本涌泉寺积谷处。嘉靖间，涌泉寺毁，乃拓而葺之，殿宇壮丽有加。宋陈烈《鼓山铭》："鼓屴崱，峰顶特。穷岛夷，俯封域。屏闽东，拱辰北。岁辛亥，帝司赤。竦绅烈，从陛陟。搴若华，挹瑶极。呵蛮霆，蹴鳌脊。披霄根，殚目力。高者仰，深必惕。谨其至，唯古则。"

白鹿寺

【〔宋〕《淳熙三山志》】白鹿寺　积善里。《旧记》：

"白鹿山入十五里,号榕溪。永嘉僧道洪自温陵来,父老相与邀移今居。诛茅之日,白鹿适至。遂以名其寺。盖元和四年也。"咸通中,懿宗赐今额。后闽忠懿王赐朱记一。寺前有白鹿亭。

万岁寺

【〔明〕万历《闽都记》】万岁寺　在法云寺之西。唐天祐元年,闽王审知建。梁开平中,表请祝万岁寿,故名。又创定光塔七层。宋熙宁八年,建千秋堂。乾道九年,丞相史浩改为华封。又有三山阁、一华亭诸胜。僧义收者,后唐贞明元年,春夏不雨,义收积薪自焚,炬举而雨。后游洪州,众遮留之。乃截左臂:"吾去不雨,出此以祷,必应。"众塑其象,以臂附之,宋时犹存。嘉靖十三年二月十九日,雷震万岁寺,浮屠火起如巨烛,照城中外数十里,有铁鼎覆其巅,大书:"诸天及人,无由见鼎。地摇三日,天雨四花。田土三变,今古同时。屠人握闽,雨衣三拜。"未火前一月,四明屠侨为藩左伯,从南门入。众谓城当回禄,至是乃应。屠诣寺拜祷,皇遽不及铺毡,只用雨衣,拜不及四,其鼎坠地,遂已。二十九年,又建华封堂。倭变,召兵屯此,撤毁殆尽,寺僧散去。万历间,僧碧云来住此山,募缘葺治,成功而卒。宋朱敏功《一华亭》:"自闻达摩西来意,五叶开来抵一华。从此祖风传不泯,灵枝到此有奇葩。"明王恭《万岁塔》:"绝顶层标出半天,千山宫宇翠微连。云飞百粤沧波外,鸟度千峰夕照边。平远台空秋佩冷,毗卢阁静夜灯悬。屠龙射鳣今何在,蔓草芳陵几度烟。"林廷玉《万岁塔》:"塔上云容见水光,塔前花雨人禅堂。可人新鸟情逾巧,拂面东风暖更香。酒盏殷勤春正好,炉烟缥渺昼初长。康强暮景应难得,莫怪山翁特地狂。"舒芬次韵:"浮屠最上饱风光,佳会追陪法雨堂。古刹又看人后胜,老僧时供佛前香。莲穿净土根应浅,树阁斜阳景漫长。把酒低徊怜治创,黄虞心事肯猖狂。"芬,进贤人,翰林修撰。汪文盛《夜登万岁寺》:"净域浮屠起,遥空浩劫流。星文通户入,河色傍檐溜。曲窦龙蟠喜,孤标鸟度愁。摇光月出没,倒影石交钩。法镜寒偏照,禅珠暗不投。枝撑平北岭,象教动东瓯。乘兴题朱雁,谈元悟白牛。"林垠《登定光塔》:"宝塔与云齐,跻扳望欲迷。城围万户小,天尽众山低。独鹤飞霞外,残虹挂岭西。海门戈未息,极目思凄凄。"林彦弼《元日饮华封堂》:"元日招携结梵缘,椒花纵饮醉尧年。不辞白发居人后,为爱青山满座前。彩笔题春迎淑气,辛盘破腊敞初筵。远公好客容苏晋,长得皈依绣佛前。"邵傅《登定光塔》:"登塔意如何,观空醒醉魔。千江春树杪,万井曙烟多。宝顶聆清磬,盘梯挽绛河。恐惊云际雁,不敢纵长歌。"王应山《登定光塔》:"九山耸龙角,百丈浮金光。晴春发幽兴,我友迭相将。徙倚历七级,旋转迷四方。挂影出峰峦,挥手摩苍穹。俯视周人天,烟霭何迷茫。于焉超法劫,佛日耀八荒。"林熵《游万岁寺》:"绿树乱鸣蝉,空门绝巘前。风光当五月,人境接诸天。过雨驱炎燠,飞花蔽午烟。慈航如可借,愿断此生缘。"徐𤊹《登万岁塔》:"宝塔凌霄迥,登扳俯九垓。山河天际绕,楼阁日边开。旛影依檐落,铃声指槛来。马江波浩淼,雉堞势萦回。隔岭流残照,遥空度晚雷。炊烟生下土,禅诵出香台。云自山腰起,人从树杪回。迷川今日度,劫火往年灰。上界疏钟动,孤城暮角催。几思题偈后,古壁半苍苔。"谢肇淛《春日登万岁浮屠》:"高台突兀俯层峦,百丈悬萝客到难。海上东风春意早,山中归鸟夕阳残。云连塔影摩天近,松撼潮声入寺寒。欲得空门息尘累,从君醉倚石栏干。"邓原岳《登万岁寺》:"宝刹摇空界,孤标出上方。星躔分景色,岛屿入微茫。铃逐残云落,旛随去鸟长。

初疑金粟影，忽见玉毫光。月隐晨曦动，烟消海气凉。何缘脱尘网，于此度津梁。"陈价夫《登万岁寺塔》："宝级腾祇树，金标屹化城。只疑初地涌，转觉下方明。暂使尘劳息，能令暑气清。山僧相见熟，不用更题名。"陈椿《登万岁浮屠》："珠林开净土，宝塔屹孤标。锐比青莲吐，光含祇树摇。层梯低粉堞，飞窦逼青霄。十地看何极，三天到岂遥。经营须胜果，攀跻出尘嚣。"

【〔唐〕黄滔《福州报恩定光塔碑》】金圣人之教功与德，鲁圣人之教忠与孝。以忠孝之祈功德，莫之大也。天复元年辛酉，天子西巡，岐、汴交兵，京洛颠颠。我威武军节度使、相府琅琊王王公，祝天地鬼神以至忠之诚，发大誓愿，于开元之寺造塔，建号寿山，仍辅以经藏，乞车驾之还宫也。其三年甲子，以大孝之诚，发大誓愿，于兹九仙山造塔，建号定光，仍辅以经藏，为先君司空、先秦国太夫人、元昆故司空，荐祉于幽阴也。大矣哉！赫赫忠诚，恳恳孝思，以国以家，以明以幽，胡天地之不动欤？胡鬼神之不感欤？释之西天谓之窣堵波，中华谓之塔。塔制以层，增其敬也，造之获无量无边功德。初我公以宏才妙略之有藩，维以仁智神鉴之谋远大。谓闽越之江山奇秀，土风深厚，而府城坐龙之腹，乌石、九仙二山耸龙之角，屹屹岩岩，屡屡颜颜，两排地面，双立空际，怪石如埔，回岗若揖。东衔沧海以镜豁，西走建溪而带萦。气色蒙茸，风云蓬勃，非仙宫佛寺不可以乘龙之角、大龙之腹，何乌石二而九仙旷？〔乌石山有神光、天王二寺〕岂非代虚其作，地秘其期，以待我公？况古仙炼骨之所，升真之迹耶！一旦之新城月圆，〔壬戌岁，我公卜筑其外城，号月城。〕二山之嘉气云连，森上介掀大斾，或旬或朔，眘于粉堞之上；时行时止，卜于烟峦之堀。得峻中之平，平中之峻，凸而不隆，凹而不卑。树翳荟以奇姿，草芊眠而别翠。遂从弘愿，启兹塔之基焉。塔之科也，恐山之偏，忧地之入，将堑平壤五十尺之深，百有余尺之阔，杵土积石而上，逮二十尺。暨然虹见，莹然穴贮。俄以珠宝之获，坐以金钱，大不及拳，光能夺目。于时清风四来，海天扩开，烟霞蓊蔚于城隅，鸾鹤盘旋于林表。举闽之军，倾闽之俗，以趋以走，以歌以咏。既而畚锸投，般倕奋，内甃以砖，凡四十万口；外构以木，盖百其巧。七层八面，玲珑窈窱，榱桷栏楯，轇輵杈枒。云楣翼环，珪斗鳞壓，雕镂丹臒，曲尽其妙。方七十有七尺，高二百尺，相轮之四十尺，参之也。悬轮之铎一百九十，悬层之铎五十有六，角瓦之神五十有六。其内也，则门门面面绘以金像，不可胜纪。登之者若身在梵天，瞻之者觉神离赡部。业业然，触圆青而直上，野鹤经之而高翔，疑掠其腹；鳞鳞然，压峭碧而崛起，地祇感之而下捧，疑殚其力。其相轮也，我公誓愿之日，仲氏司徒自清源闻而感，铸而资。虽从人力，悉类神功。谨按妙法莲花品，自地涌塔于佛之前。其幢幡、璎珞、玛瑙、车渠，七盘四悬，乘虚耀日，乃多宝之佛发大誓愿之感现也。由是以斯塔取如来之嘉号，号之曰定光，以其感珠之现，眸于自地之涌，故联之于多宝。本于孝思荐劬，故冠之以报恩，此其义也。夫如是大雄之力，出死入生，至诚之神，感天动地。若乃沉沉夜壑，浩浩世尘，莫不以兹玄符，承彼慧日。超于三千大千之世，游乎二十八天者哉！苟不之然，则凡彼经文，悉为之虚语耳，又焉能垂信于百千年之后哉？既而，巍巍峨峨，金辉铁牢，其东则翼以经藏焉。其藏也，外构以扃，八角两层。刻栴檀，镂金铜，饰朱漆之炳焕。仍卫以华堂七间，名之转经焉。致其沙门比丘，比比厥迹，以为拜唱、跌读、丛谈、聚听之凑。日系乎月，月系乎时,轩轩亹亹,奚景福之不幽资乎。又感应天王殿,一间两厦,其天王也,变毗沙之身,于感通之年,现神质为龟城之助。绦腰衣褐,屣足乘云,双吐目光,两飞霞彩,乃千百亿化身之一,为寿山草木之应。今塑于此,厥感宁亡。其西则翼之别殿曰塔殿。其塔也,我公萌誓愿之先,因心以制。十有三层之妙形,匪伟而诚,有为殿斯奇而塔斯处。其北则报恩变相堂九间,洁琉璃之地,等婆婆之世。七宝丛树,五色腾光,明明见阎提之心,一一标如来之说。又僧堂五间,上五间,下之与茶堂五间,直联曲交,冬温夏凉。又华钟之楼,迥起青音。下折刀山,长明灯之台,圆笼孤光,杳辉漆壤。其东南之一臂,复建地藏殿,一间两厦,功德堂五间,僧堂五间,张如别构,而制匪异。其殿也,坐以菩萨之丽,若欲飞动。其堂也,骈错仪像,或金范,或幅绘,千形百质,恐悉诸天之圣侣粤间焉。公厅四间一厦,或备旌钺之觐止。我公或四季之旦,或三旬之八,聚僧设会,拜首追祝,勤勤恪恪,罔所不至。举闽之高卑,举闽之少耋,攀之望之,无不动心涕臆。君子谓,岂唯冥荐于先,盖以孝教民也。又库厨五间,浴室三间,接之井,井重以楼焉。环周辐辏之行廊,凡三十有三间。总费财六万余贯。如山之迭,如洞之浚,巇巇隆隆,丛为一宫。其大也,琢文石以为轩,雕修虹以为梁。其小也,取良木于灵山,筛嘉壤于飞尘。虽掩映乎人间,实参差乎象外。其经也,帙十卷于一函,凡五百四十有一函,总五千四十有八卷,皆极剡藤之精,书工之妙,金轴锦带以为之饰。天祐二年乙丑夏四月朔,我公宿诚于州,束烹于肆,及胁降之辰,大陈法会,以藏其经。缁徒累千,士庶越万。若缁若士,一而行之。正身翔手,右捧左授,自州之所,起于我公,传至于藏。观者如堵墙,佛声入霄汉,幡花照乎全郭,香烟连乎半空。雪顶之僧，指西土之未有；驼背之叟，庆东闽之天降，可谓之鸿因妙果者也。始者，我公之登坛也，其一之年偃干戈，兴礼乐；二之年，陈耒耜，均赋舆；三之年，迭贡输，只宠泽。万乘臣其职，四邻视其睦，百姓天其政。故一川之镜如，灵台之月如，融融怡怡，愉愉熙熙。乃大读儒释之书，研古今之理。常曰："文武之与释氏，盖同波而异流。若儒之五常，仁、义、礼、智、信。仁者含弘也，比释之慈悲为之近；礼者谦让也，比释之恭敬为之近；智者通识也，比释之圣觉为之近；信者直诚也，比释之正直为之近。而义者杀也，其为异。诸武之七德，至如戢兵、保土、安民、和众之类，亦犹川陆之徂秦适洛焉，然则皆谓之烦恼。吾父国也，子民也，朝为社稷之计，暮作稼穑之念。若俾求智慧火，干烦恼海，则非吾之所能。若建金地，缮金文，陈法会，一众僧，冀乎不可思议，乃吾之所志也。"于是月陈三斋，时或雪峰之僧围绕千徒，卧龙之僧围绕五百，以至万钱之缮或间嘉蔬，五袴之歌或参云梵，慈航驾岸，法雨垂空，必致菩萨化身，罗汉混俗以降也。时人谓灵山之会日俨矣。又以府之寺，至于清源，或存或烬，或抽金积俸，增而新之。而府之开元、大中、神光，曩塔之数与寺俱焉。新于大中、神光，乃规旧制，而精耀宏壮，则迈前时。开元则辅之经藏，加之转轮之盛，尊大君也。定光多宝报恩于劬劳，故以砖。砖者，专也。谓山度之材有蠹朽之日，火化之壤，无销铄之期，其本乎土也，资乎火也。及投诸水火，则不归乎土，不壤于水，历千秋而其质坚然。乃以专至坚贞之诚寓于是，则斯诚也如是，得无感乎。则彼珠之为符验矣。且夫珠也，或颔乎龙，或衔乎蛇，或胎乎蜯，故水怀而川媚。今兹珠也，不自乎龙，不自乎蛇，不自乎蜯，匪怀水而媚川而孕。厚地之二十尺，岂非斯之感欤。不然，则始从融结而孕之也。若以始从融结而孕之，则厥初已兆我唐之有我公也。厥初已兆我唐之有我公，则我公之言，乌石之有神光、天王、九仙，天虚其作，地秘其期，以待我信矣。塔之讫功顾小从事滔，有礼官甲科之乔，明主研许之幸，庶几于圣人立身扬名之道，命为之记，用旌厥德于无穷。滔不敢牢让，作礼而推之言。夫陶天地为后时，锁生死于无朕，其道不可以真虚求声影赜，应誓愿于有为，现感通于至诚，其道乃可以精谛至严敬致。今我公以精谛严敬，积功累德，以溯流于世。斯塔也，岳岳崇崇，兼乎仁孝之鸿名，偕天地日月江山之永，遂刻于贞石焉。其词曰：金圣人教，德与功兮。鲁圣人教，孝与忠兮。巍巍贤杰，二美钟兮。建兹宝塔，唯追崇兮。祝天沥恳，先延鸿兮。报劬荐祉，祈幽通兮。仙山之秀，夷且隆兮。旷古为期，俟仁风兮。月圆珠现，契遭逢兮。融结之初，兆英雄兮。岂徒嵘嵘，懿斑工兮。火壤之贞，积磨砻兮。斧材之取，厥匪同兮。七层八面，相玲珑兮。金铃宝铎，交丁冬兮。影落澄清，驯鱼龙兮。顶触圆碧，分鸿蒙兮。绘仪范像，迭其中兮。齐天极地，为初终兮。金文贝字，构重重兮。讲读千来，馨西东兮。灵山盛会，日雍雍兮。甘露法雨，常蒙笼兮。鸿名冥祉，偕无穷兮。

【〔元〕黄镇成《重修定光塔铭》】福城之东，山唯九仙岌岌，浮屠上出层巅。八方翼举，七级梯连。深蟠厚载，高薄重元。昔在唐季，王公启土。相攸兹山，大建寺宇。既辟招提，乃标窣堵。厚壤居幽，圆珍发贮。潜符嘉征，建号定光。载祀四百，作镇藩方。漂摇风雨，绵历星霜。朵楹杌陧，梵竿披狷。惟宝峰师，兴念惟恻。弗葺斯坠，糜遑居食。其徒恻然，闻义感激。有志必就，唯坚愿力。踵门干羡，行市乞余。累积于寸，积重于铢。石砻川运，材伐山输。坚良缔构，弊故更除。寒暑六经，载营载度。

业业金碧，峨峨丹䑀。制若地涌，视犹天作。育国分光，圆澄识铎。唯兹伟功，匪志弗成。卓哉斯愿，振古作程。天地至久，日月至明。俾贞配永，视此刻铭。

【〔明〕谢肇淛《万岁塔铭》】《般若经》云，如敬塔庙，尊胜有幢，同一道妙。唯我于山，昔有丛林。祝万岁寿，臣下同心。飓风为眚，顶沦于地。有其举之，谁敢或废。唯我陈公，厥名曰询。许氏元度，或其前身。慧业夙耽，猛愿兴复。如人元首，安出庶物？自下而上，似跃而腾。匪循阶级，巍巍重兴。讵千金吝，俾万目睹。其力则专，其利斯溥。仰窥元昊，俯眺沧溟。忻礼读款，而述斯铭。

东报国院

【〔宋〕《淳熙三山志》】东报国院　易俗里。天祐元年，闽忠懿王为唐昭宗建，名"报国资圣"。后主僧不谨，籍其业于官。太平兴国六年，太守右卫将军侯赟复建。有放生池。

法海寺

【〔清〕同治《福建通志》】法海寺　在罗山下左三坊，五代梁孟司空舍宅为之。晋开运二年，建为兴福院，宋祥符间改今名。政和七年，改为神霄宫。宣和元年，改为女贞观。建炎元年，仍为寺。

【〔明〕万历《闽都记》】法海寺　在九仙山之阴。旧名罗山，本孟司空宅，初寺在城南，最后徙城西。晋开运二年，李仁达时，唐兵压境，遂迁今所，为兴福院。宋祥符中改今名。国朝嘉靖初，为举人高叙废为宅，后入蓝侍御济卿家。万历己亥，侍御孙圻复舍为寺。有罗山堂、金积园、万绿堂诸胜。明赵世显《法海寺》："赵岐读书处，仍作法王居。忽对三花树，还思十载余。闲云禅榻静，清磬佛堂虚。为爱珠林胜，尘缘积渐疏。"陈价夫《罗山馆早秋》："木柝声残暮杵哀，邻家白苎已先裁。浮云半掩无诸郭，落日斜横金粟台。槁叶满阶风乍起，繁霜入户雁初来。小山芳草青如翦，岁晚应悲白露催。"谢肇淛《过法海寺》："当年甲第倚云开，此日惊登般若台。金地已成新法界，罗山还属旧如来。春深别院无歌舞，水落寒池有劫灰。二十年前读书处，题名强半没苍苔。"《曹学佺集·罗山》："强扶病骨犯危峦，此地徘徊转觉安。寺里客过辰屡换，林中僧话岁将残。坐于石笋何妨暝，行到梅花别是寒。漫借禅灯照诗思，东方月色出檐端。"

南禅寺

【〔清〕同治《福建通志》】南禅寺　在嘉崇里。五代梁乾化间建。

圣迹院

【〔清〕同治《福建通志》】圣迹院　在嘉崇里。五代梁贞明二年建。昔南江有光竟夕，视之，得一浮木。已而，梦一胡僧云："吾康僧行化吴越，今将福汝闽，宜以是木立吾像。"既寤，众异之，乃严精宇，饰晬容，榜以是名。康僧者，康居人也。孙权时，言佛舍利事，乃置瓶，于几忽闻瓶中有声，果获舍利。权叹服，乃营塔。院已久废。

太平寺

【〔清〕同治《福建通志》】太平寺　本开元寺地。五代唐同光间，王审知建。宋建炎三年，敕奉濮安懿王神主，分其半为嗣王行府。绍兴五年，改为外宗正司。明时，福州中卫即其故址。

南法云院

【〔清〕同治《福建通志》】南法云院　在九仙山麓。五代唐清泰元年置，闽龙启一年也。初号"地藏通文寺"，大中祥符三年赐今额。清乾隆间，布政使陶士僙重修，改名白云寺。

旧有千佛阁，阁上祀白玉蟾。明万历乙卯，詹莱书"白玉仙台"，匾竖于阁上。又有吸翠亭。

【〔明〕万历《闽都记》】南法云寺　五代唐清泰五年建，初名地藏通文寺。宋祥符间更今名，赐额。国朝宣德中重建。大雄殿之北为法堂，其西为千佛阁，东南为吸翠亭。山门之内砌石数十级以登，乃为二门，东南山川，若俯而视焉。明王佐《游法云寺》："巍巍绀殿拥层岗，此日登临野趣长。贝叶独听双树法，金猊晴吐一炉香。云腾瑞气连禅榻，雨落昙花满石床。惆怅忽闻钟梵定，数声啼鸟背斜阳。"林瀚《燕集吸翠亭》："新亭结构翠岩颠，石洞云收雨霁天。宾客坐来无暑气，满斟玉斝奏冰弦。"《王湛集·法云寺》："秋深何处共登扳，宝刹香台出雾端。白社从来尘外结，青山况是雨中看。空亭昼静天花落，绝壑秋深古木寒。良会百年能几度，不辞待月尽君欢。"赵世显《法云寺对月》："西望烟云晚尽收，银蟾如镜挂飞楼。数声砧杵千家夕，万里关河一雁秋。古寺清钟醒鹤梦，空林寒露湿貂裘。何时得共含香侣，载酒重来此地游。"陈椿《游法云寺》："蹑屐初辞朝市喧，衔杯况复傍祇园。风声半起鲛人定，暑气全消鳌顶门。上界散花香欲坠，半林归鸟日将昏。摩崖细认题名处，年代凋残碧藓痕。"徐𤊹《春日居法云兰若》"移来书舍傍琳宫，隔断红尘路不通。游屐半闲新雨后，佛幡高挂乱云中。夜深松偃疏帘月，春尽花飞晚磬风。谩谓空门人迹少，相寻日日有支公。登临正及看花期，青草葳蕤步屦宜。雨霁钟声过院冷，风传莺语出林迟。闲寻缁锡谈三昧，偶伴黄冠礼六时。自是山中堪避俗，更无踪迹世人知。""古路苍苍入鹫峰，烟霞隔断往来踪。时将真偈灯前课，每与游僧竹下逢。满架瑶函藏贝叶，远村山色绚芙蓉。闭门宴坐尘缘息，又听云堂起暮钟。""满径苍苔过客稀,疏钟才动暝烟飞。轻敲竹院残僧返,乱落松花一鹤归。夜静石灯分佛火,春寒山屩借禅衣。上方万籁已俱寂,但有经声出翠微。"康彦《登法云寺访僧》:"满目红尘何处稀,寻幽来叩远公扉。碧霞绕径虚人境,黄叶迎风点客衣。古刹烟随孤磬发,长空鸟共片云飞。对君不尽登临兴,散发狂歌送落晖。"

庆城寺

【〔清〕同治《福建通志》】庆城寺　在芝山东南津坊,本王延曦宅。石晋天福七年,施为永隆金身罗汉寺。宋大中祥符三年赐今额。国朝顺治九年重修。旧有高丽铜佛像三。一为人所攘,后木刻代之。胡僧八状膜拜者,罗汉十八侍立,胡奴及僧各一。石碑径二尺,高丈余,上刻无量寿文殊普贤像及阁楼之状。东小殿,深沙神,一旁立僧一、童一。有石笋,高五尺,东、西植于庭,西廊有板记之。有小木塔藏于西殿,伪闽王时高丽所献。

龙德外汤院

【〔清〕同治《福建通志》】龙德外汤院　在崇贤里。晋天福十年建。地多燠泉,数十步必一穴,或迸河渠中,味甘而性和。热胜者气如琉黄,能熟蹲鸱,旱潦无增减。伪闽天德二年,占城遣其国相金氏婆罗来,道里不时,遍体疮痏,访而沐之即瘳,乃创亭其上,鸠僧以司之。宋庆历二年修。旧有蕃书二碑,在方塔五级。

法性院

【〔宋〕《淳熙三山志》】怀安法性院　州东,忠懿王庙之左。开运三年置。初,闽王作东、西二宅为诸子居,此其东宅也。其子延钧僭伪,建为宫。其后,南唐兵攻城,李仁达指天自誓:兵退,愿以宫为院。初,院在南台,至是,遂迁其额于此。仍号"千佛南禅院"。与东、西、北禅,时号为四禅。

【〔清〕同治《福建通志》】法性院　在忠懿王庙左。五代晋开运三年建。本闽王诸子东宅也,后南唐兵攻城,愿舍为院。院旧在南台,遂迁其额于此,仍号"千佛南禅院"。

铁佛殿

【〔清〕同治《福建通志》】铁佛殿　在开元寺东。伪闽时为藏经院。括铜亿万斤铸辟支佛像,高数丈。明曾异撰榜其楹,曰:"古佛由来皆铁汉,凡夫但说是金身。"《府志》按:辟支佛像,据《三山志》谓,闽王审知于城西南开炉冶十三所,备铜蜡三万斤,铸释迦弥勒像,置太平寺。庄宗题为金身报恩之寺。宋政和间,移置开元戒坛。《闽都记》亦同。唯万历《府志》云:"平怀堂北有经院,铁辟支佛高数丈,唐御史黄滔记之。下有古井。"独云铁像,与二书异。今观现存佛像,实铁非铜,《万历志》为得其实矣。第其云,黄滔记之,则非也。考滔碑云:"天祐三年丙寅,秋七月乙丑,铸金铜像一,丈有六尺高,后二十有三日丁亥,继之铸菩萨二,丈有三尺高,铜为内肌,金为外肤。"又云:"铸斯佛于九仙山定光多宝塔之右。冬十有二月丙申,引归于开元寺灵山之塔院,独殿以居之,翼二菩萨于左右。"是滔所记者,正审知所铸之铜像,与《三山志》合,非铁像也。然则铜像之亡久矣。今像要是宋后冶铸无疑,特不审其年耳。又其曰:"下有古井,访之寺僧,谓在铁佛座下,周砌以石,盖不可见云。"

枕峰寺

【〔清〕同治《福建通志》】枕峰寺　在归义里。南宋建隆元年建。西峡渡之南,驿道往来,候潮之所。明正统间重建,国朝康熙间修。宋王十朋诗:"门外峰如枕,宜眠清净身。禅僧自面壁,谁是枕峰人?饭罢匆匆别,劳生可奈何?不能留一宿,有愧此峰多。"杨志诗:"石磴招提古,松萝暝不分。排云双树转,隔水一钟闻。林影迎残雨,山光倚夕曛。醉来归路远,秋思正纷纷。"

【〔明〕万历《闽都记》】枕峰寺　在归义里。宋建隆元年建,西峡江之南,驿道往来候潮,稍憩于此。国朝正统九年重建。又吉祥寺,宋景祐初建。国朝成化间知府唐珣重建。宋刘克庄《游枕峰寺》:"石磴招提古,松萝暝不分。排云双树转,隔水一钟闻。林影迎残雨,山光倚夕曛。醉来归路远,秋思正纷纷。"王十朋《饭枕峰寺》:"门外峰如枕,宜眠清净身。禅僧自面壁,谁是枕峰人。""饭罢匆匆别,劳生可奈何。不能留一宿,有愧此峰多。"明王应钟《枕峰登眺》:"招提千仞倚高峰,上界平临浩劫空。万迭西来云海尽,一灯东度粤南通。山中乔木含秋气,天外昙花落晚风。试问元龙登眺外,新诗题遍几株松。"陈邦柱《题枕峰寺壁》:"粉壁龙蛇怪,苍岩鸟迹深。客来僧隐定,凉月落前林。"

华严院

【〔清〕同治《福建通志》】华严院　在易俗里,地名浦头。宋开宝八年建。旧记云,即地藏塔院也,本唐谏议大夫翁承赞之第。有昼锦亭、狎鸥池。国朝顺治十三年重修。

【〔明〕万历《闽都记》】华严寺　在埔头。宋太平兴国八年建,即地藏塔院也。本唐翁承赞故宅,有昼锦亭、狎鸥池诸胜,今废。明陈亮《简华严无极上人》:"久耽丘壑胜,未历东山路。偶访招提居,兼谒郇公墓。云林更左转,始得禅栖处。落日寒蝉鸣,蔼然松下暮。真僧欣相接,况有平生故。秘箧散芸香,名卮酌甘露。常怀谈空理,喜揖平生虑。永愿依道林,惭非许元度。"

太平兴国院

【〔清〕同治《福建通志》】太平兴国院　在光俗里。宋太平兴国二年赐额。绍圣元年重建。

嘉福院

【〔清〕乾隆《福州府志》】嘉福院　在左三坊。《三山志》："大中祥符四年建。初为众香院，后改今额。"有鳌顶峰，陈状元诚之肄业之所。院久废。

普光塔寺

【〔清〕同治《福建通志》】普光塔寺　在甘棠坊。宋熙宁五年建。旧有塔五级，明洪武间，增为七级。宣德间毁，寺仅数楹。正统间，居士夏普明居其中结坛。普明死，仍复为寺。明徐𤊹诗："门邻阛阓久凋残，法界重兴得宰官。半笈白虫经卷乱，数行青蚓篆烟寒。宋朝画佛昏尘壁，蜀国流僧咒古坛。明月满空凉似水，渐移梅影上幡竿。"谢肇淛诗："偶随清磬掠鸡园，黄叶声中佛火昏。古殿烟埋金碧相。空坛云湿宝花幡。庵因近市无闲地，僧为休粮不出门。茆榻竹房相对话，也胜车马日喧喧。"

报恩光孝寺

【〔明〕万历《闽都记》】光孝寺　在时升里，宋崇宁二年，王祖道建于浮桥之南，政和初改天宁万寿寺。绍兴初更今名。李纲谪居，尝寓寺之松风堂。又有"海月""来熏"二亭，今废为盐仓。天宁台，在光孝寺中，今为真武庙。宋李纲《题天宁明极堂》："久客若飞蓬，年年气味同。犹欣容榻地，更得化人宫。郁勃炎蒸极，巍峨栋宇雄，疏林碎摇月，虚馆迥含风。万户轩楹外，三山指顾中。灵潮自朝夕，大舶各西东。怅望关河远，苍茫云海空。余生寄闲旷，任运学庞翁。"又《松风堂》："旅泊不求安，小憩南台宫。轩楹尽北向，盛暑堕甑中。开垣追微凉，山顶罗千松。烦襟忽破散,濯此万里风。群山递环绕,云物增奇峰。江潮信有期,来去初不穷。啸咏得所托,幽禽亦玲珑。青霞蔽残日,皎月生于东。清光入疏林,照我鬓发松。壮年几何时,倏忽成衰翁。愿餐日月华,为驻冰雪容。二子皆静者,翛然此相从。灵丹论秘诀,妙理谈真空。兵戈满寰瀛,此乐岂易逢。犹恨迩城市,时来车马踪。逝将选幽僻,诛茅寄蒙茸。灌溉荔枝园,可敌万户封。屋前修竹合,屋后溪流通。风月应更好,清欢永相同。稚川晚闻道,尚冀刀圭功。"李邴《藏六庵》:"莫言藏六便忘筌,一六俱非也未然。枯木有人能采菌,白牛无地可施鞭。"明陈鸣扬《天宁台》:"天宁台上飞黄鸟,天宁台下春流绕。和铅理屐共登台,紫陌春风扑地来。双阙方瞻初日驭,九霄尽放早春回。春来春去自今古,江山阅世应无数。梵宇高低宿暮烟,僧坟隐见随寒雨。暮烟暮雨落花开,岂信青阳厌草莱。抚景且歌下里曲,逢时须赋上林才。"

云门寺

【〔清〕同治《福建通志》】云门寺　在江左里洋屿云门山。宋绍兴初,大慧禅师宗杲居此。嘉定间建寺,明永乐间重建。明林鸿诗:"龙宫临水国,鸟道入烟萝。海旷知天尽,山空见月多。鹤归僧自老,松偃客重过。便欲依禅寂,尘缨可奈何!"

海印庵

【〔清〕同治《福建通志》】海印庵　在东禅寺旁。元至正间,僧云溪建梅边小隐,水竹幽居于此。

双龙庵

【〔明〕万历《闽都记》】双龙庵　又名双溪,旧神光庄也,国初建。明林敏《夏夜集双溪兰若》:"散帙栖鸟时,幽寻憩僧舍。天吟风满市,露饮月侵夜。烟筱澄远心,云萝翳长夏。回看众壑阴,杳霭钟声罢。"陈椿《游双龙庵》："迷路叹西东，寻幽入梵宫。尘中喧乍息，物外思何穷。涧净龙湫落，檐虚鸟道通。坐携余兴返，花雨逐松风。"徐次："信步冶城东，寻僧憩梵宫。草香闻不尽，松影踏无穷。溪势双流合，桥门七孔通。静看黄蝶过，随意领春风。"

栖云庵

【〔明〕万历《闽都记》】栖云庵　在金鸡山之巅，灌木幽郁，寂静可憩。每晓起，万松浮青，白云英英在其下。国朝嘉靖间，郡人王应钟募缘建。明陈椿《游栖云庵》："梵宇栖云外，人天出世间。孤峰一以眺，双屦欲忘还。花雨沾衣细，松阴覆座闲。何当捐物蔽，持偈傍兹山。"徐𤊹《游栖云庵》："竹掩茅房翠巘西，香灯清净托禅栖。孤城乱瓦迷榕叶，百亩平畴见稻畦。荒冢凄凉眠石马，空山零落绝金鸡。壁间试剔苍苔看，二十年前有旧题。"谢肇淛《栖云庵》："小寮幽竹绝尘氛，路入温泉野色分。地僻不闻僧院磬，山低时度女墙云。隔江烟火孤村屿，绕郭松楸十里坟。王气鸡声俱寂寞，曲池霜叶落纷纷。"

劈岩庵

【〔明〕万历《闽都记》】劈岩庵　今名碧石庵。九仙山之支也。在城外，岩岫林塘颇幽。嘉靖间，有神像漂河滨停泊，里人异之，遂建庵。明林彦弼《劈岩庵》诗："石阁崔嵬倚半空，炎歊不到绿阴中。林深昼润常疑雨，地过凉生若御风。僧带残云归古刹，鹤听元语出雕笼。回看河朔俱陈迹，对景休停碧玉筒。"王应山和："理屐共追寻，因过双树林。清风起萍末，烈日闭萝阴。促席闻高论，鸣琴接梵音。泠然鉴塘里，相对涤烦襟。"

玄真庵

【〔明〕万历《闽都记》】玄真庵　在白云洞。万历中，都司许国威建。明屠隆《题玄真庵》："蕙帐屡邀玄鹤下,明灯间与白猿谈。秋风铃阁军书暇,还忆琉璃火一龛。"

活佛庵

【〔清〕同治《福建通志》】活佛庵　在南台苍霞洲。明末,有陈真升者,福清人,涅槃后肉身不坏,至今犹祀庵内。国朝康熙四年,建有梅坛佛像,后毁于火。五十二年,改建万寿亭,为祝圣之所,有大士殿。乾隆四十四年,总督三宝塑大士出山像,并镌像于石,祷雨辄应。嘉庆六年,赐"灵昭海峤"匾。

平楚庵

【〔清〕同治《福建通志》】平楚庵　在鼓山里,卓锡峰西。康熙间,郡人李其蒙建。四山环抱,双涧汇流,古木盘荫,苍岩竞秀,颇饶清胜。

据〔民国〕《福建通志》记载,尚有:

法林尼寺　在易俗里。梁大通元年,武帝舍同泰寺,因改。元遂置园居尼寺于建康间,中尼寺自此始。

灵山院　在仁惠里。梁大同元年置。

祥光龙华寺　在鼓山里。梁大同三年置。

甘泉院　在开化里。《三山志》云:唐开元元年置。《闽都记》云:在平山之南。

五仙观音院　在方岳里。《三山志》云:唐天宝二年置。宋政和十年为神霄宫,建炎复旧。

兴福文殊院　在高祥里。唐大中元年,僧洪集始卜此地创为堂,闽王审知立额。

瑞迹寺　在开化里甘泉山东。《三山志》云:唐咸通元年置。

清凉院　在至德里。唐咸通五年置。

高盖院　在仁丰里。唐咸通七年建。

安福院　在丁戌山。唐咸通十三年建。宋元丰间，以主僧不谨，废田入学。后寺亦灾，官□其地，售民以居，犹存上、下庵。

三昧院　在易俗里。唐中和五年置，大顺二年赐今额。

衡山院　在江右里。唐景福二年置。

九仙文殊院　在郡城东南。《三山志》云：唐景福二年王潮建。

宝月院　在易俗里。《三山志》云：唐乾宁元年置，号灵峰宝月塔院。《闽都记》云：今废，为豪家丘墓。

地藏院　在易俗里。《三山志》云：唐乾宁元年置。殿塑地藏，因名。

真隐院　在永福里。《三山志》云：唐光化二年建，临西峡。《闽都记》云：在城门山下。

龙瑞寺　在永南里。《三山志》云：唐天福元年置。

安福塔院　在郡东拱辰坊。后梁乾化间建。

净业尼院　在郡东秀实坊。《三山志》云：后梁贞明六年建。《闽都记》云：明洪武二年，闽县知县路圆玉废为县治。成化七年，知县邵奎重建。

圆明院　在右二坊九仙山南。《三山志》云：后周显德五年，伪臣李廷谔所造，名观音院。宋天禧三年，改圆通禅寺。天圣二年，避彭城郡王名，改"通"为"明"。

妙峰院　在仁丰里。《三山志》云：宋建隆元年置。院在妙峰山之巅，故以为名。

河口弥勒院　在仁惠里。宋乾德二年置。钱塘军校邓保洪戍于此，捐所创宅为之。

弥勒院　在嘉崇里。《三山志》云：宋开宝二年建。《八闽通志》云：明洪武间，以其址为白湖铺也。

舶塔院　在易俗里。《三山志》云：宋开宝七年，舶主造，号舶塔天王寺。

崇福院　在易俗里。宋太平兴国三年置。

报慈崇因经院　在郡东开元寺东。《三山志》云：宋太平兴国六年置。本唐潮州刺史李彦晖故宅。《八闽通志》云：后并入开元寺。

崇庆尼院　在郡东南。《三山志》云：宋雍熙元年建。《闽都记》云：在河西街尚书里，旧泉山书院址。明正德间，改建为林文安公翰藏修之所。公卒，遂为宗庙。

钓龙台院　在嘉崇里。宋淳化四年置。

妙严院　在府城东南隅。宋天禧四年建。

九仙育王院　在州东南九仙山下。《三山志》云：宋嘉祐二年建。

紫薇院　在方岳里。宋天圣三年建。

弥勒院　在光德里。宋天圣九年建。

吉祥寺　在归义里。《三山志》云：宋景祐元年置。

闽山塔院　在瑞圣里。宋庆历七年置。

灵山天王院　在州东北。宋皇祐三年置。

内汤院　在郡治东北。宋嘉祐间置。

云林寺　在永南里。宋绍圣三年建。

甘泉院　在合北里。《三山志》云：宋政和四年置。《闽都记》云：在平山之南。

梁山院　在还珠里。宋绍兴间建。

深翠塔庵　在鼓山海会塔下，一名南庵。宋绍兴间，僧士珪建。历代住持塔因立院其旁。

海仙庵　在鼓山下。宋时建。

圆通庵　在鼓山东峰下。宋绍圣二年，僧潜洞建茶亭于此。庆元己未，僧祖鉴改为庵。

妙喜庵　在江右里云门山，宋孝宗书额。见《三山志》。

南院　在鼓山舍利窟前，一名新魁庵。宋开禧四年，僧慧意建。

普度塔院　在鼓山里白云廨院前。元大德甲辰建。

头陀万寿寺　在嘉崇里。院至治二年建，俗呼"头陀寺"。

雪峰庵　在福尾坊，本雪峰廨院。

石泉寺　在江右里。明洪武元年建。

三塔庵　在鼓山里。明洪武乙巳，僧宗繁建。

兴善庵　在鼓山半山。明邓定有诗。

涌泉庵　在高惠里。明成化间改为忠烈祠。

白云廨院　在鼓山西麓，本涌泉寺积谷处。明嘉靖间毁，遂拓而葺之。

广福寺　在螺洲。明嘉靖间废，今为吴氏宗祠，祠后石塔犹存。

玄妙庵　在嘉登里湖江山。

福海庵　在方岳里常思岭。有亭，以憩行者。

青芝寺　在合北里百洞山十曲洞上，以产青芝得名。明董应举读书处。

洋头庵　在光德里高湖道周。明万历间建。

能仁寺　在易俗里东岳庙西。明万历间建。

积翠塔庵　在鼓山里白云洞下。《闽都记》云：明万历丙申，僧悟宗建。《鼓山志》云：有宋住持元嗣、清越二塔，今废。

华严寺　在螺洲洲后。明万历二十二年，里人吴汝诚建。

云卧庵　在鼓山里大顶峰北凤池旁。

明真庵 在藤山梅坞中。

调象庵 在鼓山里小顶峰下。明天启甲子,僧明超建。

般若庵 在鼓山里保老洋。明崇祯间建,以居耕众。清林之蕃有诗。

鹤巢寺 在高盖山芦湾洞口。

无诤居 在鼓山里狮子峰右。清顺治庚寅,僧道宗建。

吸江兰若 在鼓山舍利窟。清顺治乙未,僧成源建。

护国禅院 在九仙山。清康熙四年建,有旃檀佛像。后毁于火,五十二年改建万寿亭,为祝圣之所,有大士殿。乾隆四十四年,总督三宝塑大士出山像,并镌像于石。

福州府·侯官县

乾元寺　大中寺　南涧寺　隆寿保福寺　升山灵岩寺　神光寺　石塔寺　芙蓉院　九峰寺　南报恩院　双峰院　西禅寺　雪峰崇圣禅寺　灵隐寺　寿山广应院　壵沙寺　古崇福寺　竹林庵　贤沙寺　千福院　五百罗汉寺　仙宗寺　林洋院　精岩寺　仁王寺　延祥院　凤池寺　华林寺　叫佛庵　越山庵　报慈崇因经院　石松寺　妙峰院　开化院　崇福寺　灵光寺　安元寺　石牌庵　超山寺　金山塔庵　洪山寺　灵云寺　灵鹫庵　转华庵　翠岩寺　绍因寺　灵塔寺　明空寺　妙果寺　临江寺　花山寺　象峰寺　药山院　寻山庵　景星尼院　龙泉院　华严院　楞伽寺　雪峰院　石泉院　翠林院　洪福院　安德院　上生院　龙龛院　资圣院　三峰永宁院　廊回院　吉祥院　灵峰寺　枯木庵　云居寺　幽居院　广明郁林

院 镇国寺 大沩寺 南山寺 莲华院 栖云慈峰院 灵泉崇圣院 龙安院 安国寺 应真院 白云院 西报恩院 末山寺 大悲院 四圣院 宿云庵 金粟庵 北禅庵 玉泉寺 灵光寺 白泉院 隐峰院 资圣院 南禅院 西罗汉院 道清天王院 偃峰院 瀑布院 保安净居万定尼院 云顶院 西观音院 育王塔院 荐福光严藏院 香灯资福崇寿院 太平山地藏院 泗洲院 翠微院 香溪石峰院 禅林院 灵溪尼院 罗汉院 万寿院 大林洋院 白龙院 絓月兰若 庆云院 天宫院 围山广福院 松山寺 保寿院 北法云院 法祥院 尧山院 石泉崇寿院 闽山院 保寿院 沩山竹林院 永隆院 怡山院 弥陀院 兴福院 崇寿院 华严院 大溪院 太平兴国院 越峰罗汉院 佛国院 龙山院 香岩院 龙邱院 历山院 鹫峰院 释迦院 荐福院 翠峰罗汉院 幻住庵 安元院 清泉院 马鞍山地藏院 兴圣院 归宗院 灵峰院 万回院 螺峰院 灵源院 石山院 罗汉院 佛坐院 丁山院 释迦尼院 金砂院 独露庵 普度庵 月华庵 普明庵 观音台寺 兴福庵 弥勒寺 普明庵 北天王院 雁湖院 别峰庵 地平迦瑜教寺 毗卢阁 新丰庵 碧云禅窟 雪峰庵 开化寺 湖头尼庵 万龄庵 圆觉庵 新庵 大梦山庵 大士阁 高峰庵 岐江寺 万寿寺 东峰庵 板桥亭庵 湖头尼庵 西隐寺 延善庵 定林庵 左砂寺 五峰廨院 惠庆寺 一峰寺 心泉庵 老佛庵 崇善庵 万寿庵 涌莲庵 圆通庵 妙香庵 象鼻庵 净慈寺 弥勒寺 大士准提殿 西台地藏寺（212）

乾元寺

【〔宋〕《淳熙三山志》】怀安乾元寺　州北，无诸旧城处也。晋太康三年，既筑新城，遂以为绍因寺。唐乾元三年，防御使董玠奏赐今名。皇朝咸平六年，赐御书一百二十三卷。御制：《心轮偈颂》十四卷、《秘藏详》三十卷、《逍遥咏》十一卷、《缘识》五卷、《青龙疏》六卷、《秘阁赞》、《九弦琴》、《阮歌》、《喻言》、《双钩书》、《圣教序》、《心轮图》、《无名说》、《笔法》、《日行诚有益无法帖》十二卷、《大字诗》三卷、《益铭》四体、五体书二卷。草书：《孝经》、《千字文》、《孤城诗》、《颠草书》、《急就章笔法歌》、《杂字》九轴、《故实》九轴。八分书：《千字文》《故实》《真定王碑》；飞帛："帝佛"二字、《杂言》无注、《杂言》有注、《下假诗》、《远看诗》。皇祐三年，赐御书二轴：飞帛"明堂之门"，篆书"明堂"。至和元年，赐《皇祐新乐图记》三卷。已上，天宫院掌之。旧山趾八寺通往来。今乾元、天宫同用一记，文曰："乾元天宫院记。"有：琴石，闽越王鼓琴所。金鸡井，越王井。中有金鸡，昔牧羊儿见之，因以石投，久而闻声，后不复见。钦马池，亦越王迹。戒坛，唐大中四年，长溪建善寺始开坛度僧三十人。光化元年，闽王审知复置于本寺。天复二年，移开元。

大中寺

【〔清〕同治《福建通志》】大中寺　在州西钟山。梁普通二年，太守袁士俊舍宅为寺，号袁寺。隋大业间，改鸿业寺，寻为钟山寺。唐上元间，更名福唐寺。大中四年赐今额。宋元丰改元，复新之。旧有定慧塔，九层。朱梁开平四年，伪闽建。宋天圣间燕之，累数年，闽人复创。漕使陆轸为赞。后复毁。八百罗汉像。佛书云："诸矩那与其徒八百众，居震旦国。今五百居天台，三百居雁荡。"是堂像八百，额题云"天台雁荡以此"。观音像。宋政和间，清凉院僧宗颜为□观音像。久而色故，将命工饰之，忽梦，谓曰："我常城居，合亿万众时仰。"俄而，城之中僧数百人亦以梦来致之。今在寺之西偏。

【〔明〕万历《闽都记》】大中寺　有山名钟山，梁太守袁士俊居第内时闻钟声，舍宅为寺。隋改为鸿业寺。唐上元中，更名福唐。大中四年，更今名。后唐开平中，王审知建定慧塔，七级，今毁。有八百罗汉像、观音像在寺西偏。宋陈藻《宿大中寺》："壮游初到郑公卿，与子吟哦古佛旁。老去同时人死尽，那知来此话僧房。"明曾仁鉴《宿钟山寺》："宝地深双树，钟山匝一枝。莲灯供夜读，香积假晨炊。过懒僧留弈，消愁独咏诗。无心与俗混，名姓恐人知。"屠本畯《大中寺》："萧寺过从数，携尊晚更同。客寻求仲侣，人羡谢家风。笑傲筵频徙，追随兴不穷。无因陪竟夕，惆怅白头翁。"陈椿《憩钟山寺》："微月淡娟娟，清风净四禅。地疑灵鹫涌，山似巨鳌连。烛烬将分夜，钟鸣欲曙天。上乘何处悟，愿借一灯传。"

南涧寺

【〔明〕万历《闽都记》】南涧寺　在乌石山之东，梁大通六年，居士苏清舍宅为之。唐乾宁二年，闽王建天王殿。三年，号南涧护国天王，合庵十二为寺，以居涧旁，故名。唐天宝八载五月六日，风雨雷电，涌出佛像，欧阳詹记。宋时有安文头陀来游寺，于榛莽中得岩石，侧足以入，燕坐其中。大观中赐额"普明庵"。国朝嘉靖间，寺为沙门所蚀，仅余天王崎，依山屋数椽。万历初，知县周裔先从里人请，始复为寺，视旧址不及半。寺之西，旧祀行瘟神。祷祠踵接，里人增构亭台，其山逾胜。安文头陀《磨岩诗》："客至不点茶，相看淡如水。

白云深谷中，稳坐浮生里。"唐欧阳衮《南涧寺》："春寺无人乱鸟啼，藤萝阴磴野僧迷。云藏古壁遗龙象，草长担台抱鹿麛。松籁冷冷疑梵呗，柳烟历历见招提。为耽寂乐亲禅侣，莫怪闲行费马蹄。"周朴《南涧寺》："万里重山绕福州，南横一道见溪流。天边飞鸟东西没，尘里行人早晚休。晓日春山当大海，连云古堑对高楼。那堪望断他乡目，只此萧骚自白头。"黄滔《南涧寺》："郭内青山寺，难论此窟奇。白云生院落，流水下城池。石像雷霆启，汀沙鼎鼐期。岳僧来坐夏，秦客会题诗。冈转泉根滑，门升藓级危。紫薇今日句，黄绢昔年碑。歇鹤松低阁，鸣蛩径出篱。粉垣千堵束，金塔九层支。啼鸟笙簧韵，开花锦绣姿。清斋奔井邑，玄发剃熊罴。极浦征帆小，平芜落日迟。风篁清却暑，烟草绿无时。信士三公作，灵踪四绝惟。良游如不宿，明月拟何之。"明萧世济《游南涧新亭》："良朋喜新构，邀我凌巇岏。携觞入南涧，振衣陟危栏。一庵挂树杪，俯视周人环。扪萝叩石壁，排云坐禅坛。顿觉真境好，恍如世外观。开襟会佳趣，席地罗杯盘。登顿未言疲，竟兹一日欢。嗟予挂罗网，局促靡所安。会将巢岩松，共摘青霞餐。"

【〔唐〕欧阳詹《石佛像记》】万物阗阗，各由袭沿，无袭无沿，而忽以然。苟非妖怪，实为珍庆。斯石像者，其珍庆与！始孕灵韫质，兆朕未见，则峨峨巨石，岩峭山立，镇郡城之前阜，压莲宫之上界，海若鞭而莫动，天时泐而终固。皇唐天宝八载五月六日清昼，忽腾云旁涌，骤雨来集，惊飙环骇，轩訇杳冥。雄雄者雷，驲然中震，迸火喷野，大声殷空。岑岭足夔足尼，潭洞簸荡。须臾，风雨散，云雷收，项劈轮囷，斩然中辟，南委地以梯落，北干霄而碣树。不上不下，不西不东，亭亭厥心，涌出真像三十二相，具八十种好备。列侍环卫，品觉有序，庄严供养，文物咸秩。端然慈面，俨然仪形，似倚雪山而授法，如开月殿以趺坐，异矣哉，不曰博闻乎？未聆于往。不曰多智乎？罔测其所来。且物之坚，莫坚于石，况高原广袤，又群石之杰，一朝派剖，中有雕琢，其为造物之初，致有相而外封乎？其为石之后，人无间而内攻乎？噫！不可以人事征，请试以神化察。巍巍释氏，发挥道精，其身既倾，其神不生。等二仪以通变，齐四大而有力。教于时有所颓靡，人于教有所忸怩，则为不可思议。以煦以吹，故示此无迹之迹，难然之然，俾知我存，存我之门。经曰："千百亿化身，盖随感而应。兹身者，则千百亿之一焉。"昔诸佛报见，皆托于有命，有命则有生，有生则有灭。曷若因其不朽之物，凭乎不动之基，形既长存，法亦随是。与夫为童男而出世，假长者以来化，元元之徽则虽一，永永之利则不侔，可以礼足而悔罪，寄影以安乐。予则求福不回者，焚香跪仰，或从释子之后，故于巉巉之余仞，聊书其所由来。贞元六年七月十五日记。

隆寿保福寺

【〔清〕同治《福建通志》】隆寿保福寺　在二都郡厉坛之北。建自陈天嘉二年，旧名唐安。明洪武初重建，更今名。明林燫诗："古寺萧萧傍郭门，周回间砌长苔痕。高秋风送诸天雨，落日人归何处村。诗句每从初地觅，蝉声偏向静中喧。不须辛苦营生事，衰草荒丘总断魂。"

升山灵岩寺

【〔明〕万历《闽都记》】升山灵岩寺　升山，去郡十里而遥。陈天嘉三年创寺，旧号飞山。世传越王勾践时，此山自会稽飞来。元沙寺即其址也。以其西岩石间时闻鼓磬声，故称灵岩。唐天宝中，任放升举于此，乃号升山。兴元初，僧雅操居之。

观察使孟皞请于朝,移今所。立寺额"升山"。操尝与皞谈经,今寝堂版曰"紫云",其遗址也。山巅有任公台故址。又按《陶隐居登真注》:"玉溜山在海中,赤须子谓之地肺。晋太康中,任敦即放自茅山往居之十余年,来住此山。又往玉笥,既复来闽,于王霸宅得金版仙诀。丹成,上升。今台及洗药池尚存。"寺后圮废,国朝嘉靖间重建。唐周朴诗:"升山自古道飞来,此是神功莫浪猜。气色虽然离禹穴,峰峦犹自接天台。岩边古树泉冲落,顶上浮云日照开。南望闽城尘世界,千秋万古卷浮埃。"宋钱昱《紫云台》:"杉松匝寺堂,栏槛倚高冈。郡国晓云灿,禅阶春草长。涧青连竹色,山静带茶香。更有名僧在,茅庵住上方。"程师孟《游升山》:"行处松萝深似幄,望中城郭细如旗。清泉可惜藏岩下,不作先生洗药池。"运使石赓诗:"衰年脚力倦跻攀,今日凭高一解颜。驱得江山来目下,化将楼殿出云间。真人炼药仙都近,释子焚香佛界间。尘事数来宁易得,高歌尽此夕阳还。"通判陈铸:"任公何代此升仙?万仞仙台倚翠巅。石径层层封绿藓,松萝步步拂青烟。海中岛屿分诸国,野外云霞萃一川。贤守乘春纵登赏,不妨吟到夕阳天。"陈襄《和程大卿游升山》:"相逢正及荔枝期,况值千岩雪洒时。南国小棠偏去近,北山逋客独来迟。云中直有三清路,尘外都如一局棋。闲欲引泉添洗药,未应夺我凤凰池。"曾巩《游升山》:"修竹长松十里阴,任敦烧药洞门深。独窥金版惊人语,能到青霞出世心。鸡犬亦随云外去,蓬瀛何必海中寻。丹楼碧阁唐朝寺,钟呗香花满旧林。"李纲《登升山》:"飞来耸秀一峰孤,凤沼幽深若画图。钓艇谢亡难复契,弹琴颖在且相娱。心闲自与亲泉石,车稳何妨载酒壶。万壑千岩争竞处,不须惆怅误东吴。"明陈亮《游升山简初上人》:"出自北郭门,村村好林薮。我行访精庵,百折渡溪口。篮舆方跻胜,挂杖还入手。幽深足探诗,十步停八九。飞甍近可观,尚觉登顿久。乃知地位高,上可挹星斗。灵岩下窥瞰,众峰皆培塿。千村绕城郭,百木争奔走。茫茫浩劫中,万象俱摧朽。名山自千古,半为空门有。吾师智力大,叱咤龙象吼。经行闭幽绝,为我开户牖。未论清净理,且进醍醐酒。居然物外心,解脱超尘垢。明晨下烟阁,怅望空回首。"袁表《春日登升山经元沙故寺》:"探奇望碧岑,选胜到双林。野烧千山暮,樵歌一径深。春回祇树绿,云带石堂阴。归路缘溪水,泠泠清我心。"王湛《游升山寺》:"踏遍峰头万壑烟,日斜才到寺门前。山僧惯识云霞侣,笑指松间半榻眠。"又《宿升山寺》:"松桧阴阴昼掩扉,深山古寺到人稀。花飘碧涧孤莺啭,烟锁深林独鹤归。松下月华清客梦,竹间云气湿禅衣。明朝又与幽僧别,遥听钟声恋翠微。"陈椿《宿升山寺》:"迭嶂丛林不可梯,奇葩双树隐招提。江门日落潮初长,洞口风鸣鸟乱栖。挥尘坐贪香界净,传灯应照下方迷。僧房阒寂无人到,唯有空廊过虎蹄。"徐𤊹《游升山》:"云端石磴万峰回,松竹阴中觉路开。江汇都从闽海去,山飞曾自会稽来。香灯供佛销初地,丹药升仙没古台。独有昔贤遗刻在,年年秋雨长青苔。"谢肇淛《登升山》:"翠微高控大江回,寂寂僧寮昼不开。古寺尚传陈建置,孤峰疑自越飞来。龙蛇石上留残篆,鸡犬云中有旧台。紫竹碧桃零落尽,玉田无主鹤声哀。"郑邦祥《宿升山寺》:"竹阴深掩翠微房,寂寂诸天夜色凉。百尺苍藤□挂月,半林红叶鸟啼霜。斋前风度云堂磬,定后烟消石室香。万籁不鸣心地静,下窥尘界还茫茫。"林光宇《游升山寺》:"襫衣防乍雨,蓐食趁残更。关远听鸡度,岐多信马行。瀑声喧应谷,雾气暝吞城。静境身才到,山僧问姓名。""危峰回嶂隐招提,松径参差隔小溪。一片夕阳行欲尽,寻僧人在板桥西。"

神光寺

【〔清〕同治《福建通志》】神光寺　在乌石山东。唐大历十年,析南涧寺为金光明院。七年,改为大云,会昌例废。大中间,监军孟彪亭池其间,号南庄。越岁,舍为寺。观察使崔千请名于朝。宣宗夜梦神人发光殿庭,迟明,览奏异之,遂与今名。明成化间重修。唐欧阳衮诗:"香刹悬青磴,飞楼界碧空。石门栖怖鸽,兹塔绕归鸿。有法将心镜,无名属性通。从来乐幽寂,寻觅未能穷。"明徐𤊹诗:"宝刹摧残蔓草烟,居民争占古诸天。不看繁盛看销歇,恨我生迟二百年。"中有碧云禅窟、蟆头石、片石桥、冲天台、万福楼、歇青亭诸胜。

石塔寺

【〔明〕万历《闽都记》】石塔寺　在鳞次台之东。唐贞元十五年,德宗诞节,观察使柳冕以石建塔,庚承宣为记,赐名贞元无垢净光塔。五代晋天福二年,王延曦重建,名崇妙保圣坚牢塔。国朝永乐、宣德、景泰、成化间屡修葺。嘉靖间,寺地为居民干没,一塔仅存。会城龙角颓废,非宜。明林恕《登石塔》:"晴霄高耸签锋铦,海月江烟挂碧檐。地控诸天连北极,窗虚八面敞云帘。瑶池日照金运净,碣石春摇竹笋尖。欲借乌山磨作砚,兴来书破彩霞缣。"洪士英《登塔》:"寺废塔犹存,经年不启门。邻梯闲借上,石磴始能扪。鸡犬烟中市,桑麻雨外村。残碑虽剥蚀,仿佛辨贞元。"

【〔唐〕庚承宣《贞元无垢净光塔碑铭》】皇帝降诞日,为国建无垢净光塔铭并序。摄观察推官宣义郎,前行秘书省校书郎庚承宣撰。昔如来以善恶无所劝,为之说因果。修因果者无所从,为之存像教。像教设,而功德爰立;因果著,而报应彰明。至于聚沙，亦获多福，矧由旬纵广之高大，其功德曷可思量哉！唯唐贞元己卯岁孟夏四月旬有九日，圣君降诞之辰也，煌煌乎溥天之大庆，率土之盛事，穷祥绝瑞，略而不谈。人神幽赞，品类欢乐，迩自京邑，达于海隅。各献珍宝，以贺昌运。先是观察使柳公、监军使鱼公，相与言曰："闻夫西方之圣者，崇福之本，至仁之教。故报君莫大于崇福，崇福莫大于树善，树善莫大于佛教。教之本，其在浮图欤。伏以今皇帝道迈往初，泽渐无垠，天下之人，登寿域乐太平者，二十有一年于兹矣。含气之类，尚犹知感，矧臣子之心，复当于兹辰焉。"于是会释徒、谋建置，作为浮图，以塔名之。夫塔者，上参诸天，下镇三界。影之所荫，如日月之照，破昏为明；铃之所响，如金石之奏，闻声生善。如是诸福尽归幻漆。今上谋之既臧，相顾踊跃，愿力新果。事无不谐，齐心至诚，三卜皆吉。相地面势，依山凭高，标胜概于南方，跨上游于福地。食王禄者，乐于檀施；荷帝力者，悦而献工。后无告劳，功用斯毕。皇帝嘉焉，御札题额，锡名贞元无垢净光之塔。屹然峻然，高立云外，露盘而星象可接，金榜而鸾凤交驰。从何处生，如踊诸地。比金刚而难坏，与劫石而齐坚。取舍利以置其中，□□本□以表其外。俾夫观览者名号斯识，瞻礼者利益居多。异夫经营之初，垦凿之始，周其基址，下现盘石。五色□□□□□意将灵祇先有所待。盘石之上，又生异表，莹澈水净，淋漓玉颜，如物之牙。粲然攒植，讯诸博识，得未曾有。非□□孝之感动，神祇之协赞，则何以有斯灵异乎？况河东公以仁德镇抚，海隅广互安。鱼公以忠贞□□□□师□辑睦。二臣协心，一方康宁。建彼崇塔，赫然丕绩。上以资大君无疆之福，下以遂苍生□□□□□□□亦至矣。盖刊诸贞石，以示于将来。小子备从事之末，奉铭叙之命，岂积竺乾之道，空为□□□□□□□□。瞻彼灵塔，巍巍崇崇。疑自地踊，若将天通，作镇海隅，高标闽中。影护下界，形仪太空。金盘纳景，□□□□□□□赞兹盛功。侯其建之，臣子之忠。□□福之，圣寿无穷。

【〔清〕同治《福建通志》】国朝顺治六年重建。

芙蓉院

【〔清〕同治《福建通志》】芙蓉院　在稷下里，山如芙蓉。唐太和七年，僧灵训创。咸通八年，赐额"延庆禅院"。宋太平兴国间，改名"兴国禅院"。国朝康熙四十二年，僧惟括修。

【〔明〕万历《闽都记》】芙蓉峰　在五、六都稷下里。去郡八十里而遥，山形秀丽如芙蓉。有洞，口可丈许，萦纡十余里，游人篝灯秉炬以入。崖石互锁，乍狭乍廓，绀乳时滴，阴气逼人，火色青闪。五里，至义存开山堂，可坐百人，有石床、石鼓、石盆，过此濂濂，莫穷其源。唐咸通八年创"延庆禅院"，宋改"太平兴国"。今废。宋黄幹《登灵洞岩歌》："寒岩突兀山之阿，足履危磴攀藤萝。岩下清泉响环佩，岩前古木交枝柯。当中洞门忽开豁，上有石屋高嵯峨。乾坤开辟已呈露，鬼神守护频挥呵。重门黯淡不可入，以火来照所见多。出门小洞亦奇绝，神龙奋怒吞蛟鼍。胜景如此难重过，手倚石壁频摩挲。安得雄思如悬河，长吟大咏仍高歌。"《宿芙蓉寺》："万迭云山踏雨来，白云依旧冒山隈。尊罍磬尽客怀恶，衣屦沾濡僧意猜。默坐香炉烟起伏，喜闻灵洞石崔嵬。五更清磬丁东响，参斗横空天四开。"明林鸿《夜宿芙蓉峰》："香刹瞰林邱，逢僧信宿留。风帘乘月卷，露簟犯凉收。宿鸟微喧曙，明河淡泻秋。一经空寂境，人世漫沉忧。"又《游芙蓉峰》："密竹不知路，渡溪微有踪。悬知石上约，定向松间逢。物候变黄鸟，菖蒲花紫茸。相望不可即，袅袅霜天钟。"徐熥《游芙蓉洞》:"别是人间古洞天,不知湮塞是何年?蓬蒿满目腰镰劈,石窦摩肩秉炬穿。昼静只闻山鬼语,夜深常坐野狐禅。从来路绝无行迹,踏破苍苔一片毡。"《寻芙蓉寺故址》:"先朝名刹总凋零,野鸟哀呼不可听。禾黍几多经雨绿,芙蓉依旧插天青。开山缁衲谁为嗣,护法伽蓝尚有灵。遗址荒芜寻未得,屡将岐路问园丁。"谢肇淛《游芙蓉洞》:"山荒洞窅问难凭,却逐畲人步步升。樵斧劈开初有径,土床渐尽久无僧。貔貅避炬穿泉脉,蝙蝠冲云拂石棱。鸟道插天崖穴地,从来能有几人登。""蛇行十里黑巉巉,门外留题古洞岩。一自禅师开讲席,遂令踪迹隔尘凡。雾蒸石室泉常落,雨霁经台莽未芟。唯有白云如恋客,归来片片上征衫。"《寻芙蓉寺故址》:"峰回路断莽萧萧,一片平田长绿苗。薜荔村深衹树尽,芙蓉峰在化城遥。雨中草色侵苔础,竹里泉声咽石桥。野鸟啼春猿啸夜,居民犹自说前朝。"

九峰寺

【〔清〕同治《福建通志》】九峰寺 在九峰山。唐大中二年创,咸通二年号"九峰镇国禅院",柳公权书匾。国朝康熙十八年重修。

【〔明〕万历《闽都记》】九峰山 在府北七十里而遥,邻于龙迹石,其山峰头九出,圆尖不一,峭拔若笔然,与芙蓉、寿山共号三山。唐咸通中,改号"九峰镇国神院",后废。万历中僧真灿重建。宋黄幹《宿九峰寺》:"暝逐归云入远山,九山环立似人间。摩挲石刻元和体,矍铄僧谈宣政间。往古来今浑作梦,只鸡斗酒强开颜。明朝酌取龙湫水,直上层霄不复还。"明陈鸣鹤《宿九峰寺》:"入山便觉意欣然,定与山灵有宿缘。断续九峰都绕寺,住持几众尽耕田。树围绝巘莺声外,水咽危桥鸟道边。行遍空廊闻击竹,何人参破祖师禅。""空蒙山色雨中奇,百里看山策杖迟。苔径烟花唐宝刹,石坛香火慧禅师。云边坐看长流水,松下闲抄半折碑。萝磬数声功课后,观心最是倚栏时。"徐𤉢《宿九峰寺》:"遥望危峰九点苍,寺门名额自残唐。庄严佛相新兰若,慈惠禅师古道场。风送茗花香半岭,雾蒸松翠染空廊。东山月晓声闻寂,卧听钟鱼出上方。""法祖开堂七百年,古坛元不断炉烟。金钱岁久销初地,宝磬风高咽暮天。野衲躬耕青嶂外,游人梦绕白云边。沧桑几变空门劫,没尽先朝供佛田。"谢肇淛《宿九峰寺》:"历遍崎岖翠万重,夕阳已挂寺门松。窗前平楚诸天界,云里青莲九迭峰。宝地半区谁布席,残僧数口尽为农。开山尚有宗风在,凄断斋堂五夜钟。""千盘鸟道数重溪,昏黑藤萝路欲迷。门旁尚题前甲子,山云犹护古招提。松翻暝雨当空落,瀑卷晴虹绕寺低。隔尽万峰谁得到,平林一片鹧鸪啼。"

南报恩院

【〔明〕万历《闽都记》】报恩塔院　在神光寺旁。唐大中间,观察使杨发以隙游亭地,命僧鉴空创寺及塔七层,为南报恩院。咸通九年,敕号"神光之塔"。乾符五年,巢寇入闽,焚殄无遗。开平中,王审知复建。子延曦又造石塔。宋太平兴国二年,升为寺,今并入神光,而塔已毁。万历间,又作小庵于寺后山麓,仍旧名曰"桂月兰若"。唐欧阳衮《神光寺》:"香刹悬青磴,飞楼界碧空。石门栖怖鸽,慈塔绕归鸿。有法将心镜,无名属性通。从来乐幽寂,寻觅未能穷。"周朴《神光寺塔》:"良匠用材为塔了,神光寺与得高名。风云会处千寻出,日月中时八面明。海水旋流倭国野,天文方载福州城。相轮顶上望浮世,尘里人心应总平。"明陈亮《登神光塔》:"宝塔层层见,天灯面面红。

玉毫光不夜,火树迥当空。七级高标壮,千门属望同。朱栏清暎月,金铎远鸣风。弛禁逢元夕,焚修溢梵宫。游观多士庶,登陟有文雄。共喜超群品,应知仰六通。迷津如可照,于此息微躬。"林鸿《登絓月兰若》:"金人青莲宇,乃在白云里。久与名僧期,乘闲却来此。入门闻经梵,挂壁见巾履。落涧泉影红,侵廊藓花紫。海天正南豁,一望见千里。独树川上浮,孤云鸟边起。予生况多暇,所性乐山水。真赏非外求,冥心巢居子。"又《九日登絓月兰若忆郑二宣》:"微霜初下越王城,衰病逢秋也自轻。九日登临多纵醉,百年感慨独钟情。新蝉野寺黄花晓,远树江天白雁晴。却忆浮丘炎海上,懒题诗句寄同声。"又《夏日至絓月兰若》:"翠微精舍碧萝垂,涧户阴阴暑不知。青草旧游苔满院,白莲新社雨侵池。题诗好是书蕉叶,招隐谁同赋桂枝。不向空门休物累,下方尘土欲何为。"又《题异上人絓月轩》:"迢迢青莲宇,寂寂野僧定。片月絓虚空,群崖破阴暝。云窗晃玉毫,露幔卷金镜。色映天影寒,光凝古坛净。尝闻止水观,可以喻禅性。夜久悟音闻,空山响烟磬。"《林世璧集·神光兰若》:"夙耽玄览厌区廛,落日乌山晚兴偏。结赏共邀莲社侣,追游幸忝竹林贤。风前梵影摇双树,月里仙歌下九天。夜静空香诸想寂,愿言乘醉欲逃禅。"又题《神光禅院》:"暂解红尘鞅,来依玉殿香。禅关落钟磬,秋色上衣裳。万象山河列,三天日月光。树含青雨气,村合白云乡。寂灭心同查,纷纭意转伤。人间龙亦静,市远世都忘。听法昙花下,参禅怖鸽翔。夕阳萝径晚,归路绿烟长。"王应山《夏日游神光寺》:"宝刹邻乌石,携尊忆旧游。兹山自名胜,我辈坐销忧。权木长垂荫,□花半似秋。悠然发幽兴,得句若为酬。""清泠台下寺,一径隔尘氛。野饮偏宜暑,寻山幸有君。山深稀见日,洞古忽生云。醉即依禅榻,何言已夕曛。"徐熥《过神光庵》："薜萝深处入，一径自逶迤。待月嫌林翳，看云怯石危。岩阴灯影晦，山静磬声迟。虽有重来约，重来知几时。"徐㶿："破寺不堪游，新庵尚可投。攀松还倚竹，寻壑更经邱。地僻门休掩，岩倾字半留。晚风花落尽，吹上老僧头。"谢肇淛《壬子元日登絓月兰若》："春动冶城南，扪萝穴遍探。开年新蜡屐，絓月旧精蓝。野色青犹逗，林光绿已含。布沙初作径，倚石欲成岚。寺废多余地，僧闲不出庵。香留残岁火，树剩晚冬柑。柏叶杯应禁，莲花座可参。欲将如愿祝，长日傍瞿昙。"

双峰院

【〔清〕同治《福建通志》】双峰院　在二十四都。唐咸通五年置。初，僧师复与林衮同业儒同入关，至扬子渡口，师复有出尘之想，赋诗曰："君自成龙我成道。"浩然而归，卜筑于双髻峰下，久之，移建今所。主峰峭秀，岩谷幽远，盖水西之胜处也。观察使李瓒请锡额，号"护圣禅院"。后人作四悦堂，像师复、瓒、衮及周朴，祀之。绍兴三十一年，以枢密富直柔请为功德院，号"崇因荐福"。

西禅寺

【〔清〕同治《福建通志》】西禅寺　在二都怡山，一名域山，古号信首，即王霸所居。唐咸通八年，长沙沩山僧大安居此，起废而新之。后改名清禅，又改延寿。唐长兴间，闽王延钧奏名长庆。景祐五年，敕号"怡山长庆"。政和八年，余少宰深奏为坟寺，赐额"广因嗣祖"。宣和元年，改为嗣祖黄檗院。建炎元年仍旧。明宣德间重建。国朝顺治间重修。宋黄裳诗："谁是怡山不灭仙？定光来应此方缘。龙骧凤翥三宗子，狮吼雷鸣六祖禅。鱼佩独垂聊徇世，藕丝相感为开天。自从日月归真后，衣钵何人已得传。"明黄道周诗："路折城西地已幽，寒云更绕寺门流。深林何处堆黄叶？老衲无心任白头。山近重阳常欲雨，人经多难易悲秋。偶然坐觉蒲团稳，谁拟闲身几日留。"寺内外有七井，号七星井，俱唐开山僧懒安浚。四围荔树甚多，宋时栽者百余株。其法堂前后四株，为五代僧慧棱子手植，至今犹存。有奎华阁，宋咸平间，以太宗圣文神翰分藏名山卷轴。乾道时，以新翻经三十函付之。明远亭，宋嘉祐八年〔建〕。元给事绛留诗："野色远函天盖转，山围高捧斗车来。"宣和七年，陆侍郎藻更名斗车，寻仍旧。李纲《斗车堂》诗："杰阁雄楼杳霭间，佳辰良夜共跻攀。斗回高柄临华栋，月涌清光出远山。急景行将悲晼晚，此身难得到宽闲。世间百虑何时了？且对金樽一解颜。"又有紫翠亭、放生池诸胜。

【〔明〕万历《闽都记》】宋李觏《怡山长庆寺诗》："行行金碧里，气象恍如春。不记来时路，自嫌衣上尘。院香知有佛，僧静似无人。十载京华梦，相逢一欠伸。"王偁《宿怡山兰若》："别路绕珠林，秋来落叶深。一灯今夜雨，千里故人心。已沉空门幻，还惊旅况侵。坐闻钟鼓曙，离思转沉沉。"郑善夫《病起步西禅》："一春伏枕莺可怜，病起野池明白莲。偶尔梳头出城郭，便因看竹到西禅。天晴求食鸟双下，日午闭门僧独眠。明发螺江有行役，红尘白雁异风烟。"林世璧《游西禅寺》："晓色带江城，疏林空翠晴。倦兹秋风爽，复得赏心清。宝刹凌云耸，金绳倚日明。岩花相映发，谷鸟自和鸣。世界人天接，河山岁序更。佛香烟共暝，法镜月俱盈。悟理非关象，超元讵可名。云何牵世网，扰扰负平生。"王湛《游西禅》："烟际辨禅扉，山深竹径微。鸟窥双树下，僧踏芹云归。林叶飘秋色，岩花媚夕晖。应思尘土客，此地到应稀。"徐𤊹《游西禅寺》："野旷烟光薄,林深暑气微。乱蝉鸣觉路,一犬护禅扉。花竹通诸径,旃檀大几围。云房吟卧久,直到晚凉归。"陈椿《重过西禅寺》:"城市蹉跎忽几春,重来古寺对佳辰。天花兢座香仍在,芳草衔杯迹已陈。门掩孤峰巢野鹤,钟鸣双树断行人。无因更证三生果,竹杖蒲团寄此身。"徐𤊹《游西禅寺》:"松门云际寺,花木转幽深。处处欲投足,房房生住心。苔纹青绣壁,荔火赤烧林。一径斜阳外,归僧逐暮禽。"谢肇淛《游西禅寺》:"城西十里路,春树变鸣禽。远寺寻钟入,山僧避客深。雨花天外落,石榻洞中阴。悟得空门意,吾生已陆沉。"

雪峰崇圣禅寺

【〔明〕万历《闽都记》】雪峰寺 在二十八、九、三十都之中,宋嘉祥东里也。其山旧名象骨峰,高四十里,根蟠四邑,未冬或雪,盛夏无暑。唐乾符间,僧义存者至武陵,传法于五祖德山,还闽,居芙蓉山石室。其徒猬集,于是得象骨峰。里人谢仿辈诛茅为庵于凉映台北,迎存来住。一日登山巅遇雪,留宿其上,因名雪峰。其徒益盛,至无所容,乃去庵三百步,经营建寺。里人蓝文卿舍田七千余亩,房室五百间,诸物称是。遂为南方丛林第一,赐号"真觉"。有凤凰冈,雪峰主山也;梯云岭,其巅险峻若登天然。

【〔清〕同治《福建通志》】雪峰崇圣禅寺 在嘉祥东里。唐咸通十一年置。初,僧义存游吴楚,至武陵,传法于五祖德山,乃归闽,居芙蓉山石室。有同学行实者,为相胜概,于是得象骨峰。未冬或雪,乃为庵于凉映台北,改名雪峰。乾符二年,赐号"真觉"及三衣,乃号"应天雪峰禅院"。乾宁元年,复于陈洋造法堂。王氏倾资给之,厦屋弥山。光化三年,改号"应天广福"。宋太平兴国三年,赐号今额。明宣德间重建。最称奇胜。明王恭《送云上人歌》:"七闽山多如蜀川,千岩万壑疑登天。六华峰欹雪作顶,五月夜半闻寒蝉。芙蓉石窄人飞过,莲宇经台尚经火。无字碑横鹿任眠,磨香石冷从猿卧。忆作法园初布金,三千缁锡绕丛林。经行龙象诸天影,禅寂蛟鼍万籁音。杉枝青青低覆地,木人也悟西来意。五百年光转眼休,重见真僧出凡世。镡津法侣解楞枷,却下九峰登六华。枯木庵前挂如意,留香堂上搭袈裟。竭来下界相逢处,幸接微言沃甘露。凿齿由来识道安,远公自是奇元度。法舟今去几时逢?尘世空瞻象骨峰。归见住山相问讯,西江一派是禅宗。"旧有鳌山阁,初真觉与钦山和尚客澧州,同假宿鳌山邸,夜坐不成寐。钦山诘之,真觉曰:"心未稳在。"乃令吐露襟次。钦山因谓之曰:"从门入者不是佳珍,丈夫当盖天盖地。"真觉廓然大悟,后以名其阁,盖识成道之由也。 难提塔,唐龙纪元年,真觉预造葬地。自序曰:"夫从缘得者,始成而终坏;非从缘得者,历劫而常坚。坚则在,坏则捐。虽然离散未至,何妨预置者哉?所以垒石结室,琢木为函,搬土植石为龛,诸事已备,头南脚北,横山而卧。唯愿至时同道者莫违我意。"天复三年,王审知刻石。 枯木庵,池旁有枯木,外嵌中枵。真觉晏坐其间,今犹宛然。 留香堂,有僧败絮百结,秽不可近。众逐之,独邻榻僧怜而送之。既行数里,其僧曰:"荷君勤意,适留香相报。"及还所坐处,异香袭人,经时不歇。乘云台,僧希运与二僧同登。转盼之间,二僧忽腾云而去。 无字碑,郑鉴诗:"一片如屏紫翠间,风吹日炙薛花斑。莫言个里无文字,要在当人着眼看。"鞭斗石、文殊台。蘸月池,旁有古杉,乃闽王与真觉手植。今真觉者直而参天,闽王者樛而逮地。皆大数十围。 水磨,义存题云:"庵前永日无狼子,磨下终年绝雀儿。"至今犹存。 又有白云堂、卧云堂、望州亭诸胜。

灵隐寺

【〔明〕万历《闽都记》】灵隐寺　在龙仁里。宋政和五年建，有不溢泉、平步台、小龙潭、海月庵。明陈亮诗："世路多喧嚣，春山自幽静。偶从淡荡人，共陟招提境。沙明日在野，林暝云起岭。憩石歌且吟，倾瓢醉还醒。方欣灵府旷，渐觉尘虑屏。预恐解携归，愁襟复难整。"

【〔清〕同治《福建通志》】灵隐寺　在八都古灵。唐咸通间建。明林志诗："海上三山隔弱流，梵宫独占此山幽。香台月霁昙花曙，丈室苔封贝叶秋。宦况暂辞青琐去，锦归莫恋白云留。诸天不用藤萝锁，早晚乘风到上头。"又有安德院，大中间建。

寿山广应院

【〔清〕同治《福建通志》】寿山广应院　在稷下里。唐光启三年建，明万历间重建。

【〔明〕万历《闽都记》】寿山　在四都。与芙蓉、九峰二山对峙。去府城八十里。唐光启三年建广应院，今废。山有石，莹洁如玉，可为印章。柔而易攻，大者可一二尺许，盖珉云。距山十数里，有五花石坑，其石有红者、缃者、紫者，唯艾绿者难得。宋黄幹《游寿山》："石为文多招斧凿，寺因野烧转荧煌。世间荣辱何须论，日暮天寒山路长。"明徐𤊹《游寿山寺》："宝界消沉不记春，禅灯无焰老僧贫。草侵故址抛残础，雨洗空山拾断珉。龙象尚存诸佛地，鸡豚偏得数家邻。万峰深处经行少，信宿来游有几人？"谢肇淛《游寿山寺》："隔溪茅屋似村墟，门外三峰尚俨然。丈室有僧方办寺，殿基无主尽成田。山空琢尽花纹石，像冷烧残宝篆烟。禾黍鸡豚秋满目，布金消息是何年？"陈鸣鹤《游寿山寺》："香灯零落寺门低，施食台空杜宇啼。山殿旧基耕白水，阪田新黍啄黄鸡。千枚碏璞多藏玉，三日风烟半渡溪。康乐莫辞双屐倦，芙蓉只在九峰西。"

垚沙寺

【〔清〕同治《福建通志》】垚沙寺 在七都。唐时建。距江有木塔，明参政唐瀌子孙居之，曰吸江台。

古崇福寺

【〔清〕同治《福建通志》】古崇福寺 在四十一都。相传唐时建，宋政和间修。国朝康熙间，僧等传锄园得石，镌"古崇福寺"四字，因竭蹶重兴。寺前石桥枕溪，苍松翠柏环抱，亦清修佳胜云。

竹林庵

【〔清〕同治《福建通志》】竹林庵 在四十二都。与芙蓉寺同建于唐。国朝康熙六年，僧应瑞重建。

【〔明〕万历《闽都记》】竹林寺 在十二都。唐大中十一年建。时户曹林绩，观大历二年释法照游衡山云峰寺堂，饮次，钵中忽五色云现，云中有寺，寺有金榜，题曰"大圣竹林寺"，叹异之。以其居修篁千亩，遂舍为寺。有藏经宝函、龟山、白龙崖、安边轩、白云亭、溪会亭、三十六庵。

贤沙寺

【〔清〕同治《福建通志》】贤沙寺 在三十九都升山下。五代梁开平元年置，本安国宗一禅师塔院也。宋天禧二年，僧戒珠葺而新之。绍兴三十一年，朱丞相倬奏请为功德院。敕赐"敦忠崇报"为额，今废。

【〔明〕万历《闽都记》】元沙寺 在三都升山下，即飞来峰也。五代梁开平元年建，绍兴间，丞相朱倬请为功德院，赐额"敦忠崇报寺"。有熙春台、不溢泉、鬼磨石、仙升岩、龟池、揽秀亭诸胜，有宗一禅师塔院、静游亭。国朝永乐七年重建，今废。宋曾巩《元沙寺》："升山南下一峰高，上尽层轩未厌劳。际海烟云常惨淡，大寒松竹更萧骚。经台日永销香篆，谈席风生落尘毛。我亦有心从自得，琉璃瓶水照秋台。"观察使安积《游元沙》："升山游罢到元沙，松桧阴中一径赊。自愧簪缨趋仕路，翻怜泉石属僧家。寻穷越国真山迹，见尽闽都好物华。幸接画熊拥千骑，红旌归去照残霞。"叶棣《游元沙》："乱山深处款禅扃，十里松阴步障行。翠竹黄花几开发，南星北斗自高明。楼台日转天边影，钟磬风回地底声。为问闲江钓船客，谢家谁更未知名。"程师孟《静游亭》："石磴高轩榜静游，度年红叶少惊秋。使君会得山僧意，不放笙歌到上头。"李纲《游元沙》："招提高拥碧崔嵬，携客登临在此回。寺比道林多掩抱，峰如灵隐解飞来。薜萝深处钟声响，杉桂香中殿阁开。莫道钓鱼人已寂，至今说法尚如雷。"李弥逊次韵："骑鲸破晓上崔嵬，人识仙翁第一回。杖履不应尘外去，旌麾早自日边来。黑头半为忧时改，青眼惟逢胜地开。怪底尺书频寄雁，向来交味比陈雷。"元贡师泰："十里青山马上看，东风拂面尚微寒。偶随芳草来僧寺，却笑飞花落客鞍。东野先生方载酒，西方博士亦弹冠。莫怜白发江湖远，且为诸公一尽欢。"明刘大夏《游元沙》："清时作宦得闲游，更喜祇园景物幽。山色连云迷晓径，松声绕涧接喧流。僧台翘首诸天近，午日凭栏百感休。薄暮归来心更乐，盈畴禾黍万家秋。"许天锡："芙蓉面面拥飞峰，地布金沙一万松。鸟语隔窗呼醉梦，山光入座盗吟胸。云缄贝叶函函润，苔蚀碑文字字封。瘦马东西十年事，几回来此益疏慵。"王文旭《飞来寺》："古寺藤萝外，秋山落叶纷。水流双树暝，花寂半楼云。

载酒思渔友，留题忆雁群。明当采黄菊，谁与共幽芬。"陈椿《经元沙废寺》："琳宫何处觅，一径望中迷。古洞喧猿语，前蹊印虎蹄。桥经流水断，岸带夕阳低。别欲寻僧去，空门试共栖。"徐㸌《经元沙废寺》："欲问前朝帝释家，村童遥指古元沙。田间掘土铜钟出，路口铺桥石阙斜。说法台空秋啸虎，放生池涸夜鸣蛙。半龛残火金身剥，墙角西风鼓子花。"谢肇淛《经元沙废寺》："断钟古瓦掩颓垣，百亩檀林尽蔗园。人向乱芦寻野径，僧同病叶卧山门。香烟夜烬金猊冻，禾黍秋高石虎蹲。布地开坛消息断，一溪霜月照啼猿。"

千福院

【〔明〕万历《闽都记》】千福院　梁乾元三年，闽建有长乐台，守程师孟刻石，又有飞燕亭，亭并废。宋陈襄《长乐台》："云暗驺鸣出谷时，一方□□□辉。知公才业非张翰，莫为鲈鱼有意归。"曹颖叔《长乐台》："仙姿冰骨与秋辉，疑作危岑磴翠微。向晚山僧若留我。层□□带乱云归。"湛俞诗："茉莉晓迷琼径白，荔枝秋映绮筵红。"

五百罗汉寺

【〔清〕乾隆《福州府志》】五百罗汉寺　在右三坊，乌石山麓，本雪峰廨院。《三山志》："梁贞明五年，闽王审知梦梵僧数百，奕奕有光，光所至处，有双桧并池而秀。一僧擎跽而前，曰：'王能饭吾于此乎？'及旦，图而访之，得今寺地百步，池桧皆如梦中，乃为堂环之。命池曰'浴圣'，桧曰：'息圣。'改今名，有放生池。"万历《府志》："今废为常丰仓。"

仙宗寺

【〔明〕万历《闽都记》】仙宗寺　在六都。其山多松，紫纤数十里，白鹤巢焉。涧水泠泠有声，与鹤声相应。五代唐同光二年建寺，元至正二十三年重建。寺有历峰亭、白鹤岭、洗钵池、昙花磴、枢松关、金鸡岩、卓锡泉、垂梦径，号八景。明王湛《游仙宗寺》："独有秋山色，能清物外心。泉临幽谷落，路入暝云深。樵客踏黄叶，岩僧住绿阴。何畴与公等，蹑屐此登临。"王应钟和："言访招提境，能生般若心。白云随处合，黄叶落阶深。地僻秋先到，山高景未阴。欲同王子敬，世外一登临。"陈仲溱《过仙宗寺》："古寺沿溪转，高幡隔树飘。竹阴斜映水，松色倒侵桥。孤鸟入林没，残僧归路遥。磬声烟霭里，静听欲魂销。"徐和："云际前朝寺，凄凉不可寻。僧应少来往，啸亦有销沉。大地黄金散，空廊碧草深。唯余堂上磬，还似昔年音。"

林洋院

【〔清〕同治《福建通志》】林洋院　《曾记》作林洋瑞峰，在遵化里。五代唐长兴二年置。国朝康熙十二年重修。

【〔明〕万历《闽都记》】林洋寺　在四都。晋天福元年创，国朝废。万历壬子，僧大渊重建佛堂。明陈鸣鹤《过林洋寺》："绝磴崎岖雨气凉，桃枝岭外访林洋。山围法界遗基在，路绕平田故业荒。忍草入帘新卓锡，昙花满地旧开堂。空庭尽日无人过，卧数千峰到夕阳。"徐𤊹《过林洋寺》："故院犹存旧日名，茅茨重结两三楹。鸡碑折断摩无字，鸱瓦颓残踏有声。地僻久虚游客到，山荒都属老农耕。林间留得迦陵在，飞去飞来吊月明。"谢肇淛《过林洋寺》："丛林一片掩垂藤，败铁生衣石阙崩。夜雨孤村闻断磬，春畦隔水见归僧。山荒荆棘无邻近，岭隔桃枝少客登。寂寞茅茨余四壁，霜风时打佛前灯。"

精岩寺

【〔清〕同治《福建通志》】精岩寺　在七都象山之西。

五代唐长兴二年建，初号"浔湖塔院"。宋大中祥符六年，升为"精严"。元符间，始大辟土莽，为游人憩息之所。明洪武间重建。明林鸿诗："香刹象天界，名僧辞世氛。一峰独耸削，众壑相氤氲。作礼向金仙，仙林投鹤群。群犬衔人衣，却走避腥荤。于时春向暮，林亭霭日重。苍然草木气，尽湿西江云。登阁见千里，渺怀沧海濆。山钟忽播荡，因此悟音闻。"旧有指柏堂、妙观亭、普照轩、罗汉洞、独露庵。上有小台、金界亭，又北有台山、普现庵、万圣台、盘陀石、金刚窟、清凉台、月华庵、华峰亭、竹洞、绿阴亭、喜见亭诸胜。

仁王寺

【〔明〕万历《闽都记》】仁王寺　在神光寺之西，晋天福三年，闽连重遇建。初名道清天王院，后更今名。有雨花阁、横山阁，多颓废。万历间，主僧真庆募缘重建。宋郑侠《仁王寺横山阁》："案俯横山跨海来，拂云高阁为谁开？荒溪古木闲猿洞，明月白沙空钓台。晓日东峰龙夭矫，秋风西峡凤徘徊。居然静卧江南岸，天堑波涛亦壮哉！"曾巩《旬休日过仁王寺》："杂花飞尽绿阴成，处处黄鹂百啭声。随分笙歌与尊酒，且偷闲日试闲行。"李弥逊《横山阁对月词》："清夜月当午，轩户踏层冰。楼高百尺，缥缈天阙敞云扃。万里风摇玉树，吹我衣裾零乱，寒入骨毛轻。径欲乘之去，高兴绕青冥。神仙说，功名事，两难成。芋汀筠岫深处，端可寄余龄。身外营营姑置，对景掀髯一笑，引手接飞萤。且尽杯中物，日出事还生。"元萨天锡《仁王寺横山阁》："千尺青莲座，烟霞拥地灵。山川□几屐，日月两浮萍。乌没天垂海，龙归水在瓶。深堂说法夜，应有石头听。"何中《仁王寺》："天王小精庐，山角临城堙。古称藩服雄，异境环相陈。塔影六七枝，瓦缝千万鳞。烟明南台树，潮壮方山津。老僧肯前揖，似与异代人。指点壁间画，修庑行逡巡。观音本自在，维摩妙悲輂。苍然古木荫，寒山若可亲。板扉几尊者，一一皆风神。老僧太息言，劫余偶遗珍。从今几年算，此壁终成尘。余笑谓老僧，子意亦良勤。适见俄已失，当悟无还真。"明林彦弼《仁王寺避暑》："古木阴阴宝刹幽，言寻河朔共清游。风来亭午浑无暑，雨送微凉却似秋。词客挥毫同雪调，山僧卓锡带云浮。市嚣不到禅栖处，永日相携一散愁。"王应山《游仁王寺》："飘飘巾舄拂烟霞，古刹层崖一径赊。为访禅关入双树，如云法界演三车。引泉洗钵分蔬供，敲石烧铛荐茗芽。共喜寻芳窥色相，珠林片片落天花。"陈濂《游仁王寺》："寻芳偶到梵王家，为叩真诠听法华。坐引流觞浮竹叶，厨开香积饭胡麻。春深院宇数声鸟，日永庭阶几树花。兴发留题攀绝壁，不妨沉醉落乌纱。"徐熥《避暑仁王寺》："结夏依禅窟，松关闭寂寥。摩崖猜古篆，相地徙团瓢。赤日过林尽，红尘到寺销。清凉元有境，人自爱炎歊。"洪士英："祇园同结夏，枕藉白云深。栲栳当门树，旃檀别院林。岩钟微雨騞，山阁暝烟沉。世味坐来淡，新蝉时一吟。"马欻《仁王寺》："仁王名宝刹，法相是旃檀。树老春无叶，香深径有兰。法云如酿雨，慧日不生寒。醉学逃禅者，依然自在观。"曹学佺《仁王寺》："登山才至麓，最喜得招提。泉出疑浮露，江迴似吐霓。云阴交日乱，树色入城低。自顾将行役，新诗试一题。"

延祥院

【〔清〕同治《福建通志》】延祥院　在乌石山之阴。晋天福五年置。本闽之邮馆，王延曦以为永隆院，名以其年号也。宋祥符四年赐今额。绍兴五年，屯驻水军，改为延祥寨。

凤池寺

【〔清〕同治《福建通志》】凤池寺　在凤池山。五代汉乾祐间建。宋元绛诗："州人未识凤池山，朱毂时来此往还。四座杯盘在天上，满轩风雨落人间。千围古树排旌盖，百道飞泉响佩环。谁为霜绡图景象，翠微高处一开颜。"曾巩诗："经年闻说凤池山，蜡屐方偷半日闲。笑语客随朱阁上，醉醒身在白云间。溪桥野水清犹急，海岸轻寒去却还。为郡天涯亦潇洒，莫嗟流落鬓毛斑。"李纲诗："凤去空余旧浴池，竹梧交荫翠参差。云随屐齿生松磴，泉合琴心泻石陂。幽讨平生如此少，清闲今日许谁知。道人为筑䌷书室，杖屦来游更卜期。"李弥逊诗："几日公来浴凤池，蹇驴陪乘偶参差。羁栖自笑卧盘谷，健句争先诵渼陂。世路吹齑无念到，山游啖蔗不言知。䌷书欲遂云根长，肯与酸寒郑老期。"旧有擢秀亭、翠微亭。宋建炎二年，进士题名于此。又览辉亭、凤池轩、华池阁。宋陈瓘被放后，蒙恩自便，尝居焉。

华林寺

【〔清〕同治《福建通志》】华林寺　旧名越山吉祥禅院。在乾元寺东北，无诸旧城处也。晋太康二年，迁新城，其地遂虚。宋乾德间，钱氏以鲍修让为郡守，建寺于此。旧有胜会亭，宋太守李上交有诗。明正统间赐额。国朝顺治初修，康熙七年重修。有越山庵在寺东，叫佛庵在寺北。

【〔明〕万历《闽都记》】华林寺　旧名越山吉祥禅院，无诸旧城处。晋太康三年迁新城，遂虚其地。宋乾德三年，吴越钱氏臣鲍修让为郡守，始创寺。后增数寺，并入华林。西廊有转轮经藏，今圮。东廊有文昌祠、普陀岩。正殿之后为法堂，法堂西祖师殿。以越王山为斧扆。明王应山《华林寺避暑》："琴尊酬凤约，选胜入旃林。兰馥通禅味，松涛接梵音。诸天同水月，一片共冰心。即此俱为乐，炎蒸迥莫侵。"曹学佺《华林寺看梅》："路回城北思凄凄，寺倚屏山信杖藜。疏雨不曾妨客人，闲云元自任僧栖。参差兰若香分径，高下松根翠作梯。只惜梅花飞欲尽，不知春色在桃溪。"王毓德《华林寺赠二禅师》："宝刹越城边，千花绣佛前。翻经同白昼，持戒各青年。灯影散疏雨，钟声寒暝烟。更怜阶树古，萝薜断仍连。"徐𤊹《华林寺》："越山一片削芙蓉，同扣禅扉紫翠重。茶灶远携烧落叶，蒲团分坐选深松。危城半倚高低石，宿霭全迷缥缈峰。为惜春光今日尽，淹留应到夕阳钟。"郑邦祥《秋日过华林寺》："素竹满空山，商飙下枯箨。物散心亦闲，寻僧坐幽阁。香定石磬孤，雨湿秋云落。地僻行人稀，微烟隐虚薄。"安国贤《华林寺》："携得芒鞋与竹筇，相将选胜越王峰。当时歌舞三千尽，故国山河百二重。载酒高临云里阁，敲诗斜倚石边松。浮生一任春归去，取醉闲行听寺钟。"

叫佛庵

【〔明〕万历《闽都记》】叫佛庵 在越王山之麓。国朝初建。明陈椿《憩叫佛庵》："萧然古刹傍城栖，茗木宛匏尊为客携。半榻松风朝市远，一帘花雨景光迷。山当绝处多猿穴，路出前林即虎溪。妙悟由来归白社，试将真诀石间题。"徐和："城北青山喜共寻，一樽闲憩小祇林。花飘法雨参差影，松卷惊涛远近音。梵刹暗随斜日转，僧房长锁暮云深。空门自与红尘隔，相对偏宜静者心。"安国贤《过叫佛庵》："信步过祇林，苔痕屐齿侵。烹茶烧竹叶，选地坐蕉阴。树静闻虚籁，云归见定心。支郎能爱客，从此日追寻。"

越山庵

【〔明〕万历《闽都记》】越山庵　旧华林净室。万历二十八年募缘重建。明徐𤊹《憩越山庵》："净室翠峰前，经台怪石边。竹繁删几亩，松老种何年。破衲披林霭，残钟出岭烟。淹留忽弥日，闲坐又闲眠。"《陈鸣鹤集·越山庵》："半亩精庐傍越山，荔枝林掩坐禅关。鸟随花雨闲经下，僧在绳床入定还。欧冶池塘烟霭外，无诸宫殿薜萝间。白莲结社休归去，才出空门便不闲。"《谢肇淛集·越山庵》："严城高控万松间，草结团瓢竹映关。一片落花林外路，数声啼鸟雨中山。僧来共证三生果，客过时偷半日闲。霸业消沉王气尽，寒云空逐夜钟还。"安国贤《越山庵》："胜侣追随到碧山，偶寻支遁叩禅关。满林竹气侵衣湿，一径苔痕印屐班。黄耳忽惊游客至，白云长伴野僧闲。淹留共话无生偈，日落前峰尚未还。"

报慈崇因经院

【〔清〕同治《福建通志》】报慈崇因经院　在左二坊。宋太平兴国六年置。本潮州刺史李彦晖之故宅。

【〔宋〕《淳熙三山志》】闽县报慈崇因经院　州东。六年置。《寺记》作："太平兴国始号。"《旧记》作"六年"。本潮州刺史李彦晖之故宅。有男乙，年九十岁，嘉祐二年作记云："彦晖从王氏起光山，以功出镇越、台，分符潮郡，遂赏兹宅。及太平兴国，归款。乃曰：'幻质无常，终归坏灭。'因舍为寺。"

石松寺

【〔明〕万历《闽都记》】石松寺　一名石嵩，在三都。宋大中祥符三年建，初名"灵凤"，绍兴十年，僧天石于石上种松，因易今名。国朝成化九年重建，后多颓废。万历间兴复，天石种松三本，自刻石云："一与寺门作名实，二与山林为标致，三与一切游人作阴凉。"题诗云:"偃盖覆岩石,岁寒傲霜雪。深根蟠茯苓,千古饱风月。"国朝成化九年重建,后多颓废。万历间兴复。明林春泽《游石松寺》:"翠旗峰下丛林晚,有客相携眼倍明。天迥风高双鸟逸,江空木落万山清。林光未纵烟霞老,野兴偏随杖屦轻。谁信昨非今更是,我今方得古人情。"王湛《游石松寺》:"禅扉昼不关,石涧水潺潺。客到松阴里,僧眠云气间。怪禽喧古木,残叶点寒山。向夕烟萝暝,行吟带月还。"邓原岳《石松废寺》:"古寺荒凉甚,伤心落照前。佛龛留鼠迹,僧舍断人烟。色相已成幻,桑田殊可怜。只余洗钵水,相对亦泠然。"徐𤊹《经石松废寺》:"寺废久无钟,禅关掩万峰。空廊唯卧虎,弃钵不归龙。墙榻埋残碣,苔深翳古松。倘非樵子引,那识往来踪。"陈价夫《晚过石松寺》:"山僧乞食去,日暮不闻钟。坐设三生石,门扃□粒松。夕风翻贝叶,秋雨暗芙蓉。寂寞经坛下,空余猿鹤踪。""看山不觉深,拄杖入双林。古意坐来淡,秋云行处阴。白莲重结社,芳草自知心。却恐归时路,明朝不可寻。"陈荐夫《游石松寺》:"重来应感旧游非,野寺无人昼掩扉。金界草生迷客路,禅床花落点僧衣。云归塔院寒猿啸,日入香台野雀飞。惆怅空门只如此,人生何处是皈依。"徐𤊹《游石松寺》:"眼见精蓝废复兴,香台新敞竹阴层。云扶插汉青峰起,雨送飞空翠瀑崩。收果谁当今善士,种松因问昔名僧。偶来随喜贪清净,结夏还期礼佛灯。"曹学佺:"石与松俱好,名之寺更幽。到门山雨下,面壁峡泉流。法磬随清虑,香台自远眸。此生无住著,才得称心游。"

妙峰院

【〔清〕同治《福建通志》】妙峰院 在二都洪塘妙峰山巅。宋天圣间建。国朝顺治间重建。

【〔明〕万历《闽都记》】妙峰寺　在洪江妙峰山之麓。明林炫《登洪江妙峰》："洪塘江上妙高峰，古刹栖云紫翠重。岩石驱车时拂燕，松萝把酒忽闻钟。天边有客曾骑凤。海畔何人是卧龙。十七年前联句在，山楼如梦叹萍踪。"龚用卿和："江畔孤高有妙峰，紫芝瑶草碧云重。交萝丛竹开春宴，石磴云门报午钟。懒性暂来看水鸟，论思敢谓缀山龙。吟诗欲步江楼句，肯许卑栖蹑后踪。"魏文焜《登妙峰》："周览恣名山，兹峰信高妙。群山如逐鹿，合沓成奔哨。翼翼龙凤翔，于焉结精要。彩错献多姿，寂历含众窍。蹑屐托幽寻，振衣穷穷眺。岩花幽自开，岭猿相叫啸。江横素练明，日净青山貌。散步入禅关，空对寒山笑。缅矣怀康乐，兴生临海峤。千古仰清芬，期与尔同调。"

开化院

【〔清〕同治《福建通志》】开化院　在郡治西。宋景祐间建。伪闽时，怀安县北街皆西湖地，岁久址失，后人误指院在今西湖上者，非是。国朝康熙间，总督金世荣重建开化寺，在西湖中孤山。有宛在亭，后改为湖心亭。

崇福寺

【〔清〕乾隆《福州府志》】崇福寺　在四十都，宋政和间置。国朝康熙甲戌，僧等传锄园，得石镌"古崇福寺"四字，因重兴。

灵光寺

【〔清〕同治《福建通志》】灵光寺　在城西一都。宋建炎四年修。中有凤凰池。

安元寺

【〔清〕同治《福建通志》】安元寺　在五都白鹤山。宋时建。国朝康熙己未重兴。

石牌庵（华峰寺）

【〔清〕同治《福建通志》】石牌庵　在旧怀安四都。与黄勉斋墓碑相近，故名。宋朱子书"华峰"二字，匾额犹存。国朝僧等昱重建。

【〔明〕万历《闽都记》】华峰寺　在四十都，一名石牌，与黄勉斋墓道石碑相近，以名庵。万历初建，国朝顺治间，僧等昱重建。明徐𤊹《石牌寺》诗："路出先贤古石碑，小庵高处竹阴埋。木横略彴通危涧，草结团瓢倚断崖。五沸瓦铛春后茗，数声云板午前斋。从来幽僻无邻近，风扫藤花落满阶。"陈鸣鹤《华峰》诗："雨细风斜过石碑，精庐犹隔数重崖。云中客路高于鸟，竹里僧寮小似蜗。行道共持诸品咒，随堂同赴八关斋。夜阑露坐心如水，落尽松花月满阶。"谢肇淛《华峰寺》诗："小寮低对远山佳，犹记先贤旧石碑。五尺圆瓢依绿荫，半林方竹俯丹崖。木鱼夜动间僧课，蔬甲春肥共客斋。漏转莲花心地寂，一天霜月满苔阶。"曹学佺《华峰寺》诗："一雨悬秋意，孤灯接夜谈。道粮资茗笋，僧䉣杂烟岚。法叱山神护，禅容石丈参。开堂人已老，休念学瞿昙。"

超山寺（超山报国寺）

【〔明〕万历《闽都记》】超山寺　在十三都。山隔大江，沿浦而入，有孤阜突起，故名。山下有四门江桥。元泰定初建寺。又石门山，二山对峙，中贯清溪，望之如门，溪浒有伍仲襄庙。明郑迪《宿超山兰若》："上人住在东林久，踪迹人间往来少。碧草闲依石磴深，苍苔自染松关厚。薄暮时逢上客过，吟诗对酒复如何。山中无复可乘兴，萝月纷纷窗外多。"陈鸣鹤《重登超山》："磴险全依竹，桥危半引藤。烟霞前日客，钟鼓隔云僧。迭嶂已千折，孤峰更一层。不愁归路晚，犹有过山灯。"

王湛《宿超山寺》："朝踏山上云，夕宿山中月。禅扉闭寂寥，尘想于焉绝。阴廊翳乱藤，石磴埋残雪。达曙淡无眠，钟声在林樾。"陈椿《重游超山寺》："扁舟一叶溯江潮，古寺风幡影动摇。门掩白云行处近，林含青霭望中遥。月华隐映三千界，水气浮沉十四桥。因向支公重证果，便思脱屣谢尘嚣。"

金山塔庵

【〔清〕同治《福建通志》】金山塔庵　在洪塘江心，有小阜，砌石为桥，以达于庵，中有塔。元王翰诗："胜地标孤塔，遥津集百船。岸回孤屿火，风度隔村烟。树色迷芳渚，渔歌起暮天。客愁无处写，相对未成眠。"

洪山寺

【〔明〕万历《闽都记》】洪山寺　在洪山桥西，旧废。国朝正德间，布政使陈珂重建。万历六年，都御史庞尚鹏修。寻圮，甲寅又重建。明谢肇淛诗："山下洪江江一村，江云山霭共黄昏。早潮归去暮潮到，一片寒声绕寺门。"

灵云寺

【〔清〕乾隆《福州府志》】灵云寺　在十九都，明嘉靖间建，国朝康熙间重修，今圮。

灵鹫庵

【〔清〕乾隆《福州府志》】灵鹫庵　在右三坊，乌石山阳，明嘉靖间建。学道姜宝废之，为方伯陈洙别业。国朝顺治初，改为斗姥宫。明林濂《春日乌石山庵》诗："禅室倚层巅，透迤石径悬。居然在城市，迥自隔人烟。百雉窗中出，群山户外连。微茫辨海岛，缥缈接云天。谷静应清响，林香袭梵筵。布金知往日，卓锡问他年。暂息尘寰扰，聊依净土偏。无生心已悟，不住法谁传？嘉遁遗朱绂，冥搜结白莲。追陪曾谬忝，高论一怀贤。"

转华庵

【〔清〕同治《福建通志》】转华庵　在五都石山岭,明万历间建。明徐𤊹诗:"精庐傍人境,虚寂无垢氛。食施林间鸟,衲挂前山云。池光既澄洁,香气尤氤氲。猕猴设戒律,狸犬嫌腥荤。谈深不顾返,西岭将斜曛。终当远城市,高卧辞人群。"

翠岩寺

【〔清〕同治《福建通志》】翠岩寺　在神光寺西。康熙二十三年,僧照喆建。前有俯雉楼,后枕般若台。苍松翠竹,袭映可人,因名翠岩。

据〔民国〕《福建通志》记载,尚有:

绍因寺　在城北冶山,本无诸旧城处。晋太康三年,郡守严高建,州寺自此始。

灵塔寺　在城西北二十一都。《闽中记》云:晋太康三年建。《三山志》云:在永宁里,一名灵塔台,唐武德二年赐额。

明空寺　《闽中记》云:刘宋升平三年建。《八闽通志》云:宋时废。

妙果寺　《闽中记》云:齐永明三年建。《八闽通志》云:宋时废。

临江寺　梁天监三年建。

花山寺　梁大通四年建。

象峰寺　淳熙《三山志》云:在齐礼里。梁太清元年置。《八闽通志》云:在城西十四都。

药山院　在齐礼里。陈太建元年建。

寻山庵　在城西七都。《三山志》云:在闽光里。陈太建元年建。

景星尼院 在府城东北隅。陈太建二年建。

龙泉院 《三山志》云：在驯犀里。唐麟德元年建。

华严院 在乌石山华严岩侧。唐嗣圣中敕建，有楷书"敕华严院"四字镌院。

楞伽寺 在城西一都。《三山志》云：在美宅里。唐大历六年置。《长庆寺志》云：在寺后楞伽山巅。

雪峰院 在城西北十二都招贤里。唐建中初，僧义延开山。会昌例废，大中间复。

石泉院 在府城北越王山之北。《三山志》云：在观风里。石壁峭立，泉出其下。唐元和中，僧绍先表请建院于泉侧，敕号石泉。《康熙府志》云：即苔泉也。

翠林院 在城东北。《三山志》云：在稷下里。唐太和七年，僧灵训建。《闽都记》云：在怀安五都、六都。

洪福院 在城北怀安二都。唐太和三年建。

安德院 在城西南八都古灵。《三山志》云：在新兴里。唐大中初建。

上生院 在城西南乌石山。唐大中六年建。

龙龛院 在城西北十一都。《三山志》云：在志节里。唐大中七年建。

资圣院 在城西南三都灵凤里。唐大中十一年建。

三峰永宁院 在城西十六七都驯犀里。唐咸通二年建。

廊回院 在城西二都孝义里。唐咸通五年建。

吉祥院 在城西南。《三山志》云：在高阳里。唐咸通六年建。《乾隆府志》云：郡守蔡襄曾奉慈亲看花于此，有诗。

灵峰寺 在城北十九都石塔桥旁。唐咸通中建。僧志勤禅师见桃花悟道处也。

枯木庵 在雪峰山万工池侧。《三山志》云：池旁有枯木，外嵌中枵。唐咸通间，僧义存宴坐其中，今犹宛然。

云居寺 在城西三都。《三山志》云：在绥平里。唐乾符五年建。

幽居院 在城北施化里。唐广明元年建。

广明郁林院 在城西北德风里。唐广明元年建。

镇国寺 在城西北三十四都。唐中和元年建。

大沩寺 在城西一都。《三山志》云：在美宅里。唐中和五年建。初，僧大安中和三年坐寂于此，建塔于凤凰山，前为亭，曰大沩。五年，敕赐大沩延圣塔院。宋熙宁八年，僧洞宏迁此，始更为禅院。

南山寺 在城西北十九都。《八闽通志》云：唐光启二年建。

莲华院 在城北三十九都。《三山志》云：在宁棋里。唐大顺二年建。《闽都记》云：在城北莲华峰。

栖云慈峰院 在城西南七都三秀里。唐乾宁元年建。

灵泉崇圣院 在清化里。唐乾宁元年建。先，咸通十年僧行环开山，号灵泉，至是赐额。

龙安院 在城西南九都。《三山志》云：在海平里。唐乾宁元年建。

安国寺 在城北三十八都。《三山志》云：在忠信里。始曰龙邱，会昌例废。唐乾宁三年，忠懿王复之。光化初，僧师备自雪峰来居焉，馆徒常千人。

应真院 在城西一都。《三山志》云：在永钦里。唐光化二年建。先，咸通初，僧希逢入闽，寓怡山，居人杨捷舍园林以建。

白云院 在绥平里。唐天复三年建，号白云山弘福禅定院。

西报恩院 在美宅里。《三山志》云：唐天复三年建。

末山寺　在美宅里。唐天祐四年建。

大悲院　在乌石山。《三山志》云：有僧尝止庐岳三十年，诵大悲神咒空中，言曰："功已成矣，可去救人。"后归乡创此。《乌石山志》云：今遗其处。

四圣院　在乌石山。《三山志》云：奉梁武帝、志公和尚、娄约法师、傅大士。《乌石山志》云：今遗其处。

宿云庵　在乌石山。

金粟庵　在乌石山华严岩侧。《三山志》云：旧般若台址。

北禅庵　在北关外鹏搏山。《灵光北禅事迹合刻》云：俗呼北禅寺。唐建，旋废。宋李纲重建，清开极复建。

玉泉寺　在万安桥西。唐建。

灵光寺　在桐口灵光桥旁。《三山志》云：在清平里。宋建炎四年重修。《灵光北禅事迹合刻》云：寺创于唐□全禅师，再创于五代神晏禅师。

白泉院　在长寿里。五代梁开平二年建。

隐峰院　在施化里。五代梁开平二年建。

资圣院　在稷下里。五代梁开平四年建。

南禅院　在齐礼里。五代梁乾化二年建。

西罗汉院　在美宅里。五代梁乾化二年建。

道清天王院　在府城内西南隅。五代梁乾化二年建。

偃峰院　在太平里。五代梁乾化二年建。

瀑布院　在稷下里。五代梁乾化二年建。

保安净居万定尼院　在太平里。五代梁乾化三年，齐国夫人孟氏建。册礼副使翁承赞为《记》。

云顶院　在城西北二十一二都。《三山志》云：在永兴里。五代梁贞明二年建。

西观音院 在永钦里。五代梁贞明六年建。

育王塔院 在城内文兴坊北。闽王时有之,佛殿题:"琅琊安远使募缘架造。"

荐福光严藏院 在府治北乾元寺之左。五代唐同光三年建,本闽公主与其夫余廷芳所建。

香灯资福崇寿院 在城北太平里。《三山志》云:五代唐同光三年建。闽王以国夫人茔郭之西,因置是寺。周显德四年加今额,命以高祖母齐国夫人坟西所种杂果充祭荐。《闽中录》云:太平里在今铜盘山下,国夫人当即王母。

太平山地藏院 在城北。《三山志》云:在太平里。五代唐同光四年建。《闽都记》云:在铜盘山。

泗洲院 在崇顺里。五代唐天成元年建。

翠微院 在城北兴城里。五代唐天成元年建。

香溪石峰院 在城西北德风里。五代唐天成元年建。

禅林院 在城西南清政里。

灵溪尼院 在城西南高阳里。五代唐长兴二年建。

罗汉院 在城西北九功里。五代唐长兴四年,里大姓黄氏建。

万寿院 在府城南隅。五代晋天福元年建。

大林洋院 在四都。《三山志》云:在施化里。五代晋天福元年建。

白龙院 在城西北。《三山志》云:在九功里。五代晋天福二年建。

絓月兰若 在府城西南神光寺后山麓。《闽都记》云:五代晋天福二年,王延曦建。

庆云院 在城西北超胜里。闽王舍花园创建。

天宫院 在城北越王山后。《三山志》云:五代晋天福四年建。

今为西外敦崇院。

囤山广福院　在城西北九功里。五代晋天福四年建。旧志云：在钓螺江侧，诗僧有朋尝居之。

松山寺　在城西一都。五代晋天福四年建。

保寿院　在城西南长寿里。五代晋天福六年建。

北法云院　在府治北。五代周显德四年建。唐楞伽寺也。

法祥院　在府城西南闽山。宋初建。

尧山院　在城东北观风里。五代时建。

石泉崇寿院　在齐礼里。宋乾德三年建。

闽山院　在城北。《三山志》云：在太平里。宋乾德四年建。

保寿院　在府治北。宋乾德五年建。

沩山竹林院　在城西北淳禾里。宋乾德五年建。

永隆院　在城西北永隆庵山。《三山志》云：宋开宝元年，吴越钱氏建。

怡山院　在驯羣里。宋开宝元年建。

弥陀院　在城西南扬崎里。宋开宝二年建。

兴福院　在城北遵化里。宋开宝四年建。

崇寿院　在城西北三十四都。《三山志》云：在保安上里。宋开宝七年建。

华严院　在城东北观风里。宋开宝七年建。

大溪院　在驯羣里。宋开宝七年建。

太平兴国院　在城西南永钦里。宋太平兴国元年建。

越峰罗汉院　在城北。《三山志》云：宋太平兴国二年建。

佛国院　在城西二都。《三山志》云：宋太平兴国二年建。

龙山院　在府治西。宋端拱二年建。

香岩院　在城西一都。《三山志》云：在美宅里。宋淳化元年建。

龙邱院 在城西北归德里。宋大中祥符元年建。

历山院 在城西南三都灵凤里。宋天禧元年建。

鹫峰院 在城北施化里。宋天圣二年建。

释迦院 《三山志》云：宋天圣四年建。《八闽通志》云：在乌石山。

荐福院 在城东北隅。《三山志》云：宋天圣四年建。

翠峰罗汉院 在城西孝顺里。宋天圣五年建。

幻住庵 在长庆寺后，地名山头角。宋天圣中建。

安元院 在城西五都白鹤山。《三山志》云：在清政里。宋景祐二年建。

清泉院 在城西美宅里。

马鞍山地藏院 在城北三都。《三山志》云：在太平里。宋宝元二年建。

兴圣院 在城北。《三山志》云：在太平里。宋庆历三年建。

归宗院 《三山志》云：在安平里。宋庆历四年建。

灵峰院 在城西北三十五都。《三山志》云：在安平里。宋庆历七年建。

万回院 在安平里。宋至和三年建。

螺峰院 在城北。《三山志》云：在太平里。宋嘉祐二年建。

灵源院 在城西南新兴里。宋嘉祐中建。

石山院 在城西美宅里。宋熙宁元年建。

罗汉院 在城东北四十都。宋元丰元年建。

佛坐院 在城西南吉壤里。宋元祐元年建。

丁山院 在城北兴城里。宋元祐二年建。

释迦尼院 在城北太平里。宋元祐八年建。

金砂院　在城西北十九都。《三山志》云：在东安里。宋绍圣二年建。《闽都记》云：在鼋溪旁。

独露庵　在城西七都。《三山志》云：在精严寺内。宋元符中建。

普度庵　在城西七都。《三山志》云：在精严寺内。宋元符中建。

月华庵　在城西七都。《三山志》云：在精严寺内。宋元符中建。

普明庵　在乌石山东头陀岩侧。《闽都记》云：宋安文头陀燕坐处。大观中始赐额。

观音台寺　在城西一都。宋建炎三年建。

兴福庵　在府治东北。《三山志》云：宋绍兴二十七年，沈待制调建。

弥勒寺　在府治西南，释迦寺之东。

普明庵　在城西南隅，发苗桥旁。

北天王院　在城北太平里。

雁湖院　在城西北永兴里。

别峰庵　在长庆寺准提坛后。宋时建。

地平迦瑜教寺　在乌石山北。《八闽通志》云：元至正十七年建。

毗卢阁　在西关外唐公祠之北。

新丰庵　在城西北新丰巷内。《闽都记》云：今废。《榕城考古略》云：今里社犹称新丰境。

碧云禅窟　在神光寺内。明成化间建。

雪峰庵　在府城南隅福星坊内，乃侯官雪峰崇圣禅寺廨院也。明成化十八年，镇守太监陈道重建。

开化寺　在西湖上。明孙昌裔上中丞,浚西湖,启云:"嘉靖三年,郡守汪文盛捐资建。"《雍正志》云:清康熙四十四年,总督金世荣重建。学使沈涵为记。姚循义《西湖志》云:乾隆十三年,巡抚潘思榘重修。《开化寺寺产碑记》云:乾隆二十四年,总督杨廷璋重修。《乾隆府志补》云:乾隆二十六年,郡守李拔复修。《赌棋山庄笔记》云:寺初附谢廷桂宅旁,不过焚修一小庵。清康熙初,耿藩入闽,始废宅为寺。

湖头尼庵　在北门外遗爱桥东。明嘉靖初建。

万龄庵　在城西南罗汉洋,旧罗汉寺址也。明嘉靖间,僧道椿建。

圆觉庵　在乌石山。明嘉靖间,废为给事中姚铣祠。

新庵　在乌石山之阳。明嘉靖间建。南俯白龙江,西据横山之胜,游人接踵。及三十八年,寇逼郡城,都御史阮鹗以闽中有"乌石青,动刀兵"之谣,下令撤毁,遂虚其地。

大梦山庵　在城西大梦山麓。明万历五年比丘建。

大士阁　在乌石山观音岩侧。明万历间比丘建。

高峰庵　在西门外西教场柴巷内。《闽都记》云:有桥跨河,桥南有庵,比丘居之。《榕城考古略》云:今废为瘟神庙。

岐江寺　在城西南十一都仙崎,临于江浒。

万寿寺　在城内,虎节门之西香巷。今废。

东峰庵　在府城北,东华巷内。今废。

板桥亭庵　在府城西,南光禄坊内。跨河为桥,亭其上,祀观世音。

湖头尼庵　在西门外,真武祠之东。跨西湖为阁数楹,以奉诸佛。

西隐寺　在城西草市东。

延善庵 在城北平山下。

定林庵 在雪峰山狮子岩下。明天启五年，僧如净建。清乾隆十六年重建。今废。

左砂寺 在灵光山巅左偏。后毁，仅留遗址。

五峰廓院 在城北，北禅庵右。

惠庆寺 在府城北。

一峰寺 在城北大鹏山南。今废，伽蓝尚存。

心泉庵 在城北马鞍山。明时建，今废。伽蓝庙及"心泉庵"三字寺额尚存。

老佛庵 在乌石山道山观旁。

崇善庵 在乌石山边巷，后为俞、戚二公祠。

万寿庵 在乌石山麓。今废。

涌莲庵 在乌石山南麓，后为海滨四先生祠。

圆通庵 在道山观左。明时建，清道光十八年废。后为马氏别业。

妙香庵 在乌石山南麓。初废为民居，清光绪四年改建致用书院。

象鼻庵 在城西七都象山。清初建。以其地跨象峰之鼻，故名。

净慈寺 在乌石山北麓石夹庙旁。清康熙间建。

弥勒寺 在乌石山霸石前。清乾隆间建。

大士准提殿 在乌石山北麓石夹庙旁。清乾隆间重建。

西台地藏寺 在城西马坑山前。清乾隆五十四年建。

福州府·长乐县

灵隐寺 皇恩寺 法涧寺 光严寺 天王寺 灵峰寺 竹林寺 龙泉寺 棋山寺 崇信寺 观音寺 当阳寺 灵山寺 岩泉报恩寺 祥云寺 西峰寺 甘泉院 瑞峰院 资寿寺 龟石泗洲院 三峰塔寺 龙角峰寺 双涧庵 龙溪寺 东林庵 龟石庵 尚书庵 宝溪庵 西石庵 涌泉庵 泗洲堂 光泽院 三十六庵 五云院 双峰院 灵光院 北灵光院 灵鹫院 阮山院 南阳院 福安院 灵瑞院 龙兴寺 白龙院 新安院 秀峰院 资福院 幽林院 南崇福院 宝藏院 鸿庆院 地藏院 灵源院 灵山塔院 华藏院 极乐院 宝林院 宝藏院 保福院 资圣寺 灵台院 资林庵 报先院 中峰院 大溪新丰院 延祥寺 石塔院 资福寺 瑞应庵 仙源庵 南山塔庵 普照庵 仁寿庵 龙门庵 龙兴庵 初有庵 如有庵 少有庵 介全寺 净土庵 九龙庵 珠墩寺 潮印塔寺 永丰寺 灵泉寺 听泉寺 新峰寺 西来寺 圣泉庵 梅峰寺 云谷寺 莲石寺（92）

灵隐寺

【〔清〕同治《福建通志》】灵隐寺 在九都。梁大通二年建。明万历四十年重建。

皇恩寺

【〔清〕同治《福建通志》】皇恩寺 在二十三都。梁太清元年置，唐咸通九年赐额。宋潘诚诗："睿泽覃来数百年，海山高处有祇园。花林已是三千界，尘世谁知十二门？诗客迢迢寻义路，禅房特特起谈轩。香炉顶上观东注，万派分明出一源。"

【〔清〕乾隆《福州府志》】陈之邵诗："老桧乔松路屈盘,翚飞金碧照岩端。僧寻翠巘曾挥锡,客厌红尘屡解鞍。望断四天春野阔,梦回一枕夜涛寒。阳休况是多佳句,吟罢碧云时倚阑。"

法涧寺

【〔清〕同治《福建通志》】法涧寺 在十二都。梁太清元年建。宋陈毅诗："远归沧海通舟楫,近洗山僧一片心。留与卧龙成窟穴,等闲飞出也为霖。"

光严寺

【〔清〕同治《福建通志》】光严寺 在十三都。陈大建中,里人严光舍宅为之。《闽书》:陈大建间,里人严光之子恭客维扬舟次,市鼋五十放之。光家居,见黑衣者五十人,送缗钱五千。曰:"君之子维扬所附还也。"及恭归,问其故,遂舍宅为寺,凿田为湖。乡人名寺曰"严寺",湖曰"严湖"。旧有照山堂,宋元丰间建。堂之中有仁智轩,主簿陈之邵撰记。又有瀑布泉、白龙潭,在寺之后。

天王寺

【〔清〕同治《福建通志》】天王寺 在宾贤里石台山。唐大中七年建。初有檀木溯江潮而上,牧童取之,夜中发光。里人林锜(《闽书》作林致)梦其木,自谓:"我北方毗沙门天王。"遂雕木为像,舍宅为寺。廉帅杨公奏赐额,曰"灵感天王寺"。明王恭诗:"炎暑不可度,端居日方永。战友四五人,共爱山中静。飞阁轶氛埃,丛林绕萝径。潭静气已秋,竹深午犹暝。初沿双溪转,稍入空中镜。婉婉林鸟声,悠悠野僧定。平生好幽玩,尽日惬佳兴。山水发清机,风泉淡初性。日夕徐徐归,云间响孤磬。"旧有烟萝亭,宋庆历间,邑合董渊建。枕流轩,宋皇祐间,邑令吴仲举建。林伯材诗:"谁在红莲叶里行,泠泠飞玉抱轩清。

几看人世兴亡梦,千古云厓黯淡声。春暖薜衣随雨到,夜深寒月落湍明。倦怀一枕清凉水,抖擞尘埃羽翼生。"关希诗:"山出太虚外,溪流千古高。过窗喧客枕,洗钵溅僧袍。夜月气犹凛,秋风声更豪。二年幽赏剧,欲别首更骚。"清心亭,宋皇祐间,邑令余俛建。松石峰,宋嘉祐间,邑令王企立。自题三诗:"老树荫中闲日月,小池波面醉家乡。"邑令彭次云诗:"来登云级上危巅,松石嵚崟挂晚烟。好是回头遥望处,海波如带石如拳。"乐寿台,宋嘉祐间,邑令胡昱建。望江亭,宋熙宁间建。邑令萧竑诗:"沧波水上岭崔嵬,中有幽亭向水开。草色直连天色远,风声长送浪声来。云收山脚鸡园见,潮满航头钓艇回。咫尺市里尘不到,槛前鸥鸟自徘徊。"竹溪陈傅诗:"山霭峨峨江岸深,望余亭影落江心。无风万里磨平玉,有月千波漾碎金。思远解邀无已句,流清宜步不齐琴。仙槎一棹惊秋晓,此去银河尚几寻?"

灵峰寺

【〔明〕万历《闽都记》】灵峰寺 在十九都江田,唐大中七年建。上有石洞,曰归云。里人尝见龙乘云而归,因号龙龛山。灵峰寺又有香炉、灵山、天池诸胜。国朝万历间重建。唐黄滔诗:"系马松间不忍归,数巡香茗一枰棋。拟登绝顶留人宿,犹待沧溟月满时。"宋董渊诗:"礧硌弥沙界,谽谺古洞天。门邻金布地,桥枕玉鸣泉。庭鹤归迷主,龛龙去失年。扫云嫌俗驾,题壁托诗仙。胜境无今古,居人有后先。不知游者驭,谁见海为田。"湛俞诗:"禅林潇洒倚危巅,税驾登临思豁然。万里波光晴望海,一堂幽响夜听泉。寒龛龙卧清凉地,古洞云归黯淡天。好景自嗟吟不尽,拟凭图画寄诗仙。"林亦之诗:"云母江边有草亭,分明见得日头生。一村篱落更何处,此已无天只水声。"蒋之奇《灵峰望海歌》："我来灵峰望沧海，夜半起坐望海亭。沉沉水面正阴黑，六龙衔日犹未平。须臾阳谷光气发，五色变怪不可名。洪涛汹涌九鼎沸，蛟蜃伏匿鱼龙惊。金鸦腾骞若木末，烟消雾散天下明。狂风喧豗簸巨浪，犹似百面雷鼓鸣。崩腾荡沃倾五岳，鳞鬣磨碎鲸与鹏。嵽峨忽骇陵谷变，雪山千仞天际横。飘飘番舶随上下，出没仅若水上萍。忽然风霁万籁息，金斗熨帖一练平。碧波湛湛千万顷，参错岛屿如杯罂。三江五湖亦甚大，视此乃类蹄中泓。琉球佛齐日本国，隐隐微见烟林青。三山历历亦可数，突兀下有鳌头撑。惜哉秦王不到此，劳心徒欲求长生。我虽流落江海上，独此寄寓亦此矜。行当结茅练金液，以待九转灵丹成。仙飞雨化会有日，直跨三岛梯青冥。他年故人或相问，请来访我于蓬瀛。"朝奉陈毅诗："云道无心亦爱山，雨余时向此中还。而今天下焦枯甚，只恐飞龙未放闲。"陈襄（蔡襄？古籍中两人名下均有此诗）诗："天柱支南极，蓬山压巨鳌。云崩石道险，潮落海门高。客馆闻鼍鼓，秋风忆蟹螯。凭栏望乡树，千里楚江皋。"曹元振诗："石洞兴衰亦有时，因师移锡致云飞。云心莫道全无着，应解从师去复归。"张徽诗："云蒸洞穴秋成雨，泉落庭除夏结冰。"林迥诗："门前红日海千里，池上白莲山四邻。"僧子卯诗："松欺腊雪千年在，竹引溪风六月寒。"明王恭《龙龛燕集》："莲宇最高处，青萝隐丹梯。钟鸣曙色动，四壁闻天鸡。""缭竺苍梧野翠分，石林阴洞未归云。香炉峰小开窗见，水乐声寒隔壁闻。""而我发遐想，兴来随所之。缘云踏鸟道，披荒上天池。""天池色映黄姑水，手接飞流洗双耳。鬼谷仙源杳霭间，雁宕天台只如此。望海亭中载酒来，石楠花气拂金杯。葛衣醉倒翻经榻，纱帽狂歌施食台。"高棅《游灵峰寺》："紫云炎气横紫清，客行愁作升天行。侧闻龙龛有绝境，境清可以清心情。招携结佩贤豪客，采秀探奇人灵宅。径转香云静影空，溪回定水惊湍寂。登高壮观大海东，扶桑树色摇空蒙。蓬莱一勺几清浅，万劫此地开禅官。而我辞山笑迟暮，暂息尘机得元度。支公不遇且衔杯，大醉题诗下山去。"

竹林寺

【〔清〕同治《福建通志》】竹林寺　在十二都，唐大中十一年建。户曹林绩观舍宅为之。大历二年，释法照游衡州云峰寺堂食次，钵中五色云现，云中有寺，寺有金榜，题曰大圣竹林寺，叹异之。于是，绩观以其居修篁千亩，舍为寺。旧有藏经宝函，藏经五百余函。内又有宝函一，宋乾德间得之于海上，以巨螺乘之，发函，乃《妙莲经》也。前贤诗云："昔闻僧睹云中瑞，今得函浮海上书。"安适轩，宋唐最诗："卧听潮音坐看山，烟萝静处闭僧关。都将物外红尘隔，占得壶中白日闲。吟罢寒猿号木末，定回清磬落云间。高僧隐几无余事，应笑劳生去又还。"白云亭、溪会亭，宋元祐间邑令袁正规建。三十六庵：白莲、慈氏、上方、邻溪、华岩、慈云、普云、地藏、龙溪、瑞应、观音、文殊、普贤、天冠、白龙、龙邱、释迦、白云、宝积、灵源、泗州、归云、延寿、香岩、弥勒、凌云、龟石、广平、弥陀、积翠、藏院、忏堂、乾懿、功德堂、育王塔、罗汉院，凡三十六所。皆唐末同兴、庆历间并为禅寺，庵始废。

龙泉寺

【〔清〕同治《福建通志》】龙泉寺　在十都，唐大中十三年建，即百丈禅师钵贮二龙处。《闽书》："邑人王氏子少，事龙泉禅师，师令浣布，见青、黄二龙戏井中。玩之迟归，师诘之，遂以钵探二龙以献师，师以为神，令薙发游方。嘱之曰：

'逢马则参，过丈则止。'至洪州百丈山，参马祖得道，称百丈大智禅师。"明万历间重建。寺前有卧牛石、云梯、石莲花、石龙井诸胜。

棋山寺

【〔明〕万历《闽都记》】棋山寺　在县北二十四都。唐咸通五年建。西峰山有石台。相传二仙对弈，至今荆棘不生。宋董渊诗："风际有云多世态，海中无底是人心。可堪更问棋山话，一局闲争古到今。"明王恭《棋山诗》："尘中何处避炎蒸，静爱空王淡爱僧。沙界树凉晴作雨，石渠泉响暗流水。青山载酒随闲到，飞阁观潮倚醉登。水绕莲花通宝藏，路回兰若转金绳。仙人棋局埋幽草，大士禅扉闭古藤。荒殿鸟啼时近榻，香台猿卧夜窥灯。老来行止愁无地，病后欢携愧有朋。明发别离方外去，何时清兴又同乘。"又诗："逸人共结萧朱绶，六月闽天火云厚。觞熟梅边告我行，欲行且尽炉头酒。棋山海上古招提，银瓮绳床兴复携。三峰直下几千丈，仙人弈处清猿啼。知君平生爱灵境，为君拂拭青萝影。野殿杯浮蕙草香，石渠水浸甘瓜冷。祇园树里贮行庖，暂解尘衣挂竹梢。诗成破却山灵胆，醉倒倾翻老鹤巢。泻岩积翠连飞阁，遥海苍苍暮云落。舞影争嫌白日斜，歌声未道离情恶。拟从方外寄余欢，云是山僧谒县官。野鹿回看避仙佩，沙禽何意讶儒冠。千金流水犹能注，陌上离驹不堪驻。愿君身到五云端，莫忘棋山送行处。"又："载酒空林下，林幽暑气清。半天闻梵语，双壁隐钟声。野鸟知禅意，孤云薄世荣。何应谢尘事，从此学无生。"陈亮诗："久耽丘壑游，未历棋山路。偶访招提居，夤缘入祇树。云林更左旋，始得禅栖处。落日寒蝉鸣，蔼然松山暮。真僧喜相接，况有平生故。秘箧收香芸，名卮酌甘露。常怀学空禅，暂喜捐尘虑。永愿依道林，暂非许元度。"

崇信寺

【〔清〕乾隆《福州府志》】崇信寺　在二十二都大宏里，宋建隆间置。明林恕《崇信寺》诗："巢云方丈锁潺湲，流水柴门镇日关。万壑岚烟秋雨后，一庭草色夕阳间。香殊石鼎僧初定，帘卷岩扉鹤正还。百尺高楼天外景，倚栏邀月独看山。"

观音寺

【〔清〕同治《福建通志》】观音寺　在县东隅。唐咸通四年建。本光禄大夫王想宅，宅背有岩，中有古观音像，像后芝草覆焉，因舍为寺。旧有石屏，宋庆历间，监司苏邵二公刻"玄华才翁"四字。见江亭，宋元祐间县令袁正规建。自题诗："地产灵芝古道场，危亭陡起负重岗，江心远迭通潮浪，海外遥分异域疆。缭绕人家依县市，寂寥烟景认吴航。倚栏望断暮云合，不见长安见夕阳。"

当阳寺

【〔明〕万历《闽都记》】当阳寺　在七都北山之麓，唐建。有山月堂、钓鳌石、又高亭在寺中。宋苏舜元《钓鳌石》："未穷双佛刹，先到一渔家。山雨已残叶，溪风犹落花。汲泉沙脉动，敲火石痕斜。应是任公子，竹间曾煮茶。"户曹林诰诗："何处遇幽景，当阳绝顶寻。云霞千古态，松竹四时阴。岫列天边嶂，泉鸣涧底琴。高人不游此，应负爱山心。"明林慈诗："鸟道缘空碧，龙宫人翠微。逢师持钵日，恰我到山时。萝径千林满，风泉百道飞。何年至城邑，惜别欲留衣。"

灵山寺

【〔清〕乾隆《福州府志》】灵山寺　在二十一都，唐咸通九年建，十年赐额。明永乐十五年重修。

岩泉报恩寺

【〔清〕同治《福建通志》】岩泉报恩寺　在二十一都。唐天复二年，监军李柔创。

【〔明〕万历《闽都记》】岩泉寺　在二十一都。唐建。有寂照轩，又宏源洞在寺后。明王恭诗："远公潇洒住东林，竹里闲扉隐翠岑。低树坐来忘色相，灵花空里见禅心。白云半岭迷香界，孤磬中峰出梵音。此地从来堪习静，浮生几度得相寻。"郑定诗："林间钟磬响沉沉，客里残春喜盍簪。曲径行随流水转，禅房坐掩落花深。题诗把酒同幽兴，孤鹤闲云惬远心。此度胜游应不负，风流何必在山阴。"高从礼诗："岩头古寺入烟霞，况是春游逸兴赊。禅榻鸟来啼慧草，空台客至扫寒花。云间鸣磬青山暮，竹里残棋白日斜。支遁喜逢觞咏侣，不嫌醉墨污袈裟。"郑定诗："野寺云深草树荒，行吟更觅远公房。竹边幽鸟啼春暖，花外流泉到处香。禅地即今堪习隐，尘踪于此觉迷方。三春况是逢三日，一咏应须醉一觞。"

祥云寺

【〔清〕乾隆《福州府志》】祥云寺　在方安里，唐光化二年建。《三山志》："去院三里有潭，时有毒龙。僧彦希善咒术，日诵以降之。郑堙为创院，曰龙澍。治平初改今名。"

西峰寺

【〔清〕同治《福建通志》】西峰寺　在六都，五代梁开平二年，里人陈褆舍西山地建。

【〔明〕万历《闽都记》】西峰寺　在六都。五代梁建。宋林嗣复《游西峰寺》："参遍曹溪众所钦，元堂虚寂砌虫吟。定回暝月谁相愿，好鸟衔花下翠林。"明陈亮诗："西峰郁林壑，有路始登临。入寺山偏峻，闻钟路更深。古松高倚盖，流水细鸣琴。

笑问从游者,谁为净宇心。"林鸿《游西峰寺》:"西峰云外寺,鸟道薜萝蟠。水接花源近,山藏古殿寒。石床闲听雨,野佩或纫兰。莫怪栖迟久,南宫已挂冠。"

甘泉院

【〔清〕同治《福建通志》】甘泉院　在宾贤里。五代晋天福九年,雪峰僧守稠卓庵施水,卓垂远舍地,黄仁伟创甘泉普济茶院。宋开宝七年,张正字克俭记,刻石前西塔下,云:"平险道以利行人,施义泉而资渴者。"中有芳兰亭,宋皇祐间,邑令吴仲举建。义浆亭,旧名茶亭。宋嘉祐间,邑令吴仲举改今名。

瑞峰院

【〔清〕乾隆《福州府志》】瑞峰院　在七都。《三山志》:"周广顺间,太保王绍齐以开山僧居岩间,常有烟云覆盖,以为瑞,始创院,有垂露亭。"万历《府志》:"寺今废。"宋董渊《瑞峰院》诗:"石屏树幄白云端,溪路生苔树石间。闲访禅家问尘世,总言尘事不相干。"

资寿寺

【〔清〕同治《福建通志》】资寿寺　在九都。宋太平兴国二年建,治平间重修。有芬兰、祖意二轩。

龟石泗州院

【〔清〕同治《福建通志》】龟石泗州院　在清平里。宋太平兴国九年置。有石刻如龟,因塑泗州像。

三峰塔寺

【〔清〕同治《福建通志》】三峰塔寺　在县西隅登高山。宋崇宁间建。建炎间造塔七级,明永乐间重修。

龙角峰寺

【〔清〕同治《福建通志》】龙角峰寺　在十四都。宋嘉定间建。国朝雍正、乾隆间相继修。旁有石洞，中镌普陀观音罗汉像。

双涧庵

【〔清〕乾隆《福州府志》】双涧庵　在五都，元至正间建。明王恭《双涧庵》诗："我来东林古兰若，双涧迢递七岩下。祇树山花世外开，飞泉一道天边泻。石林青壁挂双流，上界青天看欲浮。寒声半作千峰雨，凉气都涵六月秋。沙门衲子何清净，浣衣洗钵安禅定。五夜焚修礼露台，三时说法闻烟磬。骚人墨客日跻攀，谁识醉樵能爱山？诗成四壁龙蛇走，醉后高歌天地间。醉樵忽奉天书去，挥毫独到天光里。昼锦他年得赐归，共借禅扉洗双耳。"林旅诗："翠壁晴岚晓气腾，临风高阁兴来凭。天涯尊酒何人共？屋外云山此日登。好鸟临风偏劝客，空林向晚不逢僧。扁舟要觅渔郎去，谁道桃源隔武陵。"郑定诗："览古登高邱，秋空遍遐望。云归天宇澄，物态纷万象。飞亭控双流，涧道搴萝上。追欢企昔人，雅作谐古唱。岂无黄花情？聊复效元亮。长歌有秦声，屡舞亦豪宕。醉来信忘形，万事齐得丧。林暝晚潇潇，气酣春盎盎。题诗记曾游，为我谢迭嶂。"

龙溪寺

【〔清〕同治《福建通志》】龙溪寺　在郎官山麓。明吏部司务方佛孙建，岁贡生方岊修。国朝诸生方维城、方千里、方圆、方泮等相继重修。寺为明开化令方懋、吏部主事陈良、通政使王赐、解元林赐读书处。有松竹轩、万卷楼。今北寺前有巨石，体圆顶平，可坐数十人，名会仙盘。下临深溪，有影蛾溪、卧龙潭、钓鱼矶、试剑石。寺后有聚朋峰。峰西有泉涓滴，声如弄弦,曰鸣琴岩。岩顶为积雪峰,又西为望海峰。其西有山秀蒨,载以巨石,名仙姑髻。有水味甘,可愈疾,名黄姑水。又西有丈石鼎峙岩端,名曰笔架岩。

东林庵

【〔清〕同治《福建通志》】东林庵　在大宏里。明嘉靖间重修。中有初雨亭,邑人吴遵祷雨憩于庵,后民建庵以志。后令詹莱匾曰"初雨",以遵号初泉也。

龟石庵

【〔清〕同治《福建通志》】龟石庵　在十都,宋绍兴元年建,庵前有石如龟,故名。

尚书庵

【〔清〕同治《福建通志》】尚书庵　在二十一都。宋绍兴间,郑丙读书于此,后官尚书,故名。

宝溪庵

【〔清〕同治《福建通志》】宝溪庵　在十三都,元天历元年建。

西石庵

【〔清〕同治《福建通志》】西石庵　在二十一都西石岩,元至正二十一年建。

涌泉庵

【〔清〕同治《福建通志》】涌泉庵　在雁峰之麓。有涌泉出,故名。

据〔民国〕《福建通志》记载,尚有:

泗洲堂　在十九都。唐开元中建。

光泽院　在崇贤里。唐天宝二年建。

三十六庵 在竹林寺内。曰白莲、慈寺、上方、邻溪、华严、慈云、普云、地藏、龙溪、瑞应、观音、文殊、普贤、天冠、白龙、龙邱、释迦、白云、宝积、灵源、泗州、归云、延寿、香岩、弥勒、凌云、龟石、广平、弥陀、积翠、藏院、忏堂、乾懿、功德、育王塔、罗汉院凡三十六所，皆唐末同兴（间建）。

五云院 在崇仁里。唐大中十三年建。

双峰院 在方安里。唐咸通五年，林泰舍地建。

灵光院 在海滨里。唐咸通九年建。

北灵光院 在敦化里。唐咸通九年建。

灵鹫院 在昆由里。唐咸通九年建。

阮山院 在泉元里。唐中和二年阮氏建。

南阳院 在千零里。唐景福元年，福清僧宗岳卓庵，林济舍地建。

福安院 在廉风里。唐天祐二年，僧晧琛庐于山之阳，右军太尉张彦纵为建刹。

灵瑞院 在方乐里。唐天祐二年，以僧德冲卓庵有异，吴贤等为创院。

龙兴寺 在十一都定山之麓。唐僧智清建。

白龙院 在县东北十三都鹤山。唐时置。

新安院 在信德里。后唐同光元年，郑晖募建。

秀峰院 在嵩平里。后唐长兴二年，南安县令陈鹄建。

资福院 在敦化里。后唐清泰二年建。

幽林院 在崇邱里。后晋天福二年，僧法海建。

南崇福院 在泉元里。后晋天福二年，北岭崇福僧绍澄卓庵，里人为建院。

宝藏院 在昆由里。后晋天福三年建。

鸿庆院　在崇仁里。宋建隆元年，黄穗舍地建。

地藏院　在永胜里。宋建隆元年，王延贺建。

灵源院　在同荣里。宋开宝二年，僧守坚建。

灵山塔院　在崇邱里。宋开宝三年，严氏舍地建。

华藏院　在崇仁里。宋开宝九年，里人黄泉于此守坟，诵华严藏后创院。

极乐院　在同荣里。宋太平兴国元年，潘勤建。

宝林院　在千零里。宋太平兴国二年建。

宝藏院　在昆由里。宋太平兴国三年建。

保福院　在泉元里。宋太平兴国七年建。

资圣寺　在宾贤里。宋太平兴国八年，翁缘建。

灵台院　在千零里。宋太平兴国八年，林建等同僧义琏创。

资林庵　在十四都渡桥。宋雍熙二年建。

报先院　在同荣里。宋端拱二年，潘吉士建。

中峰院　在嵩平里。宋端拱初，陈柯舍地建。

大溪新丰院　在良由里。宋淳化二年，刘谦等建。以地名大溪，其源深远，溉田颇多，岁至丰稔，故名。

延祥寺　在二都前澳。宋淳化二年建。

石塔院　在崇邱里登龙山。《万历府志》云：宋崇宁间建。

资福寺　在二十一都。宋宣和三年建。

瑞应庵　在十六都。宋绍兴四年建。

仙源庵　在十二都。宋乾道元年建。

南山塔庵　在宾贤里。

普照庵　在宾贤里。

仁寿庵　在十四都。元至正二年建。

龙门庵　在九都桃坑。明初建。

龙兴庵 在四都。明万历二十一年建。

初有庵 《崇祯县志》云：一名初有洞天寺，在县治东，小有洞天之下。

如有庵 在县治东。明陈省筑，宪副敬贻刻石于前，记辟庵之始。

少有庵 在六平山麓。

介全寺 在六平山高岩上。明陈省建。

净土庵 在十四都。明万历四十年建。

九龙庵 在十二都。明天启元年，尚书陈长祚建。

珠墩寺 在十二都。明天启元年，尚书陈长祚建。

潮印塔寺 在二十都松下澳。明天启五年建。

永丰寺 在县北首石山腰。明崇祯十一年时，县令夏允彝以父老言云封首石即雨，遂步祷于兹山，果雨。因建寺以祀首石山神。

灵泉寺 在六平山。明崇祯县令夏允彝建。

听泉寺 在县西南三都狮子山下。

新峰寺 在县西南六都西峰。旧圮，明季重建。

西来寺 在十六都。

圣泉庵 在十一都福州里西。

梅峰寺 在县东门外岭口。

云谷寺 在六都。

莲石寺 在八都。

福州府·福清县

天王寺　庐山寺　黄檗寺　安福寺　灵山俱胝院　敛石院　福山寺　圣迹院　延庆院　涌泉寺　天竺寺　重兴院　新兴院　鹫峰寺　瑞峰寺　灵隐院　瑞岩寺　福庐寺　瑞云寺　台丰寺　护国寺　石竺寺　应峰院　龙卧寺　香城寺　佛顶寺　龙溪寺（27）

天王寺

【〔清〕乾隆《福州府志》】天王寺　在县北遵义里，《县志》："在县东文兴里。"梁大通二年建，初号"法建"，唐咸通二年易今额。有湖亭之胜，今废。

庐山寺

【〔清〕同治《福建通志》】庐山寺　在县永福里。陈永定元年建。唐大中初，僧惠澄丐卢氏居宅，以广之，号庐山。宋天圣初，始为禅寺。

黄檗寺

【〔明〕万历《闽都记》】黄檗寺　在西南清远里。沙门正乾从六祖，得其传，唐贞元五年建院，名般若堂。今十二祖师堂，其地也。德宗赐"建福禅寺"额。国初重建，嘉靖间倭变经毁，其山多檗木，有峰十二，瀑布澎湃泻岩石间，止而为潭，龙居之，祷雨辄应。寺之西有嵩头崖，乳香出石罅间。梁江淹《游黄檗山》："长望竟何极，闽云连越边。南川饶奇怪，赤县多灵仙。金峰各亏日，铜石共临天。阳岫照鸾采，阴溪喷龙泉。残杌千代木，廧崒万古烟。禽鸣丹壁上，猿啸青崖间。秦皇慕隐沦，汉武愿长年。皆负雄豪威，弃官为名山。况我葵藿志，松木横眼前。所若同远好，临风载悠然。"唐宣宗《与黄檗禅师观瀑布联句》："千崖万壑不辞劳，远看方知出处高。"禅师："溪涧岂能留得住，终归大海作波涛。"宣宗微时，遁迹为僧，后登宝位。诵其诗，气象迥别。宋陈确《报雨峰》："峭拔藏苍龙，烟去掩晴昊。天际雨欲来，山灵已先报。"运使熊彻《塔诗》："月塔影来山店北，暮钟声落海门西。"丁公言诗："莫言尘世人来少，几许游方僧到稀。"李弥逊《黄檗寺诗》："苦为扪萝行，正坐爱山僻。振衣云中树，洗耳泉上石。稍寻优钵林，偶傍瞿昙宅。溪横走羊肠，山转回龙脊。两难伴支筇，二老共飞锡。望迷落叶秋，坐断蒲团夕。云归绕窗明，香尽出檐碧。希声发崖窦，妙观生墙壁。尘缘苦推攀，胜事成今昔。离家月垂钩，归路月挂壁。师今一帆轻，我向百里役。船子罢持桡，赵州行蓦直。"林希逸诗："黄檗山前古梵宫，早年屡宿此山中。猿啼十二峰前月，鹏送三千里外风。日者共游因朔老，期而不至有樗翁。骑鲸人去相如病，更欲跻攀谁与同。"陈藻《黄檗香炉峰诗》："黄檗寺前犹突兀，祖师塔外别安排。香炉好是中尖小，无数峰峦拱揖来。"元刘弇《题黄檗寺息老堂诗》："顷来法席如师少，老去生涯似此无。直寄天年谩龟鹤，却收化日到桑榆。苍环作抱三台壮，缟带明空一水纡。时拂东齐坏云衲，更开南越隐居图。买山支遁无初费，示疾维摩本不徒。夜雨龙腥飞别涧，昼烟禽咔落高梧。斋余短捉清生麈，坐久柔团暖称蒲。三乐荣期犹俗物，二毛潘岳信拘儒。禅林彪虎新视熟，觉海乌藤旧搅枯。不学昔人悲唾远，已将兹世脱鱼濡。"明叶向高《黄檗山观龙潭诗四首》："黄檗安禅地，青莲选佛场。金绳开翠碧，银汉挂雕梁。路转空香杳，阶侵定水凉。何因长洗钵，且得共飞觞。""灵迹何年著，鲛宫此地开。湍泉争喷雾，激响欲奔雷。不辨摩崖字，空余翳石苔。谁云弱水隔,峰顶即蓬莱。""宝地围青嶂,龙湫落翠微。晴虹低饮涧,寒雨乱侵衣。溅石惊珠坠,因风误雪飞。临流欣濯足,心赏莫言归。""入谷山如削,蒙茸手自披。澄潭含树碧,高岫与云疑。波动龙初戏,人来鸟共窥。不缘避暑饮,安得此探奇。"徐𤊹《宿黄檗寺》:"青峰十二削芙蓉,黄檗开山第一宗。阴洞有灵蟠巨蟒,古潭无际蛰神龙。门通数亩林间竹,路指千年涧底松。觅得云房聊借宿,半天残月上方钟。"曹学佺《龙潭诗》:"虽云七潭水,定有几龙蟠。不涧因辞绕,无梯亦辍盘。冥冥乘气下,冉冉自空抟。璀璨日成幔,嵬峨云作冠。按音非一部,取象亦千端。为雨俄为雪,似雷复似滩。帘垂不可尽,珠碎更能完。周姬耽裂缯,班女恨裁纨。蓄素仍舒采,看碧漫成丹。上古终无霁,四序但知寒。猿啼频失响,禽翔屡落翰。盛徒喧笑入,犹然觉旅单。"

安福寺

【〔清〕同治《福建通志》】安福寺　在清远里。唐大中元年建,宋嘉祐四年重修。中有熟梅轩。宋林希逸诗:"梅子黄时四月秋,小轩流水最清幽。山僧坐到禅机熟,不挂眉头一点愁。"

灵石俱胝院

【〔清〕同治《福建通志》】灵石俱胝院　在清源里,唐大中元年建。先是唐武宗时,僧元修结庵于此,诵七俱胝咒治疾祟,后深入岩谷中,人以为遁去矣。有蔬甲泛流而下,乃沿源访得之,盖避会昌禁也。再往,则庐已虚。宣宗四年,出诣阙贡金买山,始创精舍,名翠石院,赐今额。宋许难记:"自香城北沿岭十里,西渡小桥入长道,又西入蟠桃坞一步,有石屏,因为榭。榭之西有漱玉亭,有溪光、素波二台。数十步,有松偃盖,西有散花堂,又西有放鹤、待月二楼、高视亭、白龙社,乃至塔院。中有胡僧像,僧自西域来,有神术,至今鸟雀不栖。"旧有苍霞亭,朱子书匾。蟠桃坞石刻朱子书。

【〔明〕万历《闽都记》】灵石寺 在清源里。其山磅礴百里,峻拔千仞,层林积翠,飞泉漱玉。山颠有石,久晴鸣则必雨,久雨鸣则必晴。有三峰九迭,其势插天,层级可数。曰留云,云留或经旬不散;曰报雨,久旱欲雨,其峰震撼有声,亦一奇也。又有通天石、仙人崖、戏龙潭、碧仙洞诸胜。唐武宗时始建庵,宣宗时创精舍,名翠石院。懿宗赐"灵石俱视寺"额。宋天圣初,复广寺宇,有十胜。亭榭尽废,独"苍霞寺",朱文公书匾,"蟠桃坞"石刻尚存。唐元结《赠灵石俱视诗》:"万卷千编总不真,虚将文字役精神。俱视只念三行咒,自得名超一世人。"明叶向高诗:"灵源幽径隐珠林,曲曲溪光抱远岑。路转层崖天欲尽,云归深树昼常阴。芒鞋好趁中山约,尊酒能忘物外心。此去武陵应咫尺,桃花流水许相寻。"

敛石院

【〔清〕同治《福建通志》】敛石院 在方兴里。唐大中四年建,明隆庆间重建。

福山寺

【〔清〕同治《福建通志》】福山寺 在新丰里,唐大中间建。宋郑介公侠读书处也。黄清老诗:"晨光海上来,云气升万壑。鸡鸣落花中,残钟度城郭。庵僧戴星出,我自饭藜藿。宁知天地心,但有山水乐。书灯夜摇动,雾气侵几阁。开扉得新月,欲掩见栖雀。烟霞暂相违,笔砚庶有托。但留松间雪,付与双白鹤。庭柯换故叶,林竹脱新箨。何日芝草开,挐舟赴前约。"

圣迹院

【〔清〕同治《福建通志》】圣迹院 在县北隅。后唐天成五年置。国朝为祝圣道场,乾隆年重修。有灵源洞、放生池。

延庆院

【〔清〕同治《福建通志》】延庆院 在新安里,后唐长兴二年建。宋天圣中赐今额。山泉甘洌,所产茶品异常。

涌泉寺

【〔清〕同治《福建通志》】涌泉寺 在方城里。五代时,孝子林安庐墓于此,旁有石自裂而泉出。闽王王审知异之,以其庐为寺,赐今额。

天竺寺

【〔明〕万历《闽都记》】天竺寺 在方兴里。唐咸通间建。相传仙汲泉碾茶处,又灵石寺,亦唐时建,国朝隆庆中重建。

重兴院

【〔清〕同治《福建通志》】重兴院 在光贤里。周显德二年建。初有庵,号大悲,是岁翁正度迁于山之趾,易今名。

新兴院

【〔清〕同治《福建通志》】新兴院 在光贤里,宋太平兴国二年置。本崇福院之废址,翁仁凯庐墓处,至是新之,始立今额。

鹫峰寺

【〔清〕同治《福建通志》】鹫峰寺 在永西里灵鹫山,僧净慧卜庵居焉。宋宝元二年升为院。崇宁间改为神霄宫,寻复为院。《闽书》:院为后唐御史中丞陈崇建。中有静轩,知县张伯昌诗:"灵鹫峰寒碧玉堆,红尘断处小轩开。忘言更觉诸缘尽,只有桃花点翠苔。"

瑞峰寺

【〔清〕同治《福建通志》】瑞峰寺　在海口城东北龙山巅。宋皇祐间建。有浮屠七级，可观海日，西偏又有红远楼，今废。

灵隐院

【〔明〕万历《闽都记》】灵隐寺　在龙仁里。宋政和五年建，有不溢泉、平步台、小龙潭、海月庵。明陈亮诗："世路多喧嚣，春山自幽静。偶从淡荡人，共陟招提境。沙明日在野，林暝云起岭。憩石歌且吟，倾瓢醉还醒。方欣灵府旷，渐觉尘虑屏。预恐解携归，愁襟复难整。"

瑞岩寺

【〔明〕万历《闽都记》】瑞岩寺　在新安里。宋宣和四年建，洪武二十三年重建。山中岩洞泉池，可胜处不可指数。又通海井，绝顶石岩中有窍，大如箕，水满其中，春夏不涸。人言，脉通海，潮汐验盈虚，小以觇其大。宋林诚仲《香山洞诗》："瑞气拥岩峦，中有神仙宅。世代几销沉，溪山自今昔。"又《游瑞岩诗》："岩半松门敞不关，芒鞋竹杖重跻攀。天涵鉴水澄清里，人入披云杳霭间。烧药炉寒烟草碧，镌诗石古雨苔斑。干戈满目何从适，日日青山共往还。"徐师仁诗："携筇登绝巘，朝爽薄危栏。乘胜移杯爵，凭高忆羽翰。泉声穿石响，树色入秋寒。对酒频长望，心同渤澥宽。"林希逸诗："春朝新雨霁，适意过东林。远翠长凝目，清流欲洗心。道存人已去，物在迹堪寻。数里还家近，何妨到夕阴。"刘克庄《天台洞诗》："崭崭岩石畔，别有一天台。不见桃花水，刘晨莫妄来。"陈曾《鉴池诗》："波极涵远碧，云净见天光。欲问源头水，令人忆紫阳。"陈宗鲁《一滴泉诗》："龙沫凝露珠，清泠响涧淙。谁携余滴去，云里振风鬃。"元林泉生《题瑞岩寺诗》："危亭跨石出层虚，咫尺阑干玩月余。

春入冈原分斥卤,烟生林樾认村虚。江流浩瀚潮来去,山色空蒙云卷舒。安得一瓢供我醉,风吟月啸度居诸。""绝磴盘纡路百回,祇林深处有楼台。千年松色山中满,万岛烟光海上开。野鸟呼风穿树入,洞云带雨出溪来。何时崖畔镌诗去,今日寒萝掩碧苔。"又《玉虚洞诗》:"空谷结层云,寒泉落空沼。中有太古灵,悠然隔深窅。"李拘《八卦亭诗》:"外阔分奇偶,中虚涵太极。默以见天心,画前本无易。"又《紫霄亭诗》:"晴岚烘曙光,朝霞乱秋色。何必问蓬莱,此即神仙宅。"郑烜诗:"玉融古名邦,山川总奇丽。瑞石郁高岩,卉木杂佳艺。琦秀固自如,于人有真契。久矣松溪君,牧民有宽惠。长挹江左风,宾朋集良缔。遥遥巾车临,渺渺孤舟逝。于焉结胜游,赓歌采新制。忆昔团栾翁,于兹得仙蜕。元秘不可知,台埒上芳荞。遗构上有名,披寻托来裔。依彼贤哲人,余风若兰蕙。志士有旷怀,同心不同世。聚散固有时,永期千百岁。"陈英诗:"草径通幽僻,禅房隐寂寥。开窗山色入,欹枕树声饶。槛竹藏春雨,林花落晚飙。余生不谐世,应欲寄渔樵。"江晖《休休庐诗》:"风吹松花香,雾霁岚光湿。老僧不出门,闲卧看山色。"明林鸿《游瑞岩》:"海国横秀色,兹山何郁盘。黄金亘楼观,积翠开峰峦。登高恍神游,注目穷遐观。地迥云物古,天秋松桂寒。于时灏景清,东溟净波澜。尝闻有灵草,可以驻秀颜。因思营丹邱,回飙生羽翰。"陈亮《游瑞岩》:"古磴入虚洞,危亭俯层巅。昔闻魑魅居,幻作兜率天。生平爱奇观,双屐劳攀缘。安知穷海陬,有此佳山川。凉秋天宇晶,四野无浮烟。凭高送远目,海色清无边。开筵荐方樽,拂石看名镌。登临惬素赏,感慨伤华颠。一邱志未酬,百虑纷相牵。日夕返吾策,高怀徒怅然。"傅汝舟《瑞岩夜怀》:"灵岩不受炎天暑,折磴宵穿星汉连。

亭上就云眠乱石,竹间乘月煮清泉。幽栖转见风尘若,僻性犹烦猿鹤怜。人避此身行脱屣,肯抛龙剑负飞仙。"陈经邦诗:"海上有名岩,灵异夙所仰。偶然作薄游,遂尔惬遐赏。云林散清影,风泉递微响。怪石耸虎豹,净土绝魍魉。危亭与飞阁,仙圣负来往。投寺日已晦,我马暂解鞅。侵晨蹑丹梯,渐陟崖以上。海窍澄而深,一酌万虑爽。石门多险邃,洞室半幽敞。振衣千仞台,益觉心目广。江山相映带,百里豁如掌。遥天接汗漫,薄暮穷苍莽。蓬瀛如可求,濠濮焉足想。悠然物外情,能不愧尘网。"沈明臣诗:"高眺瑞岩冈,海风吹日黄。千峰分翡翠,万石卧牛羊。秦洞桃花闭,闽江春水长。登临在天末,白发感年芳。"戚继光《瑞岩望阙台》:"万里〔十年〕驱驰海色寒,孤臣于此望宸銮。繁霜尽是心头血,洒向千峰秋叶丹。"屠隆《宿瑞岩寺诗》:"偶向名山宿,岩空不掩扉。风鸣黄叶落,江冷白云飞。潮满鱼初上,芦深雁到稀。扬帆望浦口,乡思正依依。"叶向高诗:"自爱名山好,频来问远公。危峰幻窈窕,怪石削玲珑。蹑磴方疑坠,穿云路忽通。苔深科斗字,塔隐蕊珠宫。波静江如镜,林开月似弓。飞觞临水洞,移榻就松风。棋响疏钟外,歌声别院中。长怜诗作癖,谁识色来空。多病尘缘薄,奇探胜地穷。平原情不浅,河朔意偏雄。转忆曾游者,今朝若个同。"郭造卿《重登瑞岩诗》:"不厌频登眺,江山胜概饶。晴岚浮远屿,落日渡横桥。丹鼎诠谁秘,元关路不遥。临风乘逸兴,缥缈接松乔。"余翔《同蔡伯华题瑞岩》:"海上孤峰削不成,春来延眺薜萝清。杯倾竹叶青山醉,石扫莲花彩笔横。飞盖低松云欲坠,行歌出谷鸟初鸣。孤臣莫洒中原泪。一滴长沙万古名。"施德政《游瑞岩诗》:"最爱名山洞壑多,招寻不为佞维摩。红飘法雨诸天近,白跨长虹夹岸过。喷雪飞泉成鼓吹,干云古木挂藤萝。翛然似隔人间世,徙倚层台只浩歌。""丹楼绀殿并崔嵬,眼底烟霞四望开。江树半含春雨后,海潮遥带夕阳来。数声野鸟和清磬,百丈苍虬卧绿苔。为问灵源谁第一,玉融咫尺即蓬莱。"德政,太仓,福建都督。黄用中《瑞岩寺诗》:"海滨候早寒,朔风劲如射。缭绕灵洞深,淅沥寒泉泻。地主虔行庖,林僧肃延迓。阳岩险莫跻,阴壑瞑如夜。落景从归骖,疏烟起田舍。"徐𤊹《题瑞岩寺》:"云际诸峰列翠屏,振衣台上俯沧溟。龙鳞老树摩天碧,螺髻浮山隔海青。怪石何年镌佛相,幽岩从古集仙灵。到来便欲迷归路,流水桃花洞不扃。"陈价夫《题瑞岩寺》:"上方宫殿陟崔嵬,高阁凭虚倚石开。岁久藤花侵讲席,春深榕叶暗香台。半林倒影墟烟合,几点浮空海舶来。自是登临人不乏,姓名无限翳苍苔。"又《海窍诗》:"石崖有一窍,下将沧海通。贮水久不涸,录源窅难穷。儿童戏提挪,瓦砾盈其中。大如半斛匏,外狭而中空。中涵不测渊,乃与溟渤同。尾闾泄不尽,息壤堙无功。夏革未可问,齐谐竟谁逢。吾闻三神山,乃在瀛海东。试从此窍入,远达蓬莱宫。愿作费长房,委身逐壶公。鹏鸠只自笑,蛮触徒相攻。神奇倘不没,请附漆园翁。"又《登振衣台望海诗》:"高台一望俯溟蒙,略指方隅认海东。远树半分鳌背雨,危帆低接蜃楼风。云涛浩渺腾青气,烟岛微茫映碧空。最爱川原残照后,落霞孤鹜有无中。"又《登望阙台读戚大将军诗》:"沧海鲸波一旦平,将军曾此拜神京。高牙已落降王胆,片石犹存望阙名。旗鼓说坛应号召,龙蛇笔阵尚纵横。燕然旧勒皆陈迹,蔓草寒烟感慨生。"又《石弥勒佛》:"自脱阎浮不记年,何因更向此安禅。金刚妙相元非石,兜率高居尚有天。阁外尘埃悲浊世,门前沧海见迷川。也知后劫应难遍,早结三生礼定缘。"陈荐夫《夜投瑞岩寺》:"海色苍苍白露寒，征途初倦叩禅关。似闻僧语青冥上，乍见窗开黄叶间。清梵听来山月晓，荷衣湿尽岭云还。心知净境谁留滞，坐向松间一夕闲。"曹学佺《游瑞岩》："海气凝奇状，山形建瑞标。虚中能不断，古色未曾消。云去时穿石，泉来每应潮。与君行复赏，人境正堪遥。"

福庐寺

【〔清〕同治《福建通志》】福庐寺　在福唐里。明万历间，大学士叶向高建。

瑞云寺

【〔清〕同治《福建通志》】瑞云寺　在县东隅。明万历间，邑令凌汉翀同大学士叶向高子成学建。寺后有瑞云塔。

据〔民国〕《福建通志》记载，尚有：

台丰寺　在永福里芦院。汉时建，久圮。明万历间，乡耆林子泰重建。见《康熙县志》。

护国寺　《八闽通志》云：在平南里。唐开元二年建。

石竺寺　在修仁里。唐大中元年建。

应峰院　在清元里。唐大中四年建。

龙卧寺　在方城里。《八闽通志》云：唐咸通五年建。

香城寺　在清远里。唐中和三年建。

佛顶寺　在永东里。《八闽通志》云：五代间建。

龙溪寺　在永福里。后晋天福二年建。

福州府·连江县

龙卧寺　大中玉泉寺　护国天王院　逍遥院　宝华岩庵　宝林寺　东灵应院　云居寺　南峰石门院（石门寺）　龙漈报恩寺　光化寺　宝应寺　清洋寺　龙兴寺　西瑞岩院　龙泉寺　崇寿寺　荷山庵　观音阁　美肇寺　义安寺　西林寺　龙漈寺　永宁寺　弥陀寺　海潮寺　永思庵　白云寺　崇宁尼庵　玉华寺　鼎石寺　云居下庵　北埕尼庵　莲池尼庵　宝华后岩寺（35）

龙卧寺

【〔清〕乾隆《福州府志》】龙卧寺　在钦平上里，隋仁寿三年建，明正统中重建，久废。

大中玉泉寺

【〔明〕万历《闽都记》】玉泉寺　在县西里许，玉泉山之麓，泉出两峰间。隋大业元年建寺。唐天宝中御赐今名。有玉泉岩、灵羊洞、仙桃岩、拥秀堂、清涧阁、明月轩、流杯亭诸胜。国朝永乐二年修。成化五年重修。今多蓁芜。明陈宏已《玉泉寺》："一路盘山色，狐亭出竹阴。客来春雨歇，僧去暮云深。寺废多狐迹，坛空少鹭音。徒余残碣在，榛莽岂堪寻。"刘志南《游玉泉寺》："绕郭缁尘远，相期汗漫游。寺幽僧避暑，木落鸟鸣秋。涧水随深浅，云山任去留。凭高临大海，恍若在瀛洲。"志南，漳人，邑博士。郑平旦诗："岩泉真境白云深，山水襟期属赏音。飞盖清风临绝壁，芳尊斜日憩疏林。胜游更得元中趣，归咏偏怜物外心。肯使茅蹊堪蹭蹬，短筇何日不追寻。"林征材诗："载酒闲寻支遁家，秋山开遍木犀花。芒鞋已是无拘束，直上高峰弄紫霞。"陈梦黑诗：

"寺僻烟霞古，山盘洞壑幽。眼空沧海外，身在碧云头。鸟道人稀至，鸡园怅昔游，岩花怜晚对，秋色玉虹流。"吴文华《游玉泉寺》："巾舄相随蹑紫烟，闲从鸟径访金仙。宦情迢递浮云外，梵影依微落照前。古洞苍鳞涵宝月，香厨清玉控灵泉。坐阑得悟如莲偈，万籁空无一事悬。"王应山和："宝篆风轻绕瑞烟，斋心绝磴礼金仙。鳌峰秀出人天外，鹫岭光分绣佛前。寺古尚余花作雨，石奇仍是玉为泉。来游幸踵尚书履，高栋常瞻锦字悬。"

护国天王院

【〔清〕同治《福建通志》】护国天王院　在钦平上里。本唐会昌间竹林废寺，大中初复之，咸通间改今额。宋庆历间升为禅寺。

逍遥院

【〔清〕同治《福建通志》】逍遥院　在安仁里。唐大中初建。一名香庵，寺旁有石孔，手探之有香，因名。

宝华岩庵

【〔清〕同治《福建通志》】宝华岩庵　在清里岩下。唐大中元年建。明永乐间重修。有石室、石洞，顶有塔、定光佛庵居其中，丐梦多验。内有石眼泉、棋盘石、伏虎石、九仙迹、羚羊洞、栖贤亭诸胜。

宝林寺

【〔清〕同治《福建通志》】宝林寺　在中鹄里。唐大中六年建。宣宗时，僧法铨与涅槃、怡山、大沩诸老为法空友，寺后有巨石如覆盆，诠雅好居之，欲移其室而未能，因指之曰："人实无力，神乃有功。"俄而风雨雷电，诘旦石移山下，俨然一室。诠居其中四十年，坐化后十数年，容貌如生，发长至项，削之复生。

中有独觉岩,石刻"雷移"二字,相传朱晦翁书。宋李弥逊诗:"唤起田翁趁晓耕,香云已带泻檐声。如何乞取摩空手,为挽天河洗甲兵。"

东灵应院

【〔清〕同治《福建通志》】东灵应院　在建兴里。唐乾符五年建。初,僧志勤参沩山,观桃花而悟。咸通初开怀安灵云山,乾符元年开罗源仙茅,是岁创此。僧号源寂,居二十年,异时云游,竹笠杖履犹存。旧有石塔。先是,四明有一僧,以福州灵应院欲造开山塔,行化得钱,因买卵石,附海舟归。及境,语舟人曰:"少须于此,吾往院趣役者挈之。"越二日不至。舟人诣寺,踪迹无之。既而过开山堂,见所塑像,则俨然行化僧也。众异其事,遂以其石为塔。至今,民遇水旱,祷之必应。

云居寺

【〔清〕同治《福建通志》】云居寺　在永贵里。唐乾符间建。《闽都记》:"寺中有池,石梁跨之,西麓有净居庵。"

【〔明〕万历《闽都记》】云居山　在县北永贵里。山颠有塔,塔旁有云居堂,堂前有石如壁。金华赵崇代刻"天上云居,人间仙景"八字。去堂西北二百步,石上有仙人足迹,长二尺许,有蛤蚌壳附石上。有龟石,在山之半,上平下尖,周围有瓣,状如莲花。其石甚巨,附于盘石之上。轻摇则动,力撼之则不动。山阿两峰盘郁,中为云居寺,寺中有池,石梁跨之。又有老翁石、龙角石、出米石,皆奇秀。西麓有净土庵。明吴廷轼《游云居诗》:"仙台廖廓自清芬,与客凭高望海氛。万壑风烟浮古木,半天钟磬落奇云。歌腾空谷诸峰应,饮彻中宵片月分。境寂心闲无一事,三乘妙悟正堪闻。"陈国彦次:"载路山花发异芬,遥观海蜃起秋氛。群鸦树杪栖残照,孤鹜天涯带落云。月到上方僧入定,殽分香积酒微醺。绝怜万籁心俱寂,一曲清歌上界闻。"周世科次:"秋山萝薜起清芬,步入招提隔俗氛。岩壑玲珑偏得月,浮屠突兀半栖云。老翁坐石烟霞侣,荷叶传杯主客醺。更喜夜阑诸品净,数声凉籁树间闻。"

南峰石门院(石门寺)

【〔清〕同治《福建通志》】南峰石门院　在新安里。唐中和二年谢谓建。光化三年,僧道遇绘山图以进,诏翰林书今额赐之。以南峰麓有石门,故名。宋绍兴间,赐尚书李弥逊为功德院。宋李弥逊诗:"群贤嘉会走舆臣,乍喜郎星照七闽。寺近南塘钟秀丽,筵开晚水荐甘珍。放怀想尽百川饮,留客应生四角轮。我独沉疴方面壁,愈风赖有两骚人。"

【〔明〕万历《闽都记》】明吴文华《过石门寺》:"隐约烟霞见佛宫,石门双峙任过从。岩头琪树寒相媚,洞口瑶泉到自逢。半月池涵苍藓色,五台石护白云踪。欲凭指点搜灵异,应辟荆榛更几重。"陈宏已《石门寺》:"城放风花乱,山藏水石稠。言寻中浣暇,共作暮春游。涧道循源远,云林抱寺幽。洞穷才见刹,树密不遮楼。仄径妨骑马,高峰指斗牛。攀萝穿石壁,洗药选清流。软草分曹坐,残觞次第浮。地疑绵蕞野,时似永和秋。潭暝钟声起,村空树影收。咏歌欢未极,江月巧相留。"

龙漈报恩寺

【〔清〕同治《福建通志》】龙漈报恩寺　在安义里。唐乾宁元年置。《丹阳驿道纪》:"武陵溪经龙漈潭,昔有龙孕其间,樵采因不入者百年。僧宗王羽结茅其上,众异之,始创屋宇,表闻乃赐今额。"

光化寺

【〔明〕万历《闽都记》】光化寺　在县北保安里。唐乾宁元年建。寺后香炉山，其顶如香炉状。石上书"粘云"二字。《九域志》云：邑人章寿，学道于此，得仙。有坛尚存。又《云笈七签》以为第七十一福地，谢真人居之。山南一峰峭峻，上刻"章仙峰"三大字。有磨剑石、炼丹井、扫坛竹、石棋盘，又仙人足迹，长二尺许。童井，深仅尺余，不溢不竭，相传有青衣童子拨草取水，乘云登炉峰而去，里人掘井得泉，故名。宋郑鉴《炉山诗》："峙立交辉紫翠间，疏帘半卷镇长闲。神仙似有祈年术，一缕青烟起博山。"鉴，字自明，乾道间著作郎。

宝应寺

【〔清〕乾隆《福州府志》】宝应寺　在仁贤里白岩，唐乾宁三年建。《三山志》："张莹闻山中钟鼓音创，政和四年灾，宣和重建。"《县志》："明景泰间重建，国朝顺治八年重修。"

清洋寺

【〔清〕同治《福建通志》】清洋寺　在贤义里东塘坡。周广顺间建，明景泰间重建。

龙兴院

【〔清〕同治《福建通志》】龙兴院　在嘉贤里。宋建隆元年建，明景泰四年重建。

西瑞岩院

【〔清〕同治《福建通志》】西瑞岩院　在安义里。宋乾德四年建，国朝康熙间重建。

龙泉寺

【〔清〕乾隆《福州府志》】龙泉寺　在新安里，宋景德四年建。明吴尚诚《龙泉寺》诗："纡徐一径上岑山，高阁岧峣抱碧湾。游客漫随清磬入，老僧长对落花闲。洞天龙见虚无里，云壑泉鸣杳霭间。尽日淹留情不极，却疑身世却尘寰。"

崇寿寺

【〔清〕乾隆《福州府志》】崇寿寺　在县西,宋天圣四年建,明宣德七年重建,久废。

荷山庵

【〔清〕乾隆《福州府志》】荷山庵　在浦下。元初,李仕明以世受宋恩,不仕,隐于珠浦,因辟荷山院,祀其列祖像。至正四年,其子俊重建。明商琏《荷山庵》诗:"梵宇寰尘外,乾坤坦荡中。潮生沧海碧,花发紫薇红。祝发谈三昧,登云仰数公。明朝秋意动,霜信向南空。"

观音阁

【〔明〕万历《闽都记》】观音阁　在县西二里许,规制宏伟。面文笔峰,俯瞰鳌江。嘉靖间建。万历间令张贤重修。王应山《夏日憩观音阁》:"衔书来凤阁,杰阁暂幽寻。山拥空蒙色,江涵水月心。金天消暑气,宝地结繁阴。为识禅栖近,经声度竹林。"

据〔民国〕《福建通志》记载,尚有:

美肇寺　在陀峰下。唐咸通二年建。明崇祯间,僧隆得重建。清嘉庆七年,僧介诚募建。岩茶最名。

义安寺　在义洋。唐大顺元年,布衲禅师有道行,大理卿裴逡以孝义闻,故名义安。宋元丰元年,僧湛然重建。

西林寺　在九龙山下。晋天福五年建。宋咸淳初火,七年重建。

龙漈寺　在龙漈山半。宋嘉祐二年建,久废。寺侧有茶亭。明正统元年募建。崇祯间,吴日省募修。

永宁寺　在大埕。宋嘉祐二年建。明正统元年重建。十二年,定海所千户方义募修。

弥陀寺 在崇礼铺上林街。宋政和三年建，复废为赵氏宅。寺中井有五运花，石栏镌云"僧造"，余字不可辨。

海潮寺 在亭角。明洪武五年，黄祥甫为宗来上人建。清雍正间，僧常明重修。

永思庵 在江南铺大街。明洪武二十二年僧义山建，祀造桥僧直觉。复圮。

白云寺 在奇达大山巅。明嘉靖间，里人吴姓建。清嘉庆元年，吴开直、吴开忠、吴良登修。

崇宁尼庵 在小北门外。明万历四十八年，邑人吴大任募建。崇祯间，尼兴证募建。大殿后圮。

玉华寺 在覆釜山右。明万历间，僧乐吾采药洞中建。清康熙间圮。雍正十一年，陈修士、吴云达重建。乾隆二十五年重修。

鼎石寺 在覆釜山。陈自得修炼于此，一说黄妙应在此飞升。明万历间建。后因屯兵山中，伐其竹木，僧避去，乡人乘乱拆屋，寺遂废。清康熙十九年，僧天忍募建，后亦圮。

云居下庵 在云居山麓。有放生池，明代建，有田七十余亩。

北垾尼庵 在大东门外。清顺治间，有尼因旧居为庵。康熙八年火，福宁总兵官吴万福募建，后圮。

莲池尼庵 在小北门外，向属孙氏别业。清康熙间，尼买为庵，三面池种莲，故名。乾隆五十年重修，光绪间圮。

宝华后岩寺 在中岩右。康熙十一年知县郭巩重建，后圮。

福州府·罗源县

信安院　旃檀寺　庆田寺　凤山寺　圣寿寺　崇寿寺　龙华寺　金粟院　水陆寺　曹山寺　白塔寺　圣水寺　宝胜

寺　莲花寺　塔院寺　圣安寺　兴祥寺　云峰寺　祝丰寺（19）

信安院
【〔清〕同治《福建通志》】信安院　在拜井里。唐咸通元年建，国朝康熙间重建。

旃檀寺
【〔清〕乾隆《福州府志》】旃檀寺　在重下里，唐广明元年建，明崇祯间重建。

庆田寺
【〔清〕同治《福建通志》】庆田寺　在金安里。唐乾宁元年建，光化二年赐额。国朝康熙间重修。

凤山寺
【〔清〕乾隆《福州府志》】凤山寺　在霍口里，后梁开平元年建。明天启间重建。国朝康熙间重建。

圣寿寺
【〔清〕同治《福建通志》】圣寿寺　在罗平里。五代唐天成初建，明弘治间修。

崇寿寺
【〔清〕乾隆《福州府志》】崇寿寺　在丰上里，后唐天成二年建，有放生池。明宣德、弘治间重修，国朝乾隆年重建。万历《府志》："又一在宝胜山中，亦曰崇寿寺。"

龙华寺
【〔清〕同治《福建通志》】龙华寺　在徐公里仙茅山。五代唐长兴二年，僧真翁建。明崇祯间，僧如演重建。

金粟院
【〔清〕同治《福建通志》】金粟院　在临济里。五代唐清泰二年建。明尤光被诗:"暂解风尘佩,琴尊听所之。江头摇□棹,天际望招提。幽谷鸣钟处,残风落叶时。香台依翠岳,金粟泛瑶□。生意秋兰共,禅心野鹤知。堂虚云入幕,楼回月临池。蜃气沧溟近,鳌宫碧岛移。豪吟来谷鸟,孤啸听山魑。秘迹窥丹洞,仙源摘紫芝。陶花聊共醉,谢屐顿忘疲。徒倚松萝下,悠然惬所思。"

水陆寺

【〔清〕同治《福建通志》】水陆寺 在治西,即旧治县址。五代周显德四年,僧正友建。明洪武间,知县傅希悦修为公馆。后废。弘治十七年,知县徐珪命僧明殿募建。万历间,诸生陈文溆、尤荣灏等改为文昌祠。国朝康熙间,知县蔡彬改为永贞义学寺,原西向。乾隆二十五年,知县梁翰改罗川书院,留后殿为寺。道光七年,僧坤玉募缘重建。内有甘泉井,有铁锅,径七尺,深五尺,常注水。传云:以制四明毒火。

曹山寺

【〔清〕同治《福建通志》】曹山寺 在黄重下里。五代周显德中建。

白塔寺

【〔清〕同治《福建通志》】白塔寺 在治西,南铁嶂山下。宋开宝二年建,国朝康熙间重建。明谢肇淛诗:"石室枕岩阿,炉烟败叶多。绣苔双鹤下,拥火一头陀。塔址春藤护,山窗夜虎过。凄凉神理尽,泉咽似悲歌。"旁有石壁,镌才翁所赏树石。

圣水寺

【〔清〕同治《福建通志》】圣水寺 在县南莲花峰下。宋绍圣三年,谏二头陀建。明万历间,知县倪千祀重建。宋白玉蟾诗:"骑鹤来游众宝山,山中石室水光寒。岩前峭壁松花落,午夜月明初炼丹。山僧问我家何在,笑指浮云落日斜。佩剑朗吟明月下,落花流水是生涯。"有观音阁,元县尹丁德孙建匾,曰"补陀"。

宝胜寺

【〔清〕同治《福建通志》】宝胜寺　在宝胜山。明宣德初建。有铜钟,声闻数里,今毁。

莲花寺

【〔清〕同治《福建通志》】莲花寺　在莲花山后。明万历初建,崇祯间复构前堂。

塔院寺

【〔清〕同治《福建通志》】塔院寺　原名塔前庵,在吕洞岭巽峰塔下。明万历间建。

圣安寺

【〔民国〕《福建通志》】圣安寺　在拜井里。旧名信安,俗呼吕洞寺。唐咸通元年,僧国宁建,寻圮。清康熙二十二年,僧智净、慧泉结茅为寺。乾隆十七年,僧升朗、定修募建大殿。嘉庆八年,僧能安募建钟鼓楼。道光六年,僧秋月、明才募修十八罗汉像。寺后石罅有泉,石刻"咄涌"二字,旁识"康熙癸亥春日,邑令梁文暄题"。又寺前石岩刻"烟霞真境"四字,楷书,径一尺二寸。

兴祥寺

【〔民国〕《福建通志》】兴祥寺　在梅溪里,原名兴元院。唐大顺二年,僧智轮建。明万历三十七年,乡人聚缘重建。寺后有石刻"逍遥台"三字,楷书,径一尺五寸。旁刻"灵武王用文书",又"至正丙午春,彭城葛仲翁、王用文、三山林元卿、东莱太史元同游,释柱庭中岩刻石"。

云峰寺

【〔民国〕《福建通志》】云峰寺　在临济里紫霄岩下。原名灵峰尼院,后名梅峰庵,今呼梅峰寺。宋皇祐五年建。明万历十年,僧蔡道重建。

祝丰寺

【〔民国〕《福建通志》】祝丰寺　在梅溪里,俗呼老佛庵。明崇祯间,蝗蝻伤稼,乡人祈禳,邑令章简因建寺以报恩,废寺产充之,邑令章简题额曰"祝丰禅林"。清雍正十二年,僧升朗募修。嘉庆十九年,建前座。道光七年,僧行芳募修。

福州府·古田县

西峰寺　极乐寺　大目寺　天王资福寺　东峰院　牛头寺　幽岩弥勒寺　秀峰崇胜院　吉祥寺　慈恩院　净戒院　禅林院　凤栖院　弥勒院　白云寺　伏虎庵　翠屏庵(17)

西峰寺

【〔清〕同治《福建通志》】西峰寺　在四十五都。唐开元初建,明成化间重修。

极乐寺

【〔清〕同治《福建通志》】极乐寺　在十二都极乐山。唐天宝初,僧志文建。宋令李堪喜游之,曰:"我死当栖神是山。"一日,僧闻堪车马导从声,次日堪卒,立祠祀堪为护法神。嘉定间,令傅康疾其称不正,名庙曰"灵应"。堪咏寺诗:"序,极乐山盖美刹殊致,烟霞树石风泉猿鸟尤多。其间精舍耽耽,景最清绝,与时为奇。余长玉田,得之部内,登高而赋,风□所由。""空门出白云,梵宇依苍岫。天色湛遥光,春华结野秀。檐间绮罗被,池底星珠漏。香沉篆烟余,文兼禹碑旧。恬智可养神,寂寞复谁消。逍遥磨叶猿,盘礴穿花溜。团团草露晞,琴瑟空香逗。层台太虚半,双壑瀑泉斗。苔空缘钱死,松老清阴瘦。独鹤倏飞骞,深萝苔粉构。归岑待沃洲,芥子观灵鹫。净土人不来,尘寰廓然昼。"中有三奇。西廊鼓钟,声闻三百里,宋朝有旨,锯其唇三寸。法堂匾,绍兴间剧宼中之箭,镞藏。殿雕龙,传昔遇风雨化飞去。章孝彦诗:"廊钟默诉亡唇恨,堂匾犹存箭镞机。禅关未晚门先闭,似恐雕龙去复归。"又有息见亭、自省轩、放生池、喜雨桥诸胜。

【〔明〕万历《闽都记》】明徐𤊹《极乐寺晓起》:"听尽莲华漏刻长,山深岚翠满绳床。乌啼松嶂声声月,僧踏枫林步步霜。座上落花天外雨,佛前沉水定中香。此生总是空门客,到处皈依有法王。"闵龄《伏虎庵诗》:"鸟道千盘上,幽寻西竺庵。僧残无虎伏,偈在有龙参。涧岭寒生嶂,云堂夕抱岚。迟回归兴晚,松月在珠龛。"陈价夫《清明日游极乐寺》:"作客逢寒食,西郊趁晓晴。露兼松子落,云傍薜衣生。对榻频挥尘,穿林独听莺。山僧疏酒禁,元不为渊明。"《重游极乐寺》:"客思悠悠感仲冬,空门尚觅旧游踪。林开霜叶红千点,径入烟萝翠几重。石鼎新粳香积饭,云堂清韵夕阳钟。分明一幅村庄画,犬吠柴门月在松。"徐𤊹《雪晴过极乐寺》:"雪晴山路暮寒凝,半日才闲便访僧。曲涧声喧流暗水,小池痕浅结层冰。林疏不碍云堂磬,松偃深藏石殿灯。寂寂禅关闭残照,满山驯鸟响迦陵。"

大目寺

【〔清〕同治《福建通志》】大目寺 在四十六都。唐咸通二年建,明永乐间重建。宋刘克庄诗:"来人云虎出,留此到昏钟。寺小于诸刹,山高似众峰。未寒先得雪,已夏尚如冬。

老子曾游浙,微微有辨风。"

天王资福寺

【〔清〕同治《福建通志》】天王资福寺　在二都大吉山。唐天宝六载,僧尚志自鄞州来创天王院。宋大中祥符八年,敕改天王资圣禅院。明万历间修,又名大吉寺。宋林夔孙诗:"华峰跨苍穹,下有云一壑。翚飞二百秋,蜂巢几千落。灵泉际空留,宿雾临除箔。山呈万古姿,竹阴六月籜。当年有贤令,神交契冥漠。怀哉精魄归,永矣香火讬。至今书壁间,读者为嗟愕。好事继前志,刳岩成此阁。仰看斗插橡,俯听泉入铎。晤言千载心,英气凛欲作。西南望蒙顶,跻攀计已作。忽复良友同,共写襟期乐。遝登破嵼屼,幽讨待绰约。磅礴富蒸郁,阴衣芒分错。再拜五华君,许莅他日约。霜威净余氛,晴宇洞寥廓。"

东峰院

【〔清〕同治《福建通志》】东峰院　在横溪里。唐光化二年建。

牛头寺

【〔明〕万历《闽都记》】牛头寺　一名大云,在一都邵南里牛头岭下,岭高峻,陟降二十余里。五代唐天成五年建。寺有白云堂、寒林轩诸胜,今废。宋程师孟《宿牛头寺》:"前日闽都旧长官,穷冬从此据征鞍。牛头寺里千峰月,水口村边万石滩。竹叶尽来堂少暖,荔枝无处地多寒。明朝出境重回首,已约三山马上看。"张浚诗:"暮宿牛头寺,朝辞虎节门。东风知我意,送我过前村。"

幽岩弥勒寺

【〔清〕同治《福建通志》】幽岩弥勒寺　在四十一都。五代晋天福五年置。唐僧法宝自幽州来,规筑,居其所。一夕雷震,巨石裂成品字，乃卓庵其中。寻请额，得今号。明洪武间重建。宋章孝参诗："桥通流水绿溶溶，殿阁穹然镇象龙。半壁石槽通雪窦，一龛丽室占雷峰。挂岩屋似六和塔，入路门如九里松。遥想空庭明月夜，浮屠桂树影重重。"

秀峰崇胜院

【〔清〕同治《福建通志》】秀峰崇胜院　在四十都。五代汉乾祐元年僧清觉建。宋大中祥符八年赐今额。宋翁华诗："香开岩桂露凄清，翠锁晴岚泼眼明。风度南枝鸟鹊啭，月斜西坞玉绳横。来游十里水云窟，偿我一生丘壑情。诗句乞君高挂壁，且容鼻息撼雷鸣。"中有放生池。

吉祥寺

【〔明〕万历《闽都记》】吉祥寺　在县治北。宋太平兴国四年建，有石浮屠七级。国朝成化间重修。明徐𤏇《吉祥寺》"旅寄岁将阑，空门且暂安。僧厨朝爨冷，禅扃夜眠寒。石塔穿云古，山钟扣月残。非因爱岑寂，寥落问归难。"

【〔清〕同治《福建通志》】吉祥寺　在治后。宋太平兴国四年建，明成化间修。陈价夫诗："旅思秋怀夜转浓，牛窗残月照蹄蛩。二三十点过云雨，一百八声将曙钟。梦里朱花空有笔，床头赤电已无峰。清闲谁似支公鹤，稳宿门前最古松。"

慈恩院

【〔清〕同治《福建通志》】慈恩院　在慕仁里。宋太平兴国五年建。中有妙湛堂，辛中丞有诗。

净戒院

【〔清〕同治《福建通志》】净戒院　在保安里。宋淳化二年建。

禅林院

【〔清〕同治《福建通志》】禅林院　在安乐里。宋景德四年建。有狮子石。

凤栖院

【〔清〕同治《福建通志》】凤栖院　在新兴里。宋景德四年建。

弥勒院

【〔清〕同治《福建通志》】弥勒院　在慕仁里。宋大中祥符四年建。国朝乾隆三年重建。

白云寺

【〔清〕乾隆《福州府志》】白云寺　在一都，《县志》："寺建于宋绍兴间。国朝康熙二十一年，释元彻重修。傍崖沿涧，跨以六桥。中有洗钵池、讲经坛、半月潭、一片玉、流香涧、点头石、枕流矶、灵源洞诸胜。"国朝许志进《白云寺》诗："白云翳秋崖，修篁绕崇阜。紫纡入山路，惊涛喧谷日。绝壑架危桥，藤萝络松柳。涧作灵鳌鸣，石作蹲狮吼。溪光悬洞户，岚翠扑窗牖。徘徊水竹间，白日误卯酉。耳目互鲜新，尘襟净无垢。翻忆岭南来，乱山纷相糅。急峡转逼仄，灵妙閟诸有。兀坐瓜皮船，形影但株守。高滩与石争，一瞬疑撞剖。蓬底望螺鬟，焉能辨好丑。快跻蕉兰巅，诸山穷背负。烟霞各有癖，放浪真吾偶。开襟禅室坐，姓字失谁某。达士捐形骸，渔人忘荃筍。悠然云水外，长啸对溪叟。"林佶诗："一锄兼一钵，廿载此山中。松竹皆新种，泉岩半凿空。了无禅气习，真得道家风。原结为山侣，时时驾短蓬。"陈治溥诗："结伴过幽寺，危亭水一湾。鸟啼云外树，人踏雨中山。曲涧自洄洑，高僧独往还。秋光容易尽，难得此身闲。"

伏虎庵

【〔清〕同治《福建通志》】伏虎庵　在十二都。元至元四年建。明闵龄诗:"鸟道千盘上,幽寻西竹庵。僧残无虎伏,偈在有龙参。冷涧霞生嶂,云堂夕抱岚。迟回归兴晚,松月映珠龛。"张极诗:"稻花秋入半青青,楼接疏桥竹抱亭。斋罢僧闲鸣石磬,芭蕉树下诵心经。"

翠屏庵

【〔民国〕《福建通志》】翠屏庵　在十五都。明洪武间建。

福州府·屏南县

天宝寺　双峰寺　宝庆寺　宝兴寺　景福寺　宝林寺　白莲寺　灵岩寺　灵峰寺　资福寺　北岩寺　瑞峰寺　鹫峰寺　翠峰寺　观音堂(15)

天宝寺

【〔清〕乾隆《福州府志》】天宝寺　在原二十都。唐开元二十九年建。《玉田志略》:"已废,重建。"

双峰寺

【〔清〕同治《福建通志》】双峰寺　在二十七都。唐咸通元年建。

宝庆寺

【〔清〕同治《福建通志》】宝庆寺　在二十六都。五代唐长兴元年建。

宝兴寺

【〔清〕同治《福建通志》】宝兴寺　在三十一都。五代唐长兴三年建。

景福寺

【〔清〕同治《福建通志》】景福寺　在二十九都。宋建隆元年建。

宝林寺

【〔清〕同治《福建通志》】宝林寺　在二十四都。宋乾德二年建。中有天坪、龙井，祈雨神应。

白莲寺

【〔清〕同治《福建通志》】白莲寺　在二十七都。宋开宝二年建。

灵岩寺

【〔清〕同治《福建通志》】灵岩寺　在二十八都。宋太平兴国二年建。明万历间重建。

灵峰寺

【〔清〕同治《福建通志》】灵峰寺　在二十五都。宋太平兴国二年建，明成化间重修。

资福寺

【〔清〕同治《福建通志》】资福寺　在三十四都。宋太平兴国七年建。

北岩寺

【〔清〕乾隆《福州府志》】北岩寺　在原二十八都，距城东三里许。宋雍熙元年建，国朝康熙间重修。

瑞峰寺

【〔清〕同治《福建通志》】瑞峰寺　在二十二都。宋景德二年建。

鹫峰院

【〔清〕同治《福建通志》】鹫峰院　在二十三都。宋元祐七年建。

翠峰寺

【〔清〕同治《福建通志》】翠峰寺　在二十都。宋淳熙四年建。

观音堂

【〔清〕同治《福建通志》】观音堂　在三十二都。

福州府·闽清县

天王寺　报恩普贤寺　积善院　白云寺　广济寺　功德寺　金沙堂　盘谷岩寺　圆通庵　保恩寺（10）

天王寺

【〔清〕同治《福建通志》】天王寺　在宣政里。唐大中九年建。会昌间，杨讷舍宅为基。至是，郑氏创殿宇。宋元丰五年，僧显寂撤而新之。

报恩普贤寺

【〔明〕万历《闽都记》】普贤寺　在护仁里。五代梁贞明二年建。有放生池，又双溪堂在普贤寺前，景泰三年建。

积善院

【〔清〕同治《福建通志》】积善院　在盖平里，宋大中祥符三年建。右丞许将读书处。自题诗："为爱山居乐，山居倍忆家。菊黄来日蕊，梅白旧时花。水阔离情剧，霜晴别路赊。前林回首望，空指暮天霞。"又《中秋玩月》诗："爽气来天末，清光满域中。共怜今夕魄，不与昨宵同。漏永冷冷露，庭虚瑟瑟风。玉台高下影，犹在广寒宫。"

白云寺

【〔明〕万历《闽都记》】白云寺　在十七都贺恩里。山势高耸，林木蓊郁，白云吐吞其上，中有仙峰巨石。宋景祐三年建，今为第一丛林。明徐熥《过白云寺》："寻僧到白云，便觉远尘氛。古道少人迹，流莺处处闻。泉声归涧寂，山色过桥分。坐听疏钟起，空林正夕曛。"

广济寺

【〔清〕同治《福建通志》】广济寺　在十五都。宋绍兴间建。林木葱郁，下有龙潭梅坞，碑镌"溪山第一"。又岩壁镌"振衣"二大字，俱朱子书。明曹学佺题曰"佛国天开"。

功德寺

【〔清〕同治《福建通志》】功德寺　在玉台山麓。宋绍兴间建。国朝嘉庆十七年，僧瑞峰偕里人黄惟扬募修。

金沙堂

【〔清〕同治《福建通志》】金沙堂　在金沙里。宋绍熙二十九年建。明正统四年修，国朝康熙间重修。

盘谷岩寺

【〔清〕同治《福建通志》】盘谷岩寺　在治南关外钟山麓。宋咸淳间建。国朝道光九年，僧志安徒勤修重修。有乳泉，四时不涸。

圆通庵

【〔清〕乾隆《福州府志》】圆通庵　在宣政里。宋时建。万历《府志》："又有兴福庵，宋开宝三年建泗水庵，宋景德四年建。"

保恩寺

【〔清〕乾隆《福州府志》】保恩寺　在九都,明嘉靖间建。国朝康熙间重修。

福州府·永福县

枕烟院　重光寺　云际院　上生寺　上林寺　瑞应寺　高盖名山寺　香泉院　仙岩罗汉寺　能仁寺　枕峰寺　龙泉寺　方广寺　方广桂院　越峰寺　极乐岩寺（16）

枕烟院

【〔清〕同治《福建通志》】枕烟院　在唐元里。唐永徽元年建。

重光寺

【〔明〕万历《闽都记》】重光寺　在县南开平里。唐大中二年建,有放生池、罗汉阁。国朝隆庆三年,知县陈克侯重建祝圣道场,郡人王应时撰记。宋吴栻诗云:"上穷苍石梵成蹊,祖意谁参只履西。晓阁浓阴云散岭,亥堂清影月双溪。池开今日青铜鉴,碑立何年碧玉圭。静觉官名微可笑,南华经里一醯鸡。"明陈荐夫《重光寺上方僧室》:"翠微连碧涧,流经玉殿前。林下疏钟惊落叶,水边新柳拂轻烟。行看万境还俱寂,坐对千峰总是禅。闻说胜游多有赋,几人能拟慧休篇。"曹学佺《游重光寺》:"未向山城去,先从野寺来。沼重光自合,廊密径俱回。竹里禅关隐,莲间觉地开。明朝复移迹,胜事日相催。"

云际院

【〔清〕乾隆《福州府志》】云际院　在待旦里,唐大中五年建,有苏老亭。宋庆历间,提刑苏舜元常游此,因名。今废。宋吴栻《苏老亭》诗:"苏老行诸郡,多为洒落游。静心山共止,动意水俱流。赴社呼陶令,翻经约谢侯。高风谁复记,明月上西楼。"

上生寺

【〔清〕同治《福建通志》】上生寺　在永安里。唐咸通二年建。

上林寺

【〔清〕乾隆《福州府志》】上林寺　在永安里。唐咸通二年建。明废为书院,今复为寺。

瑞应寺

【〔清〕同治《福建通志》】瑞应寺　在二十四都。唐广明元年建。

高盖名山寺

【〔清〕同治《福建通志》】高盖名山寺　在高盖里。唐文德元年建,后唐天成间闽王赐额。时主僧智幽并赐铜钟,命马朱记。命服受而不挂。始,后汉时土人徐登弟兄姐妹七人隐于此。齐建元初,僧慧炬与一侍者姓喻氏号智者,亦入此山,绝粒禅定。唐乾符间,霍童山赵炳来于白岩,时樵者戤步林间,见炳与登酌东流水为醑,剥枯松皮为脯。醉卧久之,炳与登曰:"吾当先去,子亦速来。"登曰:"凤立烟霄遇,桃香碧洞逢。"言毕俱不见。五凤二年元日,登与弟兄姐妹七人并蝉蜕上升而去,僧慧炬、侍者同时坐化。今二真身俱存。伪闽乡进士王瞻《记》:神仙变化,非灵洞而不栖;祖佛修行,非圣岳而不憩。故王子晋腾身于猴岭,能大师示迹于曹山,虽出凡之路斯然,而达本之元不尔。是谓控鹤骖鸾之客,以九仙六洞为家;出生离死之人,以大道三界为宅。或筋骨化而烟霞停影,空闭古坛;或色身谢而水月回光,却归他世。岂可以凡因识予去住,岂可以凡心测彼变通哉？大闽国西岳名山者,初有神仙以变化,次有祖佛以修行,圣迹聿兴,在于唐朝之初。其山中分六,合高冠二仪,岩根而吼出雷声,峰首而戛横斗柄。寒生六月,风起五天,上有列仙聚会之坛,中有志士修真之室。宋宁宗三年,敕封登净慧真人、慧炬慈利大师、智著惠应大师。大观三年,知县郑仁达始建三圣宝殿。

【〔明〕万历《闽都记》】高盖名山院　在县西南二十都高盖山下。唐文德元年建。五代唐天成中赐额。其山峰峦秀耸,尝有紫云如盖,故名。东西二石室,有高僧师二人坐化于此。升仙坛、徐真君祠,汉徐登、赵炳飞升处。真君上升时,弃鞭牛杉木于水帘前石上,今高百尺,枝皆下垂,每有云气从树中出,俗呼为插天松桧。闽郊天,尝封为西岳。山有十奇：玉华峰,宴玉岩,放云峰,水帘洞,龙吟池,螺旋泉,石灶,岁旱祷雨多应,凤立台,龙都峰、其下双崖对峙千仞,宛若洞门,峰之半有白岩。金支山,山之别峰也,秀插云表,中有泉,色如金,故名。宋施常《谒徐仙祠》："白云来去自闲闲,锁断千山与万山。仙客已归霄汉去,虚堂流水漫潺潺。"许将《留题二室诗》："上得山来过石门,谒灵特地乞真言。再三许我前程事,敢不留诗荷圣恩。"陈赐和前韵："六题曾彻九重门,暂阻尧阶奏万言。今日又蒙师许我,汉廷当沛异常恩。"陈侍郎诗："岩顶风云常不散,洞门日日吐烟霞。济时偏解为霖雨,信是神仙第一家。"良翰叙诗："巨镇标闽越,灵踪肇晋齐。空坛仙一去,古洞佛双栖。

化石龟犹在,烧丹井已迷。尘襟谁复悟,唯听晓猿啼。"明王应钟诗:"苔藓久封丹灶冷,徐仙蜕骨竟何如。华池神水依然在,尚见当年洗药余。""玉华壁立永阳东,日照芙蓉五色红。我是神仙谢康乐,不知何处访崆峒。"陈邦注《游名山室》:"听法向支公,松间一径通。鸟啼花雨外,猿叫薜萝中。慧日斜临水,慈云半倚空。禅栖鸟鹊定,明月冷孤峰。"陈荐夫《游名山室》:"萝径绕孤峰,珠林隐梵宫。路寻白云处,人在翠涛中。古洞闭残雪,水帘开晚风。共将真妄理,闲坐叩支公。"曹学佺诗:"双岩未曾断,强别东西隈。屡拂珠泉落,惊逢石室开。寒潭非下涌,古木是空栽。情境俱无着,谁令客思哀。"

香泉院

【〔清〕同治《福建通志》】香泉院 在仁义里。唐乾宁二年建。中有乐育亭,宋吴栻留题。

仙岩罗汉寺

【〔清〕同治《福建通志》】仙岩罗汉寺 在唐元里。唐光化二年建。

能仁寺

【〔清〕乾隆《福州府志》】能仁寺 在县西南保德里。唐天祐二年建。《闽都记》:"群峰峭拔,寺介其中,初名寄林,僧无爽结庐于此。后唐清泰二年,更名瑞峰。宋政和中,更今名,有放生池。"《县志》:"明万历间,重建。"

枕峰寺

【〔清〕同治《福建通志》】枕峰寺 在县东八十里。唐时建。元王翰诗:"石磴招提古,松萝暝不分。排云双树转,隔水一钟闻。林影疑残雨,山光倚夕曛。醉来归路远,秋思正纷纷。"

龙泉寺

【〔清〕乾隆《福州府志》】龙泉寺　在县东八十里官烈山。明永乐间建。《县志》:"有龙井,大旱不涸,唐百丈禅师说法处。元末,灵武王翰隐居此山,寺即其子偁建,崇祯四年毁。国朝乾隆九年重建。"

方广寺

【〔明〕万历《闽都记》】方广寺　在县东七里旧保安里。五代汉乾祐二年建寺,后毁。国朝永乐十四年重修。其山峭拔千仞,上有石室,可庇千人,内构室三重,不假片瓦。宋时黄非熊读书其中,尝摭山中十奇,各有诗刻于石。有联云:"石室云开,见大地山河,三千世界;水帘风卷,露半空楼阁,十二栏杆。"十奇谓玉泉洞、瑞松坞、钟磬石、听泉岩、瀑布泉、悬岩千丈,散若瑶琼,响如琴瑟。龙树岩、灵羊谷、龙尾泉,有石如龙,贯岩洞中,泼泼然仅见其尾,有泉沿尾而下,注于石盆,不盈不涸。望仙台、清音洞。又有星岩、仙掌、仙树、仙墙、仙芝、石门、石笋、石灶、石田、石灯、观音影,咸若天成灵境,奇观无两者。岩之路口有井,曰白龙,其泉甘冽,以瀹茗,号第一泉。万历庚寅,林太守春泽子应起募建空华阁于岩之下。林应宪书"方广洞天"四大字,刻于石。宋黄非熊《方广岩十景诗》:"百尺寒泉漱玉鸣,洞门斜入石廊横。烟霞不改古今色,山水无闲朝暮声。窥洞野猿悬树立,惊人呦鹿上岩行。有时写尽琴中趣,风定千林月正明。""谁种灵松近佛家,根盘深坞斗狞蛇。风吹碧落双龙动,月照黄昏两盖斜。千里雨声喧洞壑,半空清影浸云霞。山僧长日频来赏,只恐春来起爪牙。""台前高岳宅神仙,迭石诛茅对碧巅。云雾不分人去路,管弦长动雨来天。彩鸾呼侣归残照,野鹤衔花下紫烟。谁识蟠桃最深处,刘郎风骨已双全。""碧岩孤在啸猿峰,高状藤萝十里松。三面石山横迤嶂,一株松树倒蟠龙。风雷聒地涛声烈,日月摩空翠影重。凭仗高僧好珍重,伫看雷雨化灵踪。""龙头何在尾犹存,定向天中饮汉源。且注灵泉清洞府,未呵甘雨活乾坤。半空飞下珠千颗,平地澄来玉一盆。寂寞云山非我宅,九霄高处是吾门。""一双钟磬本天成,垂在云中左右屏。平地望来分大小,上方敲处震雷霆。名从得后声还异,景欲彰时物自灵。几度夜深催月落,满林妖怪立泉扃。""万籁澄空天地秋,清音不断下悠悠。山前一片月留影,石上几番僧白头。未必素琴方理性,何须芳草始忘扰。堪嗤朝市区区者,只听笙歌醉则休。""灵羊别去几何春,尚有悬岩旧窟存。左右莫知归穴路,高低唯见去蹄痕。千寻飞瀑垂峰顶,一洞寒云锁石门。好是月明群籁寂,几声问答树头猿。""群山如削水如绳,一洞清音气味凝。风送松声归远壑,日移云影下垂藤。林僧倚杖看泉脉,野客横琴坐石棱。回首碧岩钟动处,云台犹在最高层。""万丈岩头瀑布垂,玉泉拖地雪霏霏。听来如讶青天漏,望去还惊白练飞。一洞清声喧碧落,千岩寒色逗斜晖。终归大海成波浪,权借山僧濯布衣。""曾访神仙岩洞来,人言伟观似天台。藤萝足下猿猱啸,钟鼓声边日月开。灯续佛光凝紫翠,云将蜃气和楼台。最怜贯石神龙尾,犹带天东雨露回。""上方楼阁倚空明,磴路如天鸟亦惊。屋上石岩常欲坠,檐前瀑雨不能晴。龙湫千古风雷气,山殿六时钟磬声。最爱白云飞不上,半山飘泊伴人行。"明林鸿诗:"玄岩太古色,恍若入鸿蒙。一径跻攀尽,诸天杳霭中。云归山殿冷,月出水帘空。境静无言说,泠泠松桂风。"王恭《送陈景明登方广岩》:"闽山西来多法园,溪西一道通仙源。灵花贝叶纷相映,道林凿齿皆清言。遥岩二月霜花积,千丈垂萝袅烟碧。水帘风卷半空寒,石室云来万山白。真僧不见宾头卢,片月孤峰色相瓀。六时天乐闻钟磬,百尺风潭写画图。仙舟此别饶佳趣,岂学悠悠向平去。林僧定扫壁间苔,山人况有惊人句。"郑善夫《方广岩观从儿戏入灵羊谷》:"共有方岩志,鸣桡入永阳。山疑子午谷,水是武陵乡。石室罗星汉,风泉积混茫。直寻前代迹,多见昔人狂。龙德存幽渺,神功大晦藏。会须寻白鹿,莫倚过灵羊。采秀青林杳,看云白业长。倘逢慕道者,为彼出幽方。"高起宗《题方广岩》:"巍巍楼阁倚云边,胜概真成别洞天。岩畔夕阳斜带雨,望中晴树远含烟。长松鹤唳翻秋壑,曲涧龙归响夜泉。浮世茫茫无住着,何时投迹谢尘缘。"王振诗:"偶从仙客陟灵岩,万壑千峰入望看。洞里云归山色暝,檐前泉泻雨声寒。一轮明月禅心静,半榻清风客梦残。何日终南看捷径,也随环□□鹓鸾。"邱斌诗:"闽山有绝顶,方岩最上岑。攀萝跻石磴,倚树望珠林。月色澄秋镜,松声响夜琴。惭忘尘俗态,向此一登临。"陈鸣鹤诗:"幽邃全无日,鸿蒙别有天。水帘悬绝涧,石室倚层巅。鹤唳松门下,僧归夕照边。尘寰如可谢,高枕答风烟。""古洞无尘迹,禅房闭落花。晚钟猿礼塔,远水雨烧畲。盂滴龙头水,铛鸣雀舌芽。老僧行脚久,闲坐说流沙。"徐𤊹《游方广岩绝顶》:"方广华严地,神州一洞天。寺藏青嶂里,路绕白云边。气候晴兼雨,峰峦断复连。树枝多臃肿,萝磴自盘旋。猿啸听经石,龙生洗钵泉。水帘终古泄,钟乳半空悬。境出尘寰外,岩开混沌前。金身余五百,世界度三千。净室邻飞瀑,沙弥种石田。空门灰几劫,削壁字何年。谷有灵羊险,山从鸟道缘。地偏堪避世,境寂可安禅。贝叶飘香界,昙花落法筵。桑门同客馔,石榻伴僧眠。已得澄心诀,浑忘俗累牵。探奇情未已,跻险兴翩然。披莽寻支径,扪萝到上巅。畏途犹巉嶪,侧足更迍邅。彳亍声俱喘,蹒跚膝在肩。耸身摩斗柄,回眸盼云烟。远水看如带,重冈小似拳。只疑天阙近,还听谷声传。客有玄晖趣,僧如支遁贤。从兹寻觉路,长此奉金仙。"陈价夫《方广岩》:"春阳动微暄,汀草凄以绿。舍舟遵岑崖,名胜寄幽瞩。条风散余蔼,晓露犹在竹。径转疑路穷,途危诧行肃。缘藤临绝涧,倚石眺平陆。履险亦忘疲,经奇每驻足。遥瞻最高顶,隐隐蔽云木。草阁四五楹,翚飞映川麓。片石覆层巅,穹窿如邃屋。上有百丈泉,霏霏洒琼玉。灵羊出何代,栖止尚有谷。石门竞天巧,两两相排伏。山僧喜客来,吹黍早已熟。作礼对法王,清斋荐葵菽。朝从树杪行,暮即云中宿。欲隐岂须招,所居安事卜。吾将抗箕颖,讵只羡濠濮。寄语同怀人,胡为叹羁束。"又《再游方广岩》:"石室何年隐鹫峰,青莲高跨碧芙蓉。灵羊洞古栖驯鸽,洗钵泉清制毒龙。折卉共寻奇绝处,摩厓争觅旧游踪。回看咫尺尘中路,已隔烟霞数百重。"徐𤊹《方广岩》:"寻山踏遍万峰尖,竹杖芒鞋草露沾。鸟道百盘通古阁,虬枝千仞接危檐。石岩蔽日开成屋,瀑水悬空喷作帘。夜冷云堂孤磬动,静听方衲礼华严。""路转天关触石棱,悬厓高敞白云层。鬼工未识何年凿,佛土应从此地兴。苍藓密封前代刻,碧泉寒洒半空灯。重来却被山灵笑,廿载方知两度登。""重冈复岭断还连,开凿曾闻庆历年。谷傍晴峦斜受日,岩悬全瓦不分天。听经每点空潭石,洗钵常流别涧泉。拂拭同游旧题刻,姓名半已蚀苍烟。""花雨空中散妙香,石楼钟响扣寒霜。神工斫木留金相,佛影依岩现宝光。石罅泥深巢海燕,峰腰路绝避灵羊。夜深借得云房宿,明月谁知定上方。"陈仲溱:"古洞盘旋好,巉岩势欲颓。树垂罗汉果,花覆祖师台。岚气纷成雨,松声巨若雷。山僧自清净，长日卧莓苔。""迭嶂连云起，层岩不可攀。鸟飞清霭外，人语翠微间。涧水冰绡挂，山门烟树关。忽听孤磬响，僧自万峰还。"谢肇淛《游方广岩》："鸟道千盘一径微，竹林苍翠湿人衣。风传绝壑初闻磬，室倚悬岩不掩扉。石底暝云排闼入，空中晴雨作帘飞。秋深燕子还相恋，栖尽寒岩不肯归。""峰如悬玉路如绳，行到诸天几百层。岩敞全吞松杪寺，林幽时吐夜深灯。泉滋洞里长生树，雨溅床头入定僧。闲倚阑干看下界，半空烟雾锁苍藤。""虚堂高枕北风凉，返景时看过隙光。云绕千峰迷怖鸽，路危一丝度灵羊。壁间留影金身化，檐际悬空石乳香。半夜钟声千谷响，山魈惊起礼空王。""五丁开凿是何年，岩作屏风石作天。松坞犬迎黄叶吠，竹窗僧共白云眠。蜗蜒半蚀前朝字，龙首斜飞远涧泉。尘世惭无丘壑分，此身聊结此山缘。"曹学佺《方广岩》："列石扃灵境，方岩贮梵宫。龙蛇盘顶上，鸟鼠走坛中。香阁虚临北，珠帘侧挂东。近昏才返景，入夏屡阴风。树傍深苔起，泉由倒绠通。于斯怀迥异，亦可悟真空。"

方广桂院

【〔清〕同治《福建通志》】方广桂院　在方广岩。宋建隆间建。

越峰寺

【〔清〕乾隆《福州府志》】越峰寺　在县西门外里许。宋开宝元年建。《县志》："今改为道观，有玩芳亭。"宋吴拭诗："野僧迎客笑开关，更拂残碑藓字斑，徐姓仙归空碧洞，汉封王去漫青山。影来秋月林千缺，声落春风水一湾。焙茗满瓯须强啜，过桥车马便人间。"

极乐岩寺

【〔清〕同治《福建通志》】极乐岩寺　在开平里。宋大中祥符二年建，明隆庆间重建。

兴化府·莆田县

灵岩广化寺　法海寺　万安永福禅寺　宝胜寺　保瑞灵光寺　龟山福清禅寺　兜率资福院　华岩寺　苐林院　囊山慈寿寺　石梯寺　圣寿院　上生寺　崇圣院　招福院　国欢院　妙应寺　普门庵　圆智庵　景祥院　广恩院　灵隐善化院　新丰寺　妙寂寺　五云寺　重兴寺　东岩寺　报恩香积寺　白云院　报恩光孝寺　嵩山护国院　永明寺　吉祥寺　云门国清寺　朝宗庵　凤林寺　上善寺　双峰显祖院　天王院　月峰院　报慈院　永和尼院　龙寿尼院　空寂尼院　云峰尼院　广福尼院　瑞龙院　资圣院　观音院　天台灵鹫庵　上宝峰院　兴福院　地藏院　永丰斗门庵　国泰院　瞻圣院　里洋尼院　福波寺　中峰庵　瑞泉庵　天宫庵　灵源庵　幻住庵　石泉寺　崇先文殊院　幽化院　宝华寺　东塔院　西塔院　万松庵　西岩寺　万岁庵　灵源寺　万寿寺　新丰庵　大云寺　妙泉庵　锦亭庵　积翠庵　石林寺　果满庵　渚林庵　万安庵　觉海庵　香山庵　幻住庵　新庵　凤山寺（88）

灵岩广化寺

【〔清〕同治《福建通志》】灵岩广化寺　在南门外凤凰山下，陈太府卿郑露家焉。永定二年，舍为金仙院。隋开皇九年升为寺。唐景云二年赐额"灵岩"，柳公权书匾。宋太平兴国初，改赐今额。有放生池、溪声阁。国朝康熙三十三年，提督王万祥重建，为县第一丛林。黄滔《灵岩寺碑铭》略：释波东流，涌为花宫；花宫之构，咸宅灵秀；灵秀之启，其或神授。则知融结之始，已有待于金圣人也。粤灵岩寺乃莆山之灵秀焉，神授焉。懿夫岳立大山，堆下数峰，面乙臂坤，石嵌松瘦。昔梁陈间，邑儒荥阳郑生家之生严乎一堂，架以诗书。既而秋，一夕，风月清朗，俄有神人鹤发麻衣，丈余其状，见于堂曰："诚易兹为佛宇，善莫大焉。"生拜而诺，瞬而失。旋以堂居僧像佛，献其居为金仙院，即陈永定二年庚申也。〔鹤发麻衣，西天之谓，故号金仙。〕山水推其奇，鹤发增其异，缁锡日萃，院落日峻。隋开皇九年，升为寺焉。左漱寒泉，右拥迭巘，危楼豁壶公之翠，上方视鳅海之波。唐景云二年辛亥，寺僧志彦入内，背又讲四分律。睿宗嘉之，锡号"聪明"。彦因或言："所居之寺，自复有僧无际，持妙法莲华经，感石上涌白泉。僧殁，而泉变清焉。"遂膺敕额为"灵岩寺"。太和二年，殿中彭城刘公轲幕提泉印，聆寺之胜，不卸而宿。候吏不蔬而午，掬泉而漱，随手以涸。其石今坎于上方之上。其僧复有玄悟、玄准、慧全、省文、灵敞、无了。悉间生祇园，坚持密行。或临坛表德，或降虎示真，厥众如云，厥施若市。洎武宗皇帝乙丑之否，邑之东有敬善寺，民并而居之，乾有玉涧寺，民亩而田之。独兹之奇，豪人互以金输，为幽宅之卜，若有之卫，竟不克遂。敞公、了公，乃帽首绦腰，沉踪处晦。逮宣宗皇帝之复，索之于石罅云根，归之于芜基烧址。山灵之感，行膻之慕，投金执斫，匪招匪劝。不越闰而其宇鳞鳞，其徒翼翼。敞公，咸通六年秋八月云灭，靡风而大树折庭，靡触而大殿倾瓦。了公，八年冬十月坐亡，色身不坏，今龟阳之号真身大师者也。则知僧以行而神其迹，地以灵而感。若乃轩轩月殿,蔼蔼松门,醍醐雨天,琉璃镜地。慧烛九枝而吐焰,慈云五色以垂阴,推于瓯越,居之甲乙。今仆射琅琊王公,牧民之外,雅隆净土,论及灵胜,以为东山神泉之比。〔神泉寺在府城之东山,其泉亦自僧感而涌也。〕缮经五千卷,于兹华创藏而藏焉,即天祐二年春二月也。初侍御史济南林公藻,与其季水部员外郎蕴,贞元中谷兹而业文,欧阳四门舍泉山而诣焉。〔四门,家晋江泉山,在郡城之北。其《集》有《与王式书》云:莆阳读书。即兹寺也。〕其后,皆中殊科。御史省试,珠还合浦,赋有神授之名。水部,应贤良方正科,擅比干之誉。〔策云:臣远祖比干,因谏而死,天不厌直,更生微臣也。〕欧阳垂四门之号,与韩文公齐名,得非山水之灵秀乎?元和才子章孝标、邵楚苌、朱可名,寄诗以题。大中中,颍川陈蔚、江夏黄楷、长沙欧阳碣,兼愚慕三贤之懿躅,葺斋于东峰十年。咸通乾符之际,豪贵塞龙门之路,平人艺士十攻九败。故颍川之以家冤也,与二三子率不西迈,而愚奋然凡二十四年,于举场幸忝甲第。东归之寻旧址,苍苔四迭,嘉树双亚。〔今东峰双龙眼树,即往岁书斋之庭阴也。〕访旧僧,云扃十扣,雪顶一存。于是,谨祝金仪,益誓丘祷,以谢兹山之灵秀,刻铭贞石,兼补前贤之未述。其词曰:山奇孕神,地胜惟灵。萤窗既夜,鹤发斯形。一亩请宫,双莲建扃。洞深夏寒,林茂冬青。松竹铿乐,峰峦黼屏。畠迷蟾窟,茫眺鳅溟。持经僧志,涌石泉冷。四分律讲,万乘君听。敕飞额降,寺以灵名。不有地祥,焉动天庭。大士鸿生,珠明桂馨。良牧耸闻,华构藏经。浩劫不泯,匪兹曷丁。敬祝巉岩,勒石以铭。《淡轩稿补遗》有南湖郑三先生《祠堂记》:"吾闻有太府卿郑露潜弟,中郎将庄别驾淑,在梁、陈间,自永泰入莆田。因祖坟于城南凤凰山麓,构书堂于南湖之上,时人称'南湖三先生'。是堂之据，左有清泉白石之萦回，右有层峦迭嶂之环拱，南挹壶山之秀，东互沧海之流，莆形胜之最也。先生一夕梦金仙氏，请书堂为佛刹，许之，今广化寺讲堂是也。又昼见麻衣鹤发者，请所居为佛刹，之今广化寺佛殿是也。"

法海寺

【〔清〕同治《福建通志》】法海寺　在府城西南。陈大建十四年建，五代末留从效重建，宋天禧四年赐"法海院"额。前有御书阁，藏咸平、祥符、天圣、皇祐间所赐御书。元至正十四年，寺厄于回禄，僧方岩修。明洪武初，希闻、雪舟二僧重修。永乐丁亥，雪舟又作寝室。宣德丙午，为阁五间，上奉罗汉像五百一十八。正统四年，僧慧聪重建大雄殿。今院唯东塔、西塔、月峰庵，唯南山普门见存，余皆废。其有记载者数处，以存古迹。崇先文殊院，旧名大文殊。宋淳熙四年，参知龚茂良乞为功德院，赐今额。天台灵鹫庵，宋蔡襄诗："幽人去未还，门户和云闭。亭午树阴圆，深冬泉响细。寒生群鸟鸣，清彻孤鹤泪。寂寞傍山归，写向沧溟际。"屏山堂，大石屏立。宋绍兴三年，太守吴伟民建。绍熙元年，知军赵彦励重建。有弄月池，学士徐林疏泉名之书刻于石。灵源庵，宋龚茂良赴官建宁宿此，诗："迟回不忍去，复作抱衾留。断续云间雨，萧骚木末秋。劳生那有此，渐老欲相投。最爱千山暑，钟鸣处处幽。"瑞泉庵，僧无际持妙法莲花经，石为涌泉，用以名庵。宋陈瑾诗："飞栋逼天象，疏棂逗岩烟。烹茶引高士，汲此石罅泉。泉深不盈尺，润物无颇偏。百川有盈涸，是坎常泓然。"中峰庵，在灵岩上游，为郡人登眺之所。天宫庵，宋绍兴五年，郎中蔡枢请大慧杲禅师于此驻锡。报劬庵，在广化寺西，旧有林攒祠。

万安永福禅寺

【〔清〕同治《福建通志》】万安永福禅寺　在左厢凤山。旧二院相邻。一曰万安水陆院，旧为敬善院，唐开元间建，宋天圣五年赐额"万安"，政和中改神霄宫，建炎初仍旧。内有欧阳詹祠堂。一曰永福，内有浮屠三级号塔院，宋太平兴国初置郡时建，五年赐额，政和中增建浮屠为五级。元至正十四年，二院俱火，僧霞谷请合建为一寺。十五年，赐今额。国朝康熙元年，寺僧海月等募建法堂。

宝胜寺

【〔清〕同治《福建通志》】宝胜寺　在府城南胡公里。陈时为庵，曰宝台。唐咸通间更为宝胜院。

保瑞灵光寺

【〔清〕同治《福建通志》】保瑞灵光寺　在景德里。唐天宝二年建，元皇庆元年修。

龟山福清禅寺

【〔清〕同治《福建通志》】龟山福清禅寺　在文赋里。唐长庆二年始建庵，号龟洋山。咸通十三年建院，五代梁贞明中王审知改"龟山福清"额。中有莼菜池，西有沉禅塔，即真寂大师无了之塔也，博士薛承裕撰塔铭。东有陈禅塔，即广齐禅师志忠之塔，御史黄滔有《东塔和尚碑》。

【〔唐〕黄滔《龟洋灵感禅院东塔和尚碑》】三教之垂万古也，咸以师弟子授，独释氏之师弟子，削姓以名，别为父子之流叶。东塔和尚业真身大师，其道偕极，不可思议。以父子言，克尽弓裘之善。和尚法号志忠，俗姓陈。世居仙游，祖讳□，父讳筇继，以好尚山水，崇佛友僧。生和尚，自于孔抱，鼻逆膻辛。九岁诣真身大师为童子，一见之，两如宿契。年十五落□。初，大师之卜龟洋也，云木之深，藤萝如织。狼虎有穴，樵采无径。俄值六眸之巨龟，足蹑四龟，俯仰其首，如作礼者三，逡巡而失。遂驻锡卓庵，名其地曰龟洋焉。龟洋之泊也，盂不及村，山产菜号苦盖，以之充卯而斋。唯大师与和尚，俱岁移月更，名驰迹漏。檀信寻而施，渔猎投而事，时谓之二菩萨僧。其他或来人之稍乖严洁，则立有蛇虎惊吼之怪。及武宗皇帝乙丑之否，弃之而条帽潜匿，大师允檀信之迎，隐于数家。和尚栖于岩穴之内，不离兹山。相伍者麋鹿，驯伏者虎狼。既而靡耕□，杜施丐，还取苦盖之卯。至今兹院之逢歉岁，一邱之风不泯。宣宗皇帝复寺之始，议者以灵岩之奇胜，非我菩萨僧不可以宏就。由是都人环乞大师以居，故和尚独荐龟洋之址焉。松堂揭而觉路喧天，金磬敲而道花满地。诚以上升道士不受□，成佛沙弥不具戒，和尚且不之然。旋将西游，受具足戒于襄州龙兴寺。大中十二年东还，由庐陵与草庵和尚值。草庵曰："来自何山？"曰："六眸山。"曰："六通乎？"曰："慧非重瞳。"和尚盖行高而言寡，是日对答如流。既及本山，人地愈盛。院落则不营而峻，供舍则不化而来。咸通三年，灵岩力圆乃迎大师返于兹。八年，大师坐亡，法身不坏。南北归敬，阒然无时。和尚以之烦。十三年，遂南五步里之山，得峰之秀，室而禅焉，即今南畲也。广明元年，弟子智朗、惠朗、元鉴、藏辉、景闲、宏乾、鸿超，悉以植性□园，分光慧炬，以谓我大师承法马祖，亲得心印，则和尚焉。今以宿晓而晦，辞烦即静，不可使六眸灵感之地，留形示灭之异。叶其叶而不之大乎？于是迓乞归于院，将以宏张法轮，式救迷津。其如感通虽然，现没有数，中和二年（是时公尚未登甲科）。龙集壬寅三月十日示灭。寿年六十有六，僧夏二十有五。后二旬之一日，建堵波于东冈焉。呜呼！和尚之道，不粒而午，不宇而禅。与虎狼杂居，所谓菩萨僧信矣。其三月之朔，语其众曰："至道之有显晦，师弟之不欲双立。昔大师之去也，留形为之显。今吾之行矣，速藏为之晦。"故将仪貌若生而盖棺，晦朔不逾而启土，从付嘱也。其上足景闲、宏乾，以凡纪道名，须资词笔，恳赍行实，扣愚求文。滔早访莲扃，今悲松塔。敢辞抽思，用刻贞铭。为之铭曰：六眸献山，二叶开莲。号及菩萨，正真自然。云林匿迹，狼虎参禅。仙花扑地，智月悬天。示灭之灭，显晦岐焉。布金左冈，建塔开阡。实归上界，岂曰下泉。松风柏雨，空悲岁年。

兜率资福院

【〔清〕同治《福建通志》】兜率资福院　在广业里。唐大中初建。

华岩寺

【〔清〕同治《福建通志》】华岩寺　在府城西三里，旧玉涧寺北岩也。唐大中六年，刺史薛凝匾曰"华岩院"，十一年升为寺。乾宁五年，邑令吕承佑建塔三层。宋元丰元年赐今额。元至正间火，寻复建。唐黄滔诗："北岩泉石清，本自高僧住。新松五十年，藤萝成古树。题诗昔佳士，清风二林喻。上智失扣关，多被浮名误。莲扃压月涧，空美黄金布。江翻岛屿沉，木落楼台露。伊余东还际，每起烟霞慕。旋为俭府招，未得穷野步。西轩白云阁，师辞洞庭寓。越城今送归，心到焚香处。"中有妙峰堂、壁立轩、放生池，又有环秀亭，旧为郡进士题名之所。

芗林院

【〔清〕同治《福建通志》】芗林院　在广业里。唐咸通十年赐额。有幻住庵，通游、宴寂二阁。

囊山慈寿寺

【〔清〕同治《福建通志》】囊山慈寿寺　在府城东北延寿里。唐乾符三年，始诛茅为庵，四年更为延福院。中和元年僧涅槃栖隐于此。光启二年王审知改慈寿院。法堂之西有塔曰惠熏，即涅槃葬处也。寺屡经回禄，后当修建。宋王得目诗："萧萧岩雨侵寒月，拂拂潮风入古松。乘虎道人遗塔在，一炉香火数声钟。"朱子赴同安簿，宿囊山寺诗："晓发渔溪驿，暮宿囊山寺。云海近苍茫，溪山拥深翠。行役倦修程，投闲聊一憩。不学塔中仙，前途定何事。"明柯潜诗："下马松关外，行行过虎溪。钟鸣知寺近，云瞑觉天低。断涧流泉涩，平岗古木齐。何时谢尘鞅，此地卜幽栖。借榻云深处，风窗夜不扃。兴来吟风月，睡起坐听经。鹤舞松阴碎，龙归雨气腥。明朝赋归去，山色为谁青。"

石梯寺

【〔清〕同治《福建通志》】石梯寺　在府城南灵川里。唐乾符四年建，乾宁三年赐额石梯建福禅院，今改为寺。

圣寿院

【〔清〕同治《福建通志》】圣寿院　在永丰里。唐光启间建。寺边有石鏬，刻诗一首，无年月姓氏。"石鏬题诗纪别年，风烟南北各凄然。菖蒲坐我灵山下。犹借高人半日缘。"又刻诗二首："夕籁鸣寒雨，晴峰出翠屏。风尘吾独愧，鸿鹄下苍冥。趺坐丛林下，朗吟白石巅。一丘盘曲处，中有老龙眠。嘉靖丙戌仲春，愧吾西谷记。"又山之西麓，有晦翁书"与造物游"四大字。

上生寺

【〔清〕同治《福建通志》】上生寺　在延寿里。唐大顺元年校书郎黄璞舍地为寺。内原有黄璞祠堂。元大德二年修。旧名上生院，今为寺。

崇圣院

【〔清〕同治《福建通志》】崇圣院　在兴教里。唐乾宁元年建，宋元祐中重建。

招福院

【〔清〕同治《福建通志》】招福院　在常泰里，距府城里许。唐天祐二年建。

国欢院

【〔清〕同治《福建通志》】国欢院　在延寿里。唐僧涅槃之宅，后施为院，其父母双冢在焉。涅槃一名文矩，传见方外。

妙应寺

【〔清〕同治《福建通志》】妙应寺　在城西。旧为西岩石室，唐僧涅槃栖隐于此。宋绍圣间，郡人构庵奉之。崇宁五年赐寺额。有浮屠五级，今圮。西有天泉庵，又上为弥陀舍。

普门庵

【〔清〕同治《福建通志》】普门庵　在广化寺东南隅，旧为大比试进士之所，唐御史黄滔尝与同志十人读书于此。内有黄滔祠。

圆智庵

【〔清〕同治《福建通志》】圆智庵　在城北第三亭。唐洗马黄咸建。

景祥院

【〔清〕同治《福建通志》】景祥院　在常泰里。旧名琉璃院，据陈岩之腹，寻迁于此。元天历三年重修。唐徐寅诗："一条溪绕翠岩隈，行脚僧言胜五台。农罢树阴黄犊卧，斋时山下白衣来。松因往日门人种,路是前生长老开。三卷贝多金粟语,可怜心炼得成灰。"

广恩院

【〔清〕同治《福建通志》】广恩院　在城西。五代梁开平三年建。

灵隐善化院

【〔清〕同治《福建通志》】灵隐善化院　在城西北常泰里。五代梁开平中建。

新丰寺

【〔清〕同治《福建通志》】新丰寺　在兴福里。五代唐天成二年建,宋天圣九年修。

妙寂寺

【〔清〕同治《福建通志》】妙寂寺　在城西北常泰里。亦名塔院。五代晋开运元年建,后改为寺。

五云寺

【〔清〕同治《福建通志》】五云寺　在文赋里。五代周广顺三年建。唐处士朱邺旧居也,有白莲池。

重兴寺

【〔清〕同治《福建通志》】重兴寺　在黄石景德里。宋乾德四年建。元至正十年火,寻复建。

东岩寺

【〔清〕同治《福建通志》】东岩寺　在乌石山。宋淳化元年建。有石浮屠三级,绍圣间建。明方熙诗:"石径苍苔右,长廊白昼间。台花和雨坠,独鸟向人还。竺国三千界,祇园第一山。宁知方外趣,只在市朝间。"

报恩香积院

【〔清〕同治《福建通志》】报恩香积院　在兴福里。宋景德六年建。

白云院

【〔清〕同治《福建通志》】白云院　在壶山麓。宋庆历二年建。相传，陆秀夫随二帝南行，宿此一夕。院后涧中有郭沧州旧隐居。

报恩光孝寺

【〔清〕同治《福建通志》】报恩光孝寺　在右厢梅峰，俗呼讲寺。宋崇宁三年建，赐额。政和元年改天宁万寿禅寺，绍兴七年改报恩广孝寺，寻改今名。中有钟一口，声闻江口，且音有扬抑，能卜阴阳。匠人蔡通所铸也。按钟上款识云："绍兴壬子，住持惠泽、僧觉明募缘，三铸方成，未圆音响。乙亥初冬，龟洋二真身菩萨驻锡本寺，笺允重换，住山怀琇与法珂六人，发心募缘，一泻而成。"明邑人林大辂诗："上方亭榭几清秋，野老高踪一杖留。别院钟声苍霭外，前溪篷影碧烟流。闲来参禅多携伴，老至逢僧易散愁。却忆庐峰明月夜，吹箫曾向万山楼。"

嵩山护国院

【〔清〕同治《福建通志》】嵩山护国院　在醴泉里。宋大观元年建，三年赐额。

永明寺

【〔清〕同治《福建通志》】永明寺　在望江里。元初，僧孤峰创建。明万历间，重建法堂及观音阁。

吉祥寺

【〔清〕同治《福建通志》】吉祥寺　在连江里宁海桥。元元统初，龟阳寺僧越浦驾海建此护桥。

云门国清寺

【〔清〕同治《福建通志》】云门国清寺　在乌石山下后村巷。元至正十二年建,大德九年修。初,方彰祖舍地并钞,宋傅翁捐金。国朝乾隆二十年,二氏子孙重建。

朝宗庵

【〔清〕同治《福建通志》】朝宗庵　在延兴里芦浦斗门之侧。明洪武初,里人陈孔有修砌,后圮。万历间重建。

凤林寺

【〔清〕同治《福建通志》】凤林寺　在紫霄岩之麓。明万历间,郡人知府林鸿盛建。

上善寺

【〔清〕同治《福建通志》】上善寺　在黄泥铺陈墓。初,康熙二年,大水坏庐舍,柩随水入海无算。里人林滋谦同僧禅源,收瘗于苏山潭头之阳,砌以砖石,名上善墓。里人徐伯□董其役,三十六年建寺。

据〔民国〕《福建通志》记载,尚有:

双峰显祖院　在城东北待贤里。唐大顺间建。

天王院　在城东北,旧在青原西里。

月峰院　在城西南广化寺之左里许。唐时建。

报慈　在城东北待贤里。五代周显德六年建。

永和尼院　在城西二里许。闽永和元年建。

龙寿尼院　在城东北孝义里。

空寂尼院　在城北二里许。

云峰尼院　在城西南文赋里。宋乾德七年建。

广福尼院　在城西南新兴里。宋乾德七年建。

瑞龙院 在城西北。宋太平兴国八年建。

资圣院 在城东南谷清里。宋咸平二年建。

观音院 在城东南奉谷里。宋乾兴元年建。

天台灵鹫庵 在灵岩广化寺内。

上宝峰院 在城东南兴福里。宋皇祐六年建。

兴福院 在城东南合浦里。宋皇祐六年建。

地藏院 在城东北武盛里。宋治平元年建。

永丰斗门庵 在城东南国清里。宋崇宁二年建。

国泰院 在城东南延寿里。宋崇宁四年建。

瞻圣院 在城东南新安里。宋大观四年建。

里洋尼院 在保丰里。宋政和二年级。

福波寺 在城东南醴泉里。宋绍兴间建。

中峰庵 在灵岩广化寺内。

瑞泉庵 在灵岩广化寺内。

天宫庵 在灵岩广化寺内。

灵源庵 在灵岩广化寺内。

幻住庵 在广案里芎林山。

石泉寺 在城东南南力里。

崇先文殊院 在城西南广化寺。

幽化院 在城西北常泰里。宋淳熙五年建。

宝华寺 在城东南合浦里。

东塔院 在城西南广化寺山门内之左。宋时建。

西塔院 在城西南广化寺山门内之右。宋时建。

万松庵 在城东南醴泉里芝山。宋吴世泽建。

西岩寺 旧为陈宗伯经邦别墅，今建为寺。

万岁庵 元至大七年建。

灵源寺　在城东北广业里。

万寿寺　在城东南新安里。

新丰庵　在城东南莆田里。元至顺二年建。

大云寺　在城东南合浦里。元至正间建。

妙泉庵　在城东南兴福里。元至正间建。

锦亭庵　在城西南。元至正间建。

积翠庵　在城东北尊贤里。元至正间建。

石林寺　在城东南合浦里。元至正间建。

果满庵　在拱辰门外。元至正间建。

渚林庵　在城东南武盛里。元至正间建。

万安庵　在城东南连江里。元至正间建。

觉海庵　在城东南崇福里。元至正间建。

香山庵　在城东南合浦里。元至正间建。

幻住庵　在城东南连江里。元至正间建。

新庵　在城东南武盛里。明永乐间建。

凤山寺　在紫霄岩之麓。

兴化府·仙游县

龙华万岁禅寺　三会瑜珈寺　新丰院　净光院　回龙院　九座太平院　南林院　香山院　崇胜院　高田院　西林院　西明寺　普惠大通瑜珈寺　龙纪院　天王院　水陆院　白衣院　富洋院　高山宁国院　云林庵　清泉院　水陆院　万安寺　美林庵　碧潭庵　剑潭庵　浯溪庵　枫亭庵　天柱庵　仙岭庵　登果庵　里尾庵　南峰崇福院　马岭庵　水尾庵　南浦庵　太平院　龙纪院　中岳院　建兴院（40）

龙华万岁禅寺

【〔清〕同治《福建通志》】龙华万岁禅寺　在治西仁德里。唐嗣圣三年建。大中初，乃赐寺名。宋绍兴间火，寻复建。少卿王迈《记》：仙游龙华寺肇造隋末。有僧叶其姓，惟胜其名，自润州甘露寺杖锡而南，寻梵释龙天之宫，至是而开山焉。燕坐而七佛现容，诵经而天王下听。唐大中初乃赐名。至我圣宋，宇日辟，徒日繁，而劫教相值。至绍兴己卯，凡经三火，不废不兴，不止不始，是故祖堂建于绍兴之庚辰，阅明年辛巳而库堂成，又明年壬午而佛殿成。讲堂建于乾道之丁亥，阅四年辛卯而僧堂西藏成，又五年丙申而罗汉堂成。东藏创于嘉定之乙巳，仪门成于宝庆之乙酉。绀殿嵯峨，坐丈六金身而不为高；虚堂深敞，容千百衲衣而不为广。两藏轮转，天地雷鸣，双塔吐光，晴霄星见。法则真实，非空非华，色色庄严，达无色界。先是萍斋先生林公象栖隐此山，累诏不起，发心募建，躬董巨缘。至今塑像于寺之法华，过者必式，目为南方第一刹土。所谓佛愿宏深，因与果对者，讵不信欤？讫工日，于需次聚徒于西北隅崇台间。复年，尊德邵为寺宗伯。知藏文，益行律高洁，号直指师。翻阅藏经，旁通儒学，每见必以寺旧无记为缺典。乞文于予。予乃申彼之教而语其徒曰："教各有法，法各有门。凡今居处，安坐于斯，果能十二时中由戒入律，由律入禅，得大总持，证无上果，自可于赵州屋里亲见诸佛，古灵堂前目烁毫光。出入文殊不二法门，管界元沙中心树子。端严之主，人翁惺惺尝在；临济之无位，真人时时现前。必如是，则不枉作宗门法器矣。如其不然，贪瞋痴不除，戒定慧不入，横起意兵以自伐，猛然心火以自焚，则立清洒界如坐汤镬，履平坦途如行刀树。虽有斯堂斯室为天人其乐之处，彼乌得而有之。"见者闻者首肯再三，敬为之记。刘克庄诗："不见层峦与复岩，眼中夷旷似江南。烟收绿野连青嶂，树瞰朱桥映碧潭。丞相无家曾住寺，聘君有字尚留庵。荒山数亩如堪买，径欲诛茅圭一龛。"元元贞间，敕一十一院七十七庵属之。明柯潜诗："宝幢峰下烟霞古，老树如龙欲飞舞。花气熏成五色云，泉声散作千林雨。我爱溪山事事幽，锦袍醉踏东风游。题诗净扫岩头石，把酒还登竹外楼。空门自与人间别，夜榻焚香卧清绝。明朝长啸拂衣归，闲却溪山与风月。"国朝顺治十七年重建，康熙五十八年，僧浚微重修。

三会瑜珈寺

【〔清〕同治《福建通志》】三会瑜珈寺　在治西善化里龙山下。唐景云中建。其旁为大坂洋，旧有十院，宋元丰五年知县李适并十院为寺。

新丰院

【〔清〕同治《福建通志》】新丰院　在阳山上。唐开元间建。

净光院

【〔清〕同治《福建通志》】净光院　在治东常德里。唐天宝元年建。

回龙院

【〔清〕同治《福建通志》】回龙院　在香田里。唐太和九年建。元延祐间，尝聚僧百余。国初，僧恒定修。

九座太平院

【〔清〕同治《福建通志》】九座太平院　在治西北凤顶峰之下。唐咸通六年建，乾符间赐额。宋嘉祐三年火，寻建。蔡襄书额，县尉黄岩孙、郡人刘克庄皆有记。元至元间又火，至正十一年复建。宋林豢诗："沙路无泥屐齿轻，薄云笼日雨初晴。林间鸟弄歌千啭，溪上花开绣一棚。短短桃花点绿荷，轻轻白鸟下晴波。宛然西塞江边路，只欠能诗张志和。"

南林院

【〔清〕同治《福建通志》】南林院　在治西四十里。唐咸通间建。国朝乾隆十八年，僧德量修。

香山院

【〔清〕同治《福建通志》】香山院　在治东北。唐乾宁间赐额，宋绍兴间重建。

崇胜院

【〔清〕同治《福建通志》】崇胜院　在万善里，唐曰留云庵。国朝康熙间，僧志重修。

高田院

【〔清〕同治《福建通志》】高田院　在万善里。僧惠卓锡于此，从者千人。国朝康熙十年、乾隆三十三年重修。

西林院

【〔清〕同治《福建通志》】西林院　在旧兴化县西。五代晋天福间建。

西明寺

【〔清〕同治《福建通志》】西明寺　在治西南五十里。宋嘉祐二年蔡襄建。

普惠大通瑜珈寺

【〔清〕同治《福建通志》】普惠大通瑜珈寺　在养志里。宋绍兴二年建，赐额"普惠福寿禅寺"。

据〔民国〕《福建通志》记载，尚有：

龙纪院　在县东北兴泰里，何岭东罗汉岩上。唐昭宗赐额。

天王院　在锦亭山下。

水陆院　在旧兴化县南。宋太平兴国三年建。

白衣院　在县南。朱蔡端明襄书匾"乌鸦不敢栖止"。

富洋院　在县北功建里富洋山。宋时建。

高山宁国院　在县西四十里万善里泗州台山下。宋熙宁间建。明永乐十四年，僧永贵重建。

云林庵　在县治北大飞山之麓。宋政和五年建。招讨副使张浚墓庵也。明永乐、景泰间俱尝修葺。

清泉院　宋林彖有诗。

水陆院　旧在县北大飞山下，号咸通院，后移于县西，改是额。

万安寺　在县东北兴泰里南湖山。宋有需禅师创，就南湖垦田，养徒百人。

美林庵　在县西万善里。元至元二年建。建有亭，瞰官道。

碧潭庵　在县西万善里。元至元二年建。

剑潭庵　在县东南香田里，有亭瞰官道。元元贞元年建。

浯溪庵　在县东北安贤里。元元贞元年建。

枫亭庵　在县南连江里枫亭市。元延祐四年建。

天柱庵　在县东北安贤里。元泰定二年建。

仙岭庵　在县南永兴里洪山之侧，有亭瞰官道。明洪武元年建。

登果庵　在县东折桂里。明洪武初建。

里尾庵　在县东折桂里。明洪武七年建。

南峰崇福院　在县东南香田里，紫帽山之左。明洪武三十年建。

马岭庵　在县南连江里马岭上，有亭瞰官道。明洪武三十年建。

水尾庵　在县东南香田里。明洪武间方诚中建。

南浦庵　在县东南香田里，有亭瞰官道。明洪武三十年建。

太平院　在县东北兴泰里。明永乐六年建。

龙纪院　在县东北兴泰里。明宣德间建。

中岳院　在县西万善里梁山之南麓。明成化十年，僧万中建。

建兴院　在县西闻贤里，旧废。明成化二十年，僧云定建。

泉州府·晋江县

开元寺　安福寺　水陆寺　福先招庆院　南台室　镇国东禅寺　明心寺　法云寺　空相院　金地寺　保福寺　普照寺　承天寺　崇先广教寺　玉泉广济院　法石寺　崇福寺　报亲崇寿寺　护国永隆资寿讲寺　布金院　方广寺　瑞峰院　石塔院　直指庵　灵源庵　无尘庵　泰嘉寺　虎岫寺　宝觉庵　玉泉圆明庵　金崃庵　定光万安桥院　海岸庵　大乘普济庵　定惠庵　吴公庵　朱明院　浯渡弘济院　西资院　楞伽院　海潮庵　光孝寺　杉植寺　资寿寺　草庵　清隐庵　博济庵　华严庵　海月庵　妙庆庵　凌云庵　法济庵　顺济庵　普度庵　报恩庵　龙济庵　三圣庵　正觉庵　回龙七里庵　寿昌庵　惠济庵　结津庵　般若堂　宝林庵　掌桥庵　净住庵　禅定庵　秀林庵　上乘庵　五塔庵　圆通庵　福兴寺　后庵　东禅庵　迎恩庵（75）

开元寺

【〔清〕同治《福建通志》】开元寺　一名紫云寺，在肃清门外。旧为州民黄守恭菜园地。唐垂拱二年（《八闽通志》

作嗣圣三年），守恭梦僧欲化其地为寺，辞曰："待桑树生莲花乃可耳。"不数日，桑树尽生莲花，守恭即舍为寺，建大悲阁及正殿，赐额"莲花寺"。《八闽通志》：初名白莲瑞应道场，后名莲花寺。长寿间，改名兴教。神龙间，改名龙兴。开元间，敕改"开元"。

黄滔《记》略〔泉州开元寺佛殿碑记〕：混沌死而天地生，道德销而仁义作。情车业网，始脉旋波。天谓洛龟河龙，文有生而不文无生，乃产金圣人于西国。钻智慧火，乾烦恼海，理不吾吾而一贯生生。其姿电耀于周室，其波派漾于汉代，由是馆移鸿胪，城崇白马，斯有寺之始也。寺制殿，象王者之居，尊其法也。其后金地莲扃，周旋四海，乌飞兔走，或故或新。至如神运之灵莫灵矣，亦靡得而峃然。则我州开元寺佛殿之与经楼、钟楼一夕飞烬，斯革故鼎新之数也。初仆射太原公，以子房之帷幄布泉城，以叔度之袴襦纩泉民，而谓竺乾之道与尼聃鼎，宜根乎信而友乎理。矧开元御宇，五十载之圣容，实寺之冠。洎帅闽也，愈进其诚。缮经三千卷，皆极越藤之精，书工之妙。驾以白马十乘，送以府僧，迎以郡僧，置兹之楼。既而□□□□，蜀雨不飞。识者以为物之尤，罕留于世；敬之至，必动乎神。是必为地祇所搜，龙宫之索。不然者，曷与斯故新之数期。厥理则明，我宜悄然不已。仲弟检校工部尚书为兹郡之秋也，乃割俸三千缗，鸠工度木，烟岩云谷，杞梓梗柟。投刃以时，趋功以隙，食以月粟，付以心倕，不期年而宝殿涌出。栋隆旧绮，梁修新虹，文榱刻桷，轇轕枅栭。或经纬以开织，或丹腹而缬耀，晶若蟾窟，嶪如鳌背。风夏触而秋生，僧朝梵而谷应。升者骨冰，观者目波。东北隅则揭钟楼，其钟也新铸，仍伟旧规。西北隅则揭经楼，东瞰全城，西吞半郭。霜韵扣而江山四爽，金字骈而讲诵千来。设使斯殿也，斯楼也，不有之故，其何以新？我公之作之，为其何以布之哉！三略六韬，流通贝多。戈霜剑雪，为甘露洁。慈云五色，慧日重轮。谈者以为，梵天之宇化于是矣，灵山之会俨于是矣。乾宁四年丁巳冬十一月日记。案，仆射太原公谓：王潮仲弟谓审邽，乾宁时为泉州刺史。五代梁贞明间，创东西二木塔。东塔号"镇国"，唐僧文偁以木为之，宋易以石。西塔闽王审知建，亦以木为之，号"无量寿塔"，宋绍兴间始为石塔，元赐今名。明万历三十二年地震，东塔顶折，侍郎詹仰庇修之。三十四年大风，西塔坏，大学士李廷机修之。国朝为祝圣所。

安福寺

【〔清〕同治《福建通志》】安福寺　在龙头岭下。唐嗣圣三年建，名安福院。

【〔清〕乾隆《泉州府志》】安福寺　在龙首山麓。唐垂拱（《八闽通志》作"嗣圣"）三年建，名安福院。元至正间毁，僧智妙重建。明洪武二十四年改为寺。天顺间相继修，后废。

水陆寺

【〔清〕同治《福建通志》】水陆寺　在治西南肃清门外。唐天宝六载，置放生池，周四里许，贞元间建水陆堂于池上。乾符六年，郡守林鄂广之，号护国水陆院。宋嘉祐间，郡守蔡襄更为禅院。明洪武间，改今名。

【〔清〕乾隆《泉州府志》】水陆寺　在肃清门外西南。唐天宝六年，敕置祝圣放生池，因建水陆堂池上。乾符六年，郡守林鄂广为院，号护国水陆院。宋郡守蔡襄改为禅院。后废为都监廨舍，复为添差通判厅，又改为南外宗正司。景炎间，叛贼蒲寿庚尽害宋宗室，司废。元至正间，以故址之半为清源驿，余地复建禅院。明洪武间名水陆寺。成化间，蔡文庄公请讲学于此。及汪御史旦废寺为宅，乃移寺于开元西偏，旧迹遂亡。

福先招庆院

【〔清〕同治《福建通志》】福先招庆院　在治北梅岩。创自中唐以前。天祐间，刺史王延彬重建。唐欧阳詹诗："律座下朝讲，昼门犹掩关。叩同静者来，正值高云闲。寂尔方丈内，莹然虚白间。千灯智慧心，片玉清羸颜。松色落深井，竹阴寒小山。晤言流曦晚，惆怅归人寰。"

南台室

【〔清〕同治《福建通志》】南台室　在北山之巅。唐蔡南玉祷雨之所。大历间，僧白云结屋其上。

镇国东禅寺

【〔清〕同治《福建通志》】镇国东禅寺　在城东三十九都皇山之阳。唐乾符间建，广明初赐今额。明宣德间建。

【〔清〕乾隆《泉州府志》】镇国东禅寺　在仁风门外三十九都东湖畔。唐乾符中，郡人郭皎卓择建，僧齐固者居之。广明元年赐今名。宋德祐、元至正两遭火，寻复建。明宣德间十年重修，后废。

明心寺

【〔清〕同治《福建通志》】明心寺　在三十六都。唐天祐间，观察判官宋骈宰晋江，始建墓庵，名护安宝林明心院。骈子起居舍人、仁鲁等改卜前湾，仍立骈祠堂于其中。宋嘉祐四年，骈玄孙贡士理、评事瑜、泉州司法璋等重修，骈之来孙并为《记》。

法云寺

【〔清〕同治《福建通志》】法云寺　在三十七都。唐天祐间刺史王延彬建，名栖隐。宋改法云院，寻改禅苑。明黄凤翔诗:"湖海无知己,相逢有老僧。煮茶烧落叶,说法剔残灯。瀑水三天雨,寒蟾一钵冰。纷纷车马路,应隔几千层。"

空相院

【〔清〕同治《福建通志》】空相院　在十九都灵秀峰下。旧名栖真,五代梁开平间易今名。明永乐间修。

金地寺

【〔清〕同治《福建通志》】金地寺　在三十二都。五代梁龙德间建。王审知匾曰"荐福院"。宋治平间改今名。

保福寺

【〔清〕同治《福建通志》】保福寺　在三十三都。初名尊胜。五代汉乾祐二年建,元元统间改今名。

【〔清〕乾隆《泉州府志》】保福寺　在龙首山麓。南唐保大七年(《八闽通志》作"汉乾祐二年")僧雪证建,初名尊胜。宋建隆三年毁。元元统间,僧定山重建,改今名,寻复毁。明洪武二十四年,僧远山重建。成化十八年修,今废。

普照寺

【〔清〕同治《福建通志》】普照寺　在二十八都虚应山下。南唐保大间建。旧名观音院,宋治平恩赐今名。

【〔清〕乾隆《泉州府志》】普照寺　在紫帽山灵应岩下。唐天祐中,僧善操建。初名观音院,宋治平赐名"普照"。明洪武二十四年改为寺,今废。

承天寺

【〔清〕同治《福建通志》】承天寺　一名月台寺,在治东南。五代时,留从效南园址也。南唐创为南禅寺,宋景德四年赐今名。元至大间,建浮屠七级。国朝康熙三十年,郡人施世骠重修。宋王十朋诗:"三径荒芜未许寻,篮舆来访小园林。因知燕寝凝香地，不似禅房花木深。月台无屋有空坛，空处观空眼界宽。不惹世间尘一点，冰轮心镜两团团。"旧有菩提树，高数十丈，叶略如梨而大。郡人剪取，用灰水浸去浮皮，其脂轻透如纱，染绀色为灯，极鲜明，曰梧桐灯。后毁于兵。

崇先广教寺

【〔清〕乾隆《泉州府志》】崇先广教寺　在临漳门外五里。五代节度使留从效建，名上方广法。宋绍熙元年改今名。明永乐间重修，今废。

玉泉广济院

【〔清〕同治《福建通志》】玉泉广济院　在城北四十一都。五代时，留从效与朱文进交兵于此，杀伤甚众，从效遂即其地作千人冢，建院以荐冥魂。

法石寺

【〔清〕同治《福建通志》】法石寺　在通淮门外。五代时，陈洪进葬其妻及女于山之后岗。宋建隆元年，创寺以资冥福。乾德间为西方禅寺，元易今名。宋黄公度诗："避暑寓祇园，黎明渡远村。桑麻迷社曲，鸡犬散桃源。径草细将合，溪流深不喧。幽怀未能惬，城郭已朝暾。"王十朋诗："清源太守鬓如蓬，未遂归农又劝农。农事正兴天不雨，谁能唤起老黄龙？""二麦青黄雨失时，老农相顾但嗟咨。使君徒用虚文劝，稼穑艰难未必知。""我昔躬耕陇亩间，也知农事最艰难。才疏政拙心劳甚，无补于民合挂冠。""卖刀买犊慕龚遂，重谷务农思鲁僖。僚友共怀忧国愿，守臣非皱职田眉。""无术能销旱魃灾，吁嗟求雨只空回。鲲生岂是为霖手，明日真人出洞来。""万岁名山两度来，精庐潇洒绝尘埃。禅师妙得兵家策，杖屦飘然去不回。""荔子今亡法石白，江山长带佛头青。老僧能说陈王事，遗冢犹传女子灵。""一径通幽庭面墙，鸟啼林静木苍苍。碍人眼界宜斤斧，放出山光接海光。"

崇福寺

【〔清〕同治《福建通志》】崇福寺　在松湾。有晋时松四株。五代时，陈洪进始建寺。宋太平兴国间，赐名"崇胜"，又名"洪钟"，元祐六年改今名。国朝顺治间参将孙龙、康熙间知府蒋毓英、提督蓝理相继修。

【〔清〕乾隆《泉州府志》】崇福寺　在府治东北隅。《名胜志》："寺故在城外。"宋初，陈洪进有女为尼，以松湾地建寺。《八闽通志》："地有晋松四株，故名。"拓罗城包之，名千佛庵。太平兴国中，赐名"崇胜"。至道中，改名"洪钟"。元祐六年，改名"崇福"。元至正五年火，寻复建。明永乐、景泰、天顺间相继修，后废。国朝顺治间，参将孙龙为僧重建。康熙间，守蒋毓英、僧希觉、实哲等修，提督蓝理继修。乾隆间，乡绅郭赓武捐倡，住僧法梁募缘重修。寺有巨钟，明时寺废，为南安僧所得，康熙间复归寺。又有荔树颇茂，相传宋时物也。

报亲崇寿寺

【〔清〕乾隆《泉州府志》】报亲崇寿寺　在府治西。宋开宝八年，里妇赵氏以其舅姑及夫俱亡，舍宅为寺，因名。绍兴中，郡守连南天重建。元至正中毁，寻复建。明天顺间修建，今废。

护国永隆资寿讲寺

【〔清〕乾隆《泉州府志》】护国永隆资寿讲寺　在府治北桂香坊内。俗呼北藏寺。宋景德中，陈洪铭刺漳州，舍宅施田建庵，为兄洪进祈福，后改永隆资寿院，元赐今名。明永乐间重建。其地先有封崇寺，五代时留从效旧第也。周显德三年舍为寺，名报惠，后改封崇，并入资寿。嘉靖间，改资寿寺为府城隍庙。

据〔民国〕《福建通志》记载，尚有：

布金院　在城东南二十四都。

方广寺　在城东南六都。五代时建。

瑞峰院　在城东北三十七都。宋端拱间建。

石塔院　在城西南兴贤里，三十四都石塔山上。宋禅师定诸所建。

直指庵　在府城东。宋嘉祐间建。

灵源庵　在五都。宋林知隐此，结茅为庵。

无尘庵　在城北，清源山五台峰麓。宋庆老禅师筑。

泰嘉寺　在城北三十九都北山麓。宋绍兴中建。

虎岫寺　在城东南二十都。旧为真武宫，明洪武间改为寺。

宝觉庵　在城西。宋绍兴中建。

玉泉圆明庵　在城南二十都。宋淳熙二年建。

金埭庵　在城南二十七都。宋庆元间建。

定光万安桥院　在城东北三十八都，洛阳岸南。

海岸庵　在城南二十六都。宋景定初建。

大乘普济庵　在城西忠孝坊内。宋德祐元年建。

定惠庵　在府城东。宋德祐间建。

吴公庵　在城南二十八都。宋德祐间建。

朱明院　在城西三十三都龙首山。

浯渡弘济院　在城南三十五都。宋季建。

西资院　在城南十四都卓望山。宋季建，明天顺三年重建。

楞伽院　在清源山翠屏峰东。

海潮庵　在城南十九都，空相院内。

光孝寺　在郡城东南隅。

杉植寺　在城北四十三都。

资寿寺　在行春门外,后改为城隍庙。

草庵　在城西南仁孝里,华表山背之麓。元时建,祀摩尼佛。

清隐庵　在城东南二十二都。元至大三年建。

博济庵　在城南二十六都。元延祐二年建。

华严庵　在城东南二十二都。元大历二年建。

海月庵　在城东南三十六都。元元统间建。

妙庆庵　在府城西永盛坊内。元元统中建。

凌云庵　在城南。元元统中建。

法济庵　在城南三十都。元元统间建。

顺济庵　在城南三十五都。元元统间建。

普度庵　在城南二十四都。元至正元年建。

报恩庵　在城南五十三都。元至正三年建。

龙济庵　在城南三十五都。元至正四年建。

三圣庵　在府城东。元至正间建。

正觉庵　在府城东。元至正间建。

回龙七里庵　在城东三十九都回龙岭下。元至正间建。

寿昌庵　在城南二十六都玉栏浦。元至正间建。

惠济庵　在城南。元至正间建。

结津庵　在城南二十九都。元至元中建。

般若堂　在城南二十都。元至正元年建。

宝林庵　在城西进贤坊内。元至正三年建。

掌桥庵　在城南十七八都。元至正三年建。

净住庵　在城西招顺巷。元至正二十四年建。

禅定庵　在城西。元至正二十四年建。

秀林庵　在城西南一都。元至正二十六年建。

上乘庵　在府治西北。元至正间建。

五塔庵　在府城东。元至正间建。

圆通庵　在城南二十都。元季建。

福兴寺　在府治西。明洪武十六年重建。

后庵　在城北三十九都清源山。明宣德、正统间重修。

东禅庵　在城南二十都。明正统十二年重建。

迎恩庵　在城北三十九都。明正统十四年重建。

泉州府·南安县

延福寺　清化寺　普化寺　龙兴院　佛迹寺　西峰延寿院　教宗显庆寺　新丰院　石谷寺　禄寿院　鸿福院　报劬寺　兴福寺　小弥陀寺　凉峰弥陀寺　报慈院　灵秀院　报亲院　东林寺　双林寺　金田南峰院　云台寺（22）

延福寺

【〔清〕同治《福建通志》】延福寺　在县西郊九日山下。晋泰康九年建。去山二里许，唐大历三年移建今所。额，欧阳詹书。进士傅笋读书其中。大中五年，赐名建造。周朴诗："建造上方藤影里，高僧往往似天台。不知名树檐前长，曾问道人岩下来。"宋乾德间，陈洪进增建，复旧名。明洪武间修，崇祯间重修。

清化寺

【〔清〕同治《福建通志》】清化寺　在三十六都。唐嗣圣间建。

普化寺

【〔清〕同治《福建通志》】普化寺　在三十八都。唐嗣圣间建。

龙兴院

【〔清〕乾隆《泉州府志》】龙兴院　在三都。唐太和间建，僧弘庆居之。将示寂，嘱其徒勿火化，棺行至钟鼓不鸣处，即吾茔也。舁龛至冈南，击钟鼓无声，掘地得石，有文曰"佛塔"，遂葬焉。光启间，学士韩偓寓殁于此。偓自京兆徙此，其诗有"此地三年偶寓家，枳篱茅屋共桑麻"之句。院今废。

佛迹寺

【〔清〕乾隆《泉州府志》】佛迹寺　在三都。唐光启二年建，以寺中有巨人迹，故名。明洪武间，僧得初重建。永乐间，僧法界增修。今废。

西峰延寿院

【〔清〕同治《福建通志》】西峰延寿院　在二十七都。唐乾宁初建。

教忠显庆寺

【〔清〕同治《福建通志》】教忠显庆寺　在二十一都。唐天祐二年，王延彬建教忠寺于城南淮水之右，匾曰"南淮定空禅院"。五代梁开平三年，移建今所。宋绍兴间改今名。一说，唐僧行恭创庵居之，寂后建塔于此。宋李文肃邴请为功德寺，改今名。

新丰院

【〔清〕同治《福建通志》】新丰院　在十五都。五代梁乾化间建。

石谷寺

【〔清〕同治《福建通志》】石谷寺　在治东。五代梁贞明三年建。

禄寿院

【〔清〕同治《福建通志》】禄寿院　在二十七都。五代唐清泰中建，宋熙宁八年修。

鸿福寺

【〔清〕同治《福建通志》】鸿福寺　在三十一都。五代汉乾祐间建。

报劬寺

【〔清〕同治《福建通志》】报劬寺　在三十九都。五代周显德间建。

【〔清〕乾隆《泉州府志》】报劬院　在二十一都。僧怀恩建，年代无考。院有留夫人柯氏墓。今废。

兴福寺

【〔清〕同治《福建通志》】兴福寺　在四十都。五代周显德六年建。

【〔清〕乾隆《泉州府志》】兴福寺　在十一都。五代焦国公戴贽夫人柯氏拾田建（《八闽通志》作"四十都，五代周显德六年建"）。明洪武中重建。今废。

小弥陀寺

【〔清〕乾隆《泉州府志》】小弥陀寺　在三十三都。五代周显德中，辜文质建。宋元丰间，丞相蔡确请为功德院。元季重建，改今名。明洪武间，并入报亲寺。

凉峰弥陀寺

【〔清〕同治《福建通志》】凉峰弥陀寺　在二十三都。

五代时刺史王继崇葬是山，其妻郝氏因建寺，命僧主之。宋治平中重建。

报慈院

【〔清〕同治《福建通志》】报慈院　在十二都。宋开宝间，僧法圆幼丧父，事母甚孝，因建庵迎养。从母孀居，亦迎养之。后请为院，因名。

【〔清〕乾隆《泉州府志》】报慈院　在十二都高盖山。宋开宝间，僧法圆建。《闽书》：法圆初卜地时，遇异人曰："过此百步胜地也。"遂创院，迎母居之。又县北天竺山下亦有报慈院，唐天成中僧文浩建。后并废。

灵秀院

【〔清〕乾隆《泉州府志》】灵秀院　在七都。宋建隆二年建。明洪武间重修。今废。

报亲院

【〔清〕乾隆《泉州府志》】报亲院　一名圭峰，在金鸡山南。宋太平兴国六年，将军孙某建。元至正间赐额。后圮。洪武初重修，隆庆间僧广旭募建。寺旧有田，后渐侵于豪右，郡人詹庇仰得寺田五十亩，复归于寺。李光缙为《记》。

东林寺

【〔清〕乾隆《泉州府志》】东林寺　在四都玉枕山下。唐时建。宋庆历中，僧永佐重建。后圮。

双林寺

【〔清〕乾隆《泉州府志》】双林寺　在五都。宋崇宁三年，僧师厚建。明洪武元年修。今废。

金田南峰院

【〔清〕同治《福建通志》】金田南峰院　在二十三都。

宋丞相曾公亮建为功德院,后易今名。

云台寺

【〔清〕同治《福建通志》】云台寺　在三十二都。初名荐福报恩禅寺,元至元间改今名。

【〔清〕乾隆《泉州府志》】云台寺　在三十都云台山之阳。五代刺史王延彬殁葬于此,妇郝氏舍宅为寺。初名荐福报恩禅院,元至元间改今名。至正十四年火,寻复建。《闽书》:此山亦有凤凰院,今并废。

泉州府·惠安县

宣妙寺　大中寺　报劬院　大福胜寺　离相寺　灵光院　寂光寺　耆阁寺　圆常寺　乾峰寺　金相寺　大普安寺　普空寺　灵应寺　戒香寺　华林院　慈恩寺　大云寺　天湖庵　上田庵　北舍利寺(21)

宣妙寺

【〔清〕乾隆《泉州府志》】宣妙寺　在二十九都。唐天宝间,里人王氏建,名"法华",宋治平间改今名。端平中,籍其业,充学廪。淳熙三年,郡守颜怡仲复之。今废。

大中寺

【〔清〕同治《福建通志》】大中寺　在十五都大中山。唐大中初建,宣宗赐额,柳公权书。

报劬院

【〔清〕同治《福建通志》】报劬院　在治西报劬山。唐大中间,郎中陈嘏葬亲其下,舍宅建。宣宗赐额。

【〔明〕嘉靖《惠安县志》】报劬院　初，僧清恽参马祖归，会昌沙汰，隐居于牛头山。大中初，里人刑部郎中陈嘏舍地创院，延师为之，请额于朝，得今名。

大福胜寺

【〔清〕同治《福建通志》】大福胜寺　在二十五都。唐文德间建，名锦田福胜寺。元季火，寻复建。

离相寺

【〔清〕同治《福建通志》】离相寺　在七都。唐天祐间建，旧名荐福，宋治平中改今额。

灵光院

【〔清〕同治《福建通志》】灵光院　在治内。唐天祐间建。宋天圣八年，蔡襄有《记》。

寂光寺

【〔清〕同治《福建通志》】寂光寺　在一都。唐王潮墓庵也，南唐时留从效改今名。

【〔清〕乾隆《泉州府志》】寂光寺　在县南盘龙山后。旧为唐刺史王潮宅，潮殁，葬于此山。南唐保大间，节度使留从效建寺。宋宗室赵公隐其中。明永乐五年，僧惠日重建。

圆常寺

【〔清〕乾隆《泉州府志》】圆常寺　在县南灵瑞山。五代梁乾化二年，僧景墀建，名"广福"。宋治平中改今名。明景泰五年重建。

乾峰寺

【〔清〕乾隆《泉州府志》】乾峰寺　在县治北观光坊。五代梁贞明二年建，寻废。明洪武四年，僧南州重建，成化十年修。

金相寺

【〔清〕同治《福建通志》】金相寺　在治东三十三都。五代梁乾化三年建。

耆阁寺

【〔清〕同治《福建通志》】耆阁寺　在治北。五代晋开运元年建。

大普安寺

【〔清〕同治《福建通志》】大普安寺　在五都。五代周广顺二年建，名"五峰罗汉寺"，宋治平二年改今名。

普空寺

【〔清〕同治《福建通志》】普空寺　在一都。旧名"龙兴"，宋大中初重建，改名"护国报恩"，治平中赐今额。

灵应寺

【〔清〕乾隆《泉州府志》】灵应寺　在县南十九都。宋天禧间，僧道询建，名"白沙贞阳庵"，寻改为"头陀寺"，复改今名。初建时，埠沙为庵，潮水啮之。道询以扇麾曰："海于天地间最大，岂不能尺寸地相让邪？"潮立退三尺，以泥塞其冲，埠遂固。明永乐间重建。今废。

戒香寺

【〔清〕乾隆《泉州府志》】戒香寺　在十三都。宋皇祐中建，治平三年赐额。明洪武二十四年重建。

据〔民国〕《福建通志》记载，尚有：

华林院　在县东南五都。唐会昌间废，明天顺三年重建。

慈恩寺　在县西报劬山南，鹤堂山下。

大云寺　在县西报劬山南，西鹳岭下。

天湖庵　在县北七都。宋建隆三年建。

上田庵　在县西南二十都。宋淳熙间建。

北舍利寺　在县北六都。明洪武间重建。

泉州府·同安县

梵天寺　天兴寺　真寂禅寺　皇渡庵　琔琳院　南普陀寺　慈云岩寺　广慈院　普陀岩寺　鼓锣岩寺　太平岩寺　虎溪岩寺　宝月庵　天界寺　泗洲院　方广寺　嘉福院　正悟院　坡山庵　梅山寺（20）

梵天寺

【〔清〕同治《福建通志》】梵天寺　在大轮山之阿。旧名"兴教"。隋唐间，建有庵七十二所。宋熙宁间，合为一区，改名"梵天禅寺"。朱子为题其法堂门，曰："神光不昧，万古微猷；入此门来，莫存知解。"题寝堂诗："输尽王租生理微，老僧行乞暮还归。空山日落无钟鼓，唯见虚堂蝙蝠飞。"西南有罗汉峰。元偰玉立诗："罗汉山攒翠作堆，半空天柱拥如来。九霄人立青云上，笑指昙花玉树开。"明庄一俊诗："罗汉西来又一峰，夕阳僧晚已鸣钟。三千诸佛知何处？留与高人养卧龙。"元至正间灾，明洪武初僧无为重建。国朝康熙间僧实韬、乾隆间僧元芳等募建。

天兴寺

【〔清〕同治《福建通志》】天兴寺　在县东佛子冈。隋末，莆田黄氏女结庵修行，坐蜕于此。后人即其地建寺，旧名"黄佛寺"。南唐保大间，改名"天兴"。宋治平二年，改名"鹿苑"。

元泰定间重建,复名"天兴"。国朝乾隆间,署县徐熊占重修。

真寂禅寺

【〔清〕同治《福建通志》】真寂禅寺　在夕阳山下。初名"义安"。唐宣宗遁迹时,与黄檗断际和尚观瀑赋诗于此,后即位赐今名。檗吟云:"穿岩越壑不辞劳,到底方知出处高。"宣宗续云:"溪涧岂能留得住,终归大海作波涛。"又宣宗诗:"唯爱禅林秋月空,谁能归去宿龙宫。夜深闻法食甘露,喜在莲花世界中。"山下有浴龙池。宣宗将至,先一夕,伽蓝现梦寺僧。明日僧行山下,果见宣宗浴池中。五代刺史王延彬重建。

皇渡庵

【〔清〕同治《福建通志》】皇渡庵　在仁德里苏营。南唐宣宗遁迹时,尝渡此。

琔琳院

【〔清〕同治《福建通志》】琔琳院　在仁德里苎溪。林壑深秀。唐司勋石赓曾居于此。

南普陀寺

【〔清〕同治《福建通志》】南普陀寺　在厦门海岛五峰山中。五代僧清浩建。初名"泗洲",宋治平间改名"普照"。宋滕翔诗:"海翻波浪绕危峰,无尽岩前此界空。不是灰心求佛者,片时艰住寂寥中。"明俞大猷诗:"壁上旧诗拭目看,纲常从昔一肩担。驰驱四十年来事,莫报君恩只自惭。""扶桑东去更无山,天外浮云独往还。剑履半生湖海遍,老僧赢得百年闲。""借问浮云云不语,为谁东去为谁西。人生踪迹云相似,无补生民苦自迷。""未工诗字书赢壁,待得工时事若何。欲写心中无限事,不论工拙不论多。"国朝康熙间,靖海将军施琅重建,易今名。

慈云岩寺

【〔清〕同治《福建通志》】慈云岩寺　在邑南圣水山。宋端平间建,亦名端平岩。刹下有井,其泉从石中涌出,名圣泉井。环岩大石壁立,名人多题咏其上。

广慈院

【〔清〕同治《福建通志》】广慈院　在文圃山。宋石赓记云:"佛祠相望,云名者凡四:云岳、云峰、云泉、云峤,皆其支也。"

普陀岩寺

【〔清〕同治《福建通志》】普陀岩寺　在翔风普陀山上。

鼓锣岩寺

【〔清〕同治《福建通志》】鼓锣岩寺　在翔风十四都。其神为古押遣官,有功德于民者,故岁时伏腊乡民报赛不衰。

太平岩寺

【〔清〕同治《福建通志》】太平岩寺　在万石岩之东,中岩之上。上有裂石,镌"石笑"二字。行数武,又一大石,镌"极天"二字。寺内有小洞,可容数人,水流其下。旧时为郑氏读书所。

虎溪岩寺

【〔清〕同治《福建通志》】虎溪岩寺　在白鹿洞之北。寺左有棱层洞,前有啸风亭,后有飞鲸石。

宝月庵

【〔清〕同治《福建通志》】宝月庵　在金门城南,与变山相对。庵旁有大石如盘,明俞大猷盖石亭,登眺啸卧其上。

天界寺

【〔清〕同治《福建通志》】天界寺　即醉仙岩,在中左所东门里许。国朝黄日纪开辟。中有巨石,其下有窍,深二尺,水挹复满,味甘可馔,名为醴泉。邑人池裕德集耆老为甃小井,塑九仙祝之。

据〔民国〕《福建通志》记载，尚有：

泗洲院 在县西北三里许。唐赐号明觉院。

方广寺 在县南嘉禾屿，洪济山上。

嘉福院 在安仁里。

正悟院 在厦门。

坡山庵 在金门浯洲。

梅山寺 在县东北里许，同山之阳。

泉州府·安溪县

觉苑院　宗教院　等法院　大山寺　清水寺　吴山寺　真觉院　妙峰寺　钱江庵　济渡庵　大石庵（11）

觉苑院

【〔清〕乾隆《泉州府志》】觉苑院　在县西光得里。后唐南岳僧乐其山水，有卜居之意，伪闽王继勋遂舍地建庵，留从效广之为寺。后晋天福中名"大云广福寺"，宋治平二年赐今名。熙宁五年，合庵二十有一为禅刹。寺临溪幽胜，宋令陈熊显有"水落舟横露浅沙，粉垣松桂古禅家"之句。今废。

宗教院

【〔清〕同治《福建通志》】宗教院　在黄龙山麓。五代晋天福四年建。国朝乾隆元年重建。宋刘铸诗："雨过江山丽，春深笋蕨肥。扶藜苍藓破，移榻乱云飞。"明詹洧诗："洗心喜有源头水，散步时登天外峰。风扫秋空云影静，月明深夜露华浓。"

等法院

【〔清〕同治《福建通志》】等法院　在吴旗山下,旧名"栖桐院",为唐宋以前古刹。宋江白诗:"满路烟花画不成,栖桐佳致古流名。院邻翠障千寻碧,门抗寒溪一带清。昼影乱云遮暑气,晚凉疏雨送秋声。我来到此慵回首,倚槛吟看海月生。"

太山寺

【〔清〕乾隆《泉州府志》】太山寺　在县北感化里。宋绍兴四年,显应禅师坐化于此,因建寺,寻废。明天顺间,里人李森重建,后废。国朝康熙二十二年,里人李文贞光地重建。五十三年,李培岳修。乾隆十七年,僧瑞登重修。

清水寺

【〔清〕同治《福建通志》】清水寺　在崇善里。宋普足禅师所居,旧为清水岩。中有来憩亭,嘉定令赵彦侯公暇游息于此。出水石,石上镌"宋淳熙年间,寺田无水,应圆头陀杖石出水"。

吴山寺

【〔清〕同治《福建通志》】吴山寺　在感德里。宋时建,旧名化龙寺。明正德七年,僧月镜修。有万叶庵、半月池诸胜。国朝康熙间,僧德林重建。国朝黄志璋句云:"开山已不辨时代,遗构犹堪睹废兴。"

真觉院

【〔清〕同治《福建通志》】真觉院　在县西光得里观音山下。创建莫考。前有清泉,鸣声琮琤可喜。宋主簿夏臻诗:"半天闻梵唱,一径踏松阴。起石云千仞,悬空瀑万寻。"

妙峰寺

【〔清〕同治《福建通志》】妙峰寺　在翠屏山。明里人李先春建。国朝李光地读书于此。光地诗："昔有苦行僧，自名参唯者。中岁海外来，结构兹峰下。先兄好与游，晨暮武溪泻。犹然效陶潜，恣酒不入社。德林居南山，天问隔兰若。相望三高人，世外亦风雅。梭巡五十秋，儒墨齐飘瓦。投老访林邱，徒有岩泉洒。从游独舍弟，旧事记真假。当年读书声，户窗尚咿哑。淹坐至日西，忾然我虋写。"

钱江庵

【〔民国〕《福建通志》】钱江庵　在县东。明正统八年重建。

济渡庵

【〔民国〕《福建通志》】济渡庵　在县北来苏里。明景泰元年建。

大石庵

【〔民国〕《福建通志》】大石庵　在县北感化里。明景泰五年建。

漳州府·龙溪县

开元净惠万岁寺　南山报劬崇福寺　净众寺　石室院　净慧院　隆寿院　观音院　普贤院　法真院　报慈院　名第院　迎福院　洪福院　万善寺　大山院　五福寺　绿萝庵　保福寺　保民院　木棉庵　招善寺　大岩院（22）

开元净惠万岁寺

【〔清〕同治《福建通志》】开元净惠万岁寺　在治西北

紫芝山麓。唐嗣圣间建,开元三十六年诏改"万岁"(内有明皇铜像)。咸通四年建塔。宋末寺毁于兵。元元贞间与净惠寺合为一,赐今额。明洪武间,匾曰"紫芝峰"。中有咸通塔、佛顶尊胜陀罗尼经。漳州押衙兼南界游奕将王剀及母陈大娘、妻林八娘、男熏,发愿造此宝幢。宣仪郎、前建州司户参军事刘镛,书佛顶尊胜陀罗尼经。考婆罗门僧佛陀波利,仪凤元年从西国来至此土,五体投地向山顶礼曰:"如来灭后,众圣潜灵,唯有大士文殊利于此山中教诸菩萨。波利所恨生逢八难不睹圣容,远涉流沙故来敬谒,伏乞大慈大悲普复合见尊仪。"言已悲泣雨泪。忽见一老人从山中出,谓僧曰:"法师情存慕道,追访圣迹,有佛顶尊胜陀罗尼经,能灭除恶业。师可倒向西国取此经来,弟子当示师文殊师利菩萨所在。"僧闻此语,不□喜跃,遂裁抑悲泪,至心敬礼。举头之顷,忽不见老人。其僧惊愕,倍更虔心,系念倾诚,回还西国,取佛顶尊胜陀罗尼经。唐永淳二年间,至□□其以上事闻奏。唯唐咸通四年岁在癸未八月建立,镌字汤惟晟八分书景祐钟款当寺洪钟一口。唐大历十三年,所铸已迈二百五十六载,爰自明道元年壬申太岁,已经蚀坏,收萃元铜。州府闻,奏于朝廷,三司牒准于敕命许重铸造,丁丑厥功告成。尔乃高八尺三寸,广五尺,洪梁将挂于蒲牢击朴上,资于帝祚胜,缘将获用纪年华时。景祐四年丁丑岁三月甲辰朔十五日戊子谨题。后纪太守方慎从等姓名。千佛阁,在殿后。宋时进士题名于此。齐云阁,在寺西。宋蔡襄诗:"紫阁青梯压翠岑,春情秋思共登临。雨岚供眼横千掌,星汉垂帘直半寻。忍别朱栏真俗吏,独栖珍树祇仙禽。当年人事多奇尚,拟托岩扃息寸心。"淳祐间,黄朴新之,匾曰"紫阁青梯"。满月池,昔有人建亭其侧,号曰松关。

南山报劬崇福寺

【〔清〕同治《福建通志》】南山报劬崇福寺　在城南厢。唐太傅陈邕建，宋乾德间重建。中有石佛，祀弥勒石像，高五十尺。放生池，广六十余亩。明永乐间匾曰"丹霞峰"。

净众寺

【〔清〕同治《福建通志》】净众寺　在治西北。五代梁贞明二年建。旧有宋御书阁，藏大中祥符御书，今废。唯佛光屏，犹宋制云。明永乐间匾其门曰"万松峰"。中有月渊亭。宋郭祥正诗："仰攀明月轮，俯瞰沧海渊。乾坤惜形势，此地何其偏？灵溪九龙跃，仙山一峰圆。邂逅摄邦守，所乐多林泉。"

石室院

【〔清〕同治《福建通志》】石室院　在二十九都。五代唐同光三年建。

净慧院

【〔清〕同治《福建通志》】净慧院　在城西。五代唐天成间建罗汉院，祥符间改今名。

隆寿寺

【〔清〕同治《福建通志》】隆寿寺　在开元寺之右。旧为普利隆寿院，五代周广顺间建。宋乾德间移建于郡北，祥符间改名"法济"。元至正二十七年，筑城截寺于城外，僧觉聪等请右相罗名故宅改建。明洪武间，又移建于净安院旧址，匾今名。

观音院

【〔清〕同治《福建通志》】观音院　在十一都。五代周广顺三年建。

普贤院

【〔清〕同治《福建通志》】普贤院　在城西厢外。南唐保大间有三佛,齐国李将军建。手书法堂梁上人无识者。宋太平兴国三年重建。

法真院

【〔清〕同治《福建通志》】法真院　在二十一都。宋乾德二年建。

报慈院

【〔清〕同治《福建通志》】报慈院　在十八都。宋开宝六年建。

名第院

【〔清〕同治《福建通志》】名第院　在二十一都。宋太平兴国七年建。

迎福院

【〔清〕同治《福建通志》】迎福院　在二十二都。宋庆历七年建。

洪福院

【〔清〕同治《福建通志》】洪福院　在二十三都。宋庆历八年建。

万善寺

【〔清〕同治《福建通志》】万善寺　在南桥之南。顺治九年,郑成功围城,守将坚守数月,饿死者七十余万人。郡人李耀宗募僧开晓,作三大冢埋之,因建庵。康熙五十二年改为寺,额今名。

大山院

【〔清〕同治《福建通志》】大山院　在城北六里。明末,僧莼如建。宋崇宁间,万寿祥寺掘得铜无量寿佛像,供于此。

五福寺

【〔清〕同治《福建通志》】五福寺　在石码镇。为祝圣之所。

绿萝庵

【〔清〕同治《福建通志》】绿萝庵　在西湖白莲院。

据〔民国〕《福建通志》记载,尚有:

保福寺　在城北保福山。五代梁建。

保民院　在府城二十九、三十都。宋绍兴四年建。

木棉庵　在府城南十二三都九龙岭下。宋贾似道自建州移谪循州行至此,监押官郑虎臣杀之。明俞大猷立碣,书"宋郑虎臣诛贾似道于此"。

招善寺　在税务之东。宋嘉定间火。

大岩院　在府城东一二三都。元大德四年建。

漳州府·漳浦县

兴教寺　废罗汉寺　应城寺　青阳院　泗洲塔院　无象庵　福寿院（7）

兴教寺

【〔清〕同治《福建通志》】兴教寺　在治北。唐景福元年建。宋嘉定二年重建,元大德、延祐间重修。

【〔清〕光绪《漳浦县志》】兴教寺　在县治后仙云坊。寺创于唐景福元年,拓于宋嘉定间。当时名殿曰"大雄",后毁于兵。延祐间,僧玉夆修之,久而倾圮。明正统间,僧法传、成化间僧道让相继修葺。继而方丈、法堂、山门、钟鼓楼俱坏，而钟鼓与钟毁于兵。弘治间，僧云山、正冈、净源、永嵩等以次架造。嘉靖四十四年，山门坏，僧如高与众更建。万历二年，正（殿）毁坏，高复与真冲等募众重建，仍旧而更崇之。庭东西有两石塔，山门外小石塔二，谈空亭外石碑二。国朝顺治戊子，总兵王之纲更修之。

废罗汉寺

【〔清〕同治《福建通志》】废罗汉寺　在威惠庙之东。宋治平间，有牧童于寺侧梦中识一诗，云："殿前古木分青翠，日出林峦照梵宫。访主不逢童子话，且回龙马寄诗踪。"疑为龙王谒佛所留之诗。事颇荒诞，附记于此。

应城寺

【〔清〕光绪《漳州府志》】应城寺　在漳浦治东南桂林坊。宋熙宁间建。元、明时僧人相继重修。

【〔清〕光绪《漳浦县志》】应城寺　在县东南桂林坊。宋熙宁间建。元祐二年，僧无叟修。明弘治五年，僧宝海重修，后几废。嘉靖二十年，僧宗源复兴之。崇祯庚辰，僧性钦募修，太学生胡思谦助成之。兵燹后，僧普闻修之，金碧一新。

青阳院

【〔清〕光绪《漳浦县志》】青阳院　在十都。宋淳熙元年建。元至正二年，僧云端重建。明弘治间，僧正纲修。国朝迁移后久废。康熙丁卯，乡人延苦行僧净智共修建。面古雷大江，右有新德山，皆胜概。

泗洲塔院

【〔清〕同治《福建通志》】泗洲塔院　在积善坊内。宋元祐间建。

无象庵

【〔清〕同治《福建通志》】无象庵　在盘陀岭。《闽书》：宋以来象常害稼，有头陀吴祖华聚徒建庵于岭下，民居既稠，象迹遂绝。因以名其庵。

福寿院

【〔清〕光绪《漳州府志》】福寿院　在漳浦七都梅铺。元僧人锦江建。明有僧人往京给度牒，依中贵卢姓者。后卢殁，僧负其骸归，瘗寺左。卢嗣子御马监邓原镇闽，高其义，捐金无算，令广造殿阁，刻孝宗敕书于寺碑。李见罗戍镇海时，为书"法堂"二大字。

漳州府·海澄县

石室院　大岩院　龙兴寺　瑞香寺（4）

石室院

【〔清〕光绪《漳州府志》】石室院　在海澄三都。后唐同光三年建。明天顺八年重修。

大岩院

【〔清〕光绪《漳州府志》】大岩院　在海澄大岩山。宋建德四年重修，亦名云塔院。以岩石似塔，薄云霄也。明里人林翰文摩古石柱，得"云塔院"三字，遂额其门。

龙兴寺

【〔民国〕《福建通志》】龙兴寺　在七都汤泉。

瑞香寺

【〔民国〕《福建通志》】瑞香寺　在七都。

漳州府·南靖县

正峰寺　龟息庵　安福寺　西坪院　峰苍庵　万岫庵　云顶庵（7）

正峰寺

【〔清〕乾隆《南靖县志》】正峰寺　在西渡头。宋开禧三年，僧晦谷建。入明屡有修葺。古木茏葱，凌云蔽日，负山面溪，亦丛林胜概也。文学戴灼诗："寺久何年长绿苔，正峰上下且徘徊。当年题咏成尘迹，剩得黄花满地开。"

龟息庵

【〔清〕乾隆《南靖县志》】龟息庵　在永丰里。僧莫庵建。元大德三年，僧本明重修。

安福寺

【〔清〕同治《福建通志》】安福寺　在习贤里。元泰定间建于清宁里，至正间迁今所。

【〔清〕乾隆《南靖县志》】安福寺　在西门外万镇峰之麓。元泰定三年，僧亮瑞建于管溪。至正十七年，僧福宁移建今所。年久倾颓，仅存后殿一座依稀未坠。康熙二十七年，县尹孟振玉重修。雍正元年，僧赤怀募建静室、斋堂于右，莳花种树，雅有幽致。乾隆三年，僧□远募建万善庵于左，男女祈祷者踵接焉。今示禁。

西坪院

【〔清〕光绪《漳州府志》】西坪院　在南靖东南浮山社。元至元十九年，僧虚空重建。旁有千人堤、万松坡，前有卧波桥、瑞莲池诸胜。国朝乾隆元年重修。

峰苍庵

【〔清〕乾隆《南靖县志》】峰苍庵　在峰苍岭。明景泰间，郡守谢骞重修。

万岫庵

【〔清〕同治《福建通志》】万岫庵　在县西。又名碧湖岩。明成化二年重修。

【〔清〕乾隆《南靖县志》】万岫庵　即碧湖岩，在习贤里。明成化二年，僧圆明建。

云顶庵

【〔民国〕《福建通志》】云顶庵　在县西习贤里。元时建。

漳州府·长泰县

东岩院　三峰院　天王院　良冈寺　祥光寺　瑞云院　金粟院　香灯院　报亲院　报慈院　福胜院　良胜院　栖云院（13）

东岩院

【〔清〕同治《福建通志》】东岩院　在石铭里。唐永徽元年，僧贞如建。

三峰院

【〔清〕同治《福建通志》】三峰院　在善化里。唐开元间建。

天王院

【〔清〕乾隆《长泰县志》】天王院　在人和里。唐元和四年，僧无违建。岁久倾圮。万历三十一年，令管橘命僧慧庆易向重建。

良冈寺

【〔清〕同治《福建通志》】良冈寺　在良冈山麓。唐时建。

祥光寺

【〔清〕乾隆《长泰县志》】祥光寺　在治东南。宋乾德二年建。左有真相院，右有法轮藏，后废。景泰五年，令裴颙重修。正德十三年，令朱弦更为祝圣道场，前有池。嘉靖四年，推官黄直卖池建学。万历三十三年，令管橘命僧慧鹫、慧庆重修，大门外竖石坊，匾曰"祝延圣寿"，今渐颓塌。乾隆十五年，令张懋建捐俸，命僧重兴。

据〔民国〕《福建通志》记载，尚有：

报亲院　在县治东南，有浮屠五级。

报慈院　在县东彰信里。

福胜院　在县西人和里。

良胜院　在县北旌孝里。

栖云院　**瑞云院**　**金粟院**　**香灯院**

漳州府·平和县

三平寺　崇兴寺　瑞香寺（3）

三平寺

【〔清〕同治《福建通志》】三平寺　在三平山。唐天宝初，僧义中建。咸通间，吏部侍郎王讽□为漳州刺史，尝访义中以为禅契，作碑铭于僧塔，其文犹存。又有飞来宝塔。明陈翼飞诗："千山缭绕一山开，昔日中公锡杖来。满树昙花供石塔，半天明月下香台。"

崇兴寺

瑞香寺

漳州府·诏安县

清泉寺　良峰寺　高隐寺　五禅寺　沙堤寺（5）

清泉寺

【〔清〕康熙《诏安县志》】清泉寺　在大兴西北五里。宋胡颒隐于此寺。前有泉，清而甘，以此得名。湖山八景有"清泉古刹"即此。今废，遗址尚存。

良峰寺

【〔清〕同治《福建通志》】良峰寺　在良峰山麓。元至正四年建。明潘士蕃诗："秋风吹野草，曲岸复成垓。我亦寻芳去，君从看菊来。花深偏隐鸟，寺古已生苔。为忆渊明径，羲皇薄暮回。"

高隐寺

【〔清〕光绪《漳州府志》】高隐寺　在诏安二都。元时有隐君子居此，故曰高隐。山高树密，夏日无暑，群峰皆罗列于下。

五禅寺

【〔民国〕《福建通志》】五禅寺　在厚广山。

沙堤寺

【〔民国〕《福建通志》】沙堤寺　在半沙关。邑人沈铁建。

延平府·南平县

普通寺 龙湖保福寺 慈恩寺 西平寺 三吾寺 黯淡寺 佛智开平寺 西林寺 龙德寺 报国寺 兴化寺 天宁光孝禅寺 梅山寺 含清寺 弥勒寺 无量寺（16）

普通寺

【〔明〕同治《延平府志》】普通寺 梁普通元年建。旧为院，今改为寺。洪熙元年毁，宣德五年重建。在府城北隅。

龙湖保福寺

【〔清〕同治《福建通志》】龙湖保福寺 在保福里。唐贞观八年建。

慈恩寺

【〔明〕同治《延平府志》】慈恩寺 在天竺里。唐贞观二十二年建，名西峰寺。宋改为院，元复改为寺。

西平寺

【〔明〕同治《延平府志》】西平寺 在大源内里。唐乾符中建。正统八年重修。

三吾寺

【〔明〕同治《延平府志》】三吾寺 在长安南里。唐大德元年建。旧为院，元改为寺。

黯淡寺

【〔清〕同治《福建通志》】黯淡寺 在城东北衍仙里下。唐大顺二年建。院当黯淡滩之阳，滩水险悍，舟过多覆溺。僧无示者始结庵于此，募工疏凿，湍势稍平，因以滩名寺。元改为寺。旧有妙峰阁，前对高峰。宋蔡襄题字，及李孝彦草书。贾青诗：

"溪声滩外急,草色雨中深。客意有南北,山光无古今。"

佛智开平寺

【〔明〕同治《延平府志》】佛智开平寺　在县治西南开平里。五代梁开平四年建,旧名"报国显亲院",元改为寺。国朝洪武三十年毁,寻复建。

西林寺

【〔清〕同治《福建通志》】西林寺　在城东南。五代梁时建。宋朱子谒李延平受学寓此,示僧无可诗:"身世年来欲两忘,一春随意住僧房。行逢旧隐低回久,绿树莺啼清昼长。幽居四畔只空林,啼鸟落花春意深。独宿尘龛无梦寐,五更山月照寒衾。一自篮舆去不回,故山空锁旧池台。伤心触目经行处,几度亲陪杖履来?上疏归来空皂囊,未妨随意宿僧房。旧题岁月那堪数,惭愧平生一瓣香。"

龙德寺

【〔明〕同治《延平府志》】龙德寺　在剑津里。五代梁龙德元年建。景泰二年重建。

报国寺

【〔明〕同治《延平府志》】报国寺　在府城东北新兴里。五代唐时建。旧有开山僧普明留醋一缸,嘱其徒,遇佛讳日以汤投之,酌而且用以和蔬。后经数百余年尚存,色味犹不变。

兴化寺

【〔清〕同治《福建通志》】兴化寺　在西郊。旧名"资寿"。五代唐同光元年建,宋太平兴国四年赐名"兴化院",元改为寺。有丞相李纲题额。

天宁光孝禅寺

【〔清〕同治《福建通志》】天宁光孝禅寺　在治西。旧名"广济",宋政和六年,赐今名。明成化间毁。弘治间,住持僧能持结庵掩关,会四方僧众。有《谈元要著》《天印语录》《彻空内集》《回云外集》《黄檗心要》俱流传于时。国朝乾隆十八年,增建两寮。

【〔明〕同治《延平府志》】天宁光孝禅寺　唐名"广济",宋政和六年赐名"天宁万寿",绍兴七年改名"报恩广孝",寻复改"光孝"。元至正二十年毁,寻复建。国朝永乐、景泰间,俱尝修建。成化二十三年复毁。弘治元年,寺首僧能持以是寺为郡官僚祝圣之所,遂请于府募众重建。能持,号无方子,好吟咏。其诗有《梅花百咏》,并《洞云外集》。

梅山寺

【〔清〕同治《福建通志》】梅山寺　在城东梅山。宋绍兴二年建为院,元改为寺。

含清寺

【〔清〕同治《福建通志》】含清寺　在余庆西里。宋绍兴间建。旧有含晴阁、清辉堂。

弥勒寺

【〔清〕同治《福建通志》】弥勒寺　在唐源里。宋时建。宋朱松诗:"日出度松岭,露香霏羽衣。潇潇夜气清,苍苍烟径微。川光浴秋容,萝影挂夕晖。冰轮碾空阔,飞辙无因依。拟掬星渚波,恐触天孙机。偓佺何时见,沆瀣聊独挥。未应青霞志,即与素愿违。稍收尘外轸,憩此岩下扉。清吟写万籁,妙想绝百非。不须河汉言,尽解纷华围。飞仙亦戏剧,玄学乃庶几。鳌山切丹极,岁晚行将归。"

无量寺

【〔清〕同治《福建通志》】无量寺　在城东北。宋名"定光寺",明改"南峰塔寺"。国朝顺治八年,更为"无量寺",称丛林。

延平府·顺昌县

超华寺 灵山院 资圣寺 正识寺 西来寺(5)

超华寺
【〔清〕同治《福建通志》】超华寺　在治西北白水都。唐末有僧驻锡焉,辟田数百亩,徒众大集,遂为名蓝。

灵山院
【〔清〕同治《福建通志》】灵山院　在富屯都。有僧从王审知入闽,道此,遥望云山幽峻,遂结茅于此焉,躬耕自给,人莫知其名。

资圣寺
【〔清〕同治《福建通志》】资圣寺　在治西。五代汉乾祐三年建。

正识寺
【〔清〕同治《福建通志》】正识寺　在治北。一名天湖藏院。宋隆兴二年建,明洪武三十五年重建。国朝道光元年毁,二年,僧正耀募建。

西来寺
【〔清〕同治《福建通志》】西来寺　在治西。元至正二十六年建。邑令陈瑛诗:"西来柏子意,出郭叩僧扉。宿客尘冠盖,安禅藁钵衣。金花山独枕,玉带水重围。人影钟声里,长林翳夕晖。"

延平府·将乐县

证果寺 金泉寺 五台山庵 云山寺 大施寺 含云寺 修福寺 望江院 龙头岩庵 瑞光寺 兴福院 白云庵（12）

证果寺

【〔清〕同治《福建通志》】证果寺 在西南竹洲都。唐武德三年建。明黄深诗："巍巍宝殿隐高峰，远入烟萝一径通。寒士有缘过古刹，异人何处觅高踪。月涵镜影池间水，风播琴声石上松。簪组未知何日解，愿随童子老山中。"

【〔清〕乾隆《将乐县志》】证果寺 竹洲都。唐武德三年建。元至正二十六年，伍显祖施田重建。

金泉寺

【〔清〕同治《福建通志》】金泉寺 在五马山第二峰下。唐贞观间建。有大铜钟，大顺三年铸。国朝顺治间，僧明伽募建为丛林。康熙四十八年重建。

【〔清〕乾隆《将乐县志》】金泉寺 县南五马第二峰下。唐贞观间建，明季废。国朝顺治间，僧明伽募建丛林。康熙四十八年毁，僧宏开鼎建。

五台山庵

【〔清〕乾隆《将乐县志》】五台山庵 在北郊张公排后。唐开元二年建。明成化十七年重建。嘉靖间，白乔等重修。

云山寺

【〔清〕同治《福建通志》】云山寺 在县南池湖都。唐开元二年建。

大施寺

【〔清〕同治《福建通志》】大施寺　在县东龙池都。唐文德元年建,国朝顺治十五年重修。

【〔清〕乾隆《将乐县志》】大施寺　龙池都。唐文德元年建。明洪武八年,僧宏鉴募里人陈敬等重建。国朝顺治十年,寇杨成洪毁之。十五年,僧员焌修建。康熙间毁于火,今仅存山门数椽而已。

含云寺

【〔清〕同治《福建通志》】含云寺　在治西。四山环峙,云气氤氲。唐时僧结庐其中以居,名"含云"。宋建中靖国间辟为寺。杨时诗:"每叩禅关即晚归,尘中回首万缘非。不愁幻翳迷心地,且听潮音振祖衣。归路往来无别径,夜光清彻有余辉。虎溪旧社知重约,陶令如今已息机。"又《含云寺书事》诗:"蝶梦轻扬一室空,梦回谁识此身同?窗前月冷松阴碎,一枕溪声半夜风。兽骇禽惊翳蔚中,难将此意问鸿蒙。萦回小径苍苔滑,杖屦从今恐不通。山前咫尺市朝赊,垣屋萧条似隐家。过客不须携鼓吹,野塘终日有鸣蛙。夹屋青松长数围,午风摇影舞僛僛。幽禽叶底鸣相应,时引残声过别枝。"国朝康熙二十八年、乾隆十年修。

修福寺

【〔清〕乾隆《将乐县志》】修福寺　一名坊尾寺,在黄潭都。五代唐同光二年建。明洪武三十一年重建,廖□助地基,范十郎助田。

望江院

【〔清〕同治《福建通志》】望江院　在县西南子教都。五代唐同光二年建。

龙头岩庵

【〔清〕同治《福建通志》】龙头岩庵　在玉华都。旧名虎头岩，宋元丰六年建，县令谢梦符修，改今名。

【〔清〕乾隆《将乐县志》】龙头岩庵　一名虎头岩，宋元丰六年建。明正统十三年，毁于寇。成化十年，黄璟募建。正德四年，僧正景重修。嘉靖间，谢孔时重建山门。崇祯十一年，僧德□重修。国朝乾隆十五年，大水浸入半壁，址颓柱敧，僧法证募众□修。

瑞光寺（瑞光塔院）

【〔清〕乾隆《将乐县志》】瑞光塔院　在水南。宋元祐三年建。明万历二十六年，僧正代重修。四十三年，王阶鼎建罗汉殿。国朝乾隆二十七年，僧了彻募众重建。

兴福院

【〔清〕同治《福建通志》】兴福院　在永康都。宋乾道八年建，明洪武三十一年重建。黄仕正诗："古寺依山麓，萧森万木围。藤萝遮佛阁，鸡犬护禅扉。涧溜闻清昼，松风落翠微。坐深群籁寂，转与宦情违。"

【〔清〕乾隆《将乐县志》】兴福院　在永康都。宋乾道八年建，明洪武三十一年重建。国朝康熙五十五年，僧宏开重建。雍正四年，僧立端、僧元文等重修。

白云庵

【〔清〕同治《福建通志》】白云庵　在治东。宋时建。

延平府·沙县

延福寺　太平兴国寺　兴化寺　天王寺　福圣寺　保福瑜

珈寺　栖云寺　龙兴寺　云际寺　安仁寺（10）

延福寺

【〔明〕同治《延平府志》】延福寺　在县东二都。唐会昌二年建。宋给事中张致远尝赋拂波亭、茅草亭、竹槛、古渡、老杉、乔松、修竹、溪声，凡八诗，皆寺中景也。至景泰二年重建。

太平兴国寺

【〔清〕同治《福建通志》】太平兴国寺　在县东凝翠峰前。唐中和二年建，名"中兴"，宋太平兴国三年赐额。李纲谪监沙县税尝寓于此。详山川古迹。中有七峰阁，宋元符间建，以向七峰，故名。

【〔民国〕《沙县志》】兴国寺　在兴义坊文昌门卢家巷之右。唐中和二年建，名"中兴"，宋太平兴国三年赐额。李忠定公谪监沙县税寓此。明景泰三年重修。清嘉庆十三年，毁于火。光绪十四年，改建虬溪试院。

兴化寺

【〔清〕同治《福建通志》】兴化寺　在二十一都。旧名万兴。唐中和二年建。明郑公寅诗："伏枕禅林春已归，愁人山雨故霏霏。风过蕙帐闻檐铎，绿展荷心见化机。入梦周情犹自好，忧时孔席未应违。细看寒暑相推里，聊抚瑶琴对紫微。"

天王寺

【〔清〕同治《福建通志》】天王寺　在仁和坊。唐中和四年建。宋延祐间重建。壁间有唐韩偓诗："寸发如霜袒右肩，倚肩筇竹貌怡然。悬灯深屋夜分坐，移榻向阳斋后眠。刮膜且扬三毒论，摄心徐指二宗禅。清凉药分能知味，各自胸中有醴泉。"《舆地碑目》偓作浯，当误。

福圣寺

【〔清〕同治《福建通志》】福圣寺　在县东北隅。旧名天王台。五代晋天福八年建，宋天禧三年赐今额。有僧建塔三级，后毁。得泉，病者饮之辄愈。

【〔民国〕《沙县志》】福圣寺　在兴义坊。明万历十五年，改建儒学，以旧儒学后地横二十丈□一十九丈易之。后复建此。今废。

保福瑜珈寺

【〔清〕同治《福建通志》】保福瑜珈寺　在十五都。五代周显德五年建。

栖云寺

【〔清〕同治《福建通志》】栖云寺　在九都。闽王延政建，宋建隆三年赐额。宋陈世卿（案，此诗作者为邓肃，原书有误）诗："胜游来林杪，参天仅一分。从君如附骥，顾我愿为云。野色连空碧，幽香袭露熏。耦耕当卜此，横笛夜相闻。"明陈山诗："古刹寥寥半掩关，抱琴踏破鲜苔斑。涧声漱玉门前水，黛色凝烟屋后山。翠竹相依苍石瘦，青松长伴白云间。我来欲结东林社，两袖天风任往还。四十年来访旧游，杖藜徐步径原幽。老僧相见还青眼，狂客重来愧白头。捻指光阴成契阔，放怀谈笑为迟留。一声长啸忘形处，云白山青水自流。"国朝康熙元年，里人连日福修。

龙兴寺

【〔清〕同治《福建通志》】龙兴寺　在十二都。宋邓肃尝避地居此。

云际寺

【〔清〕同治《福建通志》】云际寺　在和仁坊。元延祐元年建，明景泰四年重建。

安仁寺

【〔清〕同治《福建通志》】安仁寺　在十二都。明洪武间，并入宝福寺，寻复建。明郑泰诗："偶有寻真兴，携琴过此山。蜚檐凌宝殿，秘室隔尘寰。树暗元蝉集，天清白鹤间。凭虚舒一啸，忘却世途艰。"

延平府·尤溪县

天王瑜珈院　保安寺　永和寺　剑门庵　永兴寺　吉华寺　松山院　保林寺　资寿寺　三峰院　天湖院（11）

天王瑜珈院

【〔清〕同治《福建通志》】天王瑜珈院　在治东儒林坊。唐会昌三年建。

保安寺

【〔明〕同治《延平府志》】保安寺　旧在县东北积善坊。唐乾符三年建，旧为庵，乾宁四年改为寺。国朝景泰二年重建，成化十六年增建。

【〔民国〕《尤溪县志》】保安寺　在积善坊。唐乾符三年建，本称庵，宋乾宁间改为寺。明景泰乙亥重建，万历间增修。国朝乾隆二十五年，县学移建寺基，寺改建今所。

永和寺

【〔清〕同治《福建通志》】永和寺　在治东北八都。五代唐清泰二年建。宋朱松诗："苍山抱岑寂，丈室掩虚白。道人尘机断，宇宙一西壁。是心如焦谷，浩劫永枯寂。一句从谁闻，投老承此力。相逢不相问，未省谁主客。咄去真俗人，胡为来役役。湛湛天宇清，宛宛穹脊白。投深得僧窗，千嶂倚苍壁。开卷与晤言，炷香伴岑寂。（独将万里心，收敛入寻尺。）了无魂绕梦，皎皎知道力。鸣坷绿槐影，想见下朝客。笑我守吴门，心形等相役。"明洪武间，并入保安寺。国朝乾隆八年，改建学宫南。

【〔民国〕《尤溪县志》】永和寺　在九都董山。伪闽龙启二年建，后毁。明洪武六年重建。国朝康熙四十二年，僧兴确增修。嘉庆二十一年，僧普华同董事募缘重修，添架寺左辅楼。

剑门庵

【〔清〕同治《福建通志》】剑门庵　在治南五十里。唐乾宁四年建。国朝乾隆二十四年，僧敏玉重修。

永兴寺

【〔清〕同治《福建通志》】永兴寺　在治西昼锦坊。唐天祐三年重建，国朝乾隆八年，僧怀莲重修。宋朱松诗："胸中一壑本超然，投迹尘埃只可怜。斗粟累人腰自折，不缘身在督邮前。来解征衣日未斜，小轩泉竹两清华。道人法力真无碍，解遣龙孙吐浪花。"

【〔民国〕《尤溪县志》】永兴寺　在城西昼锦坊。唐天祐间建，闽王氏赐今额。宋绍兴间重修。明为祝厘之所。正统间毁于火，天顺二年重建，万历九年增修。国朝乾隆八年，僧怀莲重修。

吉华寺

【〔清〕同治《福建通志》】吉华寺　在治东二十二都。五代梁乾化间建。

松山院

【〔清〕同治《福建通志》】松山院　在治东二十五都。

五代梁贞明二年建。国朝乾隆三年重建。

保林寺

【〔清〕同治《福建通志》】保林寺　在十七都。五代唐天成四年建。

资寿寺

【〔清〕同治《福建通志》】资寿寺　在治东十六都。五代唐长兴二年建。国朝乾隆二十七年，僧瑞光重修。

三峰院

【〔清〕同治《福建通志》】三峰院　在治西二都。五代汉乾祐三年建。

【〔民国〕《尤溪县志》】三峰寺　在三都。伪闽文通间建。清康熙二十二年重修。乾隆八年，僧端本增葺。

天湖院

【〔清〕同治《福建通志》】天湖院　在治南乘驷坊高峰。顶有池。

延平府·永安县

招化寺　高飞寺　上灵峰寺　资福寺　枰桐寺　福岩寺　禅林寺　翠云院　云半庵（9）

招化寺

【〔清〕同治《福建通志》】招化寺　在三十都。唐会昌元年建。

高飞寺

【〔清〕同治《福建通志》】高飞寺　在治北。唐中和二年建。

寺之后有洗心亭,明县令郭仁建为讲学之所。

【〔清〕道光《永安县志》】高飞寺　在县城内东北隅。唐中和二年建。明正统间重建,为祝圣道场。万历元年,僧真明募众重建山门,其钟楼系刘铁羲建。顺治丁亥冬,城被寇,寺益颓落,知县陈廷枢捐俸招僧鸠工修理。康熙乙酉,僧寂广募众重修中殿。雍正三年,僧海静募众重修雷音法堂,又重建禅堂、斋堂、客堂,次第改观,立有碑记。

上灵峰寺

【〔清〕同治《福建通志》】上灵峰寺　在治东北二十四都。唐天祐二年建。

资福寺

【〔清〕同治《福建通志》】资福寺　在县南二十七都。五代晋天福二年建。

栟榈寺

【〔清〕同治《福建通志》】栟榈寺　在县北二十七都。五代晋天福五年建。崖壑奔放,林木翁然,如龙蟠虎伏,云蒸霞锁。探胜者墨迹鳞堵,不可代记。

福岩寺

【〔清〕同治《福建通志》】福岩寺　在四十二都。五代周广顺三年建。

禅林寺

【〔清〕同治《福建通志》】禅林寺　在三十都。宋大中祥符六年建。

翠云院

【〔清〕同治《福建通志》】翠云院　在治北二十五都。宋陈世卿、陈若谷尝修业于此。

云半庵

【〔清〕同治《福建通志》】云半庵　在县北凌霄塔山。顺治庚寅,僧智舣工书画,擅诗词,卜筑于此。回廊、曲槛、酒榭、琴亭,旷览大江,风帆、沙鸟历历在目。无名氏诗:"上方楼阁吸江斜,摄磴登临访道家。潭水无心还自绿,山岚解意若生花。塔摇双雁凌霄回,龛傍层崖拂露华。树杪夕阳诗已就,山僧应点密云茶。"

【〔清〕道光《永安县志》】云半庵　凌霄塔下。顺治庚寅,僧智舣募缘鼎建。康熙己卯,其徒德恩、徒孙行尊重修。

建宁府·建安县

报恩光孝寺　永安禅寺　香山寺　瑞峰寺　重兴寺　崇圣寺　永安教寺　能仁寺　白云崇梵寺　曹山寺　兴福寺　西峰寺　卧云寺　冷水寺　资福寺　福兴寺　报恩寺　威岩寺　资庆寺　北岩寺　新丰寺　兰丰寺　慈恩寺　南岩寺　集峰寺　宝峰寺　翠岩寺　真如寺　龙岩寺　五台山庵　瑞兴岩庵　圭峰岩庵　石鼓岩庵　佛顶庵　北岩寺　天王寺　万叶教寺　归复寺　泗洲寺　报恩寺　云峰寺　药师寺　慈恩寺　兴福寺　重兴寺　文殊寺　常乐寺　西高寺　西山寺　保福寺　温洋寺　东林寺　回龙寺　集福寺　报恩寺　泗洲寺　昭庆寺　洪福寺　吉云岩庵　兴国寺　安国寺　双漈寺　南兴寺　五峰寺　龙居寺　报恩塔寺　西塔寺　东禅寺　灵应寺　报恩寺　龙峰寺　报恩院　仰山寺　承天寺　云漈寺　保国寺　崇隐寺　大隐庵　药师寺　碧仙岩庵　仙云庵　天堂庵　竹林庵　回龙庵　思善寺　真如寺　善庆庵　回龙庵　乾

峰寺　石龟寺　梨峰庵　广教寺（92）

报恩光孝寺
【〔清〕同治《福建通志》】报恩光孝寺　在城东。陈永定间建，陈顾野王故宅也。旧名"白鹤"，后更名"□元"。宋大观间，更名"天宁万寿"。绍兴七年，更名"报恩"。十三年，改今额。

永安禅寺
【〔清〕同治《福建通志》】永安禅寺　在黄华山之麓。创始自唐贞元十一年。欧阳詹诗："结得蒲团不扫尘，松闲冥坐其何人。林深日午钟声动，自采溪毛养幻身。"五代唐长兴九年建。初为功德院，伪闽更名"永安"，宋元丰间更名"十方禅院"。明洪武间重建，仍今名。

香山寺
【〔清〕同治《福建通志》】香山寺　在东苌里。唐会昌间建。

瑞峰寺
【〔清〕同治《福建通志》】瑞峰寺　在下墩。唐咸通元年建。

重兴寺
【〔清〕同治《福建通志》】重兴寺　在川石里。唐龙纪元年建。

崇圣寺
【〔清〕同治《福建通志》】崇圣寺　在吉苑里。五代梁开平二年建。

永安教寺
【〔清〕同治《福建通志》】永安教寺　在潘窟里。旧名"永安真梵"，五代唐长兴三年建。元至大元年重建。

能仁寺

【〔清〕同治《福建通志》】能仁寺　在吉苑里。旧名"承天"，闽王氏时建。宋至道间赐今额。元大德六年重建。

白云崇梵寺

【〔清〕同治《福建通志》】白云崇梵寺　在光禄坊。五代晋天福间肇建于从化坊，名"白云广福"。宋庆历六年，改今名。明洪武十年，移建今所。国朝康熙七年重修。

曹山寺

【〔清〕同治《福建通志》】曹山寺　在房村上里。旧名曹山广福寺，五代周显德六年建。

兴福寺

【〔清〕同治《福建通志》】兴福寺　在范墩。南唐保大三年建。

西峰寺

【〔清〕同治《福建通志》】西峰寺　在吉苑里。南唐保大间建，元大德元年重建。

卧云寺

【〔清〕同治《福建通志》】卧云寺　在登仙里。南唐保大间建。宋为"报恩寺"，元改今名。

冷水寺

【〔清〕同治《福建通志》】冷水寺　在将相里，即旧冷水院也。南唐保大间建。

资福寺

【〔清〕同治《福建通志》】资福寺　在南才里蒋源。宋太平兴国元年建。

福兴寺

【〔清〕同治《福建通志》】福兴寺　在吉苑里。宋庆历二年建。

报恩寺

【〔清〕同治《福建通志》】报恩寺　在南才里。宋嘉祐六年建。

威岩寺

【〔清〕同治《福建通志》】威岩寺　在南才里威溪。旧名归岩院，宋嘉祐间建。

资庆寺

【〔清〕同治《福建通志》】资庆寺　在将相里。宋治平二年建。

北岩寺

【〔清〕同治《福建通志》】北岩寺　在东苌里。宋元符四年建。

新丰寺

【〔清〕同治《福建通志》】新丰寺　在吉苑里。宋隆兴二年建。

兰峰寺

【〔清〕同治《福建通志》】兰峰寺　在刘墩。宋乾道二年建。

慈恩寺

【〔清〕同治《福建通志》】慈恩寺　在驷马桥右。宋乾道二年建。

南岩寺

【〔清〕同治《福建通志》】南岩寺　在杨墩。宋时建。

集峰寺

【〔清〕同治《福建通志》】集峰寺　在龙坑。宋时建。

宝峰寺

【〔清〕同治《福建通志》】宝峰寺　在圳后。宋时建。

翠岩寺

【〔清〕同治《福建通志》】翠岩寺　在苏垱。宋时建。

真如寺

【〔清〕同治《福建通志》】真如寺　在白鹤山麓。元为天堂庵。明增建，改今额。

龙岩寺

【〔清〕同治《福建通志》】龙岩寺　在龙岩。元时建。

五台山庵

【〔清〕同治《福建通志》】五台山庵　在吉苑里东山之巅。元时建。

瑞兴岩庵

【〔清〕同治《福建通志》】瑞兴岩庵　在萧溪。元时建。

圭峰岩庵

【〔清〕同治《福建通志》】圭峰岩庵　在灵地岭。明时建。

石鼓岩庵

【〔清〕同治《福建通志》】石鼓岩庵　在琼溪。明时建。

佛顶庵

【〔清〕同治《福建通志》】佛顶庵　旧名居了洋，在建宁里坤口。有螺髻峰、雨花岩、解空石、孕阴潭。

据〔民国〕《福建通志》记载，尚有：

北岩寺　在东苌里。唐乾符四年建。

天王寺　在府城南南才里。闽时建。

万叶教寺　在鱼峰上。明龙启元年建。有瀑布、石门、菩萨岩、仙人迹、污樽、水帘、七松堂、万石阶，号八景。

归复寺　在建宁里。五代周显德五年建。

泗洲寺　在府城东安泰里。五代周显德中建。

报恩寺　在府城南秦溪外里。南唐保大中建。

云峰寺　在府城南秦溪外里。南唐保大中建。

药师寺　在府城东南将相里杨坑。南唐保大中建。

慈恩寺　在南才里。宋淳化元年建。

兴福寺　在吉苑里。宋庆历二年建。

重兴寺　在南才里。宋庆历五年建。

文殊寺　在南才里。宋庆历七年建。

常乐寺　在建宁里。宋治平三年建。

西高寺　在秦溪外里。宋建炎二年建。

西山寺　在登仙里。宋建炎三年建。

保福寺　在东庑里。宋绍兴二年建。

温洋寺　在东庑里。宋绍兴二年建。

东林寺　在吉苑里。宋绍兴五年建。

回龙寺　在吉苑里范源头。宋嘉定八年建。

集福寺　在吉苑里。宋嘉定八年建。

报恩寺　在吉苑里。宋嘉定九年建。

泗洲寺　在东庑里。宋咸淳二年建。

昭庆寺　在建宁里。宋咸淳三年建。

洪福寺　在吉苑里。宋咸淳六年建。

吉云岩庵　在南才里。宋侍郎袁枢建。

兴国寺　在登仙里。宋时建。

安国寺　在安泰里。宋时建。
双漈寺　在秦溪外里乌石头。宋时建。
南兴寺　在秦溪外里。宋时建。
五峰寺　在黄华山下。宋时建。
龙居寺　在光禄坊。宋时建。
报恩塔寺　在光禄坊。宋时建。
西塔寺　在光禄坊。宋时建。
东禅寺　在秦溪外里。宋时建。
灵应寺　在川石里。宋时建。
报恩寺　在川石里。宋时建。
龙峰寺　在川石里叶源。宋时建。
报恩院　在登仙里鸡足山下，亦曰赤龙庵。宋释崇因居之。
仰山寺　在吉苑里。元大德间建。
承天寺　在登仙里。元至正二年建。
云漈寺　在登仙里。元至正四年建。
保国寺　在登仙里。元至正四年建。
崇隐寺　在秦溪外里。元至正四年建。
大隐庵　在房村上里。元至正四年建。
药师寺　在房村上里。元至正十年建。
碧仙岩庵　在秦溪内里。
仙云庵　在安泰里。
天堂庵　在秦溪外里。元时建。
竹林庵　在房村上里。明洪武元年建。
回龙庵　在梅子坑。明宣德初建。
思善寺　在房村上里。
真如寺　在光禄坊。元为天堂庵，明洪武十二年建。

善庆庵　在房村上里。明洪武十四年建。
回龙庵　在房村上里。明洪武二年建。
乾峰寺　在黄口。明建。
石龟寺　在黄栀峰下。
梨峰庵　在将相里。
广教寺　在焙溪。

建宁府·瓯宁县

开元寺　大中寺　上兰寺　谢叔庵　云岩寺　西林寺　双石寺　广福寺　云居寺　报恩光孝寺　斗峰禅寺　西禅寺　龙山寺　双溪寺　罗汉寺　吉祥寺　回龙寺　极乐寺　禅林寺　真净寺　显亲寺　宝光寺　西峰寺　南禅寺　文殊寺　龙护寺　大照寺　升山寺　珠源寺　东历寺　西历寺　王源寺　永庆寺　禅祖寺　东瑞寺　归宗岩庵　西瑞寺　方广寺　净慈庵　莲花池庵　狮子岩庵　龙岩庵　石塘岩庵　圣佛庵　瑞峰寺　林泉寺　吴漈寺　瑞竹寺　中山寺　云峰寺　报圣寺　北岩寺　郭漈寺　天王寺　灵岩寺　湉溪寺　庆成寺　永兴寺　安福寺　大悲寺　宝光寺　上生寺　兴福寺　资化寺　云溪寺　福庆寺　西林寺　常乐寺　香山寺　观音教寺　南禅塔寺　三塔寺　寿山寺　圣龙寺　乾明寺　观音寺　擎天岩庵　黄石庵　报恩寺　游源寺　崇寿寺　文殊寺　小资福寺　大明寺　光山寺　普安寺　隐峰寺　资福寺　南山寺　圣恩寺　翠峰庵　云岩庵　寺源寺　妙湛寺　灵峰寺　灵岩寺　上重寺　龙山寺　资福寺　高砂寺　洪历寺　香山寺　楮林寺　彭源寺　福兴庵　大密寺　深溪寺　云

际寺 真珠寺 尚历寺 崇福寺 梅福寺 随求寺 东山庵 清凉寺 报国寺 原历寺 临池寺 庆安寺 通济庵 西山庵 宝石岩庵 永乐寺 双峰岩庵 玉山庵 蒋山庵 登云庵 金山寺 五福庵 开化寺 天堂寺 金盘庵 白莲庵 东林庵 龙潭庵 天宝寺 金凤岩庵 方广寺 定源庵 北坪庵 正觉庵 西观音庵 白云庵 云际寺 郭岩寺 圆通庵 定光庵 楞伽寺 显佑庵 禅岩庵 瑞云庵 东林山顶庵 天堂庵 花光庵（154）

开元寺

【〔清〕同治《福建通志》】开元寺　在云际山麓。晋太康间建。俗传为吕蒙故宅，又云，蒙子孙分居于此，后舍为寺。初名"林泉"，唐改今额。元于紫芝峰顶建塔，曰"善见"。蓝静之（案，此书作者为蓝智，原书有误）诗："古木寒溪入翠微，西风九日扣禅扉。金银宫阙生秋草，锦绣山河下夕晖。陆羽泉荒龙已去，吕蒙祠古鸟空归。诸公且尽登临兴，莫叹尊前往事非。"明天顺间，建丹青阁于寺左半山之阿，架桥以渡。赵季西诗："跨壑飞檐屋数楹，上横山色下溪声。等闲题作丹青阁，未必丹青画得成。"万历间，阁左建马仙庵，向有佛牙，僧视为法宝。国朝重建正殿。

大中寺

【〔清〕同治《福建通志》】大中寺　在和义坊，旧名"本律寺"。唐贞观中建，大中初赐今额。国朝康熙三十一年，邑令邓其文重建。

【〔清〕康熙《瓯宁县志》】大中禅寺　在府城和义坊，旧名本律寺。唐贞观中建，大中初赐今额。宋雍熙间改名真威，政和间改为万寿神霄宫,建炎初仍为大中禅寺。绍兴甲子圮于水,重建。明永乐十四年又圮于水,十五年重建。嘉靖元年毁,十年重建。万历己酉水,两廊倾颓,辛亥重修。本朝顺治戊子毁。康熙三十年,瓯宁知县邓其文延佛□□禅师倡募重建。

上兰寺

【〔清〕同治《福建通志》】上兰寺　在凤源。唐嗣圣三年建。

谢叔庵

【〔清〕同治《福建通志》】谢叔庵　在崇安里。唐嗣圣三年建。

云岩寺

【〔清〕同治《福建通志》】云岩寺　在禾供里。唐元和三年建。

西林寺

【〔清〕同治《福建通志》】西林寺　在西乡里。唐会昌间建。

双石寺

【〔清〕同治《福建通志》】双石寺　在叶坊之双石。唐大顺间建,乾宁五年赐额。国朝康熙十五年重建。

【〔清〕康熙《建宁府志》】双石禅寺　在叶坊之双石。唐大顺中建,乾宁五年赐额。元毁于兵,明洪武十二年重建,后圮。本朝康熙十五年,僧觉海重建。

广福寺

【〔清〕同治《福建通志》】广福寺　在禾供里。唐乾宁三年建。

云居寺

【〔清〕同治《福建通志》】云居寺　在禾供里。唐乾宁三年建。

报恩光孝寺

【〔清〕同治《福建通志》】报恩光孝寺　在狮峰麓。唐时建。旧名"龙兴"，宋咸平间赐额曰"景德"，绍兴间更今名。

【〔民国〕《建瓯县志》】报恩光孝禅寺　在狮峰麓。唐时曰隆兴，宋曰景德，曰崇宁，曰天宁万寿，绍兴七年改今额。元季毁于兵，明洪武十年重建。嘉靖辛酉冬火，万历丁丑重建。乙未，兵道盛万年因僧往南京印请大藏尊经，主缘建阁贮之，中立龙藏宝塔。清康熙壬寅，知县周沛生倡建。光绪间，僧骊珠重建。

斗峰禅寺

【〔清〕同治《福建通志》】斗峰禅寺　古名黄龙，唐光化二年，真觉禅师创。中有仙会亭、白云桥、占星峰、卓锡泉、蘸月池。国朝康熙间，古雪禅师重建。

【〔清〕康熙《瓯宁县志》】斗峰禅寺　明洪武三年建。中有石鼓悬空、松萝挂月、莲湖花馥、八仙会亭、白云关桥、占星雄峰、卓锡泉飞、沾月明池八景。僧净琴示众念佛有偈。续僧道觉宗百丈清规，开六度行门，后学赖焉。本朝康熙十八年，僧通喆募众重建。

西禅寺

【〔清〕同治《福建通志》】西禅寺　在和乐坊。唐末建于西津门外，匾曰"西禅福圣"。宋天圣间移于今所。

【〔清〕康熙《瓯宁县志》】西禅寺　在和乐坊。唐末建于西津门外，宋天圣间移于今所。明永乐十四年圮于水。成化二年，僧智圆复即二处故址建屋以居。

龙山寺

【〔清〕康熙《建宁府志》】龙山禅寺　在龙首山下。初建于长汀，名龙山福王院。五代梁贞明元年，移建今所。内有华歆井、瑞松亭。明洪武二十一年重建。

双溪寺

【〔清〕同治《福建通志》】双溪寺　在紫溪里。五代梁龙德二年，闽王氏建。

罗汉寺

【〔清〕同治《福建通志》】罗汉寺　在铁狮峰下。闽王氏龙启间建，旧名罗汉院。

【〔民国〕《建瓯县志》】罗汉讲寺　在铁狮峰下。伪闽时建。元末火，明洪武十九年重建。明末毁。清康熙十八年，僧传聚重建。

吉祥寺

【〔清〕同治《福建通志》】吉祥寺　在朝天门外太平坊。闽王氏龙启间建于鸡谷滩侧，南唐保大八年移建今所。

【〔清〕康熙《瓯宁县志》】吉祥禅寺　在朝天门外太平坊皎湖之北。伪闽龙德中建于鸡谷滩侧，后荡于水。南唐保大八年，移建今所。元季毁，明洪武三年重建。今毁。

回龙寺

【〔清〕康熙《瓯宁县志》】回龙禅寺　在回龙村。南唐保大间建。伪闽时，刺史许文缜匾曰"三峰回龙寺"。

极乐寺

【〔清〕同治《福建通志》】极乐寺　在上洋口。五代晋天福元年建。

禅林寺

【〔清〕同治《福建通志》】禅林寺　在吉阳里。五代晋天福二年建。《再兴禅林寺记》：宝刻类编，绍珪书，李仁表撰，天福四年四月五日立。

【〔清〕康熙《建宁府志》】禅林禅寺　五代晋天福初建。明崇祯间火,本朝顺治间募众重建。

真净寺

【〔清〕同治《福建通志》】真净寺　在禾义里。五代晋天福二年建。

显亲寺

【〔清〕同治《福建通志》】显亲寺　在移忠坊。五代晋天福八年建。刺史陈晦收境内兵器,铸佛像,建寺荐亲,因名。

宝光寺

【〔清〕同治《福建通志》】宝光寺　在崇安里。五代晋天福八年建,元至正二十年修。

西峰寺

【〔清〕同治《福建通志》】西峰寺　在丰乐里之九石。五代晋天福八年建,元至正三年重建。

南禅寺

【〔清〕同治《福建通志》】南禅寺　在西隅。南唐保大元年建,国朝康熙二年重建。

【〔民国〕《建瓯县志》】南禅寺　南唐保大元年建。元毁于兵,明洪武二年重建。清顺治戊子毁。康熙二十年,僧尊一、悉智同募缘重建。谢铨为撰碑记。

文殊寺

【〔清〕同治《福建通志》】文殊寺　在开元寺右。南唐保大元年建。

龙护寺

【〔清〕同治《福建通志》】龙护寺　在紫溪里。南唐保大十三年建。

大照寺

【〔清〕同治《福建通志》】大照寺　在府城。南唐保大间建,元至正二十三年重建。

升山寺

【〔清〕同治《福建通志》】升山寺　在紫芝上坊。旧名"朗山资庆寺"。南唐保大间建,宋改今额。

珠源寺

【〔清〕同治《福建通志》】珠源寺　在禾义里。南唐保大间建。

东历寺

【〔清〕同治《福建通志》】东历寺　在慈惠里。宋大中祥符三年建。

西历寺

【〔清〕同治《福建通志》】西历寺　在慈惠里。宋大中祥符三年建。

王源寺

【〔清〕同治《福建通志》】王源寺　在禾义里。宋雍熙三年建。

永庆寺

【〔清〕同治《福建通志》】永庆寺　在云际山上。旧曰"云际",宋庆历间赐今额。有泉曰鹿乳泉,一作陆羽。有亭曰一泉亭。

禅祖寺

【〔清〕同治《福建通志》】禅祖寺　在城西北慈惠里。旧为西庵,宋崇宁元年改为院。

东瑞寺

【〔清〕同治《福建通志》】东瑞寺　旧名东瑞相院。在崇安里。宋建中靖国初赐今额。

归宗岩庵

【〔清〕同治《福建通志》】归宗岩庵　在慈惠里。宋咸淳间建，有曹道人结庵于此。国朝顺治十七年，僧南询修。

【〔清〕康熙《建宁府志》】归宗岩庵　在宜均溪口。宋咸淳二年建，明永乐九年重建。本朝顺治十七年，僧南询修。

西瑞寺

【〔清〕同治《福建通志》】西瑞寺　在封山。旧名西瑞相院。宋时建。

方广寺

【〔清〕同治《福建通志》】方广寺　即宋朱松环溪精舍故址。明僧侵建为寺。正德间，松裔孙鸣于官，复其地，重建精舍，以祀松。

【〔民国〕《建瓯县志》】方广教寺　其地即韦斋朱松环溪精舍故址。洪武元年，僧智源造城南石桥，借地督工，桥成，建桥局寺，后增佛殿、山门，更名方广。成化二年，松十二世孙□□陈于官，仅复其隙地构祠堂以祀松。正德十年，松十二世孙□□、十三世孙□□，提学胡铎始全复之，重建精舍，寺废。在紫芝上下坊。

净慈庵

【〔清〕同治《福建通志》】净慈庵　在水西。初有僧结茅以居，曰净茨庵。明初，武林僧闻谷寻故址构庵，易"茨"为"慈"。有溪焉，乱石自为关闸，鱼多游泳其中，称曰放生池。

【〔清〕康熙《瓯宁县志》】净慈庵　在敬客坊官路前。明崇祯间建。每月念三日，郡人于此放生。

莲花池庵

【〔清〕同治《福建通志》】莲花池庵　在马站坡西。明建。

狮子岩庵　龙岩庵

【〔清〕同治《福建通志》】狮子岩庵　龙岩庵　俱在万石。明时建。

石塘岩庵

【〔清〕康熙《建宁府志》】石塘岩庵　又名方岩庵，在吉阳里。明洪武二十二年建。弘治间，里人陈贵捐资重建。崇祯初又重建。

【〔清〕康熙《瓯宁县志》】石塘岩庵　距村南十里。传唐太守叶富沙子进士叶文仲创建，明里人陈贵重建。其山极高，上有王者峰、七贤岩、八角亭、仙人骑鹤、棋盘石、石塘甘泉等景。界建、瓯两县，故壁间原有"建瓯胜境，石塘洞天"八字。

据〔民国〕《福建通志》记载，尚有：

圣佛庵　在西乡里。唐嗣圣间建。

瑞峰寺　在府城西，梅岐里下墩。唐咸通元年建。

林泉寺　在禾供里。唐乾宁三年建。

吴潦寺　在禾供里。唐乾宁三年建。

瑞竹寺　在吉阳里。唐时建，元至正间重建。

中山寺　在禾义里。唐时建。

云峰寺　在吉阳里。唐时建。

报圣寺　在禾吉里。五代梁龙德二年建。

北岩寺　在府城北德胜坊。五代唐天成中建。

郭潦寺　在崇安里。五代唐长兴元年建。

天王寺　在亲睦坊。闽王审知建。

灵岩寺　　在府城西麻溪里。闽龙启中建。

浯溪寺　　在丰乐里。闽龙启中建。

庆成寺　　在移忠坊。五代唐时王延政建。

永兴寺　　在禾义里。五代晋天福二年建。

安福寺　　在禾吉里。五代晋天福二年建。

大悲寺　　在崇安里。五代晋天福八年建。

宝光寺　　在崇安里。五代晋天福八年建。

上生寺　　在德胜坊。五代晋时建。

兴福寺　　在高阳里范墩。南唐保大三年建。

资化寺　　在府城南紫芝上坊。南唐保大七年建。

云溪寺　　在吉阳里。南唐保大间建。

福庆寺　　在府城西麻溪里。南唐保大间建。

西林寺　　在高阳。南唐保大间建。

常乐寺　　在禾义里井后。南唐保大间建。

香山寺　　在禾义里。南唐保大间建。

观音教寺　在紫芝上坊。南唐保大间建。

南禅塔寺　在敬客坊。南唐保大间建。

三塔寺　　在紫芝坊，旧名泗洲三塔院。南唐时建。

寿山寺　　在崇安里鸡笼山下。南唐时建。

圣龙寺　　在麻溪里。宋雍熙二年建。

乾明寺　　在府城西敬客坊。宋大中祥符间建。

观音寺　　在梅岐里。宋天圣七年建。

擎天岩庵　在西乡里。宋至和间建。

黄石庵　　在崇安里。宋建中靖国间建。

报恩寺　　在麻溪里沙源。宋政和二年建。

游源寺　　在紫溪里。宋建炎三年建。

崇寿寺　在梅岐里。宋绍兴元年建。
文殊寺　在吉阳里小竹。宋绍兴二年建。
小资福寺　在紫溪里。宋绍兴二年建。
大明寺　在麻溪里。宋绍兴三年建。
光山寺　在禾义里。宋绍兴三年建。
普安寺　在禾义里。宋绍兴三年建。
隐峰寺　在禾义里叶源。宋绍兴三年建。
资福寺　在禾供里。宋绍兴三年建。
南山寺　在禾供里。宋绍兴三年建。
圣恩寺　在紫溪里。宋绍兴四年建。
翠峰庵　在西乡。宋绍兴间建。
云岩庵　在西乡。宋绍兴间建。
寺源寺　在丰乐里。宋绍兴间建。
妙湛寺　在丰乐里。宋绍兴间建。
灵峰寺　在丰乐里。宋淳熙三年建。
灵岩寺　慈惠里。宋淳熙十六年建。
上重寺　在吉阳里。宋淳熙间建。
龙山寺　在高阳里。宋嘉定间建。
资福寺　在丰乐里。宋嘉定间建。
高砂寺　在丰乐里。宋端平二年建。
洪历寺　在丰乐里。宋端平二年建。
香山寺　在紫溪里。宋端平二年建。
楮林寺　在禾义里下墩。宋淳祐间建。
彭源寺　在禾义里。宋淳祐间建。
福兴庵　在梅岐里。宋咸淳六年建。
大密寺　在崇安里。宋咸淳间建。

深溪寺　　在崇安里。宋咸淳间建。

云际寺　　在吉阳里。宋时建，元至正八年重建。

真珠寺　　在高阳里上洋口。宋时建。

尚历寺　　在禾义里。宋时建。

崇福寺　　在德胜坊。宋时建。

梅福寺　　在梅仙山。宋时建。

随求寺　　在铁狮峰下。宋时建。

东山庵　　在高阳里。元延祐三年建。

清凉寺　　在禾供里。元延祐五年建。

报国寺　　在禾供里。元延祐五年建。

原历寺　　在西乡里。元延祐七年建。

临池寺　　在西乡里。元延祐七年建。

庆安寺　　在禾义里七里。元泰定三年建。

通济庵　　在禾义里。元至元二年建。

西山庵　　在禾供里。元至正元年建。

宝石岩庵　　慈惠里北洋。元至正二年建。

永乐寺　　在紫溪里。元至正二年重建。

双峰岩庵　　在高阳里。元至正二年建。

玉山庵　　在梅岐里。元至正七年建。

蒋山庵　　在禾吉里。元至正七年建。

登云庵　　在麻溪里。元至正八年建。

金山寺　　在崇安里。元至正十年建。

五福庵　　在高阳里。元至正十年建。

开化寺　　在西乡里。元至正十二年建。

天堂寺　　在西乡里。元至正十六年建。

金盘庵　　在禾供里。元至正十七年建。

白莲庵　在高阳里。元至正十九年建。
东林庵　在高阳里。元至正二十二年建。
龙潭庵　在禾义里。元至正二十七年建。
天宝寺　在天宝山下。元至正间建。
金凤岩庵　在高阳里。元至正间建。
方广寺　在紫芝坊前桥上。明洪武元年建。
定源庵　在崇安里。明洪武三年建。
北坪庵　在西乡里。明洪武三年建。
正觉庵　在禾供里。明洪武四年建。
西观音庵　在梅岐里。明洪武五年建。
白云庵　在高阳里。明洪武五年建。
云际寺　在梅岐里。明洪武八年重建。
郭岩寺　在梅岐里。明洪武八年重建。
圆通庵　在敬客坊。明洪武十一年建。
定光庵　在禾供里。明洪武十三年建。
楞伽寺　在禾义里。明洪武十五年重修。
显佑庵　在麻溪里。明洪武十五年建。
禅岩庵　在禾吉里。明洪武十七年建。
瑞云庵　在麻溪里。明洪武十九年建。
东林山顶庵　在高阳里。明洪武二十二年建。
天堂庵　在麻溪里。明洪武二十二年建。
花光庵　在梅岐里。明洪武二十六年建。

建宁府·建阳县

灵耀寺　水陆寺　白塔庵　天福寺　资化寺　安福寺　开福寺　妙音寺　如是寺　佛迹寺　宝应寺　普光寺　宝林寺　安闽寺　砚峰寺　灵岩寺　崇福寺　蕉源寺　保安寺　龟山寺　白云寺　西漈寺　仙岩寺　鹿峰寺　永兴寺　福先寺　北报恩寺　岩峰寺　云林寺　上文殊寺　龙山寺　景福寺　东林寺　东漈寺　云际寺　洪恩寺　福林寺　资国寺　隆教寺　柘源寺　护国寺　报恩寺　云峰寺　靖安寺　中化寺　董岩庵　下元真庵　玉龙庵　仰山寺　福圣寺　西平寺　国泰寺　永隆寺　石壁太平寺　大悲寺　洪山寺　多宝寺并塔　南山万寿堂　虎井庵　起春庵　佛母庵　灵岩寺　崇元寺　莲台庵（64）

灵耀寺

【〔清〕同治《福建通志》】灵耀寺　在治东同由里。晋元康间建为"广福灵耀院"。宋熙宁三年，赐名"圣寿灵耀院"。乾道三年，赐今额。

【〔明〕嘉靖《建阳县志》】灵耀教寺　在县东同由里。晋元康中，其地夜有祥光，太守孟景祥建为广福灵耀院。唐会昌中废，光启复建。宋熙宁三年，赐名"圣寿灵耀院"。乾道三年，改赐今额。国朝洪武十九年，僧正慈重建法堂、佛殿。宣德十年，僧宗善建千佛阁、钟楼、方丈。今废。

水陆寺

【〔清〕同治《福建通志》】水陆寺　在治南隅。晋时建，唐嗣圣间重建，名"广福水陆院"。宋熙宁三年，赐名"圣寿水陆"，乾道五年改今额。

【〔明〕嘉靖《建阳县志》】水陆寺　在县治南隅。东晋僧元朴建。唐武后时重建，为广福水陆院。宋熙宁三年，赐名"圣寿水陆"，乾道五年改今额。元季兵燹，为民占佃。永乐十四年，洪水推荡。宣德七年，僧宗善重开山建寺，四围仍系民居，唯赁租焉。成化十一年，知县项旻改为公馆。

白塔庵

【〔清〕同治《福建通志》】白塔庵　在嘉禾里。旧名隆济道院，唐贞观间建。明洪武间重建。

天福寺

【〔清〕同治《福建通志》】天福寺　在北乐里。唐嗣圣三年建。

【〔明〕嘉靖《建阳县志》】天福寺　在三衢里。唐垂拱二年建，后圮。国朝正统八年，里人刘童重建。

资化寺

【〔清〕同治《福建通志》】资化寺　在三桂里，旧名"云峰"。唐开元中建，宋天圣间改今额。国朝康熙二十五年，知县李六成、里人陈星奎重建。

安福寺

【〔清〕同治《福建通志》】安福寺　在同由里。唐永泰元年建。

开福寺（福山寺）

【〔清〕同治《福建通志》】开福寺　在仙桂坊大潭山下。唐大中初建。初名"咸通"，后改"重光"，宋天禧三年赐今额。

【〔明〕万历《建阳县志》】福山寺　在治西大潭山。山势环绕如土城，深邃爽垲，为祝圣道场。唐大中建。初名咸通，改名重光，宋天禧庚戌赐今额。元至正，僧日懿重建，分为十八寺。今十八寺俱废，唯存普贤、泗洲、经藏、弥勒、尊胜五寺，又有天宫、延寿二寺在方丈后。寺廊之首为罗汉阁，阁前东为钟楼，西为白衣寺。今白衣寺废为官仓。外为三门，又外为山门。总匾曰"开福禅寺"。

妙音寺

【〔清〕同治《福建通志》】妙音寺　在崇文里。唐咸通二年建。

如是寺

【〔清〕同治《福建通志》】如是寺　在乐田里，旧名"崇福院"。唐咸通间建，元至正十九年重建。国朝康熙三十八年，僧际颠募修。

【〔明〕嘉靖《建阳县志》】如是教寺　在洛田里，旧名"崇福院"。唐咸通年间建，元至正十九年重建，改今额。暨存真于中坐化，里人以其身火化，和泥塑像，祈祷者极有应验。

佛迹寺

【〔清〕同治《福建通志》】佛迹寺　在治西。唐咸通间建，旧名"圣迹寺"。相传马道一禅师卓锡于此，留迹在石，深如篆镌。国朝康熙十八年重建，改今名。

宝应寺

【〔清〕同治《福建通志》】宝应寺　唐咸通间建。游酢先茔在此。

【〔明〕嘉靖《建阳县志》】宝应寺　在崇化里。唐咸通年间建。游酢祖檀越葬先茔置田，每春，本寺僧备牲，与守坟孙致祭。

普光寺

【〔清〕同治《福建通志》】普光寺　在北乐里。唐乾符二年建。旧作"普化"。

宝林寺

【〔清〕同治《福建通志》】宝林寺　在同由里。唐景福元年建。

安闽寺

【〔清〕同治《福建通志》】安闽寺　在崇泰里。唐景福元年建。

【〔明〕嘉靖《建阳县志》】安闽教寺　在崇泰里。唐景福元年建,元至正三十年重建。

砚峰寺

【〔清〕同治《福建通志》】砚峰寺　在乐田里。唐景福二年建。

灵岩寺

【〔清〕同治《福建通志》】灵岩寺　在兴贤里。唐乾宁元年建。旧作"翠岩"。

崇福寺

【〔清〕同治《福建通志》】崇福寺　在乐田里。唐乾宁三年建。

蕉源寺

【〔清〕同治《福建通志》】蕉源寺　在仁德里。唐光化二年建。周显德三年赐额。

保安寺

【〔清〕同治《福建通志》】保安寺　在永忠里。唐天祐四年建。

龟山寺

【〔清〕同治《福建通志》】龟山寺　在兴贤里,旧名龟山万寿院。唐时建。

白云寺

【〔清〕同治《福建通志》】白云寺　在三桂里,旧名白云崇果院。唐时建,宋天圣元年赐今额。

西滁寺

【〔清〕同治《福建通志》】西滁寺　在崇泰里。五代梁贞明二年建。

仙岩寺

【〔清〕同治《福建通志》】仙岩寺　在兴贤里。五代梁贞明二年建。

鹿峰寺

【〔清〕同治《福建通志》】鹿峰寺　在崇文里。五代梁贞明间建。

永兴寺

【〔清〕同治《福建通志》】永兴寺　在同由里,旧名莲口庵。闽王氏龙德元年建。

福先寺

【〔清〕同治《福建通志》】福先寺　五代唐天成间建。昔有慈济、戒定二禅师苦行于此,一仰首,一俯首,灵骨犹存。宋白玉蟾诗:"梵宇藏幽谷,御书匾福先。因过三宝地,敬谒二金仙。俯视垂慈济,仰观戒定禅。拂碑看古迹,信是几经年。"

北报恩寺

【〔清〕同治《福建通志》】北报恩寺　在崇文里。五代唐长兴元年建。

岩峰寺

【〔清〕同治《福建通志》】岩峰寺　在均亭里。五代唐清泰元年建。

云林寺

【〔清〕同治《福建通志》】云林寺　在建忠里。五代晋天福元年建。

上文殊寺

【〔清〕同治《福建通志》】上文殊寺　在乐田里。五代晋天福二年建。

龙山寺

【〔清〕同治《福建通志》】龙山寺　在兴贤里。五代晋天福六年建。

景福寺

【〔清〕同治《福建通志》】景福寺　在治西。五代末建。旧名"报恩罗汉院",宋大中祥符元年赐今额,明永乐间重建。

【〔明〕嘉靖《建阳县志》】景福禅寺　在县治西隅。五代末侍中陈晦建,旧名"报恩五百罗汉院",宋大中祥符元年改赐今额。元至正四年,僧义宁重建法堂。国朝永乐十三年,僧会愈旋重建佛殿。今为僧会司。

东林寺

【〔清〕同治《福建通志》】东林寺　在三桂里。闽王氏时建。宋天圣二年,赐名"圣寿东林院"。绍兴二十三年,改为"广福东林寺"。

东漈寺

【〔清〕同治《福建通志》】东漈寺　在同由里。南唐保大元年建。

云际寺

【〔清〕同治《福建通志》】云际寺　在三桂里。南唐保大间建。

洪恩寺

【〔清〕同治《福建通志》】洪恩寺　在同由里，旧名洪恩院。宋开宝四年建。

福林寺

【〔清〕同治《福建通志》】福林寺　在永忠里。宋大中祥符二年建。

资国寺

【〔清〕同治《福建通志》】资国寺　在永忠里。宋大中祥符二年建。

隆教寺

【〔明〕嘉靖《建阳县志》】隆教禅寺　在县治西隅。宋天禧二年，僧少白建。国朝洪武十七年，僧祯重建法堂。永乐十五年，僧宗善重建。

柘源寺

【〔清〕同治《福建通志》】柘源寺　在乐田里。宋天圣初建。

护国寺

【〔清〕同治《福建通志》】护国寺　宋皇祐五年建。旧在同由里，淳祐间改为学，移寺于交溪之浒。明嘉靖四十一年，复筑学宫于交溪，移寺于水东叶家巷。

【〔明〕嘉靖《建阳县志》】护国教寺　唐开化二年，建于锦江之上，赐额。年久毁坏，宋皇祐三年重建。淳祐丙子，文公季子朱在，以儒学燬于兵，移护国寺于交溪。学宫坐壬向丙，以寺为学。元至正庚子，遭兵燹。洪武十二年，僧圆海重建。

永乐十四年，大水推坏。天顺六年，奉御尹贵重建，坐甲向庚。弘治丙午火，丁未僧元顺重建。嘉靖乙巳火，丙午僧性通、海潮重建。

报恩寺

【〔清〕同治《福建通志》】报恩寺　在治西。宋绍兴间建。

云峰寺

【〔清〕同治《福建通志》】云峰寺　在三桂里玉枕山麓。有匙涧泉，田埂相凑如匙。沧洲在路堧，故名龙舌洲。朱文公命之曰"沧洲"。

靖安寺

【〔清〕同治《福建通志》】靖安寺　在玉枕山，五代处士江为故宅。为江淹之后。又蔡元定被窜道州，朱文公与门人出钱，亦在此寺。

中化寺

【〔清〕同治《福建通志》】莲台庵　在莲台山。宋宝祐间建，明万历间重修。

董岩庵

【〔清〕同治《福建通志》】董岩庵　在虞墩。宋三济禅师修炼处，明嘉靖间重建。

下元真庵

【〔清〕同治《福建通志》】下元真庵　在兴贤下里。元大德元年建。

玉龙庵

【〔清〕同治《福建通志》】玉龙庵　在永忠里。元延祐间建。

仰山寺

【〔清〕同治《福建通志》】仰山寺　在崇泰里高仰山。

元泰定元年建。山若仰掌，寺居林中。

【〔明〕嘉靖《建阳县志》】仰山禅寺　在崇化里高仰山之巅。山若仰掌，寺居其中。林岚翁郁，万竹萧萧。攀缘石磴，曲折五里许，始能造之。元泰定元年，僧古梅开山。嘉靖十六年废，今护国寺僧带管。

福圣寺

【〔清〕同治《福建通志》】福圣寺　在洛田里，旧名永兴院。元至正间建。

西平寺　国泰寺

【〔清〕同治《福建通志》】西平寺、国泰寺　俱在建忠里。元至正间建。

永隆寺

【〔清〕同治《福建通志》】永隆寺　旧名瑞龙院。元时建。

石壁太平寺

【〔清〕同治《福建通志》】石壁太平寺　在崇仁里，旧名太平院。元时建。

【〔明〕嘉靖《建阳县志》】石壁太平禅寺　在崇任得里，旧名太平院。元至正三年，僧质隐建。国朝洪武十三年，僧美珏重建，三贵丘氏檀越。

大悲寺

【〔清〕同治《福建通志》】大悲寺　在三桂里。明洪武间建。

洪山寺

【〔清〕同治《福建通志》】洪山寺　在崇政里。明永乐间建。

多宝寺并塔

【〔清〕同治《福建通志》】多宝寺并塔　在治南五里许。明万历间建，为邑补坤舆所不足云。

南山万寿堂

【〔清〕同治《福建通志》】南山万寿堂　在治南三桂里。

虎井庵

【〔清〕同治《福建通志》】虎井庵　在均田里。昔有僧能降虎，虎为瞥井，故名。

起春庵

【〔清〕同治《福建通志》】起春庵　在同由里。每岁有司迎春之所。

佛母庵

【〔清〕同治《福建通志》】佛母庵　在洛田里，暨存真葬母之地。

据〔民国〕《福建通志》记载，尚有：

灵岩寺　在崇泰里，旧名凌岩院。唐光化二年建。
崇元寺　在治西。宋绍兴间建。
莲台庵　在莲台山。宋宝祐间建，明万历间重建。

建宁府·崇安县

东报恩寺　报恩寺　清潭寺　乌山兴福寺　光化寺　瑞岩寿圣寺　石台寺　护国寺　高山广福寺　永隆寿圣寺　西中峰寺　定光寺　唐兴寺　开善寺　东山寺　报恩寺　回龙寺　祝圣寺　安定寺　大智寺　云居寺　永丰仁寿寺　云梵寺　汤南寺　崇福寺　真如寺　西山兰若　石龙寺　密庵　天然庵　回向寺　中峰寺　龙门庵　宝林寺　如是庵　广福庵　西峰庵　报本庵（38）

东报恩寺

【〔民国〕《崇安县新志》】东报恩寺　在石雄里。唐咸通元年建,俗呼东寺。有漆观音像,又瓮有旧醢,经五(?)不坏,皆唐时物。宋赵抃有诗。

报恩寺

【〔清〕同治《福建通志》】报恩寺　在大浑里。唐咸通元年建。

清潭寺

【〔清〕同治《福建通志》】清潭寺　在石臼里。唐咸通二年建。本扣冰古佛道场。

乌山兴福寺

【〔清〕同治《福建通志》】乌山兴福寺　在石臼里。唐咸通五年,行全和尚建。其地旧为鬼区,多古松怪木,神鸦群集,人无敢采樵。世传为古佛撒麻降魔处。

【〔清〕康熙《建宁府志》】乌山兴福寺　多古松、怪木、神鸦,人无敢入。唐咸通五年,僧行全即其地建寺,扣冰得法于此。寺后有坛,传为撒麻降魔处。

光化寺

【〔清〕同治《福建通志》】光化寺　在濯缨坊。唐咸通间,建于隐浆之后田地苦沮下。宋大中祥符间迁今所,跨山为址。今为祝圣道场,嘉庆十二年修。旧有龙藏、龙经楼。通鉴堂,在寺门右,宋营邱张仲隆尝寓此,不置余物,独取《资治通鉴》数十帙置左右,因名其堂。朱子为记。

瑞岩寿圣寺

【〔清〕同治《福建通志》】瑞岩寿圣寺　在吴屯里。唐广明元年建。宋熙宁三年赐名"寿圣",隆兴初赐今额。扣冰禅师卓锡于此,有浴冰溪。

石台寺

【〔清〕同治《福建通志》】石台寺　在黄伯里。唐文德元年建。寺之右构屋福善王祠,诏岁士子谒灵者咸诣焉。

护国寺

【〔清〕同治《福建通志》】护国寺　在兴贤里。唐天顺间建于石雄里,元至元间移今所。国朝康熙七年,县丞门可法重建。

【〔民国〕《崇安县新志》】护国寺　唐天顺间建于石雄里。元至元丙子灾,僧心移建今所。清康熙七年,县丞门可法、董事□启恩重修。乾隆三十年火,三十四年重建。

高山广福寺

【〔清〕同治《福建通志》】高山广福寺　在下梅里。唐乾宁元年建。

永隆寿圣寺

【〔清〕同治《福建通志》】永隆寿圣寺　距县三里,俗呼三里寺。唐乾宁四年赐名"永隆",陈司徒幼芳请额。宋嘉祐间又赐额"寿圣"。旧在邑东,后迁今所。

西中峰寺

【〔清〕同治《福建通志》】西中峰寺　在石雄里。唐乾宁四年建。

定光寺

【〔清〕同治《福建通志》】定光寺　在石臼里,旧名圆彻。唐乾宁间建,宋建隆间赐今额。

唐兴寺

【〔清〕同治《福建通志》】唐兴寺　在丰阳里。唐时敕赐"兴国禅寺"。

开善寺

【〔清〕同治《福建通志》】开善寺　在五夫里。五代唐同光初建。宋刘韐、刘子翚二墓在焉，赐为"功德院"。刘子翚诗："寒声萧萧霜叶秋，石路硗确穿林幽。云横远岫若平断，风约小溪如倒流。偶经名蓝亦终日，喜有胜士同兹游。移床果茗咄嗟办，曳杖欲归仍更留。"

东山寺

【〔清〕同治《福建通志》】东山寺　在吴屯里。五代唐清泰元年建。寺之左有甘棠。

报恩寺

【〔清〕同治《福建通志》】报恩寺　在下梅里。五代唐清泰二年建，南唐李主书额。中有宋赵抃诗刻："松撼寒声竹锁阴，梵宫潇洒称行吟。庭前花意自荣落，门外山光同古今。夜榻近轩弧月满，晓锄寻药乱云深。中间若了休休事，不信欢愁解到心。"刘子翚次韵赵清献阴字云："石磴云房隐涧阴，昔年清献此清吟。凤池人物终难继，花县风流直到今。三尺翠碑遗墨在，一林寒竹暮烟深。平生景仰高名久，敢负它时直爱心。"

回龙寺

【〔清〕同治《福建通志》】回龙寺　在周村里。五代晋天福元年建。了空禅师得道之地。

祝圣寺

【〔清〕康熙《建宁府志》】祝圣寺　五代周显德六年建，宋元祐三年赐今额。政和间改为凝真观，靖康初复为寺。

安定寺

【〔清〕同治《福建通志》】安定寺　在东岸。闽王氏通文元年建。

大智寺

【〔清〕同治《福建通志》】大智寺　在吴屯里。宋建隆元年建。叩冰古佛移锡于此。

云居寺

【〔清〕同治《福建通志》】云居寺　在从籍里。宋开宝二年建。朱子尝读书于此。

【〔民国〕《崇安县新志》】云居寺　在下梅里。宋开宝二年建，嗣公和尚所居。朱晦翁尝读书于此。

永丰仁寿寺

【〔清〕同治《福建通志》】永丰仁寿寺　在石雄里。宋大中祥符六年建。旧为叩冰古佛肇迹之地，俗呼桃枝寺。

云梵寺

【〔清〕同治《福建通志》】云梵寺　在五夫里。宋康定二年建。朱韦斋初葬于此。

汤南寺

【〔清〕同治《福建通志》】汤南寺　在四隅里。宋庆历四年建，八年赐额。

崇福寺

【〔清〕同治《福建通志》】崇福寺　在吴屯里。宋嘉祐八年建。后有卯斋石。

真如寺

【〔清〕同治《福建通志》】真如寺　在石雄里。宋元丰三年建。

西山兰若

【〔清〕同治《福建通志》】西山兰若　在贞节坊黄屯。

宋绍兴二十二年建，明洪武间重建。国朝顺治十五年，知县韩士望建五显殿。嘉庆十二年重修。中有罗汉，巧妙天然，乃刘屏山移来者。前殿华光像，空空子手制。敕碑，在后殿左廊，行书。

石龙寺

【〔清〕同治《福建通志》】石龙寺　在石臼里，界于崇安、浦城二县间。宋邑令赵抃尝因祷雨留题于此。

密庵

【〔清〕同治《福建通志》】密庵　即报德庵，在治东五夫里。宋胡寅命名，又匾其轩曰"泉石"。庵为邑之胜处，朱子及诸名人多题咏。中有泉石轩。

天然庵

【〔清〕同治《福建通志》】天然庵　在百丈山紫云岩。宋刘韐诗："万迭青山入画图，最高高处著浮屠。薄云捧日晴还暗，小雨飞空有却无。山鸟避人疑俗驾，道人好客点云腴。我来一笑忘尘虑，倒载归舆日欲晡。"

回向寺

【〔清〕同治《福建通志》】回向寺　在上梅里。宋刘子翚诗："清秋聊命驾，细雨独行山。浅淡烟云里，回环紫翠间。病多新觉老，心懒旧能闲。遍宿山南寺，何曾兴尽还。"

中峰寺

【〔清〕同治《福建通志》】中峰寺　在寂历山。宋朱韦斋墓后迁于此。

龙门庵

【〔清〕同治《福建通志》】龙门庵　在紫哑旁。吴亦璘诗："可怜烟火亦神仙，寒暑无分一样天。独有夜深堪笑恼，白云来与客争眠。"

宝林寺

【〔清〕同治《福建通志》】宝林寺　在护国寺后，本文庙旧址。顺治五年重建。乾隆三十一年，修铜祖师殿。四十九年，修天后殿。

如是庵

【〔清〕同治《福建通志》】如是庵　在城南五里。康熙九年重建。

广福庵

【〔清〕同治《福建通志》】广福庵　在押衙州。康熙九年重建。

西峰庵

【〔清〕同治《福建通志》】西峰庵　在吴屯。扣冰古佛初居东山，指西峰留谶曰："西山全是佛。"后有僧道全果于此得道。

【〔民国〕《崇安县新志》】西峰庵　在石臼里吴屯。俗呼佛母庵。朱道全和尚所居。

报本庵

【〔清〕同治《福建通志》】报本庵　在周村里。内塑了空禅师像。

建宁府·浦城县

胜果寺　覆螽寺　善化寺　龙堂寺　永安寺　罗汉寺　万叶寺　大同寺　等觉寺　天心寺　李山寺　南峰寺　安国寺　禅寂寺　万寿寺　广教寺　护国寺　安国教寺　集庆

寺　东山寺　西竺寺　石井华藏寺　应迹寺　天福寺　中峰寺　狮岩峰庵　弥勒庵　卯斋寺　东溪庵　圆通塔院　妙高峰寺　金峰庵　石马寺　灵凤寺　妙应庵　灵凤寺　资圣寺　施水庵　广福寺　太姥山庵（40）

胜果寺

【〔清〕同治《福建通志》】胜果寺　在治东隅。汉越王余善行宫故址也。梁武帝建，名崇云寺，唐改今额。国朝康熙十二年，邑人史凤翔募修。宋真山民诗："管领东风入杖藜，落梅香里已招提。苔痕一径白云湿，花影半窗红日低。欲见高僧聊尔耳，便乘余兴去来兮。葛藤有话无人共，付与隔林幽鸟啼。"

【〔清〕光绪《浦城县志》】胜果寺　在县治东隅。汉越王余善行宫故址。梁时改为崇云寺，隋废。唐处州刺史刘守谦重建，改名乾元。元和中，以凤凰芝草之瑞，敕置戒堂，改名胜果。元毁。明洪武五年，僧竹溪重建。永乐、宣德、嘉靖间增修，后圮。万历间，知县黄公辅、邑人吴文赞捐金重建。天启间僧寂廉、性坚重修。国朝康熙十二年，史凤翔募修增修。

福蠡寺

【〔清〕同治《福建通志》】福蠡寺　在登俊里，旧名福罗。隋时寺院。宋有僧过此，覆蠡而去，重建，改今名。杨亿《谈苑》云："福罗山有龙潭，过三小溪有磴步方到寺，冷然也。"

【〔清〕康熙《建宁府志》】福蠡寺　隋建，后废。时有僧见山水奇秀，覆蠡而去，后人于此建院，故名。有涧水流至大石里，杨文公《说苑》云："福蠡山有龙潭，过三小溪涧，有磴步到寺，珊然也。"或以蠡为罗。

【〔清〕光绪《浦城县志》】大福罗寺　隋建，后废。宋有僧过此，覆盎而去，因重建，改名覆盎。杨亿《谈苑》云："福罗山有龙潭，过三小溪有磴步方到寺，冷然也。"寺久圮。

善化寺

【〔清〕同治《福建通志》】善化寺　在仁和里。唐嗣圣间建。

龙堂寺

【〔清〕同治《福建通志》】龙堂寺　在上原里。唐嗣圣间建。

【〔清〕光绪《浦城县志》】龙堂寺　下蓬尾。宋建。

永安寺

【〔清〕同治《福建通志》】永安寺　在治大市之西。唐天宝间建。

【〔清〕康熙《建宁府志》】永安寺　在大市中。唐建，元中毁，明洪武甲寅重建，天顺间复毁。今废为市。

罗汉寺

【〔清〕同治《福建通志》】罗汉寺　在治东隅。唐乾元间建。今废。

万叶寺

【〔清〕同治《福建通志》】万叶寺　在乐平里。旧名渔峰，唐龙纪初赐今额。有瀑数百尺如珠帘，并石门菩萨岩、仙人迹、污樽、水帘、七松坛、万石阶，皆为八景。国朝顺治三年重修。

大同寺

【〔清〕同治《福建通志》】大同寺　在梅止园大同山。唐萧、袁二僧栖禅于此。宋建寺，明成化间修，万历间重建。有千人铁锅，在寺后。

等觉寺

【〔清〕同治《福建通志》】等觉寺　在梦笔山麓。五代时建。元陈元藻诗："雨后过山寺，郊原积翠平。桥头通急水，树背见孤城。礼佛传灯怠，怀贤梦笔情。疏狂吾党士，染翰已知名。"国朝嘉庆十五年，僧木贤重修。

【〔清〕康熙《建宁府志》】等觉寺　在梦笔山麓。□真西山建为梦笔山房。五代时出梦笔和尚，闽王所尊，寺久颓。明万历二十三年，知县储国祥重修。本朝顺治七年，知县李葆贞重建，奉江文通像于寺。僧觉浪初出家于此，道法大兴，诸方仰为祖庭。

【〔清〕光绪《浦城县志》】等觉寺　在梦笔山麓。五代时建。明季，僧道盛祝发于此。国初，僧大瞳重新之，僧大成为之《记》。嘉庆十五年，僧木贤募缘重修。

天心寺

【〔清〕光绪《浦城县志》】天心寺　原在治北隅华山之麓。宋开宝八年建。明嘉靖元年，易置于旧学宫胜果寺右。国朝康熙三十一年，又移学宫于此。四十七年，学宫改卜，其寺仍迁于东隅故处。乾隆七年，僧光灿募修。今与胜果寺合建，其址改建义仓。

李山寺

【〔清〕康熙《建宁府志》】李山寺　在忠信里。宋开宝八年建。明万历三十年修。本朝顺治二年重修。

【〔清〕光绪《浦城县志》】李山寺　在寺前。宋尚书李珪建，元至正间重建。国朝顺治间，僧海政修。乾隆五年，僧御天重修。

南峰寺

【〔清〕同治《福建通志》】南峰寺　宋咸平间建。中有章德象昼锦堂，刻宋仁宗御赐《唱名诗》。凡章氏子孙登第者，俱镌名于此。宋陈襄诗："重到南峰寺，寻思九日游。黄花何处去，白雪有谁留。薄宦三千里，流光四十秋。归来见诸子，林下好相求。"真山氏诗:"禅房花木锁春幽,借与诗人信宿留。幡影分来半廊月,磬声敲破一林秋。僧偏好事能青眼,佛本无心亦白头。试问青松峰外鹤,闲时曾见几人游。"

【〔清〕康熙《建宁府志》】南峰寺　宋咸平中,里人章德象奏建,为太傅练夫人功德院。中有昼锦堂,刻宋仁宗御赐《唱名诗》。明,寺废僧亡,田入官。崇祯十四年,署印本府推官柯元芳,举僧寂廉重建。

安国寺

【〔清〕同治《福建通志》】安国寺　在船山里。宋大中祥符十二年建。旧名云隐庵,一名小安国寺。

禅寂寺

【〔清〕同治《福建通志》】禅寂寺　在清湖里。宋大中祥符间建。宋朱松诗:"梦中一叶摇江湖,困睡不觉身篮舆。眼明佛屋丽丹碧,瓦鸥铁凤凌空虚。疲民日者困苛索,半作頳尾相濡鱼。鹈鹕数罟两不置,肯念竭泽明年无。道人谁与办此事,斤琢千指开渠渠。颇疑如幻三昧力,上方手揽归吾庐。了知舌本法轮转,咄嗟檀施争奔输。不辞割爱一念善,谁谓岁恶穷民愚。书生袖手对沟壑,力不能援心烦纡。事无大小成者少,谈说治乱何区区。调卑弦急诚龃龉,凿圆枘方尤阔疎。古今罪岁同一口,抚掌一笑皆愚儒。"

【〔清〕康熙《建宁府志》】禅寂寺　宋大中祥符间建。明正统间毁,天顺七年重建。成化五年僧修,万历二十七年又重建。

【〔清〕光绪《浦城县志》】禅寂寺　一名轮藏寺,去观前五里。宋建,元僧德惠修,寺右有藏经殿。明正德间毁,天顺七年,僧明祖重建。

万寿寺

【〔清〕同治《福建通志》】万寿寺　在治南清湖里。宋皇祐元年建。

广教寺

【〔清〕同治《福建通志》】广教寺　在总章里。宋皇祐元年建。

护国寺

【〔清〕同治《福建通志》】护国寺　在清湖里。宋皇祐二年建。

安国教寺

【〔清〕康熙《建宁府志》】安国教寺　在太平里。宋皇祐间建。明洪武、宣德间修。

集庆寺

【〔清〕同治《福建通志》】集庆寺　在北乡永康里溪东。宋时建，明万历间修。寺之后有铁井栏文。栏围一丈一尺，径面三尺七寸，高二尺二寸。其文曰："大宋至和改元，岁次甲午十二月丁丑腊十九戊申日，弟子黄光并弟恕、弟高、弟度，同发虔诚，抽净财备□铸铁井栏一口，舍在门乂义井，乞荐先祖（妣）章氏六娘□魂超生净界，谨题劝缘。□街行者□□□义井第四□□人王□镐记。"凡九十字，分书。

东山寺

【〔清〕光绪《浦城县志》】东山寺　在东山。宋徐应龙建，子清叟、荣叟读书于此。明万历间，僧真源重建。国朝顺治五年，僧性和募修。雍正二年毁。（泰宁里）

西竺寺

【〔清〕光绪《浦城县志》】西竺寺　原名瑞隆庵，在县治西隅里前街。宋建。明成化间,僧惠旻修。万历、崇祯间累修,改名西竺。国朝康熙年间,僧智生募铸铁像。乾隆五年,僧光灿募缘重修。嘉庆十四年,知县黄恬增修。咸丰八年,毁于寇。今仅建造内栋四楹。

石井华藏寺

【〔清〕同治《福建通志》】石井华藏寺　在秀岭。宋时建。有净空、谢空主禅僧遗蜕,旱祷辄应。

应迹寺

【〔清〕光绪《浦城县志》】应迹寺　在溇源。宋徐清叟建,寺后为徐应龙墓。明嘉靖间,张成瑀捐资重建。万历间修,崇祯八年增修。国朝嘉庆十三年,僧西来重修,开堂说戒于此。同治三年,徐氏族内捐资重修。

天福寺

【〔清〕同治《福建通志》】天福寺　在裴墩。宋建,明嘉靖间修。国朝嘉庆十三年,僧玉纲募缘重修。

中峰寺

【〔清〕同治《福建通志》】中峰寺　在招贤里。宋时建。宋柳永诗:"攀萝蹑石落崔嵬,千万峰中梵室开。僧向半空为世界,眼看平地起风雷。猿偷晓果升松去,竹逗清流入槛来。旬月经游殊不厌,欲归回首更迟回。"

【〔清〕光绪《浦城县志》】中峰寺　在遣源旁。有韦氏祖墓。宋郇国公章得象追思远祖唐太傅章仔钧暨练夫人功德,所建功德院。明崇祯间,僧道洹移建于左。

狮岩峰庵

【〔清〕同治《福建通志》】狮岩峰庵　在朱溪上原里。宋时建。

弥勒寺

【〔清〕同治《福建通志》】弥勒寺　在上坑孝弟里。宋时建。

卯斋寺

【〔清〕同治《福建通志》】卯斋寺　在水湾,旧名震峰寺。宋建,明正德间修。万历间,僧方通鼎建。

东溪庵

【〔清〕同治《福建通志》】东溪庵　在朱溪上原里。宋时建。

圆通塔院

【〔清〕同治《福建通志》】圆通塔院　在南浦门外。元至正间,僧玉林建塔。明正统九年,林善昌募建正殿及山门两廊净室。景泰、万历、崇祯间累修。国朝乾隆五年,僧瑞麟重修。

【〔清〕康熙《建宁府志》】圆通塔寺　在县治南隅。元至正间始建塔,明景泰四年重修,岁久圮。万历三十三年,邑人徐氏式偕耆民梅一阳、苏职倡修,并构宦祠于右。崇祯间,僧如宗重建观音殿。

妙高峰寺

【〔清〕同治《福建通志》】妙高峰寺　在朱溪上原里。元时建。

金峰庵

【〔清〕同治《福建通志》】金峰庵　在下铺上原里。元时建。

石马寺

【〔清〕同治《福建通志》】石马寺　在郑坑口大石里。元时建。

灵凤寺

【〔清〕同治《福建通志》】灵凤寺　在陇下村新兴里。元时建。

妙应庵

【〔清〕光绪《浦城县志》】妙应庵　在金凤门外李漈村。明建，后毁。国朝同治七年，里人苏学锦、陈光辉倡捐重建。

灵凤寺

【〔清〕同治《福建通志》】灵凤寺　在赤木墩清湖里。明时建。旧志有凤仙寺。

资圣寺

【〔清〕光绪《浦城县志》】资圣寺　在资圣。元建，国朝道光间重修。光绪二十年，僧应华捐资构建外殿。

施水庵

【〔清〕同治《福建通志》】施水庵　在九牧安乐里。明时建。

广福寺

【〔清〕光绪《浦城县志》】广福寺　在长乐里后洋。宋建。杨文公亿读书于此，塑有公像，寺后即公墓。状元祖秀实亦尝读书于此。

太姥山庵

【〔民国〕《福建通志》】太姥山庵　在忠信里太姥山。宋建。

建宁府·松溪县

资福寺　香林寺　白岩寺　北隐寺　云盖寺　资寿寺　石龙寺　柳漈寺　报恩寺　三龙寺　普载寺　碧岩寺　瑞相庵　德云庵　湛庐庵　福云庵　瑞岩庵　姥岭庵　白云庵　般若庵　栖云庵　南峰庵　观音堂　朱源庵　石壁庵（25）

资福寺

【〔清〕同治《福建通志》】资福寺　在永宁里。齐永明七年建。

【〔清〕康熙《松溪县志》】资福寺　在永宁里。五代时建,明成化八年重建。

香林寺

【〔清〕同治《福建通志》】香林寺　在治西北庆原里。唐会昌二年建。

【〔清〕康熙《松溪县志》】香林寺　在庆原里。唐会昌三年建。明永乐间重修。

白岩寺

【〔清〕同治《福建通志》】白岩寺　在治北永和里。唐乾符二年建。

北隐寺

【〔清〕同治《福建通志》】北隐寺　在治西北庆原里。唐乾符四年建。

云盖寺

【〔清〕同治《福建通志》】云盖寺　在治西杉溪里。五代梁开平元年建。

【〔清〕康熙《松溪县志》】云盖寺　在杉溪里。宋开平元年僧惠然建。明景泰四年重建。

资寿寺

【〔清〕同治《福建通志》】资寿寺　在治东皈伏里。五代唐天成二年建。

【〔清〕康熙《松溪县志》】资寿寺　在皈伏里。唐天成二年建。明正统三年,僧吉祥重建。

石龙寺

【〔清〕同治《福建通志》】石龙寺　在治西北庆原里。五代唐长兴二年建。

柳漈寺

【〔清〕同治《福建通志》】柳漈寺　在治南东关里。五代唐长兴四年建。寺东有一宿楼。宋德祐间，益王昰入闽经此一宿，因名。

报恩寺

【〔清〕同治《福建通志》】报恩寺　在治西北庆原里。五代唐清泰元年建。

【〔清〕康熙《松溪县志》】报恩寺　在庆原里。闽龙启二年僧圆明建。明景泰四年重建。

三龙寺

【〔清〕同治《福建通志》】三龙寺　在永宁里。五代唐清泰元年建。

【〔清〕康熙《松溪县志》】三龙寺　在永宁里。闽龙启三年，僧胜光建。明正统六年重建。

普载寺

【〔清〕同治《福建通志》】普载寺　在治南隅东关里，旧在皈伏里。五代周广顺元年，迁建今所。明嘉靖间，改为儒学。

碧岩寺

【〔清〕同治《福建通志》】碧岩寺　在豪田里。宋咸平六年建。

【〔清〕康熙《松溪县志》】碧峰寺　在豪田里。元时建，明正统间僧法海、正鉴重修。

瑞相庵

【〔清〕同治《福建通志》】瑞相庵　在治西南隅，前临大街，乃县之旧路也。宋政和间，改建今所。淳熙十五年，改为东岳行宫，匾曰"湛虚道院"。元至正十四年，复建庵于宫右。

德云庵

【〔清〕同治《福建通志》】德云庵　在东关里，一名妙峰庵。宋绍兴七年建。

湛卢庵

【〔清〕同治《福建通志》】湛卢庵　在治南十五里。宋时建。朱子尝寓此读书。

福云庵　瑞岩庵　姥岭庵

【〔清〕同治《福建通志》】福云庵、瑞岩庵、姥岭庵　俱在东关里。宋时建。

白云庵

【〔清〕同治《福建通志》】白云庵　在永和里，一名峦峰。明洪武三十年建。

【〔清〕康熙《松溪县志》】白云庵　一名峦峰庵。明洪武十二年，里人游觉聪建。

般若庵

【〔清〕康熙《松溪县志》】般若庵　一名金竺庵，在豪田里。明洪武三十年，僧永瑞建。

栖云庵

【〔清〕同治《福建通志》】栖云庵　在豪田里。明永乐十九年建，正统六年重修。

南峰庵

【〔清〕同治《福建通志》】南峰庵　在杉溪里。明成化间建。

观音堂

【〔清〕同治《福建通志》】观音堂　一在县东。明嘉靖初，知县闵鲁请辟废左址为社学，右址兑为民居。一在兴贤坊。嘉靖间毁，知县陈辅请将前栋为社学。

据〔民国〕《福建通志》记载，尚有：
朱源庵　在畈伏里。元至正二年建。
石壁庵　在治南隅，一名大沙。元至正间建。

建宁府·政和县

宝福寺　禅山寺　南漈寺　洞宫寺　凤栖寺　龙山寺　延福寺　元奘庵　大报恩资福寺　灵岩院　五峰庵　护国寺　石龙寺　宝岩寺　三漈寺　花林寺　报恩寺　天堂寺　龟峰寺　石门寺　报国寺　万竹庵　满月庵　万松庵　慧定庵　龙山寺（26）

宝福寺

【〔民国〕《政和县志》】宝福寺　在感化下里。唐永隆元年，僧碧峰建。明嘉靖四十年，僧清慧重建。天启七年修。清康熙九年，遭回禄。十七年，为霖禅师复建。四十二年，邑赵正启独建首殿。宣统二年，僧普云重修。

禅山寺

【〔清〕同治《福建通志》】禅山寺　在下里。唐永隆二年，僧惟清建。元范伯兴诗："此境分明出世间，白云同我宿禅关。侵晨踏月下山去，回首白云浑自闲。"

【〔民国〕《政和县志》】禅山寺　在上里。五代唐闽王永隆二年，僧惟清建。清光绪间，范聘文等重修。

南漈寺

【〔清〕同治《福建通志》】南漈寺　在治西南高宅里。唐开元五年建。

【〔民国〕《政和县志》】南漈寺　在高宅里南坑。开元五年，僧道原建。明嘉靖元年，陈佛保、佛遥重建，捐善后田租八十余石。清光绪十三年，陈懋、陈允等重修。

洞宫寺

【〔民国〕《政和县志》】洞宫寺　在西里。唐咸通元年，僧可珍同叶延一、许延二创建。

凤栖寺

【〔民国〕《政和县志》】凤栖寺　在南里。唐咸通二年，僧沧实同叶延一、许延二创建，善后田二百五十亩。

龙山寺

【〔清〕同治《福建通志》】龙山寺　在治西北东平里。唐会昌二年建。

【〔民国〕《政和县志》】大龙山寺　在东平里。会昌二年僧靖翁建。明郭斯垕诗："龙山寂寂锁禅宫，绿薜层层睹梵容。门对稻田千顷阔，地连村市一街通。雨收溪树含晴碧，日出林霞散晓红。无限诗情与酒意，黄花开遍竹篱东。"

延福寺

【〔清〕同治《福建通志》】延福寺　在感化下里。唐文德间僧无我建。

元奘庵

【〔清〕同治《福建通志》】元奘庵　在东平里。一名奘公庵，一名奘山堂，唐时僧元奘创庵此山。

【〔民国〕《政和县志》】奘山玄奘庵　旧名奘山庵，在东平里。按，旧志作奖，亦名奘公庵。唐时僧元奘创，因以命名。

大报恩资福寺

【〔民国〕《政和县志》】大报恩资福寺　在东平里。五代梁闽王氏龙德三年，僧惠衢建。明永乐初，僧志庆重修。成化间，僧元瑞重建。

灵岩院

【〔清〕同治《福建通志》】灵岩院　在南里。五代唐同光四年建。

五峰庵

【〔民国〕《政和县志》】五峰庵　在西里。五代唐天成元年建，奉叶、张、黄三公像。有明郭斯垕《五峰庵碑记》。

护国寺

【〔清〕同治《福建通志》】护国寺　在感化上里。五代晋天福三年建。

【〔民国〕《政和县志》】护国寺　在下里莲花峰下。五代晋天福四年僧掌轩建。宋朱松《护国上方》诗。

石龙寺

【〔清〕同治《福建通志》】石龙寺　在治南东衢里。五代晋天福三年建。

宝岩寺

【〔清〕同治《福建通志》】宝岩寺　在南里。五代汉乾祐二年建。

三潎寺

【〔清〕同治《福建通志》】三潎寺　在治南东衢里。宋天圣二年建。

花林寺

【〔清〕同治《福建通志》】花林寺　在长城里。宋庆历元年建。

报恩寺

【〔清〕同治《福建通志》】报恩寺　在西里。宋庆历六年，僧子谅建。朱松诗："道人足迹扫尘寰，坐看筇枝上藓斑。豢得篝龙千就（尺）就，却教行水绕空山。"

天堂寺

【〔清〕同治《福建通志》】天堂寺　在治东门。宋宣和五年建。中有鸣霜楼。国朝康熙十七年重修。

【〔民国〕《政和县志》】天堂寺　在治东门。宋宣和五年僧云心建。中有鸣霜楼，李三省书匾。清康熙十七年修。同治十年，李秉良、杨为雄等复修。

龟峰寺

【〔民国〕《政和县志》】龟峰寺　古名龟岩，在治西，宋县尉司址也。旧在黄熊山之原。宋绍兴元年，僧闲堂建。明洪武初，僧道立移今所。

石门寺

【〔清〕同治《福建通志》】石门寺　在南里。宋绍兴元年僧铭庵建。

报国寺

【〔清〕同治《福建通志》】报国寺　在县坊。宋绍兴间建。朱槔诗："昔与春风来此时，携书龊龊伴儿嬉。山晴栏楯投雌霓，身病林峦号子规。短发萧萧吹易尽，长江滚滚去何之。欲追旧事无言说，更作三生石上期。"朱松诗："千峰收宿雨，坐见空翠滴。携筇出城隅,试此腰脚力。竹阴穿窈窕,僧户扣岑寂。小轩清樾底,盘礴聊自适。闯然见幽禽,百啭深拔隙。即此与晤歌,绝胜眼前客。幽怀层冰结,扃鐍不可释。忽如散春风,回首无处觅。天游失六凿,真观了千息。乾坤鼎鼎中,指马坐可一。不知双清老,何者为心迹。持问跏趺人,首肯复面壁。山烟明欲合,归舸兀深碧。此心除溪月,炯炯谁复识。"中有致爽亭。邑令刘季裴建,以其挹西山之胜,因名。

万竹庵

【〔清〕同治《福建通志》】万竹庵　在南里。宋乾道八年建。元陈楠老诗:"青山回望合,万竹净娟娟。宝殿晴光冷,瑶阶翠色妍。龙吟明月夜,鹤舞早秋天。坐听凉风发,轩楹响涧泉。"

满月庵

【〔民国〕《政和县志》】满月庵　在高宅里。宋嘉定四年僧满道建。有顾思远仙迹。明郭斯垕《游满月庵记》。

万松庵

【〔民国〕《政和县志》】万松庵　在长城里。宋末主簿周兼济建。清光绪十七年,僧裕龙重修。明郭斯垕《游万松庵记》。

慧空庵

【〔清〕同治《福建通志》】慧空庵　在东平里,元奘庵之东。元大德初建。庵东十里绝巘上,有吴公所筑望海堂。梯下即普照庵。人若难涉,每绕西山岭以达庵所。又东梅有女子,因旱凿山引水,南灌梅田,乡人即圳上创庵祀之。

龙山寺

【〔民国〕《福建通志》】龙山寺　在东衢里。唐开元元年建。

邵武府·邵武县

仁寿寺　感德寺　惠林寺　上生寺　西峰寺　崇亲寺　灵岩寺　建峰寺　双峰寺　宝福寺　资福寺　西岩寺　福兴寺　东林寺　松偃寺　宝林寺　铭觉寺　广福寺　香社寺　福山庵　唐兴寺　庆云寺　新丰寺　翠云庵　西塔寺　觉惠寺　南禅寺　西庵寺　宝岩寺　荐福寺　宝胜寺　禅证寺　菩提寺　云台庵　弥勒寺　临江寺　广德寺　香林寺　永隆寺　南源寺　香岩寺　安国寺　北岩寺　大觉寺　宝华庵　觉惠寺　新兴寺　重兴寺　灵龟寺　胜光寺　宝乘院　宁国寺　龙山庵　超化寺　宝隆寺　天池庵　龙招寺　南阳寺　莲花庵　悟空寺　积善寺　船坑寺　五峰寺　崇兴寺　因果寺　禅兴寺　三华寺　隆安寺　保寿寺　西隐寺　北山寺　华严寺　高阳寺　银堂庵　安福寺　万峰庵　报德庵　感泉庵　连山庵　保福寺　寿山庵　禅云庵　铭山庵　福禅庵　寿隆寺　贞如寺　药师寺　灵山寺　青龙庵　何公庵　鹫峰院　西岩寺　禅林寺　槎峰庵　普门庵　乌石寺　福庆庵　玉台庵　均山庵　罗岩庵　华盖庵　因地庵　崇山庵　崇德寺　普应庵　回龙庵　隆福寺　慈云庵　景慈庵　瑞应庵　太平庵　太和寺　大隐庵　净居寺　顶济庵　金岭庵　眉寿庵（117）

仁寿寺

【〔清〕康熙《邵武府志》】仁寿寺　隋仁寿间建，因名。后废。宋尚书杜昊拓基重建，毁于元。明永乐间，僧东海复建。有宝殿凌云、法堂留月、贝叶函云、昙花濯露、绕境乔松、回廊古井、大方住锡、东海传镫诸景，今非复旧观矣。寺中田亦有入官者。

感德寺

【〔清〕同治《福建通志》】感德寺　在十六都。唐永徽二年建。

惠林寺

【〔清〕同治《福建通志》】惠林寺　在白渚段。唐开元元年建。

上生寺

【〔清〕同治《福建通志》】上生寺　在四十八都。唐开元二年建。

西峰寺

【〔清〕同治《福建通志》】西峰寺　在二十九都。唐开元二年建。

崇亲寺

【〔清〕同治《福建通志》】崇亲寺　在三都。唐开元十五年建。

灵岩寺

【〔清〕同治《福建通志》】灵岩寺　在三十一都。唐开元间建。

建峰寺

【〔清〕同治《福建通志》】建峰寺　在三十二都。唐开元间建。

双峰寺

【〔清〕同治《福建通志》】双峰寺　在二十二都。唐天宝四年建。

宝福寺

【〔清〕同治《福建通志》】宝福寺　在十一都。唐天宝四年建。

资福寺

【〔清〕同治《福建通志》】资福寺　在八都。唐天宝五年建。

西岩寺

【〔清〕光绪《邵武府志》】西岩寺　在永城上乡。唐天宝间建。后圮，其田归东乡之禅兴寺，寻入官。国朝乾隆三十二年复建。

福兴寺

【〔清〕同治《福建通志》】福兴寺　在十一都。唐泰和二年建。

东林寺

【〔清〕同治《福建通志》】东林寺　在四都。唐泰和二年建。

松偃寺

【〔清〕同治《福建通志》】松偃寺　在一都。唐会昌二年建。

宝林寺

【〔清〕光绪《邵武府志》】宝林寺　在三十二都。唐会昌初建，后圮。宋时复建。上官均有《记》。

铭觉寺

【〔清〕同治《福建通志》】铭觉寺　在十五都。唐会昌五年建。

广福寺

【〔清〕同治《福建通志》】广福寺　在六都。唐会昌间建。为邵武丛林胜地，挂锡数百众。

香社寺

【〔清〕同治《福建通志》】香社寺　在灵台坳。唐会昌间建。

福山庵

【〔清〕同治《福建通志》】福山庵　在城南。唐会昌间建,后改建如是庵。元黄清老诗:"晨光海上来,云气升万壑。鸡鸣落花中,残钟度城郭。庵僧戴星出,我自饭藜藿。宁知天地心,但有山水乐。书灯夜摇动,雾气侵几阁。开扉得新月,欲掩见栖雀。烟霞暂相违,笔砚庶有托。但留松间雪,付与双白鹤。庭柯换故叶,林竹脱新箨。何日芝草生,挐舟赴前约。"

唐兴寺

【〔清〕同治《福建通志》】唐兴寺　在万峰山西麓。唐乾符间建。明上官佑诗:"翠微深处隐禅居,只隔风尘二里余。径竹润添新雨后,涧松阴转早凉初。忘机静向蒲团坐,得句频将柿叶书。最是山中无个事,清风一榻小窗虚。"

庆云寺

【〔清〕同治《福建通志》】庆云寺　在十四都。唐天祐元年建。

新丰寺

【〔清〕同治《福建通志》】新丰寺　在十二都。唐天祐元年建。

翠云庵

【〔清〕同治《福建通志》】翠云庵　在画锦上乡。唐天祐间建。一云,明道者张子冲建。有题梁二十(?)字:"金谷翠云峰开山,张子冲添儿择日,王朗墨绳工。"后修是庵者,砍削其梁,而字迹不灭。

西塔寺

【〔清〕同治《福建通志》】西塔寺　在金鳌山。唐时建，旧名寿圣。元大德间建塔，改今名。

【〔民国〕《邵武县志》】西塔寺　在银鳌峰顶。唐时建，初名寿圣禅院，又名西塔院。屡圮，复建。宋大观初，有危氏葬于院旁，逾月，雨过墓拆，掘地得银杯二、铜水缸一，又得墓铭石。清康熙间，寺毁，其田归东乡之禅兴寺，寻入官。乾隆十七年，同知刘嗣孔倡建观音院于山麓，居僧以□视山脉。道光十三年，署知府黄宅中改建文昌宫。

觉惠寺

【〔清〕同治《福建通志》】觉惠寺　在治南。南唐伏虎大师建，有山林泉石之胜。

南禅寺

【〔清〕同治《福建通志》】南禅寺　在四十八都。五代梁开平间建。

西庵寺

【〔清〕同治《福建通志》】西庵寺　在城南。五代梁贞明二年建。宋黄希旦诗："胜刹幽深枕县西，我来正值孟冬时。虽无慧远门堪扣，幸有渊明驾可随。世态阶前朝槿色，岁寒云外老松枝。綮余本是林泉客，到此宁惭漫赋诗。"

宝严寺

【〔清〕同治《福建通志》】宝严寺　在城西宁德坊。五代唐天成二年建。初名兴会，后改再兴，宋天圣间赐今额。

【〔清〕光绪《邵武府志》】宝严寺　在治北。唐大顺元年建，赐额"兴会"。五代梁贞明初，改额再兴。龙德初，改额太平兴福。宋天圣初，改今额。后毁，复建。其寺田今入官，寺仍存。按，

《旧志》:"五代时,有杨蕴者,宣州人。慕僧环上人戒行清净,出囊中金以万计,扩殿宇,为置田,蕴亦居老焉。"

荐福寺

【〔清〕同治《福建通志》】荐福寺 在熙春山之麓。五代唐天成二年建。

宝胜寺

【〔清〕同治《福建通志》】宝胜寺 在九都。五代唐天成二年建。

禅证寺

【〔清〕同治《福建通志》】禅证寺 在五十三都。五代唐天成二年建。

菩提寺

【〔清〕同治《福建通志》】菩提寺 在三都。五代唐天成间建。

云台庵

【〔清〕同治《福建通志》】云台庵 在十都。五代唐长兴元年建。

弥勒寺

【〔清〕同治《福建通志》】弥勒寺 在十二都。五代唐长兴二年建。

临江寺

【〔清〕同治《福建通志》】临江寺 在十三都。五代唐长兴二年建。

广德寺

【〔清〕同治《福建通志》】广德寺 在城东碛石。五代晋天福元年建。

香林寺

【〔清〕同治《福建通志》】香林寺　在三十都。宋乾德元年建。

永隆寺

【〔清〕同治《福建通志》】永隆寺　在城东隅宁泰坊。宋太平兴国二年建。

南源寺

【〔清〕同治《福建通志》】南源寺　在十六都。宋太平兴国二年建。

香岩寺

【〔清〕同治《福建通志》】香岩寺　在五都。宋太平兴国四年建。中有烈女台。宋歙州守龚慎仪二女为卢绛所虏，自缢于此。今台上草木不生。

安国寺

【〔清〕同治《福建通志》】安国寺　在城东北一都，距城五里。宋景德三年建。

北岩寺

【〔清〕同治《福建通志》】北岩寺　在紫云溪北。宋宣和间建。中有古木高大异常，中空如螺孔，可俯而入内，容十余人。鳞皴斑驳，鸟衔杂木，丛生其上。相传，明永乐间大水，溪北人民多淹没，唯依此树者得免。

大觉寺

【〔清〕同治《福建通志》】大觉寺　在熙春山之麓。宋绍兴间建。

宝华庵

【〔清〕同治《福建通志》】宝华庵　在北石岐山灵杰塔西。

国朝康熙二十三年,僧绍宗修。

据〔民国〕《福建通志》记载,尚有:

觉惠寺　在府城南。唐贞观间伏虎大师建。
新兴寺　在府城东十二都。唐永徽元年建。
重兴寺　在府城东十七都。永徽二年建。
灵龟寺　在府城东十八都。天宝五年建。
胜光寺　在府城南三十二都。唐咸通间建。
宝乘院　在府城西北五十都,龙湖山下。唐僖宗子圆觉道场。
宁国寺　在府城东二十七都。梁乾化元年建。
龙山庵　在府城东九都。天成间建。
超化寺　在府城南四十八都。宋乾德元年建。
宝隆寺　在府城东北三都。宋淳化元年建。
天池庵　在府城东三十九都。宋宝祐中建。
龙招寺　在府城西四十六都。宋大中祥符元年建。
南阳寺　在府城南三十五都。天禧中建。
莲花庵　在府城北五十三都。皇祐二年建。
悟空寺　在府城西南南禅寺左。治平二年建。
积善寺　在府城西五十三都。治平中建。
船坑寺　在府城西四十九都。熙宁元年建。
五峰寺　在府城南通衢坊。熙宁二年建。
崇兴寺　在府城东二十七都。熙宁中建。
因果寺　在府城南二十九都。靖康元年建。
禅兴寺　在东洋埂墟。绍兴二年建。
三华寺　在府城南三十都。绍兴二年建。
隆安寺　在府城东七都。绍兴七年建。

保寿寺　在府城南三十三都。绍兴中建。
西隐寺　在府城南三十六都。绍兴中建。
北山寺　在府城东五都。绍兴中建。
华严寺　在府城北五十三都。绍兴中建。
高阳寺　在府城东十五都。绍兴中建。
银堂庵　在府城北五十一都。绍兴中建。
安福寺　在府城东十七都。绍兴中建。
万峰庵　在府城北五十三都。嘉定三年建。
报德庵　在府城东三十九都。嘉定九年建。
感泉庵　在府城东三都。绍定中建。
连山庵　在府城东六都。端平二年建。
保福寺　在府城东四都。端平二年建。
寿山庵　在府城南寿山下。嘉熙四年建。
禅云庵　在府城东三十九都。宝祐间建。
铭山庵　在府城西五十三都。景定元年建。
福禅寺　在府城西四十九都。咸淳元年建。
寿隆寺　在府城东二十五都。咸淳二年建。
贞如寺　在府城东二十九都。咸淳中建。
药师寺　在府城南三十都。咸淳中建。
灵山寺　在府城南三十都。咸淳中建。
青龙庵　在府城东三十九都。咸淳中建。
何公庵　在府城东三十九都。咸淳中建。
鹫峰院　在府城东九都。大德二年建。
西岩寺　在府城西南四十五都。大德五年建。
禅林寺　在府城西南四十五都。大德十一年建。
槎峰庵　在府城东十七都。大德中建。

普门庵 在府城南四十八都。大德中建。
乌石寺 在府城东北一都。大德中建。
福庆庵 在府城东。大德中建。
玉台庵 在府城东九都。大德中建。
均山庵 在府城东二十二都。大德中建。
罗岩庵 在府城西五十一都。至大中建。
华盖庵 在府城南二十九都。至顺间建。
因地庵 在府城东六都。至顺间建。
崇山庵 在府城东十七都。至正二十一年建。
崇德寺 在府城西北五十二都。至正二十一年建。
普应庵 在府城东。在府城东二十九都。
回龙庵 在府城东二十四都。至正二十一年建。
隆福寺 在府城南尚书坊。至正二十四年建。
慈云庵 在府城西四十六都。至正中建。
景慈庵 在府城西四十七都。至正中建。
瑞应庵 在府城西四十七都。至正中建。
太平庵 在府城南三十一都。至正中建。
太和寺 在府城南三十五都。至正中建。
大隐庵 在府城西。至正中建。洪武五年建。
净居寺 在府城西南四十五都。洪武五年建。
顶济庵 在府城东五都。洪武五年建。
金岭庵 在府城东二十二都。永乐中建。
眉寿庵 在府城西四十六都。永乐中建。

邵武府·光泽县

崇安寺 福田寺 石痕寺 梅溪寺 云溪寺 惠海寺 西明寺 崇化寺 圣迹寺 临岗寺 华严寺 上林寺 邃岩寺 太平寺 双峰寺 东林寺 永城寺 南山寺 象山寺 安民寺 均山寺 龙兴寺 龙安寺 宝盖寺 回龙阁 洪业寺 北坑寺 天堂庵 杨源寺 白羊寺 新兴寺 回龙寺 观音寺 再兴寺 乌源寺 兴宁寺 真应寺 解院庵 香林寺 槠林寺 再兴寺 临江寺 宝福寺 西桥庵 报先寺 清塘寺 白鹿寺 净居寺 长山寺 南山庵 仙花寺 宝莲庵 仙花庵 兴福寺 聚云庵 居洋庵 遇龙庵 莲塘庵 兴禅寺 福庆庵 白云庵 资福寺（62）

崇安寺

【〔清〕同治《福建通志》】崇安寺 在十六都。唐会昌间建。中有圣泉、飞瀑、蛟穴、龙潭、七楮、八松、万竹、双柳之胜。元危德华诗："丛篁密荫互萦回，野翠冥蒙隐殿台。夜半启窗看月色，只疑疏雨隔山来。"

福田寺

【〔清〕道光《光泽县志》】福田寺 在七都。会昌间建。明永乐十八年，邑人李希敬捐资重修。有西竺禅师肉身在焉。明正统十二年，敕赐石碑二札。万历四十年，僧明法重建，扩田百亩。

石痕寺

【〔清〕道光《光泽县志》】石痕寺 在二十二都。唐会昌间建。明洪武间，道人宗德修。

梅溪寺

【〔清〕道光《光泽县志》】梅溪寺　在二十二都。唐会昌间建。明洪武间，道人王三仁修。

云溪寺

【〔清〕道光《光泽县志》】云溪寺　在九都。唐咸通中建。后圮。明洪武、万历两建，又圮。

惠海寺

【〔清〕道光《光泽县志》】惠海寺　在十都。唐咸通五年建。明洪武间重修，后圮。国朝顺治十年，僧镜初重建。

西明寺

【〔清〕道光《光泽县志》】西明寺　在十二都。唐咸通中建。明永乐九年修。后圮。

崇化寺

【〔清〕道光《光泽县志》】崇化寺　在十九都。唐建。明永乐间，僧秉彝修。万历三十年，僧正祥重建。后圮。

圣迹寺

【〔清〕道光《光泽县志》】圣迹寺　在十九都。唐咸通间建。明万历十七年修，后圮。国朝康熙四十年，僧德缘同徒立本重建。

临岗寺

【〔清〕同治《福建通志》】临岗寺　在治北三十都。五代唐天成二年建。

华严寺

【〔清〕同治《福建通志》】华严寺　在治南。五代唐天成二年建。

【〔清〕道光《光泽县志》】华严寺　在县南。南唐天成间建。久废。今犹称其地为华山殿云。

上林寺

【〔清〕道光《光泽县志》】上林寺 在十三都。唐天成二年，僧刘谷建。明洪武二十九年重修。

邃岩寺

【〔清〕同治《福建通志》】邃岩寺 在治西十七都。五代唐长兴元年建。

【〔清〕康熙《邵武府志》】邃岩寺 旧名"光化"，以唐光化时建也。后辟地得岩，其地幽绝，因徙寺于岩上，改曰"瑞岩"。明，避太祖讳，易今名。国朝曾益诗："山南山北余寒雪，喜见晴光上客衣。拄杖穿林向何处？梅花引我叩僧扉。"

太平寺

【〔清〕道光《光泽县志》】太平寺 在十六都。唐长兴间建。明洪武间，道人永受修。今废。

双峰寺

【〔清〕康熙《邵武府志》】双峰寺 五代晋天福四年建。或曰双凤，以两山环抱，如凤展翼然；或曰相逢，昔有二僧来会于此，遂合建寺。今名双峰，有僧致欢遗蜕在。

【〔清〕道光《光泽县志》】双峰寺 五代晋天福四年建。后圮。国朝乾隆二年，僧照隆重建，置基地山场。

东林寺

【〔清〕道光《光泽县志》】东林寺 在十五都。五代晋天福间建。明洪武间修，万历间毁，僧彻太募建。

永城寺

【〔清〕道光《光泽县志》】永城寺 在九都。宋咸平二年建。明洪武间重修，复圮。万历间，僧静心重建。

南山寺

【〔清〕同治《福建通志》】南山寺　在十都。宋天圣五年建。今废。

象山寺

【〔清〕同治《福建通志》】象山寺　在八都。宋熙宁初建。

【〔清〕道光《光泽县志》】象山寺　宋淳熙元年建。明永乐、嘉靖、万历凡三修。国朝康熙四十三年，僧广厚重建殿宇。雍正四年，僧大兴增造本寺西庑，其宏广如四都龙安寺。

安民寺

【〔清〕同治《福建通志》】安民寺　在八都。宋熙宁初建。

【〔清〕道光《光泽县志》】安民寺　宋熙宁二年建。明洪武间重修。万历三十一年，僧晓明、道晖募建，亦称巨刹。

均山寺

【〔清〕同治《福建通志》】均山寺　在一都。宋崇宁间建。

龙兴寺

【〔清〕康熙《邵武府志》】龙兴寺　在城西。宋崇宁间建。国朝魏洪诗：" 崒嵂山如壁，回环路不颠。离城刚半里，此地是烟萝。别墅春云合，前峰夕照多。□□尘土梦，清磬落层□。"

【〔清〕道光《光泽县志》】在洪济坊。宋崇宁四年建。逮明宣德，僧志广增建山门、两廊、毗卢阁，置田产。隆庆元年毁，邑人吴子献重建。入国朝康熙四十一年，僧仁元、性龙建后殿。乾隆十九年，僧新登建西禅堂，宇宏广为一邑最。

龙安寺

【〔清〕同治《福建通志》】龙安寺　在四都。宋咸淳间建。

【〔清〕道光《光泽县志》】龙安寺　宋咸淳元年，僧光公建。明洪武间，僧志诚重修。万历十七年，僧祖春、月升重建。

其宏广与在城龙兴寺埒。

宝盖寺

【〔清〕同治《福建通志》】宝盖寺　在永宁里。明正德间建。一名玉龙峰，上有仙迹。

回龙阁

【〔清〕同治《福建通志》】回龙阁　在交溪南岸。国朝康熙间重建。僧寂光者，又辟地为退步园。园西从山径斜折而上，有坞焉。古树苍郁，池台窈窕，是为白云封云。陈鹄诗："乘兴登临不忍还，落花流水响空山。白云到处难为住，惯占山僧榻半间。"

【〔清〕道光《光泽县志》】回龙阁　在城东交溪南岸。明万历十一年建，后圮。国朝康熙二十年，僧海亮募建。三十九年，岸坍道断，僧戚元填壕甃路，以通行旅，复于阁后建白云封。嘉庆中复圮，知县张文彬捐资复之。白云封今圮。

据〔民国〕《福建通志》记载，尚有：

洪业寺　在县北十九都。唐天宝中建。

北坑寺　在县西二都。咸通间建。

天堂庵　在县西十七都。乾宁间建。

杨源寺　在县西十三都。长兴间建。

白羊寺　在县西北十四都。唐时建。

新兴寺　在县西五都。又十一都、二十四都皆有新兴寺。俱五代时建、

回龙寺　在县西三都。元和中建。

观音寺　在县西十七都。淳化四年建。

再兴寺　在县西四都。淳化四年建。

乌源寺　在县南十五都。天禧二年建。

兴宁寺　在县北二十八都。天禧间建。

真应寺　在县西十一都。天禧间建。

解院庵　在县北十八都。景祐间建。

香林寺　在县北二十四都。熙宁元年建。

楮林寺　在县西十七都。绍兴二十一年建。

再兴寺　在县西二都。乾道三年建。

临江寺　在县北二十八都。淳熙元年建。

宝福寺　在县西一都。又十四都亦有宝福寺，俱宋嘉定四年建。

西桥庵　在县西徐公桥。嘉定五年建。

报先寺　在县西八都。宝庆元年建。

清塘寺　在县北二十二都。淳祐二年建。

白鹿寺　在县西十都。淳祐中建。

净居寺　在县西六都。咸淳二年建。

长山寺　在县西北十六都。咸淳二年建。

南山庵　在县南五都。咸淳二年建。

仙花寺　在县北一都。咸淳二年建。

宝莲庵　在县西山川坛下。咸淳七年建。

仙花庵　在县西仙花山。咸淳间建。

兴福寺　在县北二十二都。咸淳间建。

聚云庵　在县西三都。元大德元年建。

居洋庵　在县西十一都。大德十八年建。

遇龙庵　在县西二都。延祐三年建。

莲塘庵　在县西北十六都。延祐四年建。

兴禅寺　在县北二十三都。至正二年建。

福庆庵　在县西十五都。至正十五年建。
白云庵　在县西三都。至正十六年建。
资福寺　在县西十四都。至正十八年建。

邵武府·建宁县

莲花寺　新丰寺　顺化寺　西隐寺　吉祥寺　兴仁寺　东林寺　寿圣寺　广福寺　永和寺　中峰寺　地藏寺　龙山寺　龙兴寺　报国寺　五龙寺　崇圣寺　圣恩寺　恩福寺　禅山寺　香林寺　长吉寺　资福寺　极乐寺　太平寺　报恩寺　玉泉庵　观音阁　唐兴寺　崇正寺　佛顶寺　临江寺　重庆寺　招贤寺　廖源寺　祷福寺　龙显寺　缘心寺　新丰寺　饶山寺　报安寺　临池寺　龙山寺　连江寺　龙平寺　永居寺　昭福寺　福堂寺　东山庵　青云庵　崇庆庵　新丰庵　西漈庵　圣福庵　妙峰庵（55）

莲花寺

【〔民国〕《建宁县志》】莲花寺　在治北。唐垂拱二年建。明洪武十六年重建。

新丰寺

【〔清〕同治《福建通志》】新丰寺　在里原保。唐咸通三年建。

顺化寺

【〔清〕同治《福建通志》】顺化寺　在饶村保。唐中和四年建。

西隐寺

【〔民国〕《建宁县志》】西隐寺　在静安保。唐中和三年建。

吉祥寺

【〔清〕同治《福建通志》】吉祥寺　在蓝田保。唐天复二年建。

兴仁寺

【〔清〕同治《福建通志》】兴仁寺　在周平保。五代梁开平元年建。

东林寺

【〔清〕同治《福建通志》】东林寺　在蓝田保。五代梁开平二年建。

寿圣寺

【〔清〕同治《福建通志》】寿圣寺　在楚下保。五代梁开平二年建。

广福寺

【〔清〕同治《福建通志》】广福寺　在治南。五代梁开平二年建。

永和寺

【〔清〕同治《福建通志》】永和寺　在开山保。五代梁乾化二年建。

中峰寺

【〔清〕同治《福建通志》】中峰寺　在武调保。五代梁乾化二年建。

地藏寺

【〔清〕同治《福建通志》】地藏寺　在治北。五代梁乾化三年建。

龙山寺

【〔清〕同治《福建通志》】龙山寺　在里心保。五代梁贞明间建。

【〔清〕康熙《邵武府志》】龙山寺　明万历间建。国朝朱佑诗："禅宇依流水，双松正来门。访幽沿曲径，登殿礼诸尊。庭静无人迹，苔深印屐痕。偶参禅寂意，危坐已黄昏。"

龙兴寺（隆兴寺）

【〔清〕同治《福建通志》】龙兴寺　在凤池坊。五代梁龙德元年建。

【〔民国〕《建宁县志》】隆兴寺　在城北隅。五代梁龙德二年建，至清乾隆十四年毁。今新建一前殿。

报国寺

【〔清〕同治《福建通志》】报国寺　在治南五里金饶山之麓。闽王氏龙德间建。中有白莲池、红芍圃、虎溪桥、蟾窟井、龙鳞松、铁线梅、玉柱峰、漱石浦诸景。明余志诗："巍巍一柱插天表，白玉光涵何晶晶。层云深处不可攀，回头俯视众山小。琼宫宝殿翠微上，凌空路与银河通。"

五龙寺

【〔清〕同治《福建通志》】五龙寺　在客坊保。五代唐同光二年建。

崇圣寺

【〔清〕同治《福建通志》】崇圣寺　在客坊保。五代唐同光三年建。

【〔民国〕《建宁县志》】白云崇圣寺　唐同光二年建，宋熙宁七年赐额。王荆公曾过此，有云山十奇诗，今不存。明景泰间，里人刘光孚重建。僧徐文君卓锡处。

圣恩寺

【〔清〕同治《福建通志》】圣恩寺　在洛阳保。五代唐天成二年建。

恩福寺

【〔清〕同治《福建通志》】恩福寺　在永成保。五代唐天成二年建。

禅山寺

【〔清〕同治《福建通志》】禅山寺　在上黎保。五代唐天成四年建。

香林寺

【〔清〕同治《福建通志》】香林寺　在富田保。五代唐长兴元年建。

长吉寺

【〔清〕同治《福建通志》】长吉寺　在长吉坊。五代晋天福五年建。

【〔民国〕《建宁县志》】长吉寺　在治南迎□门内。五代晋天福间建。后改为□□古刹。明嘉靖十年，毁而复建。清顺治初兵毁，顺治甲午，僧文华独建一殿，制不复古。乾隆二十五年，徐时作重建，后经兵燹复废。今石额尚存。

资福寺

【〔清〕同治《福建通志》】资福寺　在蓝田保。五代晋天福八年建。

极乐寺

【〔清〕同治《福建通志》】极乐寺　在凤山之麓。五代晋开运三年建。邑人徐时作诗："萧萧松竹冷，斜日落西林。凤鸟何年去，僧房此地深。天花飞佛座，石磬定禅心。领取飞鸣意,时时听好音。"

【〔清〕康熙《邵武府志》】极乐寺　在凤山之麓。南唐保大四年建。原名西竺庵,宋建隆元年改今名,又名凤山寺。国朝徐时作诗:"萧萧松竹冷,斜日落西林。凤鸟何年去,僧房此地深。天花飞佛座,石磬定禅心。领取飞鸣意,时时听好音。"寺外有石笋二枝,石泉二泓。

太平寺

【〔清〕同治《福建通志》】太平寺　在上黎保。宋乾德二年建。

报恩寺

【〔清〕同治《福建通志》】报恩寺　在开山保。宋元祐间建。

玉泉庵

【〔清〕同治《福建通志》】玉泉庵　在东乡。泉出石罅,莹洁不竭。相传庵下有龙潭,时化为老翁,来听说法。

观音阁

【〔清〕康熙《邵武府志》】观音阁　旧名太平庵,在治西。明崇祯间建。其上为楼,祀玉皇,亦名玉皇阁。趾山跨城,外挹诸峰,内瞰市巷,远近如画。为城中第一胜境。国朝乾隆间,僧彻华又于阁之西偏僻地建台。

据〔民国〕《福建通志》记载,尚有:

唐兴寺　在县东赤上保。唐中和间建。

崇正寺　在县东黄舟保。五代开平二年建。

佛顶寺　在县南在城保。开平二年建。

临江寺　在县西银坑保。开平二年建。

重庆庵　在县西里心保。开平间建。

招贤寺	在县东北永城保。五代梁乾化二年建。
廖源寺	在县东洛阳保。同光中建。
祷福寺	在县西静安保。唐天成二年建。
龙显寺	在县南龙下保。唐天成二年建。
缘心寺	在县南将屯保。天成三年建。
新丰寺	在县西桂阳保。长兴间建。
饶山寺	在县东赤上保。晋开运元年建。
报安寺	在县北蓝田保。开运三年建。
临池寺	在县西里心保。汉乾祐二年建。
龙山寺	在县北黄溪保。周显德间建。
连江寺	在县东赤上保。宋建隆间建。
龙平寺	在县南饶村保。宋开宝二年建。
永居寺	在县北安寅保。太平兴国三年建。
昭福寺	在县南安吉保。咸平二年建。
福堂寺	在县西静安保。天圣二年建。
东山庵	在县南在城保。绍兴中建。
青云庵	在县治北在城保。绍兴中建。
崇庆庵	在县西里心保。开禧中建。
新丰庵	在县西排前保。端平中建。
西滦庵	在县治南在城保。元大德中建。
圣福庵	在县东黄舟保。至正间建。
妙峰庵	在县南安吉保。至正间建。

邵武府·泰宁县

感化寺 皈仁寺 善圆寺 临江寺 天王寺 国兴寺 丰岩寺 南禅寺 普劝寺 万德寺 感福寺 资福寺 圣恩寺 普化寺 瑞云寺 祇园寺 灵钟寺 唐兴寺 宝盖寺 罗汉寺 保安寺 宝兴寺 丹霞寺 护民寺 青峰寺 宝林寺 观音寺 重兴寺 大洋寺 宸光寺 普光寺 龙池寺 安福寺 庆云庵 观安寺 惠济庵 西隐寺 小田庵 体泉寺 安仁寺 瑞云庵 古灵庵 圆觉庵 应真庵 进兴寺 宝山庵 垆峰庵 瑞云庵 圣者庵 唐兴寺 安福寺 圆照庵 松山庵 檀香庵 新溪庵 报恩寺 龙兴寺 太平庵 清凉庵 龙兴庵 兴云庵 东山庵 天堂庵 永福庵 崇福庵 均庵 应山庵 龙德寺 三应庵 隆山庵 西竺庵 崇光寺 九龙庵 集庆庵 宝云庵 集福庵 凤林庵 兰若庵 四圣庵 圆通庵 均庆庵 龙凤庵 中华庵 北山庵 清隐庵 添福庵 圆应庵 普慈庵（88）

感化寺

【〔清〕同治《福建通志》】感化寺 县东朱口保。唐永隆间建。

皈仁寺

【〔清〕同治《福建通志》】皈仁寺 在永兴上保。唐嗣圣间建。

善圆寺

【〔清〕同治《福建通志》】善圆寺 在治东北上高保。唐开元元年建。

临江寺

【〔清〕同治《福建通志》】临江寺　在南会保。唐永泰元年建。

天王寺

【〔清〕同治《福建通志》】天王寺　在治北隅。唐会昌间建。唐武宗起兵有神助，封为天王。今为祝圣道场。

国兴寺

【〔清〕同治《福建通志》】国兴寺　在交溪保。唐天祐二年建。

丰岩寺

【〔清〕同治《福建通志》】丰岩寺　在瑞溪保。唐天祐二年建。

南禅寺

【〔清〕同治《福建通志》】南禅寺　在水南保。唐天祐二年建。明江韬诗："云深山寺石桥东，野水荒塘小径通。轻雾横山留翠顶，夕阳映郭入江红。桃开洞口迎宾展，犬吠篱边隐竹丛。采药道人何处去？月明再约听松风。"

普劝寺

【〔清〕同治《福建通志》】普劝寺　在治西炉峰之麓。唐天祐二年建。

【〔清〕康熙《邵武府志》】普劝寺　元至正间建。旧在炉峰之麓。明万历间改为县儒学，徙寺于今所，即旧儒学基也。

万德寺

【〔清〕同治《福建通志》】万德寺　在城步保。五代梁开平间建。

感福寺

【〔清〕同治《福建通志》】感福寺　在大田东保。五代梁乾化二年建。

资福寺

【〔清〕同治《福建通志》】资福寺　在善溪下保。五代梁贞明元年建。

圣恩寺

【〔清〕同治《福建通志》】圣恩寺　在福山保。五代梁贞明四年建。

普化寺

【〔清〕同治《福建通志》】普化寺　在长兴保。五代梁贞明四年建。

瑞云寺

【〔清〕同治《福建通志》】瑞云寺　在梅口保。五代梁贞明间建。

祇园寺

【〔清〕同治《福建通志》】祇园寺　在交溪保。五代梁贞明间建。

灵钟寺

【〔清〕同治《福建通志》】灵钟寺　在福兴下保。五代唐同光三年建。

唐兴寺

【〔清〕同治《福建通志》】唐兴寺　在县北。五代唐同光三年建。元邓荣诗："久坐归心急，谈空意自闲。有花依碧树，无雨见青山。僧衲裁云补，禅扉带月关。尘心俱罢落，无梦到人间。"

宝盖寺

【〔清〕同治《福建通志》】宝盖寺　在朱口保。五代唐同光间建庵，宋绍兴间改为寺。

罗汉寺

【〔清〕同治《福建通志》】罗汉寺　在水南保。五代晋开运三年建。

保安寺

【〔清〕同治《福建通志》】保安寺　在治西。宋天圣间建。

宝兴寺

【〔清〕同治《福建通志》】宝兴寺　在依口保。宋治平元年建。

丹霞寺

【〔清〕同治《福建通志》】丹霞寺　在治西瑞光岩。宋政和间建。李纲记略：邵武军泰宁县山水之胜，冠于诸邑。出县西门二十里，曰瑞溪，有山焉，三峰秀峙，岩洞相联。西曰丰岩，东曰瑞光，岩中曰罗汉岩，岌嶪嵌空，鼎足而列，皆有兰若建于其下。不涂塈茨而风雨之患除，不凿户牖而日月之光入。迭嶂屏其前，层峦拥其后，山回路转，岩洞乃出，谓造物者融结无意，吾不信也。三岩中独瑞光岩兴，于近年盖宗本禅师之所建立也。师邵武农家子，初不知书。大观庚寅中游山间，遇异僧，既落发，受具戒。政和辛卯春，师诣汀州南安岩，谒定光古佛，道出泰宁，夜梦神告之曰："此行宜住瑞溪。"觉而异之，诘旦，瑞溪人有江牧邹捍者，迎以居丰岩。既而同游前岩，爱其幽胜，二人曰："师傥有意驻瓶锡于此，当为创筑新庐，以垂无穷。"师许之。会有旨，天下佛寺有神仙迹者还为道观，听旧额建寺他所。而郡之丹霞院应改，朝散大夫权知邵武军事陈侯绍移额于岩中，以成师志，寺因号丹霞。先是岩有光景之异，未几院额至，故集贤殿修撰罗公畤时帅长乐，为目其岩曰瑞光。宣和初，予谪宦沙县，殿撰罗公方里居，相从甚厚，称道师不容口，因寓书以偈颂相往来。迨建炎末，蒙恩归自海上，来居泰宁，始与师相识。尝访于岩间，为留宿赋诗而后返。今年春，盗起邻郡。余徙长乐。未阅月，邑遭兵火焚爇殆尽，独三岩岿然，栋宇如故，岂非神佛护持，师之道力有以感格之耶。其秋，以书来求余记之。予窃怪近世贵耳而贱目，读前史见鸠罗什佛图澄万回普化之流，竦然慕之，恨不与同时。偶有其人，则又不甚信重，类多如此，何独浮图氏哉！书于记末，庶几览者有感于斯言。绍兴元年辛亥八月五日记。

护民寺

【〔清〕同治《福建通志》】护民寺　在治东北上高保。宋乾道元年建。

青峰寺

【〔清〕同治《福建通志》】青峰寺　在龙湖东保。宋乾道四年建。

宝林寺

【〔清〕同治《福建通志》】宝林寺　在龙安保。宋邹应龙诗："乳燕啼鸠三月暮，淡云疏雨午时天。金雀花落无人管，断送韶光又一年。"

观音寺

【〔清〕同治《福建通志》】观音寺　在挽舟岭。明时建。国朝乾隆三十一年，巡道杨仲兴倡修。

据〔民国〕《福建通志》记载，尚有：

重兴寺	在县南永兴上保。唐嗣圣间建。
大洋寺	在县东龙湖西保。乾宁四年建。
宸光寺	在县南水南保。贞明三年建。
普光寺	在县北长兴保。贞明三年建。
龙池寺	在县北崇化保。贞明四年建。
安福寺	在县西永兴下保。唐同光三年建。
庆云庵	在县北安仁保。同光间建。
观安寺	在县西南龙安保。大观二年建。
惠济庵	在县南。嘉定二年建。
西隐寺	在县南开善上保。绍定四年建。
小田庵	在县南。淳祐中建。
体泉寺	在县西南会保。咸淳七年建。
安仁寺	在县北安仁保。咸淳七年建。
瑞云庵	在县西将溪上保。咸淳七年建。
古灵庵	在县北长兴保。咸淳八年建。
圆觉庵	在县南水南保。景定二年建。
应真庵	在交溪保。景定中建。
进兴寺	在县西大田东保。元中统三年建。
宝山庵	在县东在城保。至元中建。
垆峰庵	在县西在城保。至元中建。
瑞云庵	在县南永兴上保。至元中建。
圣者庵	在县北福兴下保。至元中建。
唐兴寺	在县北福兴下保。大德三年建。
安福寺	在县东将溪下保。大德三年建。
圆照庵	在县东在城保。大德中建。
松山庵	在县南。大德八年建。

檀香庵　在县南水南保。至大三年建。

新溪庵　在县南永兴上保。至大三年建。

报恩寺　在县东龙湖西保。皇庆元年建。

龙兴寺　在县南开善下保。皇庆二年建。

太平庵　在县西南依口保。皇庆二年建。

清凉庵　在县南开善上保。延祐二年建。

龙兴庵　在县北福兴下保。延祐二年建。

兴云寺　在县东在交溪保。延祐七年建。

东山庵　在县东朱口保。延祐中建。

天堂庵　在县东朱口保。延祐中建。

永福庵　在县南。延祐中建。

崇福庵　在县南。延祐中建。

均庵　在县南。至治三年建。

应山庵　在水南保。大历元年建。

龙德寺　在县南开善下保。至顺元年建。

三应庵　在县西南会保。至顺三年建。

隆山庵　在县西南会保。至顺三年建。

西竺庵　在县南永兴上保。元统中建。

崇光寺　在县南开善上保。至正二年建。

九龙庵　在县东福山保。至正五年建。

集庆庵　在县西在城保。至正中建。

宝云庵　在县西在城保。至正中建。

集福庵　在县南水南保。至正中建。

凤林庵　在交溪保。至正中建。

兰若庵　在县西南梅口保。至正中建。

四圣庵　在县西善溪下保。至正中建。

圆通庵 在县西南会保。至正十五年建。
均庆庵 在县西南开善下保。至正间建。
龙凤庵 在县西南开善下保。至正间建。
中华庵 在县西南开善下保。至正间建。
北山庵 在县西南开善下保。至正间建。
清隐庵 在县西南开善下保。至正间建。
添福庵 在县西南开善下保。至正间建。
圆应庵 在县东福山保。明洪武元年建。
普慈庵 在县南水南保。明洪武元年建。

汀州府·长汀县

开元寺 报恩光孝禅寺 东禅院 护国塔院 永乐院 华严院 罗汉寺 南山同庆院 广福院 金泉院 金鸡院 定光寺 法林院 宝灵庵 东林寺 戒愿寺 同庆寺 南廨寺 文殊院 感应天王院 释迦院 西峰院 西方院 南安廨院 保安院 伏虎庵 伏虎廨院 西峰寺 无垢庵 连章院 景星庵 禅宫院 通济岩庵 水云庵 白鹤庵 西方院 隆寿院 神王院 招福院 梁安院 临池院 福寿院 长乐院 龙安院 保寿院 丰乐院 翠峰院 叶坑庵 朱紫庵 金砂庵 有年庵 兴龙庵 鹫峰院 如是庵 普惠寺 蛇腾寺 莎离寺 西竺庵 金泉院 保安院 叶花庵 麻潭岭庵 靖远庵 云霄山庵 丰和庵 善福庵 三圣庵 莲花庵 东苍庵 定应庵 邝岭庵 丰饶寺 稠田寺 南禅寺 西山寺 法源寺（76）

开元寺

【〔清〕同治《福建通志》】开元寺　在县学左。唐开元间，建于旧郡，后随郡迁于此。旧有支院二十四，环列其中。宋崇宁间改"崇宁万寿"，政和间更名"天宁万寿"，寻改"神霄玉清万寿宫"，建炎元年复今额。

【〔宋〕开庆《临汀志》】开元禅寺　在州东。唐开元间，诏置于创郡之所，后迁今郡治。初有律院二十四环布其间，宋朝治平间，合为十方。崇宁间，改"崇万寿寺"。五年，准敕赐经五百函。今在光孝寺。政和间，更名"天宁万寿"，寻改"神霄玉清万寿宫"，佛像、赐经尽移置天王院。建炎元年，复今额。唐钟翱为刺史，舍田入寺计产钱二十千八百七十一文正，寺至今祀钟令公。祠部郡守陈公轩有诗云："溪云影乱杉松暝，檐铎声流殿阁寒。"又云："清风猿鸟自吟叹，白日轮蹄谁往还？"

报恩光孝禅寺

【〔清〕同治《福建通志》】报恩光孝禅寺　在朝天门内。五代梁贞明间建。初名感应天王寺，宋政和间更名崇宁万寿，建炎间又更天宁万寿，绍兴间复更报恩广孝，寻改今名。

【〔宋〕开庆《临汀志》】报恩光孝禅寺　在州东兴贤门内。旧名"感应天王院"，梁正明间置。宋朝政和间，以开元赐经、佛像置于此，改为"崇宁万寿寺"。建炎间，改为"天宁"额。绍兴间，崇奉徽宗皇帝，更号"报恩广孝"。十一年，改今名。

东禅院

【〔宋〕开庆《临汀志》】东禅院　在长汀县东三里。梁正明二年创，宋朝祖镜大师从密书额。旧大溪由院前过，有苍玉洞，中号"东山十景"，为鄞江杰观。嘉祐间，史君林公东乔有诗云："心爱民田远，车行石径中。"长汀宰李存贤和云："野云闲带雨,林木静无风。村落一溪外,民田四望中。"刘公弼和云:"滩声来席上,亭影落溪中。"石英民诗云:"云兼野色过松径,水带秋声入稻田。"施子安云:"蝉唤翠阴声断续,鸟藏红叶声啁啾。"又云:"陇云飘软玉,江月洗寒金。"洪刍云:"花辞好树犹啼雨,竹喜佳宾亦叹风。"皆警句也。后题咏者众。

护国塔院

【〔宋〕开庆《临汀志》】护国塔院　在州东。建隆间创木塔三级,建炎间烬于火。绍兴居士赖汝霖偕男尚志同募创砖塔,方一丈,四级。郡守张公昌到任,助俸一十万增成七级。越九年而后合颖,高十丈,为一州杰观。郡人称为张佛子,塑其像于第四层。

永乐院

【〔清〕同治《福建通志》】永乐院　在清泰里。五代梁贞明间建。

华严院

【〔清〕同治《福建通志》】华严院　在府城东南成上里。五代梁贞明间建。

罗汉寺

【〔清〕同治《福建通志》】罗汉寺　在城西。五代晋天福间建。有铁佛像。

【〔宋〕开庆《临汀志》】罗汉院　在长汀县西一里。闽通文间创。初,刺史王继业塑十八尊者、五百罗汉像于郡厅,神光屡现,因创院以妥之。永隆间,烬于兵火,独殿像俨然,神光愈现,刺史许公文缜异之,即加崇葺。至伪唐保大间,刺史包公洪捐俸募缘增创。宋朝绍熙间,僧清杰鼎创佛殿,藻饰貌像。郡倅郭公祥正有诗云:"苍松夹径二十丈,碧殿藏云五百尊。金钟散响撼星斗，众灯续焰移朝昏。"

南山同庆院

【〔宋〕开庆《临汀志》】南山同庆院　在长汀县南三里。周显德间创。僧惠臻开山，从密、智孜、自鉴三禅师皆出此山。宋朝绍兴初，驻扎戍兵其间。乾道间，烬于火，遂置南寨，院基尚存。今院乃旧院支刹，亦名"同庆"，存古也。

广福院

【〔清〕同治《福建通志》】广福院　在四保里。五代时有异僧曰伏虎者驻锡于此，郡人为建庵，初名普护。宋建隆间，率民以祀之。熙宁间赐名"圣寿院"，乾道间改今名。

【〔宋〕开庆《临汀志》】广福院　在长汀县东六十里。乃伏虎大师道场。师得业开元寺。早游诸方，悟旨而返，憩于平原山麓，遂蹑其巅，以开元钱七为驻锡兆。继而有樵者怀其一以归，诘朝复故所。耆老欢传，材役辐辏，忽成刹，名"普护庵"。宋朝建隆三年九月十三日示寂，塑真身于庵。熙宁三年，郡以状闻，赐庵为"寿圣院"。元丰间鼎创。乾道间，改今名。

金泉院

【〔宋〕开庆《临汀志》】金泉院　在长汀县东七里。因赖氏得金于山，与金华观先后创，宋朝建隆重创。

金鸡院

【〔清〕同治《福建通志》】金鸡院　在宣和下里。宋建隆间建。

定光寺

【〔清〕同治《福建通志》】定光寺　在治左。宋大中祥符间建为庵，为定光往来栖息之所。淳熙间，郡守吕翼之并祀定光、伏虎二像于其中。嘉泰间赐今额。今为祀圣所。旧有护国塔。先是宋创木塔三级，寻毁。绍兴间易以砖，高十丈。

【〔宋〕开庆《临汀志》】定光院　在州治后正北。大中祥符间，师与郡守赵遂良厚善，结庵为师往来栖息之所。后师示寂于均庆院。元祐间，郡守曾公孝总重修，塑像于中。淳熙间，郡守吕公翼之迎奉均庆院定光真身、广福院伏虎真身于州治后庵，以便祈祷。嘉泰间，郡守陈公晔谓雨旸之应如响，是佛与守分治汀民也，湫隘不足仰称，遂加广辟。绍定寇叛交讧，岌然孤城能保守者，人力不至于此，士民条显应状，丐郡奏请于朝，加二佛师号，仍赐"定光院"为额。嘉熙间，郡守戴公挺助俸率众鼎创，从民志也。未几，均庆院烬于劫火，郡迎御书及衣钵等入州，创阁于院后安奉之。近南剑人士金饰十八尊者像附置阁上。淳祐间，郡守卢公同父前创拜亭，每岁正月六日乃定光坐化之晨，四方敬信辐辏，名香宝炬，幡盖庄严，难以数计，虽隘巷亦成关市，可见人心之皈向云。

法林院

【〔清〕同治《福建通志》】法林院　初名三教荐福院，更名十方院。中有袈裟泉。《闽书》：院僧讲经及旦，袈裟入石裂而为泉，形如袈裟。郭祥正烹茗泉上，有诗。

【〔宋〕开庆《临汀志》】法林院　在长汀县西二里。闽永和间，刺史王继业置，名"三教荐福院"。宋朝大观间，改为"十方院"。政和间，改今名。郡守陈公轩有诗云："云边借榻开僧阁，松下听泉洗客心。"郡倅郭公祥正云："薄日疏云催晚景，残花美酒送闲心。"院西有泉，名"袈裟泉"。东庑有仰山二圣祠。

宝灵庵

【〔清〕同治《福建通志》】宝灵庵　在归阳里。元至正间，洪水涌出三白石如珠，里人即石斫佛像以祀。

东林寺

【〔清〕同治《福建通志》】东林寺　在蔡坊。明万历间建。寺之左有横翠亭，山光野色横在目前，因名。

戒愿寺

【〔清〕同治《福建通志》】戒愿寺　在戒愿岭。旧名廨院，明天启间建，改今名。

同庆寺

【〔清〕同治《福建通志》】同庆寺　在宝珠门外，为郡迎春之所。

南廨寺

【〔清〕同治《福建通志》】南廨寺　在鄞江坊，为乡约之所。明时建。

文殊院

【〔宋〕开庆《临汀志》】文殊院　与同庆寺相近。乾德初创。熙宁中，皇叔世亨以观察使遥领刺史，鼎新奏创。绍兴初，驻戍兵其间。绍兴元年，僧悟本重创，又创定光阁于后山椒。

感应天王院

【〔宋〕开庆《临汀志》】感应天王院　旧在州东兴贤门内。今光孝寺。置郡初，因天宝间有旨立毗沙天王像，遂创院以名。宋朝政和间，以开元寺为"神霄宫"，移经像置于此，寻改"崇宁万寿寺"。后僧法周卜城北二里州后山后更创，以旧额名之。今俗名"天王殿背"。

释迦院

【〔宋〕开庆《临汀志》】释迦院　在长汀县西二里。后唐天成间创。旧传梓人周鲁般术营造，有金斗在佛殿角。至宋宣和间，殿坏重修，果得一铁斗，有白蛇盘斗上。众方惊噪，蛇去斗飞。今对山号"金斗坑"。

西峰院

【〔宋〕开庆《临汀志》】西峰院　在长汀县西一里。闽永隆间创。宋朝绍兴间，僧文重创。淳熙间，僧德图创轮藏。郡守陈公轩有绝句云："扪萝百尺上孤峰，红藓斑斑杖屦踪。唯有潮声生绝顶，晚风吹动半岩松。"郡倅郭公祥正和云："寺占西山第一峰，与君高步蹑云踪。西风吹尽霜林叶，放出亭亭千丈松。"

西方院

【〔宋〕开庆《临汀志》】西方院　在西峰院之右。今废。郡守陈公轩旧有诗云："涨水尽头飞雁鹜，行云缺处见亭台。"又云："尘埃不到溪山好，风雨初晴燕雀多。"郡倅郭公祥正绝句云："欲出西方更少留，云泉都占一岩幽。劝僧洗净阁前竹，要看南山十里秋。"又有《南楼望西方院》诗云："黛色浅深添草树，轻绡高下覆楼台。溪声远与钟声杂，山影分从电影开。"

南安廨院

【〔宋〕开庆《临汀志》】南安廨院　在长汀县东南三里。因郡去南安岩三百里，元祐间，僧道荣创为郡人祈禳之所。绍兴间，郡守詹公尚方有营葺意，忽乡氓叶姓者到县，具言前夕梦一僧携筇叩门，曰："郡修南安廨院，汝能施木，令汝有子。"寤而语之妻，梦协，遂舍木营葺。二十八年，僧惟应创藏殿。淳熙间，僧清心又广辟之。

据〔民国〕《福建通志》记载，尚有：

保安院　在府城西。南唐建。

伏虎庵　在府城东左厢。距城五里，有青松对植，苍翠交荫，一郡游览之所也。

伏虎廨院　在府城东。

西峰寺　在城西西峰上。

无垢庵　在城南清泰里汤池旁。绍兴间建。

连章院　在城东青岩里。乾道间建。

景星庵　在城南方湖之侧。端平间建。

禅宫院　在城南。乾道间建。

通济岩庵　在城东左厢。祀伏虎禅师。

水云庵　在城南新岩。明嘉靖间建。

白鹤庵　在城南白叶岭上。

西方院　在西峰右。

隆寿院　在府城南。

神王院　在府城南。

招福院　在府城南。

梁安院　在府城南。

临池院　在府城南。

福寿院　在府城南。

长乐院　在府城南。

龙安院　在府城南。

保寿院　在府城南。

丰乐院　在府城南。

翠峰院　在府城东北。

叶坑庵　在府城东。今名白云庵。

朱紫庵　在府城西北，颁条门外。

金砂庵　在府治东。

有年庵　在府治东，有年桥侧。

兴龙庵　在城东北，兴贤门外。

鹫峰院　在府治南，南山半。

如是庵　在府城东，即斗母阁。

普惠寺　在城南。

蛇腾寺　在平原里。

莎离寺　在濯田。

西竺庵　在府治西门内。

据〔清〕同治《汀州府志》记载，尚有：

金泉院　在金花坊。

保安院　在府西。

叶花庵　在县东白云山。

麻潭岭庵　在古贵里。宋端平间建。崇祯十年，邑人募建。今改为玄坛庙。

靖远庵　在郡南八十里长桥径内。

云霄山庵　在县东八十五里，后山有巨岩，流出清泉如玉。旧名玉泉。

丰和庵　在县治七十八里。

善福庵　在县治九十里。

三圣庵　在归阳里。

莲花庵　在四保里。

东苍庵　在鄞河坊。后湮于水，邑人吴希春移建屏山下。李坚读书处。

定应庵　在青泰里，俗呼百口庵。

邝岭庵　在城上圭田，高峻如梯，乡人依以避寇。

丰饶寺　在四保里。

稠田寺 连章寺　在青岩里，宋乾道间建。

南禅寺　旧为同庆寺，宋乾道间毁于兵，明万历重建，后改今名。

西山寺　在城南四十里河田。

法源寺　在桑园，康熙间建。

汀州府·宁化县

灵峰寺　宝池禅院　龙山院　鹫峰院　宝应院　石佛庵　碧云峰庵　普觉寺　南福林院　西隐寺　圆照庵　西提庵　圣水庵　苦井庵　伏虎庵　西山庵　金山庵　瓦庄庵　梅山庵　翠峰庵　兴福庵　中华庵　慈恩塔院　保林庵　东山庵　积翠庵　神须庵　龙门庵　福林院　玉龙庵　南泉庵　光严寺　宝池寺（33）

灵峰寺

【〔民国〕《宁化县志》】灵峰寺　去邑百三十里，在三都灵峰隘，界建宁。唐贞观初建，宋康定间改今额。明正德十二年重建，寺制如官□，崇祯间毁。清光绪间，有游僧刈草莱，勉构数椽而已。

宝池禅院

【〔清〕同治《福建通志》】宝池禅院　在治北。唐会昌间建，宋庆历间重修。国朝顺治七年重建。

【〔民国〕《宁化县志》】宝池寺　在招贤里。唐会昌间创，宋庆历间重建。元至正间毁，明洪武间重建。清顺治庚寅毁，僧大鼎、大许募建。去邑六十里。咸丰间寇毁，同治间重建。

龙山院

【〔清〕同治《福建通志》】龙山院　在城东。五代梁开平间建，宋建隆间改今额。

【〔民国〕《宁化县志》】龙山寺　在邑南三里。梁开平间建，旧为地藏院，宋建隆间改今额。祥符间，邑人伍佑重创。

鹫峰院

【〔民国〕《宁化县志》】鹫峰院　去邑四十里，在黄源铺。五代开福时，张濠坑张姓建。明正德十年，张姓重建。

【〔宋〕开庆《临汀志》】鹫峰院　在宁化县南二十五里。伪闽永隆间创。运使蒋公之奇有诗云："日转竹阴侵阁冷，水流花片过门香。"臧推官子常云："望穷山下疑无路，行入壶中别有天。花落春岩朝带雨，月涵秋谷夜闻泉。"

宝应院

【〔清〕同治《福建通志》】宝应院　在治西南。五代晋天福间建，宋天圣初赐额。

石佛庵

【〔清〕同治《福建通志》】石佛庵　去邑八十里。宋大中祥符间建。国朝康熙十七年重修。

碧云峰庵

【〔清〕同治《福建通志》】碧云峰庵　在兴善里，即今南山也。宋天圣间建。

普觉寺

【〔清〕同治《福建通志》】普觉寺　在治东北泉上里。宋宝元初建，明宣德间重修。五山高耸于外，一山峙立其中，谓龙聚宝。

南福林院

【〔清〕同治《福建通志》】南福林院　在县南。宋熙宁间赐额。成化间重修。

西隐寺

【〔民国〕《宁化县志》】西隐寺　在永丰里去邑三十里。宋熙宁间建，永乐间重建，康熙间改丛林，旋废。

圆照庵

【〔清〕同治《福建通志》】圆照庵　在城东。元时建。

西提庵

【〔民国〕《宁化县志》】西提庵　在龙上上里。元至正间创，永乐间重建。

圣水庵

【〔清〕同治《福建通志》】圣水庵　在城东三里。僧自省改建丛林，掘得断碣，镌"元沙禅师塔"，旁镌"梁开平二年"。

【〔民国〕《宁化县志》】圣水庵　在城东三里。嘉靖四年重建，崇祯七年重修。康熙元年，僧省超改建丛林，鼎创法堂、方丈、藏阁、塔院。七年七月十五，开塔基，掘得断碣，上镌"玄沙禅师影"，当是发塔字也，旁镌"梁开平二年"，僧众咸以为异，今遂于原基仍建发塔焉。

苦井庵

【〔清〕同治《福建通志》】苦井庵　在县西。有泉，病者饮之多愈。

据〔民国〕《福建通志》记载，尚有：

伏虎庵　在县东五里。五代时建。

西山庵　在县西门外在城里。建炎间建。

金山庵　在县北永丰里。淳熙间建。
瓦庄庵　在城里。淳熙间建。
梅山庵　在县东北招贤里。淳熙间建。
翠峰庵　在县北永丰里。淳熙间建。
兴福庵　在县南会同里。端平二年建。
中华庵　在县西南兴善里。端平间建。
慈恩塔院　在县南在城里。宋时建。
保林庵　在县东在城里。明洪武九年建。
东山庵　在县东。
积翠庵　在县南。
神须庵　在县南门外。
龙门庵　在县东。明时建。

据〔清〕同治《汀州府志》记载，尚有：
福林院　在县南二十五里。
玉龙庵　在县东郭背。
南泉庵　在兴善里。明陈子实建。
光严寺　旧在县北，明正德间，改寺建学，旧学址为寺。
宝池寺　在县北六十里。

汀州府·清流县

灵山寺　高城庵　东华庵　万寿寺　福潭寺　盈山庵　西灵庵　白云岩庵　白灵庵　福寿寺　永乐寺　福智庵　上阳庵　西峰庵　南极庵　丰尧寺　灵龟庵　圣水庵　如来寺　闽山庵　东庵　南庵　尼庵　温泉庵　观音堂（25）

灵山寺

【〔清〕同治《福建通志》】灵山寺　在梦溪里。唐贞观间建。国朝康熙四十年修。

高城庵

【〔清〕同治《福建通志》】高城庵　在城北永得里。宋大中祥符间建。

东华庵

【〔清〕同治《福建通志》】东华庵　在县东坊郭里。宋元符间建。绝顶松竹交翠，如立画屏。前有石台，登眺则万山皆在目睫。

万寿寺

【〔清〕同治《福建通志》】万寿寺　在坊郭里，旧名塔院。宋隆兴间建。

福潭寺

【〔清〕同治《福建通志》】福潭寺　在县南。宋时建。

盈山庵

【〔清〕同治《福建通志》】盈山庵　在北团里。宋时建。

西灵庵

【〔清〕同治《福建通志》】西灵庵　在县西。宋时建。

白云岩庵

【〔清〕同治《福建通志》】白云岩庵　在梦溪里。明洪武间，有江姓者坐化于此，邑人即其遗蜕祀之。

据〔民国〕《福建通志》记载，尚有：

白灵庵　在梦溪里。唐时建。

福寿寺　在县东仓盈里。端平间建。

永乐寺　在县西南四保里。

福智庵　在县东仓盈里。

上阳庵　在县北永阳里。居山绝顶，每旦先得日光，故名。

西峰庵　在县西坊郭里。宋时建。

南极庵　在县南坊郭里南极山上。幽巧清间，邑之胜处也。

丰尧寺　在四保里。

灵龟庵　在永得里。元大德七年建。

圣水庵　在县北屏山下。

如来寺　在城东门外，天后宫下左。

闽山庵　在梦溪里。

东庵　在县东泽民坊。

南庵　在城南门外，

尼庵　在县东兴善坊。

温泉庵　在县东嵩口旁，有温泉故名。

观音堂　在坊郭里，龙津桥东。

汀州府·归化县

淳化寺　罗汉寺　福林庵　均山庵　宝庆庵　宝山庵　丰桧寺　觉林寺　胜兴庵　兴国寺　滴水岩庵　圆觉寺　雪峰庵　龙兴寺　狮塔寺　西岩寺　星宿庵　云台庵　星窟庵　荐福寺　中兴寺　永隆寺（22）

淳化寺

【〔清〕同治《福建通志》】淳化寺　在归下里。宋淳化元年建。

罗汉寺

【〔清〕同治《福建通志》】罗汉寺　在归上里。宋大观元年建。

【〔清〕同治《汀州府志》】罗汉寺　在县南二十里。旧传，宋元祐间，僧异定光佛像募化，暂憩此，将行，异弗动，卜，欲驻锡，遂寺焉。

福林庵

【〔清〕同治《福建通志》】福林庵　在归上里。宋淳熙二年建。

均山庵

【〔清〕同治《福建通志》】均山庵　在归下里。宋嘉定十年建。

宝庆庵

【〔清〕同治《福建通志》】宝庆庵　在归下里。宋嘉熙元年建。

宝山庵

【〔清〕同治《福建通志》】宝山庵　在归下里。宋文天祥碑额犹存。

据〔民国〕《福建通志》记载，尚有：

丰桧寺　在县东。宋时建。

觉林寺　在县西归上里。元大德元年建。

胜兴庵　在县东归上里。延祐四年建。

兴国寺　在县东兴善里。至正二年建。

滴水岩庵　在县东归上里。至正二年建。

圆觉寺　在兴善里。至正二十三年建。

雪峰庵　在后龙山下，元陈有定屯军处，壁垒犹存。
龙兴庵　在县西南腾云嶂前。
狮塔寺　在县东五里。
西岩寺　在县东归上里。
星宿庵　在县西北。

据〔清〕同治《汀州府志》记载，尚有：
云台庵　在县东石珩里。
星窟庵　在北斗岩。
荐福寺　在县北柳杨里。
中兴寺　在县北下觉里。
永隆寺　在县东归下里。

汀州府·连城县

慈悲寺　隆寿寺　潼关寺　招福寺　丰稔寺　新林寺　西城庵　东塔寺　宿云庵　圆应庵　定光寺　北山庵　神石庵　宝寿院　兰若庵　文殊庵　龙华庵　仰山庵　清泉庵　资福庵　新福庵　泗洲庵　永福庵　安龙庵　福寿庵　东山庵　南兴庵　深山庵　福兴庵　永隆庵（30）

慈悲寺

【〔清〕同治《福建通志》】慈悲寺　在北安里。五代梁贞明间建，宋淳熙间重建。

隆寿寺

【〔清〕同治《福建通志》】隆寿寺　在河源里。五代唐天成间建。初名院，元至治间改为寺。

潼关寺

【〔清〕同治《福建通志》】潼关寺　在姑田里。五代唐天成间建。

招福寺

【〔清〕同治《福建通志》】招福寺　在河源里。五代晋天福间建，名招福院。宋嘉祐间改为寺。

丰稔寺

【〔清〕同治《福建通志》】丰稔寺　在表席里。五代晋天福间建，名保福院。宋泰定间改今名。明初重建。

【〔清〕同治《汀州府志》】丰稔寺　在县东中和御帘里。旧传，宋端宗避元过此，因遗一帘，遂名其地。邑人陈牲诗："翠华南幸避胡尘，走马间关度七闽。当日珠帘遗马上，西湖歌舞属何人？""胡马纵横正戒严，闽中半壁且龙潜。金牌不到黄龙府，坐使南来卸御帘。"

新林寺

【〔清〕同治《福建通志》】新林寺　在南顺里。宋天圣间建。初名院，嘉定间改为寺。

西城庵

【〔清〕同治《福建通志》】西城庵　在姑田里。宋庆历间建。

东塔寺

【〔清〕同治《汀州府志》】东塔寺　在县东郭外，旧名报恩塔院。宋乾道间建，庆元间塔寺俱废。明洪武间重建。

据〔民国〕《福建通志》记载，尚有：

宿云庵　在县东在城里石门岩上。绍兴间建。

圆应庵　在表席里。绍兴间建。
定光寺　在县治西北隅。乾道间建。
北山庵　在县北北安里。景定间建。
神石庵　在北安里。咸淳六年建。
宝寿院　在县东在城里。
兰若庵　在河源里。元至正五年建。
文殊庵　在北安里。至正六年建。
龙华庵　在南顺里。至正间建。
仰山庵　在表席里。至正二十四年建。
清泉庵　在县西在城里。至正二十五年建。
资福庵　在南顺里。至正二十六年建。
新福庵　在姑田里。明洪武十五年重建。
泗洲庵　在姑田里。洪武十七年重建。
永福庵　在河源里。洪武二十二年建。
安龙庵　在姑田里。洪武二十五年建。
福寿庵　在表席里。洪武三十四年重建。
东山庵　在河源里。永乐二年建。
南兴庵　在姑田里。永乐四年建。
深山庵　在南顺里。永乐六年建。
福兴庵　在河源里。永乐七年建。
永隆庵　在河源里。永乐八年建。

汀州府・上杭县

天王寺　上宝林院　义合寺　南塔院　西峰院　东竺寺　南华寺　圆通庵　南泉庵　大士庵　下宝林院　禅林院　安仁

庵　丰稔寺　崇福庵　黄岩庵　德庆庵　东安庵　弘明院　禅林庵　灵瑞院　盘瑞院　报恩寺　上圆禅院　中峰寺（25）

天王寺

【〔清〕同治《福建通志》】天王寺　在治西。晋时建于钟寮场，号天王院。宋乾道三年迁今所。元至大间改建为寺。

【〔宋〕开庆《临汀志》】天王院　原在钟寮场故治之南。伪唐保大间创。宋朝康定间，僧戒余重创。随县迁，今在上杭县西七十步。《舆地纪胜》："天王院，在上杭县。四围皆山，石刻五百一十八尊罗汉之像。"

上宝林院

【〔清〕同治《福建通志》】上宝林院　在太平里。唐乾符间建。

义合寺

【〔清〕同治《福建通志》】义合寺　在治南来苏里。唐光化间建，宋大观间重建。国朝乾隆十九年修。

南塔院

【〔清〕同治《福建通志》】南塔院　在治南来苏里。宋至和间建。明郝凤升诗："浮图插天耸千尺，古殿峨峨烂金碧。欻然暮鼓还晨钟，总为浮生催白日。袈裟内有能诗僧，一潭明月清如水。不知门外劳劳客，踏得红尘日几层。"国朝康熙二十二年邑令蒋廷镕、雍正九年里人相继修。

西峰院

【〔清〕同治《福建通志》】西峰院　在平安里。宋崇宁间建，元至正间修。

东竺寺

【〔清〕同治《福建通志》】东竺寺　在治东。旧在钟寮场,名塔院。宋乾道三年迁今所,淳祐十一年改今额,元至正中重建。国朝顺治十八年、康熙三年,里人重修。

南华寺

【〔清〕同治《福建通志》】南华寺　在来苏里。宋时建。

圆通庵

【〔清〕同治《福建通志》】圆通庵　在县北圆通山上。明成化间,僧宗鉴募修。国朝顺治间,僧九一开建丛林。

南泉庵

【〔清〕同治《福建通志》】南泉庵　在县南南塔院东。明弘治间建。王守仁诗:"山城经月驻旌戈,亦复幽寻到薜萝。南国已忻回甲马,东田初喜出农蓑。溪云晓度千峰雨,江涨新生两岸波。暮倚七星瞻北极,绝怜苍翠晚来多。"邱道隆诗:"南征将士欲投戈,寻乐旌旗映薜萝。酒熟田家亲赛社,晚晴鱼舍乱堆蓑。半帘风月吟中趣,一剑功名水上波。指点当年陈迹在,几人襟袖泪痕多。"

大士庵

【〔清〕同治《福建通志》】大士庵　在石钟岩。内有一洞,延袤数丈,中结宝盖,旁悬一钟,皆出天然。更有金瓜石、天萝石、石丝、石藤之胜。

据〔民国〕《福建通志》记载,尚有:

下宝林院　在城里。熙宁间建。

禅林院　在来苏里。绍兴间建。

安仁庵　在胜运里。景定间建。

丰稔寺　在胜运里。咸淳中建。

崇福庵　在县南溪南里。宋时建。

黄岩庵　在胜运里。元至大间建。

德庆庵　在县治西，旧名弥陀庵。至正初建。

东安庵　在胜运里棉村，旧在安乡东安岩。明洪武二十七年，迁建今所。

弘明院　在县东北白砂里。洪武三十年建。

禅林庵　在平安里。成化十八年重建。

灵瑞院　在县西。

盘瑞院　在县南。

报恩寺　在县东南。

上圆禅院　明时建。

中峰寺　在紫金山下。

汀州府·武平县

均庆寺　太平兴国禅院　禅果寺　棉洋寺　南山寺　古山寺　梁山寺　灵洞天福院　西峰寺　伏虎岩庵　准提庵　分水寺　招福寺　禅隆寺　思福寺　弥勒寺　兴福寺　禅福寺　通林寺　福田寺　宝林寺　太平寺　宝福寺　福林寺　南安廯院　瑜伽山庵　兴福庵　宝峰庵　西湖庵　龙济岩庵　清凉山庵　圣水庵　云漈庵（33）

均庆寺

【〔宋〕开庆《临汀志》】南安岩均庆禅院　在武平县南八十五里，乃定光圆应普慈通圣大师道场也。先是，一岩嵌空险僻，神怪所宅，虎蟒所会，绝无人迹。宋朝乾德二年，师至岩，趺坐其间，旁近望见祥烟腾覆，异而往观，咸起敬信，相与披榛畲土，筑室岩中，遂为一方精舍。师慈悯众生，无求不应。祥符四年，郡守赵公遂良状其灵异闻于朝，赐额"均祥禅院"。转运王公赟行部过岩，以雪请，果大雪。赟遂奏福州开元寺所得太宗皇帝御书百二十幅奉安岩中，岁度僧一人。诏可。仍命郡守胡公咸秩躬护至院。有诗云："迎得御书归洞壑，烟霞一路馥天香。"祥符八年正月六日，师卧右胁示寂岩中。每岁是日，诸路云集，几不可容。郡守陈公轩有古风略云："南安岩近南斗旁，乾坤缔结雷电守。云寒木老洞穴古，巨鳌露脊鲸呀口。"郡倅郭公祥正古风末云："嗟予俗缚未能往，愿得结草倚岩松。遂登彼岸达正觉，月落岩下松生风。"丞相李公纲经过留诗云："满山泉石有吾意，十里松筠生昼寒。"其余大篇短章，殆难殚记。嘉熙间，烬于劫火。郡奉御书、佛牙、衣钵等安奉于州后，敕赐"定光院"。

【〔清〕同治《汀州府志》】均庆寺　在岩前里，定光佛道场。宋祥符四年，敕赐"均庆护国禅师"。转运使王赟行部过岩，以雪请，果大雪，乃奏福州开元寺所得太宗皇帝御书百二十幅奉安岩中。诏可，仍命郡守胡咸秩躬护至寺。

太平兴国禅院

【〔清〕同治《福建通志》】太平兴国禅院　在治东。宋太平兴国间建。

禅果寺

【〔清〕同治《福建通志》】禅果寺　在治南。宋淳熙间建。中有龙泉井。

【〔宋〕开庆《临汀志》】东山禅果院　在武平县南门外。

祥符间，定光佛基创。初，化缘建金仙殿，运材关隔，师以挂杖指引其山，曰："权过彼岸。"山即中断，始通挽运。续建法堂、钟楼、后堂、门廊，栋宇视他寺颇壮伟。元符间，建轮藏寺。今为祝圣道场。

【〔清〕康熙《武平县志》】禅果寺　在县治东百步。宋淳熙间，为定光佛立。先是，天顺间祝圣于三官庙，后因寿民李祯广义修宽展并僧舍，塑二宝等佛，始改祝于此。今为祝圣寺。

棉洋寺

【〔清〕康熙《武平县志》】棉洋寺　在县南。宋时建，明永乐间修。天启丁卯，知县巢之梁重建。

南山寺

【〔清〕同治《福建通志》】南山寺　在治南。明时建，今为祝圣所。中有罗汉阁，宋绍兴间建。

古山寺

【〔清〕康熙《武平县志》】古山寺　在县东里。明洪武间，县簿虞仲彝创，名古木堂。嘉靖癸巳，寿民钟岳、陈仁政、曾仕忠等修。

梁山寺

【〔清〕康熙《武平县志》】梁山寺　在县北五十里绝顶。东西古石仙岩异迹，有铜鼓一，为世俗珍。

灵洞天福院

【〔宋〕开庆《临汀志》】灵洞天福院　在武平县西五里灵洞之麓。唐咸通间创。伪闽时，邑人金紫光禄大夫谢丞崧居其侧，后舍宅以大之。宋朝绍兴初，始建法堂、佛殿、钟楼、法楼。藏前建二桥，曰"普度"，曰"望仙"。后建杰阁，松竹环翠箐。门有二泉萦回，派出葛仙翁炼丹井，清澈可爱，为邑胜概。丞相李公纲道南访此，为之立记。郡人河南少尹梁颜留题曰："门外路将三市隔，此中人是几生修。千寻古木含云翠，一派寒泉绕槛流。"绍定寇毁，令赵汝譡命僧道成重创。

【〔清〕康熙《武平县志》】灵洞天福院　在县西十里。明嘉靖间，孙勋重建。有二泉派出，葛仙翁炼丹处，清彻可爱。

西峰寺

【〔清〕康熙《武平县志》】西峰寺　在邱留东里。已废，仅存故址。

伏虎岩庵

【〔清〕康熙《武平县志》】伏虎岩庵　岩前里。定光佛削木书偈毙虎处。

【〔宋〕开庆《临汀志》】伏虎庵　在武平县七十里。旧传定光拓岩初，民有献牛助耕，师结庵亲牧，夜常有虎柔伏庵外。后师归岩，一日，忽云："虎伤一牛矣。"暮有报如师言。师乃削木书偈云。明日，虎毙于路，因号"伏虎庵"。

准提庵

【〔清〕康熙《武平县志》】县南五十步。照磨王章有联云："密圆通之指印，无内相，无外相，遍五种净坛，随意奉持苏悉帝；证法咒于心斋，有定香，有戒香，从万缘尽处，时严回向宝庄王。"

据〔民国〕《福建通志》记载，尚有：

分水寺　在县南高泰里。

招福寺　在县南高泰里。

禅隆寺　在县东信顺团里。

思福寺　在县东信顺团里。

弥勒寺　在县东信顺团里。

兴福寺　在县东信顺团里。

禅福寺　在县西邱留东里。

通林寺　在县西邱留东里。

福田寺　在县北大湘亭里。

宝林寺　在县北大湘亭里。

太平寺　在县北大湘亭里。

宝福寺　在县东南盈塘里。

福林寺　在县东南盈塘里。

南安廓院　在县东北。

瑜伽山庵　在县东信顺团里。

兴福庵　在县西邱留东里。

宝峰庵　在县东信顺团里。

西湖庵　在县北归郡里。

龙济岩庵　在县西南丰顺平里。

清凉山庵　在县西南丰顺平里。

圣水庵　在县东南盈塘里。

云漈庵　在梁野山麓。

汀州府·永定县

丰稔寺　庆清寺　万寿寺　金谷寺　梅山寺　龙皈庵　隆寿寺　北山庵　西林寺　大埠庵（10）

丰稔寺

【〔清〕同治《福建通志》】丰稔寺　在治北胜运里。宋咸淳间始建为庵。明陈渤诗："玉童双引入僧房,树隐帘栊近夕阳。

欲镇山门无玉带，也应花笑紫薇郎。"

庆清寺

【〔清〕同治《福建通志》】庆清寺　在治东丰田里。宋德祐元年建。

万寿寺

【〔清〕同治《福建通志》】万寿寺　在治东丰田里。元至正二年建，今为祝圣之所。明翁梦鲤诗："昨日憩西堂，今日憩东堂。东堂松柏郁岩□，西堂花竹明虚窗。西堂老僧西蜀来，东堂之僧东吴叟。东吴西蜀两相望，恒河沙数天一方。随缘杖锡俱来此，无著天亲乃如是。我辈何为惜追游，人生岁月水东流。相逢宝地且高歌，世上浮名奈若何。"

金谷寺

【〔清〕同治《福建通志》】金谷寺　在金沙里。元时建。

梅山寺

【〔清〕同治《福建通志》】梅山寺　在丰田里。元时建。

据〔民国〕《福建通志》记载，尚有：

龙皈庵　在县东北太平里。元至顺间建。

隆寿寺　在溪南里。至正二年建。

北山庵　在太平里。至正间建。

西林寺　在县东南。

大埠庵　在溪南里大埠村。

福宁府·霞浦县

建善寺　云峰寺　清潭寺　大㳇院　瑞岩寺　圣寿寺　栖

林寺 南禅寺 瑞龙寺 目莲寺 资寿院 南峰庵 东庵 圣水庵 北山寺 明宗寺 瀑布寺 金台寺 大报恩寺 瑞峰寺 昭宁寺 广济寺 报德寺 中兴福寺 观音寺 上地藏寺 旃檀寺 龟湖寺 宣圣寺 保安寺 延寿寺 宝胜寺 小报恩寺 小云峰 小灵峰 天心寺 双溪寺 六禅寺 药师寺 慧日寺 报福寺 崇福寺 越峰寺 白莲寺 栖圣寺 华严寺 龙居寺 中成寺 报亲寺 下地藏寺 万岁寺 法林寺 灵泉寺 栖云寺 南屏寺 隆寿寺 大建福寺 五台寺 漳洋寺 松峤寺 宝镜寺 资崇寺 光化寺 灵云寺 清凉寺 少林寺 应庆寺 西峰寺 涌泉寺 南峰寺 法华寺 宝轮寺 弥陀寺 宝岩寺 留云寺 大云峰 大灵寺 龙潭寺 广福寺 龙寿寺 白琳寺 万寿寺 兴福寺 狮峰寺 善积寺 龙卓寺 罗汉山寺 宝胜寺 广化寺 接待庵 般若庵 大圆庵 善化庵 西山尼寺 明宗庵 观音堂 植翠庵 西庵 竹林庵 小溪庵 灵谷庵 普明庵 凤翔庵 白云庵 凤林庵 镇峰庵 塔头庵 竹林庵 茶园庵 庐洋庵 后坑庵 如是庵 河山庵 乌石庵 莲花庵 崇庆庵 大圆庵 涌泉庵 北斗庵（119）

建善寺

【〔清〕同治《福建通志》】建善寺 旧在擢秀里华峰下。齐永明元年置，初号建福，在温麻县背拱岭之北安远里。唐析长溪县，景云二年遂移建县城东，改号建善，会昌例废。大中四年奏复之，赐"大中建善"为额。宋乾兴元年始为禅刹。国朝康熙十年，总兵吴万福、知州黄鼎重建。乾隆九年，僧云庵修。《三山志》引碑云："邑既迁来，寺亦随至。"建极四年，威武军节度馆驿巡官、儒林郎吴慎辞撰碑铭。按，建极纪元所无，舆地碑目作建隆四年。吴谨辞撰，慎作谨，避宋讳。旧有放生池、松风亭、绣谷亭、东皋无量寿佛阁、涅槃台。

【〔明〕万历《闽都记》】明潘廷易诗："梵宇深沉万象含，千年雄胜七闽南。好山拔萃环沧海，古树笼阴护翠岚。鹤唳危巢看是两，僧持戒行自成三。投簪欲结他年社，先为留题起话谈。"廷易，永嘉人。聂豹诗："隼旟偶过招提境，释子仓皇乱打钟。芹煮斋厨方午饷，苔侵雄殿自春风。岭边松树云屯绿，竹外桃花日放红。运水搬柴俱是相，梵王何事只谈空。"豹，清江人，福建巡按御史。

云峰寺

【〔清〕同治《福建通志》】云峰寺　在招贤里。梁太清元年建。

清潭寺

【〔宋〕《淳熙三山志》】清潭寺　新北里，有松山，又十里，有潭渊然，涎沫时沸，凌波数丈，则雷霆风雨，暴不可避，潦涨移月，田庐漂溺，民甚患之。隋开皇二年，梵僧阇那崛多曰："此龙之变也，宜峻佛祠以镇之。"后十年，乃建寺，潭波贴妥，耆艾遂目曰清潭。当时沙门若沩山灵祐、云勤等十七人，皆出于此。隋、唐之世，真修梵境，他所莫拟。潭上有洞，林峦万状，秀兀可爱。

大沩院

【〔清〕同治《福建通志》】大沩院　在城东北大沩山。唐景福间建。中有小山高峻，僧独居，绝粒者十年。虎食鲠，开口向僧，僧为除去，后每骑之下山，灵祐祖师也。

瑞岩寺

【〔明〕万历《闽都记》】瑞岩寺　在水坑岭边,石方广十丈,余二石相迭,摇之可动,有棋盘、仙人足迹,又名仙人冈。五代唐清泰元年,僧原智建寺。国朝正统九年,僧惠玩修。嘉靖初,僧定辉重修。明谢肇淛《瑞岩寺》:"城东十里皆海色,合沓群峰散空碧。千村岛树瘴烟青,一片梨花晓云白。晓云微雨东风冷,历尽平畴复高岭。曲涧时闻暗瀑声,小桥斜度行僧影。琳宫碧瓦敞诸天,法堂流水环平田。半藏金经残贝叶,千年石柱绣苔钱。万竿寒玉大如斗,老榕盘空根未朽。四围山色倒溟蒙,坐觉清凉远尘垢。春日迟迟暖不流,娇丝急管调筝篌。红妆一曲浮云卷,落叶瑟瑟疑高秋。秋去冬来旦复暮,富贵还如草头露。高歌痛饮骑马归,暝鸦啼上冬青树。"

【〔清〕乾隆《福宁府志》】瑞岩寺　在一都。五代唐清泰元年建,明嘉靖元年重修。初,扣冰禅师居将军岩,有二虎侍侧,俄有异人献地为院。夏则衣褚而曝,冬则扣冰而浴。迹存。

圣寿寺

【〔清〕乾隆《福宁府志》】圣寿寺　在二十五六都。后唐清泰元年建。明万历辛丑,僧善容重建。国朝乾隆二十年,僧普礼重修。

栖林寺

【〔清〕同治《福建通志》】栖林寺　在十六都。五代晋天福二年建。

南禅寺

【〔清〕同治《福建通志》】南禅寺　在万安里。五代周广顺元年建。明隆庆元年,建小寺于隙地,以故址为兵营。国朝康熙五年知州师佐、五十二年州尹康兆元修,乾隆四年重修。

元陈阳至诗有"水南山寺远公社,几树芙蓉未着花"之句。旧有放生池、迎熏亭、茆亭、虎溪亭、南轩、东轩。

瑞龙寺

【〔清〕同治《福建通志》】瑞龙寺　在十九都。五代周广顺间建。元邑人陈自新诗:"寺外寒流玉一泓,白云如练挂危层。青山绕屋柴门掩,只见梅花不见僧。"

目莲寺

【〔清〕同治《福建通志》】目莲寺　五代周显德元年,僧雅公建,名灵石庵。宋开宝五年重建,改今名。僧义诏居此四十余年,不食自饱,尝衣纸衣,飘若环佩。

资寿院

【〔清〕同治《福建通志》】资寿院　在擢秀里。五代周显德二年建,初为保明院。大中祥符六年,敕改今额。国朝康熙四年,总兵吴万福改建于府治东。

【〔清〕乾隆《福宁府志》】资寿禅寺　初在州知东,周显德二年建,名保明。宋大中祥符六年,敕改今名。明洪武二十年,为福宁卫所居,徙寺于北山尼寺。正德十年,转徙于接待庵。国朝康熙四年,总兵吴万福改建今所。傅汝舟诗:"海月出不少,秋山何太孤。客心唯杖履,僧其有醍醐。天远终难问,鸿飞岂易呼。冲腾看宝剑,共尔一愁无。"乾隆二十四年,僧道隐重修佛像。郡守李拔题其壁曰"禅心寂静"。

南峰庵

【〔清〕同治《福建通志》】南峰庵　在南峰山上。明洪武十六年建。前有古松树蟠根成门,中有春风台。

【〔明〕万历《闽都记》】南峰庵　在州南三里许。有大榕树,根怒起丈余,中阓为门,以通人行。明谢肇淛《南峰庵》:"路绕菜花行,南峰灭复明。竹成庵有径,台迥涧无声。野色碧际海,山云青压城。老僧不识客,随意座纵横。""拔地两榕根,盘空幻作门。僧归板桥月,人语夕阳村。积叶春眠虎,垂藤夜度猿。兴来还独往,徙倚望黄昏。"周千秋:"榕根夹道古禅扉,石磴回环上翠微。萝径笼烟双鹤下,板桥临水一僧归。溪连极浦春潮入,山抱孤城暮雨飞。坐久尘心消顿尽,寒云乱缀野人衣。"

东庵

【〔清〕同治《福建通志》】东庵 即龙首庵,一曰石涧堂。明正德十六年建。刘铎诗:"龙首最清冷,高轩几度经。攒峰双鹫岭,流水两兰亭。幽邃尘难到,空凉酒易醒。畅怀殊未已,残照下林垌。" 国朝乾隆间重修。旧有溪山一览亭、迎熏亭,宋朱子题曰"白云深处"。

圣水庵

【〔清〕同治《福建通志》】圣水庵 在龙首山巅,庵门有石刻"近天五尺"四字。前有井阔丈许,水清冽,俗传能愈疾,故名。明林遂诗:"行行三度绝巅游,此日陶情仗邺侯。击鼓何妨花到手,寻梅不借酒传筹。玉壶泉透乾坤脉,翠浪松翻今古秋。我已投闲聊共乐,江湖万里最忘忧。"

据〔清〕乾隆《福宁府志》记载,尚有:

北山寺 在城北隅。元符二年,尼永章建。久废。

明宗寺 在城北隅。宋开宝元年建。今废。

瀑布寺 在瑞岩之北坑。水自石崖飞泻,瀑布百丈,喷雪飞琼,冬夏如一。唐咸通元年建。今废。

金台寺 在二三都,即宋榕台林先生延师议礼讲学之地。大圣十一年建。久废。

大报恩寺　在二三都瓜岭东，有龙井。咸通二年建。

瑞峰寺　宋崇宁元年，僧伏虎建。

昭宁寺　在四都。宋乾德元年建。

广济寺　在五六都。宋乾德五年建。

报德寺　在五六都。宋绍兴年建。

中兴福寺　在五六都。宋开宝四年建。

观音寺　在七都。宋元丰三年建。

上地藏寺　在三十四五都冈溪岭，后唐天福五年建。

旃檀寺　在二十八都。后唐咸通二年建。明万历十九年，僧员虚重修。

龟湖寺　在二十八都。唐光启三年，僧惟亮建。今废。

宣圣寺　在二十八都。后唐乾元二年建。

保安寺　在二十八都。唐清泰元年建。今废。

延寿寺　在二十七都。宋建隆元年建。

宝胜寺　在二十八都。宋乾化十四年建。

小报恩寺　在二十八都。唐天祐二年建。

小云峰　在二十八都。国朝康熙三十年建，僧古径说法于此。

小灵峰　在二十八都。唐大中元年建。

天心寺　在三十一都。明宣德中，太监周觉成梦天落月于身，询僧宝月，符其梦，召里人游良懋共新之。良懋建华严阁为藏经所，舍田十亩。寺存。

双溪寺　在三十四五都。

六禅寺　在三十四都。久废。

药师寺　在三十四都。久废。

慧日寺　在三十八九都。康熙二年僧怀济建。久废。

报福寺　在三十八九都。又名宝福。宋天圣三年建。

崇福寺　在三十八九都。唐光启三年建。

越峰寺　在三十八九都，基在七宝洋。今废。

白莲寺　在三十八九都杯溪屿后。宋乾德四年僧无关建。

栖圣寺　在三十六七都。唐太顺二年建。

华严寺　在三十八九都。宋太平兴国七年建。

龙居寺　在三十八九都。唐咸通十年建。

中成寺　在三十八九都。唐咸通十三年建。

报亲寺　在三十八九都。后周显德五年建。

下地藏寺　在三十八九都。后周广顺三年建。

万岁寺　在十四都。后汉乾祐三年建。

法林寺　在十四都。唐咸通五年建。

灵泉寺　在十四都。宋乾德五年建。

栖云寺　在十四都。唐光启三年建。

南屏寺　在十四都。今废。

隆寿寺　在十一都。长兴五年建。久废。

大建福寺　在十一都。后梁贞明二年建。久废。

五台寺　在十一都。后周显德三年建。

漳洋寺　在四十二都。宋熙宁七年建，明万历九年重建。

松峤寺　在四十五都。宋太平兴国元年建。

宝镜寺　在四十四五都。后晋天福二年建。康熙年间，僧若德重修。

资崇寺　在四十五都。宋开宝元年建。久废。

光化寺　在四十五都。宋开宝元年建。久废。

灵云寺　在四十五都。梁贞明元年建。

清凉寺　在四十五都。梁贞明五年建。清朝顺治十年重建。乾隆二十二年，僧续慧重建。

少林寺　在四十五都，一名竹林寺。明隆庆元年建。

应庆寺　在四十六都。宋开宝二年建。

西峰寺　在四十八都。后周显德四年，雅公建。宋崇宁二年重建。

涌泉寺　在五十都。后汉天福元年建。

南峰寺　在五十都。后周显德四年建。

法华寺　在五十都。宋乾德二年建。明万历十三年再修。乾隆十五年，僧若明重建。

宝轮寺　在五二都。乾兴元年建，万历年重建。

弥陀寺　在五十都。元至正二十年建。旧名东宁庵。

宝岩寺　在五二都。唐天宝二年建。废址尚存。

留云寺　在五十都。元至正五年建。

大云峰　在五十三都。明万历十八年重建。清朝乾隆十四年，僧悟道重建。

大灵寺　在五十三都。后唐清泰元年建。

龙潭寺　在二三都。清朝康熙十八年，僧草庵建。雍正十年火，十三年僧际澄建。乾隆九年又火，十三年际澄复建。

广福寺　在三十都。

龙寿寺　在四十都。

白琳寺　在三十六七都。

万寿寺　在四十都。

兴福寺　在四十五都。

狮峰寺　在四十八都。康熙十八年建。乾隆二十二年，僧大机修建。

善积寺　在四十四五都。康熙三十八年，僧昙生募建。乾隆十年，僧心灯重建。

龙卓寺　在三十六七都。乾隆六年，僧通善重修。

罗汉山寺　在二三都。乾隆一十二年，僧募建。

宝胜寺　在二十八都。顺治年间重建。

广化寺　在二十五六都。元至正年间改为圣寿寺。

接待庵　明洪武六年建。在西南城畔。今废。

般若庵　旧在儒学后，明成化九年移建城东隅。今废。

大圆庵　在县东北隅。唐武德元年建。今废。

善化庵　在州东北隅。明成化间建。今废。

西山尼寺　在城西北隅。宋祥符二年，尼志慧建。今废。

明宗庵　永乐二年建。今废。

观音堂　在城西。

植翠庵　在西社。今存。

西庵　即小福寺，在北门外西莲花峰下。

竹林庵　在二十八都。

小溪庵　在十五都。唐元和间，阮道仁建。明成化二年，邑人重修。

灵谷庵　在三十八九都。康熙年间重建。

普明庵　在十一都。元至正二年建。

凤翔庵　在十一都。至元二十三年建。

白云庵　在五十三都。明万历九年建。

凤林庵　在二十八都。清朝建，雍正十年修。

镇峰庵　在西郊外。康熙十五年，总兵黄大来建。雍正元年，僧照星重建。乾隆二十年，僧普礼重建。

塔头庵　在□都。

竹林庵　在二十八都。顺治间建。雍正六年，僧慈照修。乾隆六年，僧真昙复修。

茶园庵　在三十都。

庐洋庵　在四都。

后坑庵　在四都。

如是庵　在西郊罡溪岭尾内，有如是佛像。

河山庵　在五三都。明崇祯间建，乾隆十二年重建。

鸟石庵　在四九、五十都。

莲花庵　在四十一都。

崇庆庵　在三十四、五都。

大圆庵　在东郊建善寺后山。今废。

涌泉庵　三十八、九都。今废址存。

北斗庵　在五三都。今废址存。

福宁府·福鼎县

昭明寺　安福寺　资国寺　资福寺　国兴寺　象山寺　栖林寺　天王寺　白箬庵　玉湖庵　岩洞庵　圆觉寺　云应寺　山门寺　兴福寺　灵峰寺　瑞云寺　马冠寺　观音寺　上普照寺　下兴福寺　天笠寺　广福寺　广化寺　上兴福寺　中峰寺　溪南寺　水北庵　北山庵　岩兜庵　九鲤岚下庵　小洋庵　金峰庵　天源庵　圆潭庵　摩霄庵　垒石庵　妙香庵　凤山尼寺　石栏庵　金盘庵　潘山庵　旧宅庵（43）

昭明寺

【〔清〕同治《福建通志》】昭明寺　在县西八里。梁大通元年，昭明太子建，并造浮屠以镇温麻。明游朴诗："帝子当年迹，游人此日身。孤台千甲乙，万事一朝曛。铁汉谁还健，金刚不染尘。爽鸠何必问，一醉是吾真。"国朝乾隆二年拓建，十八年修。

【〔清〕乾隆《福宁府志》】昭明寺　在县西八里。梁大通元年，昭明太子建，并造浮屠以镇温麻。时里人王迪舍山场、寺田、柱石、器具。历宋、元、明皆有修建。乾隆二年，僧真王重建大殿、白衣阁、尘谈堂。十八年，僧复琚修。

安福寺

【〔清〕同治《福建通志》】安福寺　在六都。唐贞元元年建。宋裘暨题云："良月上浣来游于此，午风方作，众窍皆号，万叶争动。未知风动叶，叶动风；窍号风，风号窍也。回环留览，已而憩息沉默之顷。长啸云门，太虚为答，飘飘焉如凭虚而行，泠然善也。"郡守李拔诗："公余策马过城西，古寺香烟金碧齐。明月清风无限意，勾留信宿是招提。"

资国寺

【〔清〕乾隆《福宁府志》】资国寺　在十九都。唐咸通元年建。乾隆十八年，僧惠周重建。

资福寺

【〔清〕乾隆《福宁府志》】资福寺　在六都。唐咸通二年建。康熙五十二年，僧泰净重修。

国兴寺

【〔清〕同治《福建通志》】国兴寺　在太姥山东，一名兴国寺。唐乾符四年建。林嵩《记》：先是无寺，乾符间，僧师待始筑居于此。

象山寺

【〔清〕乾隆《福宁府志》】象山寺　在十七都。唐天祐二年僧藏石建。明金事段敏作竹枝词："褰帷问俗向闽南，写景无诗信口谈。火树铺山畲客地,苔花绣石土神龛。泉声带雨喧空谷,海气连云□暮岚。正是仆夫行不得,鹧鸪啼里思难堪。"

栖林寺

【〔明〕万历《闽都记》】栖林寺 在十六都文崎,五代晋天福三年僧了悟建。宋王十朋诗:"我如倦鸟欲栖林,喜见禅师栖处深。家在梅花小溪上,一枝聊慰北归心。"十朋,温州乐清人,知泉州,路经福宁。

天王寺

【〔清〕同治《福建通志》】天王寺 在十五都。五代周显德二年建。宋王十朋诗:"千里归途险更长,眼中深喜见天王。从今渐入平安境,旧路艰辛未敢忘。"

白箬庵

【〔清〕同治《福建通志》】白箬庵 在太姥山下。明万历三十四年重建。旧有住持僧易瓦以箬,故名。张渭诗:"樵径草萋迷,春香扑马蹄。峰围庵向晚,路逐涧东西。天柱青初近,云芽绿未齐。团蕉诵经处,谢豹隔窗啼。"

玉湖庵

【〔清〕乾隆《福宁府志》】玉湖庵 在太姥山之麓。庵前有湖,涧水倾泻,状如珠帘。林嵩诗:"百迭青峰过雨痕,蒙茸草树出云根。山前不见湖光绕,唯有溪流咽寺门。"

岩洞庵

【〔清〕同治《福建通志》】岩洞庵 在太姥山,一名半云洞。洞门三尺,屈偻而入,豁然别有天地,平园数亩在焉。又有金峰庵、天源庵,其巅为摩霄庵,一名白云寺,皆有奇胜。

据〔清〕乾隆《福宁府志》记载,尚有:

圆觉寺　在西郊外。

云应寺　在三都。唐贞明六年建。

山门寺　在四都。宋景祐二年建。

兴福寺　在太姥山之东。唐乾符四年，僧师待建。

灵峰寺　在九都潋城之西。唐中和三年建。明天启丁卯，僧量起重修。

瑞云寺　在十一都。后晋天福元年建，宋宣和辛丑年重修。乾隆十四年，僧宏智重修。

马冠寺　在十四都。宋乾德三年建。今废。

观音寺　在十四都。

上普照寺　在十五都。明崇祯元年建。康熙二十三年，僧惠省重修。乾隆十六年，僧恒机重修。

下兴福寺　在十五都。宋建隆二年建，明万历十八年重修。

天笠寺　在十五都。宋建隆元年，僧碧岩建。

广福寺　在十六都。

广化寺　在十七都。隋开皇二年建。

上兴福寺　在十七都。唐大顺元年建。

中峰寺　在十八都鸡心山顶。

溪南寺　在十九都。

水北庵　在北郊五里。

北山庵　在县治北七里。

岩兜庵　在十都。

九鲤岚下庵　在一都。

小洋庵　在三都。明隆庆二年建。

金峰庵　有七龙井，岩有七孔泻水，如星宿发源岩上，飞瀑不绝。

天源庵 在岩洞庵之左,有清泉、竹木。
圆潭庵 前明时重建。
摩霄庵 一名白云寺,在太姥之巅。
垒石庵 一名石龙。
妙香庵 基址莫详。《太姥山志》载,为摩霄旁。
凤山尼寺 在九都。唐咸通元年建。
石栏庵 在十一都。
金盘庵 在十一都。
潘山庵 在十五都。
旧宅庵 在二十都。

福宁府·福安县

栖隐寺 栖善寺 崇仁寺 龟龄寺 灵岩寺 石门寺 双岩寺 龟湖院 崇福寺 狮峰寺 曹山寺 资福寺 南峰寺 宝林寺 祥云寺 白云寺 柴洪寺 兴庆寺 黛凝寺 天福西林寺 保林寺 罗汉寺 锁泉寺 际山寺 云林寺 仙圣寺 仁王寺 慈云寺 观音寺 青云寺 白莲寺 五峰寺 宝幢寺 报恩寺 兴云寺 资圣寺 栖灵寺 支提寺 禅寂尼寺 中峰尼寺 文殊院 凤尾庵 新庵 介岩庵 官庄庵 佳浆庵 南岸庵 水尾庵 家耀庵 龙飞万寿庵 接待庵 东林庵 三石庵 龙瑞庵 龙首庵 洙溪庵 兴庆庵 道者庵 觉庵 寿泉庵 庆云庵 日照庵 兴隆庵 广福庵 龙华庵 龙泉庵 普照庵 澄庵 圆通庵 灵察庵 北山庵 龙岫庵 净圣庵 庆云庵 香林庵 华严庵 闻庵 余庆庵 鳌峰庵 观音庵 天堂庵(81)

栖隐寺

【〔清〕同治《福建通志》】栖隐寺　在治西二十三都。唐大中元年建。

栖善寺

【〔清〕同治《福建通志》】栖善寺　在旧归化西里。唐大中三年建。

崇仁寺

【〔清〕同治《福建通志》】崇仁寺　在县西四都。唐咸通元年建。

龟龄寺

【〔清〕同治《福建通志》】龟龄寺　在县西九都。唐咸通元年建。宋朱韦斋先生及朱子寓此，亦名晦翁书院。

灵岩寺

【〔清〕同治《福建通志》】灵岩寺　在廉村。唐咸通元年建。即薛令之灵谷草堂。明成化间修。明谢汝瑞诗："踏破烟霞度远林，梵宫高镇白云深。松风不动山僧梦，岩水能消野客心。深夜楼台浮月色，五更钟磬吼鲸音。空门寂寞天花雨，洒洁尘心万虑沉。"

石门寺

【〔清〕同治《福建通志》】石门寺　在治东。唐咸通五年建。明陈世理诗："独抱青蛇九极游，林空月冷鹤清修。袈裟对卧山中寂，舞破藤蓑月一楼。"

双岩寺

【〔清〕同治《福建通志》】双岩寺　在治东南旧秦溪里。唐咸通间建。宋乾道二年，王十朋题诗："崎岖九岭更双岩，遥望闽山未见三。来访神钟隐见处，翠微深锁古精蓝。"今石刻尚存。

【〔宋〕《淳熙三山志》】双岩院　秦溪西里。十一年后置。按，钟刻云："龙纪元年造。舍入东熟文殊院。"后因巢贼欲以烹牛，钟乃飞至西熟潭，其后潭窒，又飞六屿江。皇朝咸平三年，迎归于院。

龟湖院

【〔清〕同治《福建通志》】龟湖院　在柘杨里。唐光启二年建。始僧惟亮筑庵今院之前山，有大龟浮湖中，沿崖而上，僧有所之，辄载往。既而龟化为石，庵鞠为草，其徒乃移建今院。宋景德，始为丛林。

【〔清〕乾隆《福宁府志》】龟湖寺　在小西门内。宋建儒学于此，元改为寺。万历三十年修，国朝雍正十一年，知县钱洙重修。

崇福寺

【〔清〕同治《福建通志》】崇福寺　在八都。唐光启三年建。明陈世理诗："芳草和风三月游，羽衣团扇入禅洲。主人爱客茅柴酒，相送归来月满舟。"

【〔清〕乾隆《福宁府志》】崇福寺　在五都。唐光启三年建，明成化间修。

狮峰寺

【〔清〕同治《福建通志》】狮峰寺　在治东二十四都。唐景福元年建，为邑丛林之冠。

【〔清〕乾隆《福宁府志》】狮峰寺　在二十四都。《三山志》作"西峰"。唐景福元年建，明洪武二十年重修。明督学任彦常诗："谁谓功名念未休，一经只恐负春秋。轺车又向狮峰驻，无怪山僧笑白头。"于震诗："肩舆行遍绕溪松，穿入南云第几重。莫讶道人新过客，梦魂先已到狮峰。"孙瑶诗："晓发狮峰寺，岚光远近浮。竹交荒径合,古苔□海气。朝随雨□□,松风夜到楼。蹇裳问闽俗,喜见万家秋。"

曹山寺

【〔清〕同治《福建通志》】曹山寺　在三十一都。唐景福二年建。

【〔清〕乾隆《福宁府志》】曹山寺　在三十一都。宋祥符间建,赐名"韫玉禅寺"。

资福寺

【〔清〕同治《福建通志》】资福寺　在三十六都。五代唐长兴元年建。宋黄荐可诗:"一径崎岖步翠微,乱山深处掩柴扉。烟萝密锁人家少,碎石崚嶒马足稀。泉跳浮沤圆复散,人生幻梦是还非。何时识此林泉趣,饱饭参禅向上机。"

南峰寺

【〔清〕同治《福建通志》】南峰寺　在县北三都。五代晋天福三年建。

【〔清〕乾隆《福宁府志》】南峰寺　亦名南峰庵,在县西郊。晋天福三年建,明成化十五年重建。内有郑金枢(郑寀)祠。今废。

宝林寺

【〔清〕同治《福建通志》】宝林寺　在县东二十都。五代晋天福五年建。

祥云寺

【〔清〕同治《福建通志》】祥云寺　在县南旧西兴里。宋开宝元年建。

据〔清〕乾隆《福宁府志》记载,尚有:

白云寺　在白云山下。

柴洪寺　在邑北柴洪。

兴庆寺　在洪底。宋开宝间建。

黛凝寺　在二十六都。唐咸通二年建。

天福西林寺　在二十七都。宋元符二年建，明成化间重建。

保林寺　在三十五都。宋乾德年建。

罗汉寺　在十七都。宋天圣间建。

锁泉寺　在晓阳。宋元符间建。

际山寺　在六屿山。

云林寺　在二十五都。宋乾德间建。

仙圣寺　在县南归化。宋元符间建。

仁王寺　在三十四都。乾德间建。

慈云寺　在富溪津。唐大顺间建。

观音寺　在廉村。

青云寺　在三十五都。宋元符间建。

白莲寺　在三十五都。宋元符间建。

五峰寺　在三十六都。宋乾符间建。

宝幢寺　在二十都。

报恩寺　在二十五都。宋元符间建。

兴云寺　在二十四都。宋元符间建。

资圣寺　在二十一都。宋元符间建。

栖灵寺　在六都。

支提寺　在二十二都茶洋。宋开宝四年建。

禅寂尼寺　在二十八都。

中峰尼寺　在二十八都。五代梁乾化间建。

文殊院　在廉村。

凤尾庵　在城东隅。有上庵、中庵、下庵。清初建，乾隆间重修。

新庵 在北门外。

介岩庵 在秦溪。

官庄庵 在邑东南二三都。

佳浆庵 在邑北七十里产佳浆地，有绛色牡丹。

南岸庵 在邑北三十里南岸。

水尾庵 在西翁洋。

家耀庵 在南漳港。

龙飞万寿庵 在洋头过溪。隆庆元年建。

接待庵 在溪口。元皇庆间，主簿胡琏建。

东林庵 在县郊。

三石庵 在廉村。

龙瑞庵 在三十五都。

龙首庵 在大留。

洙溪庵 在大留。

兴庆庵 在圭舆。

道者庵 在三十五都。

觉庵 在三十五都。

寿泉庵 在三十五都。

庆云庵 在东庄。

日照庵 在仙岭。

兴隆庵 在隆中。万历二十二年建。

广福庵 在六都长濑。

龙华庵 在六都长濑。

龙泉庵 在十六都。

普照庵 在十八都，一名观音阁。

澄庵　在溪北。

圆通庵　在溪北。

灵察庵　即五显庙，在二十三都。

北山庵　在五都溪东。嘉靖十年，知县唐仕建。

龙岫庵　明嘉靖十年，知县唐仕建。

净圣庵　在丁庄。

庆云庵　在丁庄。

香林庵　在石门寺前。

华严庵　在甘墺。

闻庵　在黄崎。

余庆庵　在三十四都江首。

鳌峰庵　在三十都。

观音庵　在县治东。

天堂庵　在南门外。

福宁府·宁德县

兴福院　支提华严寺　双峰院　甘露寺　香林寺　宝花尼寺　龟山雍熙院　安仁院　广教寺　金㪷寺　报恩院　中际香积院　凤山院　瑞迹寺　资圣寺　天王寺　灵溪院　方广寺　兴福庵　宝林寺　盘谷堂　陀罗延窟寺　仙岩寺　安禅寺　北山尼寺　宝安尼寺　太平尼寺　栖云寺　永宁寺　瑞峰寺　竹林寺　兴福寺　小灵鹫寺　圆明寺　灵山寺　资福寺　同圣寺　白莲寺　安福寺　保福寺　大印寺　禅林寺　布泉寺　小支提寺　大灵鹫寺　云门寺　瑞龙寺　仁丰寺　南峰

寺　瑞林寺　鞠多寺　金峰寺　仙峰庵　北溪庵　梓静庵　南峰庵（56）

兴福院

【〔清〕同治《福建通志》】兴福院　在金溪里。梁大同二年建。

支提华严寺

【〔清〕同治《福建通志》】支提华严寺　在支提山东，去霍童二十里。群山拥寺，状似莲花。唐咸通九年，僧好德为《支提山记》云："则天朝，僧元表荷花榈木函二，盛《新华严经》八十卷，来寻兹山，乃卜石窟而居焉。"下平若镜，上方若凿。又宋蔡襄记云："国初，高丽僧元表诵《华严经》于此，僧元白往观之，授元白经，腾空而去。"二说不同。《闽书》按《华严经》："东南有山，号曰支提山。西有那罗岩，石室空洞，深广为天冠化成。佛书谓：菩萨名曰天冠，与其眷属一千人，俱常有祥云覆其顶，即兹山也。《经》又云：天下有五法界，天地水风火，兹为天界云。"宋开宝四年，吴越王钱俶阅《华严经》，询菩萨住处。遣灵隐了梧禅师清耸到山，寻钟声而进，白猿导前。至晚宿一大刹，众盈万，指匾书"古今佛大华严之经"。既曙，处林莽间，还报钱氏。遂建大华严寺于化成林之北。昔有居士夜逐兔至山中，忽见僧舍，诘之曰："此天冠化成寺也。"今时闻钟声，或灯光隐隐。寺南有望钟亭。铸天冠一千身，航海送至。《三山志》：开宝九年十一月，天下大元帅、吴越国王钱俶"庆寺疏"刻石云：国家自辛未年中，爰舍金帛，命所司建精舍，仍铸天冠菩萨梵容，斤斧功成，藻绘事就，谨舍铜、金、帛三百八十七千八百一十八文，建道场一会，修设五千僧功德庆赞，兼舍本州岛铁、金、帛二千绳，充长生供给常住，及差灵隐寺副寺主辨隆为寺主。数年挂意，今日启工云云。淳化元年，宸章宝雨，宠锡凡四。政和间，以帅守黄裳之请，敕改"政和万寿"额。《闽书》：政和间，福州人李舒长谒天冠千佛，行深山登奏洞，无水盥手，方折草挪挚，忽一人持铜盘水，又进巾。舒长其手青面白，不觉其异，顾之而笑，其人亦笑，已而不见。宋李弥逊诗："蛇径回环织女机，足间欹石碍云飞。西风短发期乌帽，落日清尊走白衣。病眼逢山寒水净，妄心更事远烟微。扫除磊魂装怀地，为载千岩万壑归。"大梁王平国诗："群峰翠拥古禅关，夹道松篁五月寒。欲识天冠真隐处，白云深锁紫金坛。"主簿陆游诗："高名每惯习凿齿，巨眼忽逢支道林。共夜不知红烛短，对床空叹白云深。满前钟鼓何曾忍，匝地毫光不用寻。欲识天冠真面目，鸟啼猿啸总知音。"元末毁。明永乐初，遣中使鼎建，赐名"华严"。仁孝皇后复赐天冠千尊及藏经，为海内第一禅林。仁孝皇后遣谒者泛海，赍送铜天冠一千尊于寺。中流风涛簸荡，舟人大恐，以为蛟龙睨宝物，尽弃舟中所有。次至天冠，每一投，风辄少霁。谒者泣拜曰："此中宫命也，陨命当诛，不如覆吾舟。"风遂止，而弃者已半。时有樵者见群僧晒袈裟于岩上，及谒者至，则所弃天冠已在寺中矣。《旧记》亦作吴越王钱俶时事。嘉靖间又毁。万历元年，僧大迁重建。二十七年，太后铸锹金毗卢古佛，遣中使赍镇其寺。二十八年，复赐经一藏。谢肇淛《记》略：霍林为三十六洞天之冠，名列仙箓，上真所都，而僻处海澨，□□□至，遂使清都胜迹湮灭不称。万历己酉三月，偕周山人乔卿游太姥归，从金垂渡历水漈至铜镜，凡渡水者四，涉水者三，日崦嵫矣，抵霍童村憩焉。矫首四十八峰回环簇向，翠色欲滴，且日相与附萝葛，循樵径，至仙墩观、石棋坪，觅所谓霍林洞者，迷不得道，乃返。而支提寺旭比丘来迎，遂为向导，登岭至小支寺。历大小童峰，山路虽峻而石级斩如，突石僵木干胸触趾。十里许，至紫芝峰，竹篱精舍，僧明启所创者。啜茶少憩，振衣峰头。东望海门，悠然长啸，欲凌八极、翔九垓，不难也。过是径，路稍夷，缘石磴而下，白石齿齿，曲涧粼粼。古木飘花，不类人境。又十余里，折而西下，万山回合，众壑环流。绀殿巍然，钟声杳霭，知为支提寺矣。入殿拜瞻圣母金身莲座、大藏经，及文皇帝仁孝皇后所赐天冠千尊、琅函宝册，皆非人世间物也。出门折而南，抵五龙潭三里至金灯院，为真受上人静室。先时真受入晋安，讲莲华经，坐化于芝山寺，而所辟芝林尚盖茅未竟。虽空门无情，未必便能遣此。又五里至南峰，为真灿静室。坐谈久之，云气四合，雨脚飘丝，亟返及寺，雨如注，夜宿十二楼。老僧指西南诸峰示余，谓圣灯不时见空中，幸庶几一遇之。翌日稍霁，遂别寺僧。西过印池、□灯台里许，度龙潭冈丛薄蔽亏。仰逗日光，已过舍利壑、华岩十余里，抵说法台，又进为袈裟岩。峭壁万仞，上插云表。从木杓度涧二里许，为辟支洞，巨石倒覆，结寮其中，僧樵云居之。一苦行沙弥茹草眠云，问其名，曰道源□人也。山色且瞑，遂亟返。及三里许，趣峻岭，跨崩湍，仰视悬崖，张目若箕，深广数十丈，是为那罗岩。岩之中为殿五楹，为楼十楹，而□厨庖湢不与焉。虽五丁之力不及此，自非元表神通，何以知东南震旦有此洞天福地也？夜与乔卿宿岩中，檐溜岩瀑嘈嘈，作风雨声。旦日，取道鞠多岭而下，僧显送至西乡始别去。又有小支提寺，在霍童岭下。唐咸通九年建。

【〔明〕万历《闽都记》】支提寺　宋开宝四年，吴越王钱俶建。政和间，郡守尚书黄裳请赐"政和万寿"额。相传有圣钟铿鸣，天灯烨煜。求以诚心咸应，岁旱祷雨多验，后寺颓废。隆庆间，有僧大迁，捐赀兴复，参政王应钟撰碑文。宋主簿陆游《访僧支提寺》："高名每惯习凿齿，巨眼悉逢支道林。共夜不知红烛短，对床空叹白云深。满前钟鼓何曾忍，匝地毫光不用寻。欲识天冠真面目，鸟啼猿啸总知音。"明主簿叶衡诗："策杖今来此，天寒奈九秋。水花分堑弱，山木抱云稠。更宿招提境，真同慧远游。从兹幽兴熟，佳景最风流。"谢肇淛《支提寺》："鹫岭西飞万壑回，上方绀殿郁崔巍。金身新出中宫赐，宝地遥从震旦开。苔篆春侵香积冷，松林夜涌圣灯来。山僧定后诸天寂，唯有猿啼说法台。"又《南峰净室》："路转南峰结草庵，嵩邱兰若老瞿昙。片云茆屋三更雨，流水绳床五尺龛。问法有时过鹫岭，漱流长日到龙潭。禅心定后无人会，处处香风度石楠。"

双峰院

【〔清〕同治《福建通志》】双峰院　在水漈里。唐元和十四年建，初号九仙。

甘露寺

【〔清〕同治《福建通志》】甘露寺　在水漈里。唐元和十五年建，号"甘露竹林院"。咸通元年改"甘露崇圣"。《闽书》云：梁天监初，有僧法权、法群二人来山，饮甘露坑泉，白日腾升。后人因建寺，曰甘露。有九宝金钟，闽王审知所铸，声闻数里外，则天必入晴。杨听诗："欲听闽王遗德处，晓来钟韵彻空声。"

香林寺

【〔清〕同治《福建通志》】香林寺　在六都。唐天宝元年建。明林聪诗："一径入幽林，香风散鸟音。逢僧时说偈，坐石独鸣琴。翠拥层峦合，流分曲涧深。兴阑归路杳，处处暮蝉吟。"国朝乾隆三十九年修。

宝花尼寺

【〔清〕同治《福建通志》】宝花尼寺　在六都。唐宝历元年建。明林文迁诗："万山春树渺相望，远觅钟声到上方。衣钵传心开佛印，琴尊随意宿僧房。岩花无语亦幽寂，野鸟多情伴醉狂。落日半峰云影动，千林天雨宝花香。"国朝乾隆三十一年重建。

龟山雍熙院

【〔清〕同治《福建通志》】龟山雍熙院　在安乐里。唐开成元年建。初，太和间，僧智具（姓柳，扬州人）、正源（姓蔡，宣城人）遍寻幽胜，受谒于其师，曰"逢龟即止"。至州，州法曹参军杨郁、霍童里处士黄瑜施山为寺居之，号龟山。大中十二年额"翠岩禅院"。宋雍熙二年，敕改今名。相传朱子、杨信斋寓僧舍讲学。宋徐梦发诗："久困焦熬里，持香谒二禅。会留一宿觉，了得寸心缘。鹤识小溪路，钟闻上界天。龙湫分勺水，法海遍三千。"姚望之诗："万山深处远轮蹄，古寺雍熙诏赐题。坐望竺乾诸佛近，徙凭菌阁十方低。灵岩频见玄猿度，琪树应招白鹤栖。不觉胜游天已晚，一痕新月印前溪。"明成化十年重建，国朝乾隆十六年修。

【〔明〕万历《闽都记》】龟山寺　唐开成二年建。初，蔡、柳二师入闽，法曹杨郁、处士黄俞施山为寺，延师居此。示寂后，王审知建殿奉之。宋雍熙二年赐额。雍熙、成化间重建。更今名。寺与宋儒杨复故宅伊迩，朱子于精舍论学月余。

【〔宋〕《淳熙三山志》】龟山雍熙院　安乐里。开成元年置。初，僧智具姓柳，扬州人；正源姓蔡，宣城人；长庆二年同游建州，大和中至州。是岁州法曹参军杨郁及霍童里处士黄瑜等，邀请建寺，二师从之，铁钵铜瓶入于幽谷，逢龟即止，曰："此吾居也。"因凿石为基,号龟山。会昌汰废。记云:"二师云:'真空实性,有相妄名。令罢缁衣,何妨于道。'共作偈、颂十首,内柳云:'沧溟几度变桑田,唯有灵空独湛然。已到岸人休恋筏,未曾度者任求船。'蔡云:'寻师认得本心源,两岸俱玄一不存。是佛何须更求佛,只因从此便忘言。'柳云:'心本绝尘何用洗,身中无病岂求医。欲知是佛非心处,明镜高悬未照时。'蔡云:'刘民、周续岂顽痴,弃世犹求远大师。今日幸逢玄旨在,须将心地种禅枝。'"大中初,给帖,仍旧。十三年,赐额"翠岩禅院"。天祐二年,改号"大慈"。雍熙二年,敕改"雍熙"。归真、慧观二塔。柳师咸通七年十一月坐化,葬东峰之下。八年九月,坟形四裂,真身不坏。李中丞景温奏依诸祖上香泥,迎归本院。十三年,奏闻,敕改院额,度僧二十人。龙纪元年,赐谥号曰"归寂大师",塔曰"归真"。蔡师咸通十一年九月坐化,亦葬东峰之下。光启二年十二月,龛槽迸开,真身不坏,迎归本院。至大顺元年奏闻,赐谥号曰"性空大师",塔曰"慧观"。天祐二年,闽王建塔二所,真殿五间。敕赐柳师谥曰"圆寂",蔡师谥曰"空寂"。仍赐院额"大慈"。雍熙二年,小师文谏、录师道行表闻,复赐号"雍熙"。

安仁院

【〔清〕同治《福建通志》】安仁院　在安远里。唐大中元年建,咸通元年赐额。中有十景,曰钟山广乐、鉴水清晖、文峰耸笔、卓锡飞泉、云留石洞、霄举旗冈、黄金锡印、横空玉枕、唱晓碧鸡。

广教寺

【〔清〕同治《福建通志》】广教寺　在安乐里。唐大中元年建,初名龙泉,大顺二年改觉明。宋雍熙二年赐额。

金鄜寺

【〔清〕同治《福建通志》】金鄜寺　在金溪里。唐大中间，有僧居白者至山中，遇异人，告曰："此可居。"是夜祥光见其处，就视之，获金尺一，遂以大中八年创寺。其后，圆执禅师患寺左瞰深坑，一夕雷雨，裂后山半，平其基，乃拓殿堂，阶墀具备。寺有十奇，曰盘陀石、灵响石、乌马石、潜鳞沼、双石屏、碧水帘、涌金石、蒙泉石、长老岩、祥云岩，亦曰五云岩，以有五色云见。明林聪诗："云外青山山外云，招提深处绝尘氛。老僧睡起浑无事，几卷楞严又夕曛。"

【〔明〕万历《闽都记》】明林聪诗："古刹嵯岈倚碧阿，十年风景近如何。香生泉水通鳞沼，绿染苔衣上碧波。习静自知尘俗远，相逢还喜旧僧多。明朝又复朝无去，樽酒何尝再一过。"

报恩院

【〔清〕乾隆《福宁府志》】报恩院　在县南三里许。唐咸通九年建。状元余复诗："大山奔到海之滨，中有禅光佛刹新。前后二三皆梵侣，不知谁是报恩人？"

中漈香积院

【〔清〕同治《福建通志》】中漈香积院　在水漈里。唐乾符元年，中漈山人曾筠、林峻舍山林，僧如珣建。六年，赐今额。中和五年，前关隶营使陈希远与僧清彦，共申闻观察使陈公岩，铸钟一口。李辅诗有"百斛红尘飞不到，重门深处锁烟霞"之句。旧有插天楼，刘棠、童淮留题。

凤山院

【〔清〕同治《福建通志》】凤山院　在东阳里。唐中和四年，杨氏舍宅，僧宗璩建寺其中，故名。宋太平兴国间赐额"崇胜"。宋徐梦发诗："百役经尘吏，过门一解鞍。频来无事忧，孤作有山看。留月不掩户,抬风长倚拦。马嘶催去路,吾道尚盘桓。"

【〔清〕乾隆《福宁府志》】凤山院 在十四都。唐中和四年,妙觉大师建,赐额"崇胜"。越六年,湛庵更以石柱。卓锡出泉,味甚甘,名卓锡泉。

瑞迹寺

【〔清〕同治《福建通志》】瑞迹寺 在四都。五代梁乾化间闽王氏建。元邑人陈自新诗:"雨过山溪生虎迹,云归岩洞长龙威。烟钟古寺敲残日,樵笛一声江鸟飞。"

资圣寺

【〔清〕同治《福建通志》】资圣寺 在五都。五代梁贞明二年建,宋建隆元年重建。宋周牧诗:"点点晴光滴翠蓝,参天松于影毵毵。穿云日阅客千数,汲水时闻僧两三。俗子绕登山勒马,禅心常与月同龛。煮茶汲取盈瓯雪,一味清霜齿颊含。"旧有见山楼。

天王寺

【〔清〕同治《福建通志》】天王寺 在县东里许。五代晋天福七年建,旧基在今寺之左。明成化九年重建。明陈震诗:"暇日寻幽兴倍增,白云邀我上方登。青山去县无多路,芳草临门只一僧。龙出石潭窥卓锡,神持宝胠护传灯。吟余却借清风坐,细数前峰有几层。只树昙花总不存,鼓钟风雨报晨昏。云遮山色深藏寺,海涌潮头远对门。佛殿有基遗石柱,禅林无路距松根。客来欲问经营事,试看新泉出晓痕。"旧有白云深处亭,在寺前。烟霞法界亭,在半岭。

灵溪院

【〔清〕同治《福建通志》】灵溪院 在金溪里。宋大观二年建。有定泉。泉自创院出于法堂右挟柱下,大浸不增,大旱不减。龚知县为《记》。

方广寺

【〔清〕同治《福建通志》】方广寺　在十五都万山中。元至元五年，祖师平麓建寺，肉身至今尚存，号曰"方广佛"。初，平麓在丹山时，每见香烟飘飘西往，乃随其所至。是夜坐，隐隐闻有钟鼓声，遂建寺焉。寺在山中，不闻有鸟雀声。国朝雍正六年重修。

兴福庵

【〔清〕同治《福建通志》】兴福庵　在十六都萌源。明宣德四年，僧宗明募，萧姓创建。万历四十四年，僧映田重建。国朝康熙六十一年，僧悉深偕萧姓裔孙续修。嘉庆九年，僧波若、志经、光明等重葺崇楼精舍，焕然一新。

宝林寺

【〔清〕同治《福建通志》】宝林寺　在十四都。康熙十一年建。上官佑诗："野寺无人到，春风扫落花。重寻旧游处，泉石绕烟霞。"

盘谷堂

【〔清〕同治《福建通志》】盘谷堂　在十六都七蒲观洋。道光九年，僧开泽创建。置有香灯田，勒石堂内。

陀罗延窟寺

【〔民国〕《福建通志》】陀罗延窟寺　在二十四都。宋开宝六年建。

据〔清〕乾隆《福宁府志》记载，尚有：

仙岩寺　在十二都。唐咸通三年建。明万历五年，僧大宝重建。

安禅寺　在二十二都。唐咸通二年建。

北山尼寺　在九都。五代周广德四年建。

宝安尼寺　在九都。宋太平兴国五年建。

太平尼寺　在十二都。宋开宝五年建。

栖云寺　在二都。唐景祐六年，黄岳死节，田产俱舍于寺，寺有黄岳庙。嘉靖二十二年，田归官。

永宁寺　在二都。唐乾符元年建。

瑞峰寺　在三都港口。唐咸通元年建。

竹林寺　在四都。唐咸通三年建。

兴福寺　在四都。宋大同二年建。

小灵鹫寺　在金溪里。唐天福二年建，周广顺五年重建。

圆明寺　在五都。正德十年重建。今存。

灵山寺　在八都。唐咸通五年建。今废。

资福寺　在七都。宋景德四年建。

同圣寺　在八都。五代晋天福四年建。

白莲寺　在九都洋头后山顶。宋兴国七年，郑提刑建。

安福寺　在十一都。唐咸通三年建。

保福寺　在十都。梁贞明五年建。

大印寺　在二十都。五代周广顺五年重建。

禅林寺　在霍童乡水漈里。五代梁贞明元年建。今废。

布泉寺　在十三都。唐乾符六年建。嘉靖二十二年，田归官，寺废。

小支提寺　在十二都。唐咸通九年建。

大灵鹫寺　在七都。宋太平兴国元年建，有田二顷。今废。

云门寺　在十九都。唐咸通二年建。

瑞龙寺　在十七都。五代周广顺六年建。

仁丰寺　在二十都。唐天宝二年建，后改为先儒陈普祠。

南峰寺　在二十三都，即名三峰寺。宋开宝二年，葬檀越驸马郑士懿于寺左，以为报国焚修之所。

瑞林寺　在二十三都。唐龙德二年建。

鞠多寺　在二十五都。宋淳化元年建。

金峰寺　在二十五都。宋淳化元年建。

仙峰庵　在三都王湾仙峰山。宋淳化元年建。

北溪庵　在九都北溪底。唐咸通二年建。学士林駧墓在庵右。

梓静庵　在九都闽坑底。嘉靖三十年，道人余氏等募修，舍田三石为寺田。

南峰庵　在县南山石笋上。隆庆元年建。

福宁府·寿宁县

灵岩寺　显灵庵　三峰寺　小兴福寺　显仙庵　仙岩庵　修竹庵　洞山庵　天池庵　魏屯庵　惠峰庵　罗峰庵　小东寺　西岩寺　延寿庵　般若庵　石梯庵　白岩庵　宝峰庵　淡竹庵　槐岭庵　杨长垅庵　章坑庵　葛坑庵　良闲庵　杉莱湾庵　杨鉴山庵　天降庵　雪家山庵　卓端庵　西山庵　桥头庵　凤凰庵　报祖庵　南山顶庵　万寿庵　莲峰庵　安昌庵　南阳庵　紫云峰庵（40）

灵岩寺

【〔清〕同治《福建通志》】灵岩寺　在政和里。五代唐同光间建。

【〔清〕康熙《寿宁县志》】灵岩寺　在八都，去县南四十三里。洪熙元年,僧晋显建。

显灵庵

【〔清〕同治《福建通志》】显灵庵　在县坊隅。宋淳化元年建。

三峰寺

【〔清〕同治《福建通志》】三峰寺　在县坊隅。宋淳化四年建。徐旋诗:"出郭寻僧踏乱山,翠微深处白云间。开楼平楫三峰好,借榻初偷半日闲。随喜道场花雨静,咏怀古迹藓痕斑。田畴四望身栽遍,矫首南熏一破颜。"

【〔清〕康熙《寿宁县志》】三峰寺　在县西三里。宋淳化元年,少宗伯陈洪轸捐产创建。内置祭田三十二亩,租遗寺收,粮存四房嗣孙输纳,三岁一醮。至永乐初年,僧永福重修。景泰五年,金和尚与陈氏后裔建法堂、两廊、钟鼓楼。七年初,设寿宁,改为祝圣道场。至嘉靖二十三年,知县张鹤年帖委僧仲亮、檀越陈春七、敏二等,建疏林小径亭一所及修葺墙垣,重架门楼,翻盖彩画一新,立碑为记。万历二十二年,知县戴镗见其墙垣圮坏,仍令檀越庠生陈环同僧方端重修。匾曰"寿阳古刹",又曰"飞锡招提"。至国朝,僧成觉复重修理,寺宇为之一新。

小兴福寺

【〔清〕同治《福建通志》】小兴福寺　在政和里。宋淳化四年建。

【〔清〕康熙《寿宁县志》】小东寺　即兴福堂,在十一都。宋淳化二年建。正统二年,僧惠恺重建。

显仙庵

【〔清〕同治《福建通志》】显仙庵　在岱赐头。宋淳化间建,明永乐间重建。庵前有仙岩,故名。

仙岩庵

【〔清〕同治《福建通志》】仙岩庵　在八都,元大德三年建。明洪武、弘治初相继修。

【〔清〕康熙《寿宁县志》】仙岩庵　在八都,元大德三年僧觉圆建。洪武元年,僧正宗重修。弘治元年,僧本空重建。

修竹庵

【〔清〕同治《福建通志》】修竹庵　在九都。元延祐间建,明正德间重建。

洞山庵

【〔清〕同治《福建通志》】洞山庵　在城西八里。元至正间建。明成化、嘉靖间相继修。范大廷诗:"几年浪迹结禅林,藜阁风高柳色侵。野鸟啼残山月晓,涧云锁静洞门深。思穷白雪开元草,赋就黄金恋素琴。解识海棠花事好,群书谩学自行吟。"

天池庵

【〔清〕同治《福建通志》】天池庵　在八都。明洪武间建。

魏屯庵

【〔清〕同治《福建通志》】魏屯庵　在坊一图。明洪武间建。

惠峰庵

【〔清〕同治《福建通志》】惠峰庵　在十二都。明洪武间建,嘉靖修。

罗峰庵

【〔清〕同治《福建通志》】罗峰庵　在二都。明正统间建。叶上遴诗:"重到上方地,禅关锁翠深。洞间明月入,树杪暮云侵。磶石留僧偈,茗泉绕竹音。远公如下访,何处着尘心。"

据〔清〕乾隆《福宁府志》记载,尚有:

小东寺　在小东村,即兴福寺。宋淳化中建,正统间重建。

西岩寺　在十都。宋庆历间建,明成化间重修。康熙县志:"宋庆历元年创。成化癸卯,僧定宝募缘重修。"

延寿庵　明嘉靖间建。

般若庵

石梯庵

白岩庵　明嘉靖间建。

宝峰庵

淡竹庵

槐岭庵

杨长垅庵

章坑庵

葛坑庵

良闲庵

杉莱湾庵

杨鉴山庵

天降庵

雪家山庵

卓端庵　里民建。

西山庵　在四都。正统年间建。

桥头庵　明正德年间建。

凤凰庵　在坊一图。

报祖庵　在一都。洪武间建。

南山顶庵　在二都。高踞绝顶,俯临万山。明弘治间建。

万寿庵　在十一都。

莲峰庵　在十都。

安昌庵

南阳庵　在二都。

紫云峰庵　在南阳大封山背。乾隆元年，僧圣光建庵在石岩下。

永春州·永春县

灵感寺　云峰寺　太平寺　白马寺　延寿寺　白云寺　云居寺　惠明寺　西峰寺　兴善寺　慈云寺　苦竹寺　岩峰寺　普济寺　集福庵　山居寺　南岳寺　西坑庵　弥勒院　明思院　覆鼎庵　纸坑庵　乌髻庵　寿峰庵　青牛庵　护国寺　南峰寺　梁山寺（28）

灵感寺

【〔清〕同治《福建通志》】灵感寺　在治西南二十三都。隋末建，初名"思惠院"。唐咸通间，改为寺。

【〔民国〕《永春县志》】灵感寺　在上场堡。隋，僧思慧建。今废。

云峰寺

【〔清〕同治《福建通志》】云峰寺　在十六都。唐乾元间始建庵，寻改为院。后徙建于南峦。

太平寺

【〔清〕同治《福建通志》】太平寺　在治东十五都。唐开成二年建。旧有环翠亭在寺旁，宋时建。州人重九登高于此。

【〔清〕乾隆《永春州志》】太平寺　在十五都。今废。

宋知县黄瑀有《记》。

白马寺

【〔清〕同治《福建通志》】白马寺　在治东北十四都。唐大中二年建。

【〔清〕乾隆《永春州志》】白马寺　在十四都。康熙十八年，僧宗淑重建。

延寿寺

【〔清〕同治《福建通志》】延寿寺　在治西北八都。唐大中二年建，宋治平间重建。

【〔清〕乾隆《永春州志》】延寿寺　在八都。相传宋幼主寿日，陆秀夫偕群臣上寿于此。寺今现存，旧志云今废者非。

白云寺

【〔清〕同治《福建通志》】白云寺　在十六都白云村。唐大中间建。

云居寺

【〔清〕同治《福建通志》】云居寺　在治西十一都。唐大中间建。

惠明寺

【〔清〕乾隆《永春州志》】惠明寺　在十三都。唐大中间建，额曰"临水"。宋庆历间重建，改今名。明万历间，僧广德重修。

【〔民国〕《永春县志》】开元寺　在象山。唐大中间建。初名"临水"，宋时改称"惠明"。清光绪间，僧龙腾改今名。

西峰寺

【〔清〕同治《福建通志》】西峰寺　在十六都。唐咸通十年建，元至正十六年火，寻复建。

兴善寺

【〔清〕同治《福建通志》】兴善寺　在十四都。唐天祐二年建。

慈云寺

【〔清〕同治《福建通志》】慈云寺　在十九都。唐时建。经始之日有瑞云，故名。

苦竹寺

【〔清〕同治《福建通志》】苦竹寺　在治北十一都。五代唐天成间建。

岩峰寺

【〔清〕同治《福建通志》】岩峰寺　在十都。宋绍兴十一年建。

【〔清〕乾隆《永春州志》】岩峰寺　在九都卓叩村。陈知柔读书处。里人张石书有《记》。

普济寺

【〔民国〕《永春县志》】普济寺　在陈岩后。宋时建。明时有高僧文峰居之，有画在两壁间。其境地幽胜，历代名士多读书其间。

集福庵

【〔清〕同治《福建通志》】集福庵　在十四都。宋蔡兹、苏升读书于此。

山居寺

【〔民国〕《福建通志》】山居寺　在州东十四都。唐天祐间建。

南岳寺

【〔民国〕《福建通志》】南岳寺　在州南十二都。五代时建。

西坑庵

【〔民国〕《福建通志》】西坑庵　在州西北二三都。宋德祐间建。

弥勒院

【〔民国〕《福建通志》】弥勒院　在州南十三都。宋时建。

明思院

【〔民国〕《福建通志》】明思院　在州南十三都。宋时建。

覆鼎庵

【〔民国〕《福建通志》】覆鼎庵　在州西北二三都。元至正中建。

纸坑庵

【〔民国〕《福建通志》】纸坑庵　在州西北二三都。元至正中建。

乌髻庵

【〔民国〕《福建通志》】乌髻庵　在州西七都。元至正间建。

寿峰庵

【〔民国〕《福建通志》】寿峰庵　在州南十二都。明宣德元年建。

青牛庵

【〔民国〕《福建通志》】青牛庵　在州西南九十都，达里山下。

护国寺

【〔民国〕《福建通志》】护国寺　在州南十二都。

南峰寺

【〔民国〕《福建通志》】南峰寺　在州南十一都。

梁山寺

【〔民国〕《福建通志》】梁山寺　在州东十四都。

永春州·德化县

程田寺　香林寺　戴云寺　相安寺　宝藏寺　龙湖寺　五华寺　祝圣寺　天王寺　九仙二岩　仪林寺　中兴寺　妙峰庵　云峰寺（14）

程田寺

【〔清〕同治《福建通志》】程田寺　在治东灵化里。五代时建，初名"感恩"，宋天禧间赐今额。旧有南塔，高数丈，常有夜光。后圮，得解支佛骨、佛牙、舍利于其顶。乃移建佛殿东，增为七级，高七寻，以牙骨藏之，其光不绝。

【〔清〕乾隆《永春州志》】程田寺　在瑶市社。五代唐僧行端修真于此。邑人程国知施田建寺，宋天禧中赐额。

香林寺

【〔清〕同治《福建通志》】香林寺　在治西北杨梅上团。五代时建于湖山之北，宋天圣元年移建于西林，二年赐额。

【〔民国〕《德化县志》】香林寺　在梅上里，平地临溪。先是为桂阳林姓坟茔。五代末，僧守珍建寺于湖山之北。宋天圣元年，僧了他别择吉地为林嗣墓，移寺今所。旧名西林，二年赐额"香林"。明宣德元年，里人林贞等募众重修。

戴云寺

【〔清〕同治《福建通志》】戴云寺　在梅上里戴云山。宋端拱初建。《闽书》：山巅有池，分为九派，下注九溪，其上多奇花异果。五须之松,高四五尺,苍郁可爱。寺后有石屏,天柱石、儒冠石、线泉石。屏之上,左钟右鼓。寺西有石室,南唐时释智亮居之。自题诗:"戴云山顶白云齐,登顶方知世界低。异草奇花人不识,一池分作九条溪。人间谩说上天梯,上万千回总是迷。曾似老人岩上坐,清风明月与心齐。"

【〔清〕乾隆《永春州志》】戴云寺　在新化里戴云山。有唐祖膊和尚及其师慈感金泥肉身祀于寺中。梁开辟二年造。宋端拱二年,僧怀整重建。

相安寺

【〔清〕同治《福建通志》】相安寺　在新化里。宋丞相曾公亮留宿于此,故名。

宝藏寺

【〔清〕同治《福建通志》】宝藏寺　未建时有牧童系牛于此,忽有一人追之,须臾不见,后即其地掘得洪钟,乡人为建寺,故名。

龙湖寺

【〔民国〕《德化县志》】龙湖寺　在新化里泰湖山,亦名金碧峰。宋绍定间,僧自超建。明嘉靖间毁,里人林正旺施田舍山,募众重建。寺极宏敞,多奇花异木。

五华寺

【〔清〕乾隆《永春州志》】五华寺　在上林社五华山。唐咸通间,僧无晦结庵,与虎同居,号虎蹲岩。后坐化,邑人创寺祀之。

祝圣寺

【〔清〕乾隆《永春州志》】祝圣寺　在县治东旧学地。明崇祯初,知县桂振宇建以寺,后为僧会司,西厅为道院,后立遗爱祠。今废。

天王寺

【〔清〕乾隆《永春州志》】天王寺　在梅中里。祀宋香林寺僧道徽、了他。

九仙二岩

【〔民国〕《德化县志》】九仙二岩　在九仙山，左为灵鹫，右为仙峰。唐开元丙辰，僧普惠、无比创灵鹫岩，柱础梁栋皆以石为之。后无比化于山顶，普惠寂于岩中，因并祀焉。宋元香火不治。明万历间重新，知县杨文正题曰"一方净土"，永春知县题曰"胜迹维新"。仙峰岩，兴废莫考，万历间重建。

【〔清〕乾隆《永春州志》】灵鹫岩　在九仙山左。唐开元间，僧普惠、无比创，柱础梁栋皆以石为之。明万历间重新。

【〔民国〕《福建通志》】仙峰寺　在县西小尤中团。明景泰四年重建。

仪林寺

【〔民国〕《福建通志》】仪林寺　在永丰里。今废。

中兴寺

【〔民国〕《福建通志》】中兴寺　在永丰里。

妙峰庵

【〔民国〕《福建通志》】妙峰庵　在县东妙峰山。

云峰寺

【〔民国〕《福建通志》】云峰寺　在在县西小尤中团。

永春州·大田县

世尊岩庵　大罗寺　新兴寺　狮子岩寺（4）

世尊岩庵

【〔清〕同治《福建通志》】世尊岩庵　在四十四都。宋绍兴间建。

大罗寺

【〔清〕同治《福建通志》】大罗寺　在三十都大罗岩。朱文公尝游此。文公诗："触目风光不易裁，此间何似舞雩台？病躯若得长无事，春服成时岁一来。"又"中履悠然一钵囊，何防且住赞公房。却嫌宴坐观心处，不奈檐花低死香。"

新兴寺

【〔清〕同治《福建通志》】新兴寺　在治东门外。为祝圣所。

狮子岩寺

【〔清〕同治《福建通志》】狮子岩寺　在三十一都。明里人郭奇逢诗："杖藜初此寄行踪，知在瑶台第几重。萝磴曲穿幽草碧，苔痕平点落花红。卧游归枕凭诗卷，写列围屏少化工。兴到时须携鹤去，抱云酣睡小崆峒。"

龙岩州·龙岩县

报恩寺　南塔院（2）

报恩寺

【〔清〕乾隆《龙岩州志》】报恩寺　在龙岩州治东。宋绍兴二年建。元至正间，僧济舟、玉井相继拓治。明成化间，知县陶博修。国朝因资政院圮，改为朝贺行礼公所。知县江藻修，后久勿葺。雍正十三年，知州张廷球倡率僧会司僧正庆云重修。

南塔院

【〔清〕同治《福建通志》】南塔院　在治南。宋乾道间建。

龙岩州·漳平县

资寿院　地藏院　高明寺（3）

资寿院

【〔清〕同治《福建通志》】资寿院　在和睦里。宋时建，元大德二年修，明景泰间重修。

地藏院

【〔清〕乾隆《龙岩州志》】地藏院　古址在龙岩州治东。宋时，国忌拈香于此。尝改建儒学，又为藩臬行署，今并建督学试院。明知县余应桂复建于东宝山石云岩。国朝乾隆元年，奉上谕清厘僧道，岩属之僧应付者，十居其九，例不得请牒，而各僧又无力远涉他府受戒。知州张廷球延厦门虎溪之石龙和尚住锡于此，开坛设戒，州及属邑之僧，受戒而成佛弟子者，凡七十有八人。

高明寺

【〔清〕乾隆《龙岩州志》】高明寺　在漳平县龙停山。不知创自何时，其制甚广，后乃浸逼。明万历元年，知县章述庐拓而新之。七年，知县卢彦增建前堂，为一邑巨观。

龙岩州·宁洋县

祝圣寺　观音殿（2）

祝圣寺

【〔清〕乾隆《龙岩州志》】祝圣寺 在宁洋县东门。明万历十年,知县杨继时建。三十二年,知县许一元迁于城南麒麟山上,建塔镇之。顺治十七年,知县萧亮重修,于寺之东建韦陀殿、伽蓝殿。康熙十八年,署令华敏功建大悲阁。三十一年,知县沈荃修。

观音殿

【〔清〕乾隆《龙岩州志》】观音殿 在宁洋县南门,原社学。明万历三十年,知县李成建。顺治间,毁于寇,知县萧亮重修,额曰"普济"。

福建高僧传略

唐

道一 如一 怀海 普光 慧海 水塘和尚 隐峰 怀晖 无了 正乾 灵佑 李头陀 大智 神暄 哀寿佛 法通 行标 窈然 圆修 慧忠 千灵 义中 萧、袁二师 元修 楚南 希运 僧铨 玄畅 全豁 义存 扣冰和尚 瓦棺寺和尚 师备 智孚 师慧 归本 宗靖 从袭 孚钦 道圆 忠 可观 师鼐 慈慧 灵训 弘济 匡护 常觉 浮石和尚 怀佑 景欣 约 令言 宣壹 怀浚 无际 慈济 戒定 玄奖 无等 朝悟 罗汉和尚 大安 通智 行实 师复 智广 了拳 惟亮 文偁 如玽 鸿休 本净 文矩 妙觉 本寂 伏虎一 洪荐 弘则 叔端 文超 裴头陀 清豁 契如 文偃 三佛祖师 慧恭 怀道 全豁 普闻 元表 志贤（95）

道一

【〔明〕《八闽通志》】马道一，汉州人。容貌奇异，幼落发受戒于渝州圆律师。开元中，习禅定于衡山，遇怀让师，密受心印。登建昌石门山，有洞壑之幽，谓其徒曰："吾当栖此。"遂沐浴跏趺而逝。谥"大寂禅师"。

【〔清〕同治《福建通志》】道一，马氏子，什邡人。容貌奇异，牛行虎视，引舌过鼻，足下有二轮文。幼依资州唐和尚落发。开元中，习禅定于衡岳传法院，怀让禅师谓曰："磨砖不能作镜，坐禅岂能成佛？"同参者九人，唯道一密受心印。至建阳佛迹岭创寺居焉。苦雀鼠蚊蚁之扰，作法禁之，遂绝。

如一

【〔宋〕《宋高僧传》】唐福州钟山如一传　释如一，不知何许人也。开元末，为僧典床座。俄有僧遍身疮疥，衣服褴褛，巡绕寺中。僧众睹之，无不厌恶，唯一见而悯焉。延入常住别堂，安置度夏。夏末辞去，一问："去何所？"答曰："归庵中。"又问："庵在何也？""只在大乘寺东。"一曰："某日前方自彼来勿见庵处。"曰："不信但来相访，某两日后专来。"一遂往，果见前僧在岩口相候。因携手入一精舍，楼阁森耸，殿堂交错，且非人间景物。三日，遣一公下山，回首见悉是岩石，方知圣寺耳。一由是倍力修进愿预圣流云。

怀海

【〔明〕《闽书》】洪州百丈山怀海禅师　长乐人，姓王氏。卯岁离尘，三学该练。属马祖阐化江西，倾心依附，与西堂智藏、南泉、普愿同称入室。海侍马祖，言下有悟〔误〕，被祖振威一喝，直得三日耳聋。自此雷音将震，檀信请于洪州新吴界，住大雄山。以居处岩峦峻极，故号百丈。处未期月，参元之宾四方麇至，沩山黄檗实当其首。每上堂，有一老人随众听法。一日众退，老人不去，海问："何人？"老人曰："某非人也。于过去迦叶佛时曾住此山。"因学人问："大修行人，还落因果也无？"

某对云："不落因果。遂五百年生堕野狐身，今请和尚代一转语。"海曰："不昧因果。"老人言下大悟，作礼曰："某已脱野狐身，住在山后。敢乞依亡僧津送。"海令维那白椎告众："食后送亡僧。"大众聚议："一众皆安，涅槃堂又无病人，何故如是？"食后，海领众至山后岩下，以杖挑出一死野狐，乃依法火葬之。海凡作务执劳，必先于众。主者不忍，密收作具而请息之。海曰："吾无德，争合劳于人？"既遍求作具不获，而亦亡餐，故有"一日不作，一日不食"之语流播寰宇矣。元和九年归寂，谥"大智禅师"。

【〔宋〕《宋高僧传》】唐新吴百丈山怀海传　释怀海，闽人也。少离朽宅，长游顿门。禀自天然，不由激劝。闻大寂始化南康，操心依附，虚往实归，果成宗匠。后檀信请居新吴界，有山峻极可千尺许，号百丈欤。海既居之，禅客无远不至，堂室隘矣。且曰："吾行大乘法，岂宜以诸部阿笈摩教为随行邪？"或曰："瑜伽论璎珞经是大乘戒律，胡不依随乎？"海曰："吾于大小乘中博约折中，设规务归于善焉。"乃创意不循律制，别立禅居。初自达摩，传法至六祖。已来得道眼者号长老，同西域道高腊长者呼须菩提也，然多居律寺中，唯别院异耳。又令不论高下尽入僧堂，堂中设长连床，施椸架挂搭道具。卧必斜枕床唇，谓之带刀睡，为其坐禅既久，略偃亚而已。朝参夕聚，饮食随宜，示节俭也；行普请法，示上下均力也；长老居方丈，同维摩之一室也；不立佛殿，唯树法堂，表法超言象也。其诸制度与毗尼师一倍相翻，天下禅宗如风偃草，禅门独行由海之始也。以元和九年甲午岁正月十七日归寂，享年九十五矣。穆宗长庆元年，敕谥"大智禅师"，塔曰"大宝胜轮"焉。

普光

【〔明〕《闽书》】福州普光禅师　得青原行思禅师之传。

慧海

【〔明〕《闽书》】越州大珠慧海禅师　初参马祖，于言下自识本心，不由智觉，踊跃礼谢。晦迹藏用，外示痴讷。自撰《顿悟入道要门论》一卷。

【〔宋〕《五灯会元》】大珠慧海禅师，建州朱氏子，依越州大云寺智和尚受业。初参马祖，祖曰："来须何事？"曰："来求佛法。"祖曰："我这里一物也无，求甚么佛法？自家宝藏不顾，抛家散走作么？"曰："那个是慧海宝藏？"祖曰："即今问我者是汝宝藏，一切具足，何假外求。"师于言下自识本心，踊跃礼谢。执侍六载，后以受业师老，遂归奉养。撰《顿悟入道要门》一卷，传至马祖，览讫告众曰："越州有大珠，圆明光自在。"众中知师姓朱，推寻依附者号师为"大珠和尚"。

水塘和尚

【〔明〕《闽书》】水塘和尚，马祖法嗣也。

【〔宋〕《五灯会元》】汀州水塘和尚　问归宗："甚处人？"宗曰："陈州人。"师曰："年多少？"宗曰："二十二。"师曰："阇黎未生时，老僧去来。"宗曰："和尚几时生？"师竖起拂子。宗曰："这个岂有生邪？"师曰："会得即无生。"曰："未会在。"师无语。

隐峰

【〔明〕《闽书》】五台山隐峰禅师　初游马祖之门，未能睹奥。复来往石头，后于言下相契。冬居衡岳，夏止清凉。元和中，荐登五台，路出淮西，属吴元济阻兵，违拒王命。官军与贼军交锋，未决胜负，师曰："吾当去解其患。"乃掷锡空中，飞身而过。两军将士仰观，事符预梦，斗心顿息。师既显神异，虑成惑众，遂入五台。于金刚窟前，将示灭，先问众曰："诸方迁化，坐去、卧去，吾尝见之，还有立化也无？"曰："有。"师曰："还有倒立者否？"曰："未尝见有。"师乃倒立而化，亭亭然其衣顺体。时众议舁就荼毗，屹然不动。远近瞻睹，惊叹无已。师有妹为尼，时亦在彼，乃拊而咄曰："老兄畴昔不循法律，死更荧惑于人！"于是以手推之，偾然而踣，遂就阇维，收舍利建塔。

【〔宋〕《宋高僧传》】唐代州北台山隐峰传　释隐峰，俗姓邓氏，建州邵武人也。稚岁憨狂，不徇父母之命出家。纳法后往观方，见池阳南泉禅师，令取澡罐，提举相应，为愿公所许焉，终认嗣马禅师耳。峰元和中言游五台山，路出淮西，属吴元济阻兵，违拒王命，官军与贼遇交锋，未决胜负。峰曰："我去解其杀戮。"乃掷锡空中，飞身冉冉随去。介两军阵过，战士各观僧飞腾，不觉抽戈匣刃焉。既而游遍灵迹，忽于金刚窟前倒立而死，亭亭然其直如植。时议灵穴之前当舁就爇，屹定如山，并力不动，远近瞻睹，惊叹希奇。峰有妹为尼，入五台瞋目咄之曰："老兄畴昔为不循法律，死且荧惑于人。"时众已知妹虽骨肉，岂敢携贰，请从恒度，以手轻攘偾然而仆，遂荼毗之，收舍利入塔，号邓隐峰。遗一颂云："独弦琴子为君弹，松柏长青不怯寒。金矿相和性自别，任向君前试取看。"

怀晖

【〔宋〕《宋高僧传》】唐雍京章敬寺怀晖传　释怀晖，姓谢氏，泉州人也。宿植根深，出尘志远，迨乎进具，乃尚云游。贞元初，礼洪州大寂禅师，顿明心要，时彭城刘济颇德晖互相推证。后潜岨崃山，次寓齐州灵岩寺，又移卜百家岩。泉石幽奇，苦于禅子请问繁杂。上中条山行禅法，为法者蹑迹而往，蒲津人皆化之。元和三年，宪宗诏入于章敬寺毗卢遮那院安置。则大历中敕应天下名僧大德三学通赡者，并丛萃其中，属诞辰多于此修斋度僧焉。晖既居上院，为人说禅要，朝寮名士日来参问。复诏入麟德殿，赐斋推居上座。元和十年乙未冬，示疾，十二月十一日灭，度春秋六十二。越明年二月，门人智朗、志操等，奉全身葬于灞桥北原。敕谥"大宣教禅师"，立碑于寺门，岳阳司仓贾岛为文述德焉。

无了

【〔清〕同治《福建通志》】无了　姓沈，莆田人。长庆中，得法于江西马祖。行经龟山，睹六眸巨龟，自涧泉浮出，足蹑小龟四，回首面师，如作礼状者三。因名其地曰龟洋，结茅居焉。咸通八年，年八十一示寂。后塔患水，门人发之，已二十年，身浮水中不坏。闽王昇府供养，忽臭气远闻。王曰："可还旧山。"言讫，异香普熏，乃封"真寂大师"。

正乾

【〔清〕同治《福建通志》】正乾　本姓吴，莆田人。得法于六祖，辞归至福州黄檗山，曰："吾受记于师，逢苦即住，其在是乎？"遂即山建寺，为黄檗初祖。

灵佑

【〔明〕《闽书》】潭州沩山灵佑　长溪赵氏子。年十五出家，依本郡建善寺法常律师剃发，于杭州龙兴寺究大小乘教。二十三，游江西，参百丈。丈一见，许之入室，遂居参学之首。司马头陀自湖南来，谓丈曰："顷湖南寻得一山，名大沩，是一千五百人善知识所居之处。"丈曰："老僧住得否？"陀曰："非和尚所居。"丈曰："何也？"陀曰："和尚是骨人，彼是肉山设，居徒不盈千。"丈曰:"吾众中莫有人住得否?"陀曰:"待历观之。"时华林觉为第一座,丈令侍者请至,问曰:"此人如何?"陀请声咳一声,行数步。陀曰:"不可。"丈又令唤师,师时为典座。陀一见,乃曰:"此正是沩山主人也。"丈是夜召师入室,嘱曰:"吾化缘在此,沩山胜境,汝当居之,嗣续吾宗,广度后学。"而华林闻之,曰:"某甲忝居上首,典座何得住持?"丈曰:"若能对众得一语出格,当与住持。"即指净瓶问曰:"不得唤作净瓶,汝唤作什么?"林曰:"不可唤作木㮈也。"丈乃问师,师踢倒净瓶便出去。丈笑曰:"第一座输却山子矣。"师遂往住焉。是山峭绝,复无人烟,猿猱为伍,橡栗充食,经五六载无来者。师自念言:"我本住持,为利益于人,既绝往还,自善何济?"即舍庵而欲他往。行至山口,见蛇虎狼豹交横于路。师曰:"汝等诸兽,不用拦吾行路。吾若于此山有缘,汝等各自散去。吾若无缘,汝等不用动,吾从路过,一任汝吃。"言讫,虫虎四散而去,师乃还庵。未及一载,懒安上座同数僧从百丈来,辅佐于师。安曰:"某与和尚作典座。待僧及五百人,不论时节即不造粥,便放某甲下。"自后,山下居民稍稍知之,率众共营梵宇。连帅李景让奏号"同庆寺",相国裴休常咨玄奥,由是天下禅学辐辏焉。大中七年正月九日,盥漱敷座,怡然而寂。寿八十三,腊六十四。

【〔宋〕《宋高僧传》】唐大沩山灵佑传　释灵佑,俗姓赵,祖、父俱福州长溪人也。佑卯年戏于前庭,仰见瑞气祥云徘徊盘郁,又如天乐清奏真身降灵,衢巷谛观,耆艾莫测。俄有华巅之叟,状类罽宾之人,谓家老曰:"此群灵众圣标异,此童佛之真子也,必当重光佛法。"久之弹指数四而去。佑以椎髻短褐依本郡法恒律师,执劳每倍于役。冠年剃发,三年具戒。时有钱塘上士义宾，授其律科。及入天台，遇寒山子于途中，乃谓佑曰："千山万水遇潭即止，获无价宝赈恤诸子。"佑顺途而念，危坐以思。旋造国清寺，遇异人拾得申系，前意信若合符，遂诣㵒潭谒大智师，顿了祖意。元和末，随缘长沙，因过大沩山，遂欲栖止。山与郡郭十舍而遥，复无人烟，比为兽窟，乃杂猿猱之间，橡栗充食。浃旬，有山民见之，群信共营梵宇。时襄阳连率李景让统摄湘潭，愿预良缘，乃奏请山门号"同庆寺"。后相国裴公相亲道合。佑为遭会昌之澄汰，又遇相国崔公慎由，崇重加礼。以大中癸酉岁正月九日，盥漱毕，敷座瞑目而归灭焉。享年八十三，僧腊五十九。迁葬于山之右栀子园也。四镇北庭行军泾原等州节度使、右散骑常侍卢简，求为碑。李商隐题额焉。

李头陀

【〔明〕《闽书》】李头陀　俗姓李。幼从百丈禅师住洪州，后还，葬母于沙堤闾前，庐墓三年。题诗石上，曰："守坟三载念生缘，种树为阴出世恩。划石寄言相付嘱，一重孙付一重孙。"题毕，石自开，遂端坐于中，与石复合。

大智

【〔明〕《闽书》】百丈山大智禅师　长乐人。初事龙泉禅师。一日，师令浣巾于井，见青、黄二龙戏井中，玩之，归迟。其师诘之，遂以钵探二龙献师。师奇之，令削发游方，临行嘱之曰："逢马则参，遇丈则止。"果至百丈山，参马师祖，遂得道于其山。后复归龙泉，立道场，制丛林规，传于世。

神暄

【〔宋〕《宋高僧传》】唐婺州金华山神暄传　释神暄，俗姓留，建阳人也。幼而沉静，非问不言。客游婺州，入开元寺，志愿出家焉。无何，本郡太守入寺访其师，见暄神彩朗练。太守善相人也，顾之数四，且曰："是子真出尘之器，异日承受深法，千众围绕，必超上果，非凡气也。"乃诵七佛俱胝神咒，昏晓不绝。纳戒毕，于金华山北洞百家岩，有石穴，暄居中止息。不构庵室，作露地头陀。复无床榻，然有神人吐紫色云气，而高覆之，遐望冉冉，犹独柱观焉。其神人时来问道，拱手白暄曰："赤松洞之东峰有林泉卓异，师可居之否？"暄随请往，住数年，越多征瑞。贞元二年，遇志贤禅师，问暄："如此持诵，魔事必生。欲灭魔怨，须识身本。身本既真，无魔无佛。"豁然开悟，理事俱成，神咒功倍。元和八年，范扬中丞知仰，遣使赍乳香毡罽器皿施暄，并回施现前大众。次中书舍人王仲，请于大云寺为众受菩萨戒。十二载，平昌孟简尚书，自会稽甄请不赴。八月，俄回旧山，人莫详测。倏云示灭，春秋七十六，弟子建塔焉。一云，暄在金华山北，多寒少阳。神人问曰："师须何物？"曰："吾在山之阴，苦于凛冽。"神曰："小事耳。"至夜闻暄阒之声，明旦见一小峰移矣。

哀寿佛

【〔清〕同治《福建通志》】哀寿佛（案，《闽书》云：寿佛哀姓） 建阳大浑里农夫也。（案，大浑里今属崇安。）事母至孝。蓬跣耐寒暑。夜竖圆木三尺许，危坐达旦。与同侣芸田，烈日中常有阴云覆之。初学道，邑之黄洋岩。贞元中，改筑铜钹山。巨石、大木皆独力运之，举重如轻。或与之米四五石，亦顶戴以去，涉险如飞。言休咎辄验，施水疗疾，无不愈者。示寂以火，烟焰亘天，而震铃诵经之声不绝。

法通

【〔清〕同治《福建通志》】法通 贞元中，居壶山虎邱岩。尝下山遇两虎争一牛，通隔而分之。黄御史《壶山》诗云："井通邅吐脉，僧隔虎栖禅。"

行标

【〔清〕同治《福建通志》】行标　本姓方。九岁投玉涧寺神皎出家，长而辞师北游，抵京谒章教大师法会。章教奇之，令首其众，寻推入道场，宪宗善之。元和十一年，复归玉涧。黄滔称为释子之高杰者。

【〔唐〕黄滔《华严寺开山始祖碑铭》】师法号行标，俗姓方。祖荣父安，莆之盛族也。师生于建中二年辛酉，韶龀即颖悟异于诸童。九岁投玉涧寺监寺神皎出家。既而辞其师北游，抵京荐福寺受戒品。元和十一年丙申，师年三十六，东归，复于玉涧焉。法雨随车，慈云被物。洎武皇帝会昌元年辛酉，除佛舍，籍释子于户部。师则巾华阳，衣缝掖，晦迹樵客，庐于西岩石室。及宣皇帝复寺，大中元年丁卯，师年六十七。刺史琅琊王公迎以幡花，舍于郡开元寺，俾为监领。大中六年，师年七十二，乞归故山。县令中山瓯宿与莆之士庶，争沐醍醐，共隆兰若。烟峦蔽亏，朱碧掩映。前俯平川，后崎奔峤。地自人胜，名由道高。刺史河东薛公仰其孤风，复驰开元之僧，卫以入郡。日扣华严大义，几忘食寝。洎解印，与之偕至北岩，题之为华严院，以彻祠部焉。师咸通六年七月五日示灭，寿八十有五，僧腊六十有四。后建窣堵波于西冈。十一年，其徒从绍疏师行实于阙，升其院为华严寺。有徒三十人，皆肃肃可观，不忝师门。于戏！师仪梵肮脏，言词雅直。冲默而明敏，慈恕而刚毅。儒书皆通三皇五帝之道，言未尝及，而人知其博古也。经论综贯天堂地法之说，舌未尝举，而人皆务崇善也。所至清风凛凛，正所谓释子之高杰者也。愚冠扣师关，壮以随计。乾宁二年，忝登甲科，东还荐造金地。岁周三纪，胶掌而拜影堂，腹藁而铭遗美，不可使桑门大士泯而无述焉。故铭曰：智月不缺，乘虚照物。道花不衰，吐艳无时。洞彻照灼，杰然吾师。禀荐福戒，分章教枝。厥宗得隽，内庭擢之。御香彻印，云间资期。数有□隆，道无磷缁。德风徒袭，法舸宁维。山幽迹高，身没名垂。松塔虽故，竹毫可追。稽首影堂，敬刻斯碑。

窈然

【〔清〕同治《福建通志》】窈然　生唐宝历时，出家师事怀晖禅师，铁钵自给。尝登坛演说，有红莲变白，异香飘空之瑞。云游四方，所过林莽虎皆驯伏。祷雨多验，州守以旱致之，大雨三日。将示寂，属其徒必香烟绝处，方入化。送葬者讶其龛轻，至香烟绝处龛乃重。停宿石上，忽风雨晦暝，没入石中。

圆修

【〔宋〕《宋高僧传》】唐杭州秦望山圆修传　释圆修，姓潘氏，福州闽人也。生而岐嶷，长而俊迈。忽思拔俗，寻事名师，剔发变衣，年满于嵩阳会善寺纳戒。既而仪表容与日新厥德，研穷经论，俄约观方。遇百丈山海禅师，根教相符，遂明心要。持杯振锡而抵于杭，见秦望山峻极之势，有长松枝繁结盖，遂栖止于松巅。时感鹊复巢于横枝，物我都忘。羽族驯狎，由兹不下近四十秋。每一太守到任，则就瞻仰，号鸟窠禅师焉。洎元和初，邦伯裴常棣酷重其道，请下结庵者至于三四，或为参请者说法。裴侯命八属宰官同力造伽蓝，移废额曰招贤，以居之。太和七年癸丑岁九月二十二日，端坐怡然归寂。享年九十九，僧腊八十。杭之累政良守无不倾重，税驾树阴请谈玄极，不觉更仆移辰矣。今塔在石甑山下，南岳僧唯贞为塔铭焉。近有盗发其塔，且多怪异，止收得铭志而已。

慧忠

【〔宋〕《禅林僧宝传》】禅师名慧忠,泉州人,生陈氏。幼依龟洋山得度。游方至华州,谒草庵法义道人,留十余年。南还旧山,痛自韬晦。会昌初,诏天下废释氏教,及宣宗即位,诏重兴之。慧忠笑曰:"仙去者未必受箓,成佛者未必须僧。"遂过中不食,不宇而禅,迹不出山者三十年。以三偈自见,曰:"雪后始知松柏操,云收方见济淮分。不因世主令还俗,那辨鸡群与鹤群。多年尘土自腾腾,虽着伽梨未是僧。今日归来酬本志,不妨留发候然灯。形容虽变道常存,混俗心源亦不昏。试读善财巡礼偈,当时岂例是沙门。"谓门弟子曰:"众生不能解脱者,情累耳。悟道易,明道难。"问:"如何得明道去?"忠曰:"但脱情见,其道自明矣。夫明之为言信也。如禁蛇人,信其咒力药力。以蛇绾弄,揣怀袖中无难。未知咒药等力者,怖骇弃去。但谛见自心,情见便破。今千疑万虑,不得用者,是未见自心者也。"忽索香焚罢,安坐而化,全身葬于无了禅师塔之东。后数年,塔忽自坼裂,连阶丈余。寺将发僧视之,是夜宴寂中,见无了禅师曰:"不必更发也。"今为沈、陈二真身。无了生沈氏,见马祖云。

千灵

【〔清〕同治《福建通志》】千灵 莆田九华山僧也。先是会昌中,千灵辞六祖入闽,六祖云:"逢苦即住。"至莆田苦竹山柱锡,山魈拒之。千灵曰:"若能饮铁针,则吾去。不能饮而吾饮,则若去。"魈不能饮,自饮之,魈遁去,遂于西山北建苦竹院,所饮余针尚储存焉。

义中

【〔清〕同治《福建通志》】义中 三平开山和尚也(案,

三平山今属平和县）。本姓杨，高陵人，父仕闽，至福唐生义中。年十四出家，久之，往抚州谒石巩。巩常张弓架箭接机，义中诣法席，巩曰："看箭。"义中乃当前擘胸，巩收箭，弹弓弦三下，云："三十年来张弓架箭，而今只射得半个佛圣人。"后南游，见大颠、妙造、空中、深了、无碍。宝历中，结庵州开元寺旁，请法者三百余人。会昌五年汰僧，乃入三平山。有九层岩者，山鬼所穴，义中卓锡于前。众鬼舁投之深潭，及还，见义中晏坐。复以笼舁至瑞龙百丈漈，缒石沉之，复如故。由是惊伏，乞为义中架院，曰："愿慈悲。"闭目七日，许之五日，目忽开，院成，唯山门未就，众鬼化形逸去。有大魅，身毛鬊□，义中戏擒之随侍指使，曰：毛侍者。大中三年，刺史郑熏奏号"广济禅师"。咸通十三年示寂，年九十二，僧腊六十五。

【〔唐〕王讽《漳州三平大师碑铭并序》】得菩提一乘，嗣达摩正统，志其修证，俾人知方。则有大师法名义中，本姓杨氏，为高陵人。因父在闽，生于福唐县。年十四，诣宋州律师元用剃发，二十七具戒。先修摩钵提，后修奢摩他禅那。大师幼悟法印，不汩幻机，日损熏结，立超冥观。宝历初到漳州，州有三平山，因芟华住持，敞为招提。请法者，常有三百余人。虚往实归，皆悦义味。知性无量，于无量中，以习气所拘，推为性分；知智无异，于无异中，以随生所系，推为业智。以此演教，证可知也。武宗皇帝简并佛刹，冠带僧徒，大师止于三平深岩。至宣宗皇帝稍复佛法，旬岁内寺宇一新，因旧额标曰"开元"。于戏！知物不终完，成之以禅教；知像不尽法，约之以表微。晦其用而不知其方，本乎迹而不知其常。咸通十三年十一月六日，宴坐示灭，享年九十一，僧腊六十五。讽自吏部侍郎以旁累谪守漳浦，至止二日访之，但和容瞪目，久而无言。征其意，备得行止事实，相见无间然也。问曰："《周易》经历三圣，皆合天旨神道。注之者以至虚而善应，则以道为称，以不思而元览，则以神为名，达理者也。《经》云隐而显，不言而喻，不疾而速，不行而至。后之通儒，有何疑也？"异日又访之，适有刑狱，因语及，师曰："孝之至也，无所不善，有其迹乃匹夫之令节，法之至也，莫得而私，一其政则国之彝典。"其于适道适权又如此。言讫颔之，不复更言。今亡矣夫，因为铭曰：观迹知证，语默明焉。观证知教，权实形焉。体用如一，曷以言宣。太素浩然，吾师亦然。观其定容，见其正性。不阅外尘，朗然内净。智圆则神，理通则圣。师能得之，随顺无竞。吾之行止，师何以知。得性之分，识时之机。达心大师，邈不可追。

萧、袁二师

【〔清〕同治《福建通志》】萧、袁二禅师　浦城人。栖建阳大同山绝壁穷岩之上，无人知者。会昌中，梁国公退居山下，屡于水际得菜叶，寻其源，遇二师。有二虎至，师喝曰："毋惊地主。"虎泥首引去，良遂舍地立寺。

元修

【〔民国〕《福建通志》】元修　号俱胝，福清人。武宗时，结庵于灵石山，常诵七俱胝咒，故名。乡人有疾祟秽治之。宣宗四年，诣阙贡金买山，始创精舍，名翠石院。元结赠之诗曰："万卷千章总不真，虚将文字役精神。俱胝只念三行咒，便得名超一世人。"

楚南

【〔明〕《闽书》】杭州千顷山楚南禅师　参黄檗，檗问："子未现三界影像时如何？"曰："即今岂是有邪？"曰："有无且置，即今如何？"曰："非今古。"檗曰："吾之法眼已在汝躬。"

住后，上堂："诸子设使得三世佛教如瓶注水，及得百千三昧，不如一念修无漏道。"僧问："如何是易？"师曰："着衣吃饭，不用读经看教，不用行道礼拜，烧身炼顶岂不易耶？"曰："如何是难？"曰："微有念生，便具五阴三界，轮回生死，皆从汝一念生。所以佛教诸菩萨云'佛所护念'。"后游杭州示寂焉。大顺三年，宣州孙儒寇钱塘，发塔，睹师全身俨然，爪发俱长，拜谢而去。

【〔宋〕《宋高僧传》】唐杭州千顷山楚南传　释楚南，闽人也，俗姓张氏。爰在髫龄，冥然跪于父母前，诉志出家。投开元寺昙蔼师而受训焉。当授经法目所经睹辄诵于口，执巾侍盥洒扫应对，颇能谨愿，迨乎冠岁乃落发焉。诣五台登戒，就赵郡学相部律。往上都学净名经，一律一经略通宗旨，则知顿机不甘为渐教缚，遂往芙蓉山，根性未发。谒黄檗山禅师，问答虽多机宜顿了。倏值武宗废教，南遂深窜林谷。大中兴教出遇升平，相裴公休出抚宛陵，请黄檗出山，南随侍由此。便诣姑苏报恩寺专行禅定，足不逾阃仅二十余载。乾符四年，苏州太守周慎嗣，向风请住宝林院，又请居支硎山。至五年，昌化县令徐正元，与紫溪戍将饶京，同召住千顷慈云院。训示禅徒之外，唯俨然在定逾月，或浃旬。光启三年，前两浙武肃王钱氏，请下山供施。昭宗闻其道化，赐其鹿胎衣五事，别赍紫衣。文德六年二月，忽双虹贯堂室，二鹿蹶然入寺，法堂梁折。至五月辞众，后于禅床垂两足伸二臂于膝，奄然而卒。春秋七十，僧腊五十六，迁塔于院西隅。大顺二年壬子岁二月，宣州孙儒寇钱唐之封略。兵士发塔，见南全身不散，爪发俱长，悔罪而去。南公平昔著《般若经品颂偈》一卷、《破邪论》一卷，以枝梧异宗外敌，见贵于时也。

希运

【〔清〕同治《福建通志》】希运　福清人。削发黄蘖寺，有天台僧见而叹之曰："大乘法器也。"游京师，参百丈禅师，有所答问，禅师吟吟而笑。裴相国休镇宛陵，建大禅苑，请希运说法。以希运酷爱旧山，还以黄蘖名之。（案，《闽书》黄蘖山条引宋翁卷诗："天下两黄蘖，此中山是真。碑看前代刻，僧值故乡人。"运居永嘉，故乡人谓天台僧。）

【〔宋〕《宋高僧传》】唐洪州黄蘖山希运传　释希运，闽人也。年及就傅乡校，推其慧利，乃割爱投高安黄蘖山寺出家。迨成长也，身量减王商裁一尺所，额间隆起号为肉珠。然偶俶不羁，人莫轻测，而乃观方入天台。偶逢一僧偕行，言笑自若。运偷窥之，其目时闪烁烂然射人。相比而行，截路巨磎泛泛涌溢，如是捐笠倚杖而止，其僧督运渡去。乃强激发之曰："师要渡自渡。"言讫，其僧褰衣蹑波，若履平陆，曾无沾湿，已到他岸矣。回顾招手曰渡来，运戟手呵曰："咄自了汉。早知必斯汝胫。"其僧叹曰："真大乘法器，我所不及，纵能伤我只取辱焉。"少顷不见，运□恍自失。及薄游京阙分卫及一家门，屏树之后，闻一姥曰："太无厌乎？"运曰："主不愿宾，何无厌之有？"姥召入施食讫。姥曰："五障之身忝尝礼惠忠国师来，劝师可往寻百丈山禅师。所惜巍巍乎堂堂乎，真大乘器也。"运念受二过记莂攸同，乃还洪井见海禅师。开了心趣，声价弥高，徇命居黄蘖精舍。升平相裴公休钦重躬谒，有诗赠焉："曾传达士心中印，额有圆珠七尺身。挂锡十年栖蜀水，浮杯今日渡漳滨。一千龙象随高步，万里香华结胜因。愿欲事师为弟子，不知将法付何人。"则裴相得法出运之门，以大中中终于所住寺，敕谥"断际禅师"，塔名"广业"。《语录》而行于世。

僧铨

【〔明〕《福州府志》】唐僧铨　居连江独觉岩。宣宗时，与怡山大沩为友。峰顶有巨石，铨指叱之，诘旦，移山下，俨成一室，铨趺坐其中。岩有猛虎，为猎矢所中。铨为拔去，后数日疮愈，虎来谢，出入相随。政和元年，敕赐"慈惠禅师"。

玄畅

【〔宋〕《宋高僧传》】唐京兆福寿寺玄畅传　释玄畅，字申之，俗姓陈氏，宣城人也。畅爱在弱龄便持异操，戏则聚沙为塔，摘叶为香。年九岁于泾邑水西寺，依清逸上人教授经法。年十九削发，二十岁往福州兜率戒坛受具足戒。听掇律科深得宗旨，新缯细缕一染色佳，而往越中求闻异说。仰京室西明寺有宣律师旧院，多藏毗尼教迹，因栖惠正律师法席。自入京华，渐萌头角，受京城三学大德，益广见闻。方事讲谈，遽钟堙厄，则会昌废教矣。时京城法侣颇甚彷徨，两街僧录灵宴辩章，同推畅为首。上表论谏，遂著历代帝王录，奏而弗听。由是例从俗服，宁弛道情，龙蛇伏蛰而待时，玉石同焚而莫救。殆夫武皇厌代宣宗在天，坏户重开炎岗息炽。畅于大中中，凡遇诞辰入内谈论，即赐紫袈裟，充内外临坛大德。懿宗钦其宿德，蕃锡屡臻，乃奏修加忏悔一万五千佛名经，又奏请本生心地观经一部八卷，皆入藏。畅时充迫福院首领，又充总持寺都维那，寻署上座。畅讲律六十座，度法者数千人。撰《显正记》一十卷、《科六帖名义图》三卷、《三宝五运》三卷。虽祖述旧闻标题新目，义出意表文济时须。乾符中，懿宗简自上心，特赐师号曰"法宝"。二年三月二十一日示灭，俗龄七十九，僧腊五十九。弟子赐紫惠柔大德师遂宗绍。以其年四月二十五日，窆于长安邑高阳乡小梁村。四年丁酉岁，尚书礼部侍郎崔沆与畅交分殊深，著碑述遗迹焉。

全奯

【〔明〕《闽书》】鄂州岩头全奯禅师　少礼青原谊公，落发往长安宝寿寺，禀戒习经律诸部。优游禅苑，与雪峰、钦山为友。常谓众曰："老汉去时，当大吼一声。"光启之后，中原盗起，众皆避地，师端居晏如。一日，贼大至，责以供馈，遂儳刃焉。师神色自若，大叫而终，声闻数里，即光启三年丁未四月八日也。门人焚之，获舍利四十九粒。

【〔清〕同治《福建通志》】全奯，南安人。少礼青原谊公，落发长住长安宝寿寺，禀戒习经律。优游禅苑，与雪峰、钦山为友。常谓众曰："老汉去时，当大吼一声。"光启后，中原盗起，众皆避地，师端居晏如。贼至，责以供馈，遂儳刃焉。神色自若，大叫而终，声闻数里。时光启三年丁未四月八日也。

义存

【〔清〕同治《福建通志》】义存　侯官雪峰禅院僧也。本南安人，九岁出家，长游吴楚梁宋燕秦间，受法戒于幽州宝刹寺。遍历名山，叩诸禅宗，与钦山和尚契善。钦山，世所称岩头师也。钦山尝谓存曰："从门入者不是佳珍，丈夫须当盖天盖地。"存郭然悟。咸通六年归住雪峰，乾符中赐号真觉大师，授紫袈裟。久之，东游丹邱、四明。二年而归，辟山堂于芙蓉山。其徒数百人，师备、可休、智孚、慧棱、神晏五人，其尤著者。

【〔唐〕黄滔《福州雪峰山故真觉大师碑铭》】大师法号义存，长庆二年壬寅，生于泉州南安县曾氏。乳抱中或闻钟磬，或见僧佛，其容必动。十二从家君游莆田玉涧寺，寺有律僧庆元，持行高洁，遽拜之曰："我师也。"遂留为童子焉。暨武宗皇帝乙丑之否，乃束发儒冠，来府之芙蓉山。宏照大师见奇之，故止其所。至宣宗皇帝之复其道也，褒然而出。北游吴楚梁宋燕秦，受具足戒于幽州宝刹寺，讫巡名山，扣诸禅宗。突兀飘飘，云翔鸟逝。爰及武陵，一面德山，止于珍重而出，其徒数百，咸莫之测。德山曰："斯无偕也，吾得之矣。"咸通六年，师归于芙蓉之故山，圆寂大师自沩山至，其徒则有行实者，议曰："师之道巍巍乎，法门围绕之所，不可造次。其地宜若鹫岭猴江之为，卜府之西二百里有山焉，环控四邑，峭拔万仞。嶬崒以支圆碧，培塿以觇群青。怪石古松，栖蛰龟鹤，灵湫邃壑，隐见龙雷。山之半顶之上则先冬而雪，盛夏而寒。其树皆别垂藤萝，芊茸而以为之衣，交错而不呈其形。奇姿异景，不可殚状。实闽越之神秀，而古仙之未攸居，诚有待于我师也，祈以偕行。"秋七月，穿云躐薜，陟险升幽，将及之，师曰："真吾居也。"其夕，山之神果效灵，翼日，岩谷爽朗，烟霞飞动。云庵既立，月构旋隆。由是梶法轮于无为，树空门于有地。行实乃请名其山曰雪峰，师以山而道侔，山以师而名出。天下之释子，不计华夏，趋之如赴召。乾符中观察使京兆韦公、中和中司空颍川陈公，每渴醍醐而不克就饮，交使驰恳，师为之入府，从人愿也。僖宗皇帝闻之，锡真觉大师之号，仍以紫袈裟授焉。辛亥岁朔，遽然杖履，其徒启而不答，云以随之，东浮于丹邱四明。后二年，自吴还闽。今闽王誓众养民之外，雅隆其道。凡斋僧构刹，以之龟焉。为之增宇设像，铸钟以严其山，优施以充其众。时则迎而馆之于府之东西甲第，每将俨油幢，聆法轮，未尝不移时。余乎一纪，勤勤恳恳。熊罴之士，因之投迹擅□。渔猎之逸，其或弭心鳞羽。戊辰年春三月示疾。夏五月二日，鸟兽悲鸣，云木惨悴，其夜十有八刻时灭度。俗寿八十有七，僧腊五十有九。以其月十五日塔其藏焉。雕珉石，错火壤，磷磷然，業業然。

四隅则环宇以庥，玲珑窅窱，云霞时入，风雨罔侵。其日，奔闽之僧尼士庶仅五千人，一千五百徒。其庶几者若干人，其一号师备，拥徒于元沙〔今安国也〕；其二号可休，拥徒于越州洞岩；其三号智孚，拥徒于信州鹅湖；其四号彗棱，拥徒于泉州招庆；其五号神晏，今府之鼓山也。厥初大迦叶之垂二十八叶，至于达摩。达摩六叶，至于曹溪。分宗南北，德山则南宗五叶，大师嗣焉。为之铭曰：曹溪分派，谁继南宗。一言冠绝，六叶推雄。无物之物，非空之空。不莹而明，不增而隆。缩靡秋毫，□舒靡鸿。不有灵镜，曷扬真风。懿彼闽越，巍乎一峰。洞壑斯异，雪霜罕同。天之有待，师也云锺。名将道协，迹与仙崇。奔走厥徒，百千其丛。庶几几人，莫不元通。分灯照耀，树本玲珑。圣君宠迓，贤王敬重。不生不灭，曷始曷终。刻贞石于斯文，旌厥德于梵宫。

扣冰和尚（藻光）

【〔明〕《神僧传》】扣冰澡光古佛　初参雪峰，峰曰："子异日必为王者师。"后自鹅湖归温岭结庵，继居将军岩。二虎侍侧，神人献地，为瑞岩院，学者争集。尝谓众曰："古圣修行，须凭苦节。吾今夏则衣楮，冬则扣冰而浴。"故世人号为"扣冰古佛"。后住灵曜。天成三年，应闽王之召，延居内堂，敬拜曰："谢师远降。"赐茶次，师提起棋子曰："大王会么？"曰："不会。"曰："人王法王，各自照了。"留十日，以疾辞。至十二月二日，沐浴升堂，告众而逝。王与道俗备香薪茶毗，祥耀满山，收舍利，塔于瑞岩正寝，谥"妙应法威慈济禅师"。自是至今，远近祈祷，灵异非一。

【〔清〕同治《福建通志》】藻光　建阳瑞岩院僧也。（时崇安未置县，瑞岩地属建阳。）本福唐翁承赞季子，母梦比丘荷锡求宿，人指谓曰："是辟支佛也。"已而生藻光，香雾满室，□乳抱中见佛像则笑。年十三乞出家，父母追念宿梦，遂从其欲，送兴福院，依僧行全。唐咸通中，结庵将军岩，二虎侍侧，以其地为神献，匾曰瑞岩。院前有溪，冬辄扣冰而浴，时人称曰扣冰和尚。（案，此本《八闽通志》文，《闽书》云：藻光居瑞岩院，尝谓众曰："古圣修行，须凭苦节，吾今夏则衣褚，冬则浴冰。"世人号为扣冰和尚。）后唐天成三年，闽王召至福州，留十日，以疾辞。未几沐浴而逝，焚骨时舍利有五色。先是，藻光住瑞岩，及赴惠宗之请，别大众于松门，曰："二百年后当再归扫堂。"宋宣和六年，翁中丞彦国请祖鉴师住院，至东岭，猛省曰："此吾重来地也。"藻光体魁梧，遗有故袈裟，长丈余，祖鉴披之适称。人溯松门别语时，恰二百年。后以腊月二日坐逝，亦扣冰示寂之日云。

【〔清〕《武夷山志》】扣冰古佛　姓翁，号藻光，崇安吴屯里人，先世居长安。父承赞，字文尧，唐乾宁三年进士，拜右拾遗。天祐初，以册封王审知至闽。中原多故，遂卜居于崇。有诗名，多著述。尝梦老比丘荷锡求宿，有侍者曰："此辟支佛也。"既而母孟氏生藻光，异香满室。十岁欲出家，父母念夙梦，听之。杖锡云游，往参雪峰禅师。初至庭，雪峰探其造悟，曰："进则死，退则亡。"答曰："横行数步又何妨。"比辞归，雪峰送之曰："子异日必为王者师。"又历游四方。一日忽悟曰："欲会千江明月，止在一轮光处。何劳破此芒鞋耶！"遂求静僻，扫迹尘魔，以成定慧。每日问主人翁曰："惺惺否？"随自应之曰"惺。"朱子尝引此以明诚意之旨。冬月扣冰而浴，故号扣冰。曾栖止武夷之桃源洞，后结庵将军岩，二虎常侍侧，缁流争皈之。有问之者曰："何不诵经？"曰："心心常念！""何不礼佛？"曰：

"念念常敬！""何不升座？"曰："空空无说。"又尝曰："心炎久扑灭，扇不动死灰。"虽非上乘，其辟支之力如此。闽王延钧聘至福州，郊迎隆礼。因诫曰："愿王以百姓为念，勿多杀！"延钧送居鼓山，翌日说法，留偈而化。今县北吴屯之瑞岩寺乃古道场。当其别鼓山时，有誓"愿百里永无大灾"之语。阙后，弭寇御灾，果著灵响。其生以会昌甲子二月初八日，至今届期迎奉，万众秉烛。宋时，尝累封灵感法威慈济普照大师，平生行实，则有吕丞相《赞翁考功记》，赵清献、刘少傅、刘文靖、朱文公、游庄简诸公诗。其护法神曰显仁灵佑侯、协仁孚佑侯、辅仁广佑侯，土人称唐、葛、周三将军。

瓦棺寺和尚

【〔明〕《闽书》】瓦棺寺和尚，初为游山侍者，后参雪峰、有契。

师备（僧备）

【〔清〕同治《福建通志》】僧备 闽谢氏子。幼好垂钓，泛小艇于南台江上，狎诸渔者。年三十，忽弃舟落发，投豫章开元寺。布衣芒履，食才接气。乾符中归闽，居雪峰山，与义存本法门昆季，而亲近若师资。义存以其苦行，呼为头陀。一日召问，曰："何不遍参去？"备曰："达摩不来东土，二祖不往西天。"义存叹曰："备头陀再来人也。"梁开平二年卒，太祖为之树塔碑，学徒八百，尊为"宗一禅师"。

【〔宋〕《宋高僧传》】梁福州玄沙院师备传 释师备，俗姓谢，闽人也。少而憨黠，酷好垂钓，往往泛小艇南台江自娱。其舟若虚，同类不我测也。一日，忽发出尘意，投钓弃舟，上芙蓉山出家，咸通初年也。后于豫章开元寺具戒，还归故里。山门力役无不率先，布衲添麻芒鞋续草，减食而食语默有常，人咸畏之。汪汪大度，虽研桑巧计不能量也。备同学法兄则雪峰存师也，一再相逢，存多许与，故目之为备头陀焉。有日谑之曰："头陀何不遍参去？"备对曰："达摩不来东土，二祖不往西天。"存深器重之。先开荒雪峰，备多率力。王氏始有闽土，奏赐紫衣，号"宗一大师"。以开平二年戊辰十一月二十七日示疾而终。春秋七十四，僧腊四十四。闽越忠懿王王氏树塔。备三十年演化，禅侣七百许人，得其法者众推桂琛为神足矣。至今浙之左右山门盛传此宗法嗣繁衍矣，其于建立透过大乘初门，江表学人无不乘风偃草矣。

智孚

【〔民国〕《福建通志》】智孚　信州鹅湖僧，福州人。僧问雪峰："抛下拄杖意作么生？"孚以香匙抛下地。僧曰："未审此意如何？"孚曰："不是好种出去。"

师慧

【〔民国〕《福建通志》】师慧　雪峰僧。上堂，示众云："大道只在目前，要且目前难睹。欲识大道真体，今朝三月十月五。不劳久立。"又曰："一切法无差。云门胡饼赵州茶，黄鹤楼中吹玉笛。江城五月落梅花，惭愧太原孚上座。五更闻鼓角，天晓弄琵琶。"喝一喝，又曰："南询诸友，踏破草鞋。绝学无为，坐消日月。凡情易脱，圣解难忘。但有纤毫，皆成渗漏。可中为道，似地擎山。应物现形，如驴视井。总无计较，途辙已成。若论相应，转没交涉。勉诸仁者，莫错用心。各自归堂，更求何事？"后嗣云门法堂本禅师。

归本

【〔民国〕《福建通志》】归本　襄州云盖双泉院僧，京兆人。初谒雪峰，礼拜次，峰下禅床，跨背而坐，本于此有省。

宗靖

【〔民国〕《福建通志》】宗靖　杭州龙兴僧,台州人。初参雪峰,誓充饭头,劳逾十载。尝于众堂中袒一膊钉帘,峰睹而记曰:"汝向后住持有千僧,其中无一人衲子也。"靖悔过,回浙住六通院,钱王命居龙兴寺,有众千余唯三学讲诵之徒,果如雪峰所记。

从袭

【〔民国〕《福建通志》】从袭　杭州大钱山僧,雪峰之上足也。且雪峰印解,洞晓宗要。常曰:"击关南鼓唱雪峰歌。"后入浙中,谒钱王,命居大钱山圆法。

孚

【〔民国〕《福建通志》】孚　太原僧。初至雪峰廨院憩锡,因分柑子与僧,长庆问:"什么处将来?"孚曰:"岭外将来。"曰:"远涉不易担负。"孚曰:"柑子,柑子。"次日上山,雪峰闻,乃集众。孚到法堂上,顾视雪峰便下看知事。明日,却上礼拜曰:"某甲昨日触忤和尚。"峰曰:"知是般事便休。"峰一日见孚,乃指日示之,孚摇手而出。峰曰:"汝不肯我哪?"孚曰:"和尚摇头,某甲摆尾。什么处是不肯?"峰曰:"到处也须讳却。"一日,众僧晚参,峰在中庭卧,孚曰:"五州管内只有这老和尚较些子。"峰便起去。峰尝问孚:"见临济说有三句,是否?"孚曰:"是。"曰:"作什么生是第一句?"孚举目视之,峰曰:"此犹是第二句,如何是第一句?"孚叉手而退。至此,雪峰深器之,室中解印。师资道契更不他游,而掌浴焉。

钦

【〔清〕同治《福建通志》】钦　雪峰僧。上堂,示众云:"昨日一,今日二。不用思量,快须瞥地。不瞥地,蹉过半生,没巴鼻咄。"后嗣龙门妙胜臻禅师。

道圆

【〔清〕同治《福建通志》】道圆　雪峰僧。依积翠日晏坐下板，时二僧论野狐话，一云不昧因果也，未脱得野狐身；一云不落因果，又何曾堕野狐来？师闻之悚然，因诣积翠庵，渡涧猛省，述偈曰："不落不昧，僧俗本无忌讳。丈夫气宇如王，争受囊藏被盖。一条椰栗任纵横，野狐跳入金毛队。"翠见为助喜，后嗣临济黄龙南禅师。

忠

【〔清〕同治《福建通志》】忠　雪峰僧。上堂，示众云："终日忙忙那事无妨，作什么生是哪事？"良久曰："心不负人，面无惭色。"后嗣临济雪峰需禅师。

可观

【〔清〕同治《福建通志》】可观　南岳金轮僧，福唐薛氏子。参雪峰，峰曰："近前来。"观近前作礼，峰与一蹋，观忽契悟。师事十二载，复历丛林，住后上堂："我在雪峰，遭他一蹋，直至如今眼不开，不知是何境界？"

师鼐

【〔清〕同治《福建通志》】师鼐　号鉴真，福州越山僧。初参雪峰而染指，后因闽王请于清风楼斋，坐久举目，忽睹日光，豁然顿晓，而有偈曰："清风楼上赴官斋，此日平生眼豁开。方信普通年远事，不从葱岭带将来。"归呈雪峰，雪峰然之。临终示偈曰："眼光随色尽，耳识逐声消。还元无别旨，今日与明朝。"乃跏趺而逝。

慈慧

【〔明〕《闽书》】福州九峰慈慧禅师　初在沩山，沩上堂曰：

"汝等诸人，只得大机，不得大用。"慧便抽身出去，沩召之，慧更不回顾。沩曰："此子堪为法器。"一日，辞沩山曰："某甲辞违和尚，千里之外不离左右。"沩动容曰："善为。"

【〔清〕同治《福建通志》】慈慧　初在沩山，沩曰："此子堪为法器。"一日，辞沩山曰："某辞违和尚，千里之外不离左右。"沩动容曰："善为。"

灵训

【〔明〕《闽书》】福州芙蓉山灵训禅师　初参归宗智常，问："如何是佛？"宗曰："我问汝道，汝信否？"曰："和尚诚言，安敢不信。"宗曰："汝便是。"曰："如何保任？"宗曰："一翳在眼，空华乱坠。"训辞，宗问："将何处去？"曰："归岭中去。"宗曰："子在此多年，装束了却来，为子说一上佛法。"师结束了上去，宗曰："近前来。"训近前，宗曰："时寒，途中善为。"训聆此言，顿忘前解。

弘济

【〔明〕《闽书》】僧弘济，斋戒精苦。尝于沙岸得一颅骨，遂贮衣篮中。归寺数日，忽眠中有物啮其耳，以手拨之，落声如数升物，疑其颅骨所为也。及明，果坠在床下，遂破为六片，零置瓦沟中。夜半，有火如鸡卵，次第入瓦下，烛之。弘济责曰："尔不求生人，天何凭朽骨？"

匡护

【〔清〕同治《福建通志》】匡护　晋江县开元寺初祖僧也。姓王氏，律行良谨。夏讲《上生经》，辄至千人，门徒甚广。

常岌

【〔清〕同治《福建通志》】常岌　开元寺僧，九座智广之法昆、盐官、无等之门人也。清俭中食，足不妄履，虽比邻不一至。周朴、吴栻咸与之游。

浮石和尚

【〔明〕《闽书》】浮石和尚　上堂："山僧开个卜铺，能断人贫富，定人生死。"僧问："离却贫富生死，不落五行，请师直道。"师曰："金、木、水、火、土。"

怀佑

【〔明〕《闽书》】庐山栖贤怀佑禅师　僧问："如何是祖师西来意？"师曰："井底寒蟾，天中明月。"

景欣

【〔明〕《闽书》】台州涌泉景欣禅师　上堂："我四十九年在这里，尚自有时走作。汝等诸人莫开大口。见解人多，行解人万中无一。见解言语总要知通，若识不尽，敢道轮回去在。为何如此？盖为识漏未尽。汝但尽却，今时始得成立，亦唤作立中功。转功就它去，亦唤作就中功。亲他去。我所以道，亲人不得度，渠不度亲人。"

约

【〔明〕《闽书》】建州白云约禅师　僧问："不坐遍空堂，不居无学位，此人合向什么处安置？"师曰："青天无电影。"

令言

【〔明〕《闽书》】泉州开元寺令言禅师　仙游人。苦行，习内典。出游燕赵，传《法华》《上生》二经，通夕不寐。久之，二经学者纷集其门。宣宗末年，荼毗葬舁北山，怪其龛轻，开视无有。

【〔清〕同治《福建通志》】令言　仙游人。住晋江开元寺，苦行习内典。出游燕赵，传《法华》《上生》二经，通夕不寐。大中末年，荼舁葬北山，怪其龛轻，开视无有。俗呼化身和尚。

宣壹

【〔明〕《闽书》】宣壹　令言兄子也。少游学，通经，能文章。去缝掖，从令言为弟子。入嵩山会善寺受具，为大僧。还求灵瞻教授四分、俱舍、涅槃，咸究通之。乃为二众依止，检身以律，中食不渝，一室晏如，唯清水杨枝而已。

怀浚

【〔明〕《闽书》】僧怀浚　有《上归州刺史》诗二首："家在闽中东复东，其中岁岁有花红。如今不在花红处，花在旧时红处红。""家在闽川西复西，其中岁岁有莺啼。如今不在莺啼处，莺在旧时啼处啼。"

无际

【〔明〕《闽书》】无际　居金仙院。精持《莲花经》。石忽涌泉，因立瑞泉庵。

慈济、戒定

【〔明〕《闽书》】慈济、戒定二禅师　修道建阳县之福先教寺，苦行三十余年，坐化寺中。一俯一仰，骨蜕犹存。

玄奖

【〔民国〕《福建通志》】玄奖　唐僧也。政和奖山峭壁入云，攀缘石梯而上，及至峰顶坳洼，若曰中涵，平田百余亩，玄奖尝游焉。曰："此白象卷湖形也。"创庵其上，名奖公庵。

无等

【〔清〕同治《福建通志》】无等　会稽人。居南安九日山石室，四十年不出。刺史卢全白三请不至，遣使仗剑云："不下山，取头来。"无等曰："身非我有，况头耶。"禅寂自若。使者还报，全白叹曰："空生之道，一至此乎！"为诗赠之曰："九日峰前八十秋，禅庵遥枕晋江流。师心应共山无动，笑指云霞早晚休。"

朝悟

【〔清〕同治《福建通志》】朝悟　泉州开元寺僧，至自西域，有异行。既去，寺僧刻木为像奉之。凡暮夜明灯，知殿事者必告之，则其光达曙，不尔，随灭。故号木头陀，亦称挑灯道者。

罗汉和尚

【〔明〕《闽书》】漳州罗汉和尚　初参关南，问："如何是大道之源？"南打师一拳，师遂有省。乃为歌曰："咸通七载初参道，到处逢言不识言。心里疑团若栲栳，三春不乐止林泉。忽遇法王毡上坐，便陈疑恳向师前。师从毡上那伽起，袒膊当胸打一拳。骇散疑团獦狚落，举头看见日初圆。从兹磴磴以碣碣，直至如今常快活。只闻肚里饱膨脬，更不东西去持钵。"

大安

【〔宋〕《宋高僧传》】唐福州怡山院大安传　释大安，姓陈氏，闽城人也。幼年入道，顿拂尘蒙。元和十二年，敕建州浦城县乾元寺置兜率坛，始全戒足。时天雨桂子及地生朱草，刺史元锡手疏其瑞上达冕旒。遂回御礼，诏改凤栖寺，号灵感坛焉。安因往洪井路出上元，忽逢一老父曰："子往南昌必有所得。"及咨参律学，夜闻二僧谈论，邃了三乘之旨，乃以所习付之同人。之临川见石巩山慧藏禅师，藏之提唱必持弓弩以拟学人。安服拜未兴，唱曰："看箭。"安神色不挠，答对不差。石巩乃投弩曰："几年射始中半人也矣。"安游五台，入龙池沐浴，虽久寖涟漪，殊无奋暴雨雹之怪。观者惊悚。后止沩山礼大圆禅师，复证前闻而为量果也。时豫章廉使赠太尉崔贞孝公，则魏公之季父，深契玄机，敦安之道，飞疏召之。厥誉愈昌。咸通十四年，诏宜号"延圣大师"，赐紫袈裟一副。中和二年，示疾所止法堂，巨梁中折。三年癸卯十月二十二日，坐化于怡山丈室。春秋九十一，腊六十七。续诏赠"圆智大师"，塔号"证真"。安不尝睡地不处温房，随化而衣天雨而浴。咨法弟子慧长，入关扬安之德，故有追谥也。博陵司空相国仰慕前烈，遂著文颂德。诗人周朴笃重安，时入山致礼焉。

【〔民国〕《福建通志》】大安　号懒安，长溪陈氏子。受业于黄檗山。

通智

【〔民国〕《福建通志》】通智　号悬寂，韶州仁化叶氏子。咸通中，随沩山懒安和尚至怡山。时长庆寺初兴，建置规模悉智经划。及安示寂，众请绍席，弗允，遂塑像祖堂以报德焉。后开法袁州仰山，大阐宗风，世称小释迦。谈禅者必推为仰宗云。

行实

【〔民国〕《福建通志》】行实　俗姓高，浙之永嘉人，受业芙蓉山。自咸通己丑年启创雪峰时，行实明地理，破天荒，立山门，放水路，原始要终，其功不浅。是年八月十四日，终于旧院，义存哭之恸。葬之山之西原为塔记云。

师复

【〔民国〕《福建通志》】师复　初与林衮同业儒，因同入关。复至扬子渡口，师复有出尘之兴，赋诗曰："君自成龙我成道"。浩然而归，卜筑侯官双髻峰下。山形险峻，久之，移建双峰院于绥平里。时咸通五年也。明年，观察使李瓒请锡号"护圣禅院"。

智广

【〔清〕同治《福建通志》】智广　仙游九座山太平院僧也。本陈姓，不知何许人。唐咸通中，自九仙山来创院居之。（《闽书》引洪适《夷坚志》云：五代王氏抚闽日，一野僧一瓢自随，谒福州永福宫若有所求。或问何以，曰："吾欲择高旷地，可安千僧者。"时方尚武，其人应之曰："我要寻驻千兵处，如何容得闲和尚。"僧乃去之九座，徘徊览眺曰："此是道场，恨溪水太逼，山下势不宽拓耳。"是夜惊雷震击，达明溪移退二十丈，居民怪焉。因其劝勉，使主座，远近施财不约而至，遂成禅林。适所载野僧，盖智广也。案，王氏以僖宗光启丙午入闽，非咸通中也。智广入九座山当在王氏抚闽之前。）智广行日月中，有十二影随身。浴潭水，水辄暖。一日浴不暖，闻山中有鞭扑声，若责其不燂者，智广自是不复浴矣。王审知入闽，问："十世可知也？"智广曰："骑马来，骑马去。"王氏自审知兄潮，以光启丙午拜泉州刺史，至南唐保大丙午而灭。（案，《淳熙三山志》：光启二年丙午入闽，有神僧黄涅槃，人就问之。僧云："骑马来，骑马去。"王氏灭之明年，岁复丙午，盖六十年。据此，是涅槃所识，而《闽书》以为智广，不知何本。）留从效待之甚厚，尝有谶云："功下田，力交连，井底坐，二十年。"从效据泉州如其言。乾宁中追号"正觉禅师"。

【〔清〕《十国春秋》】僧智广　陈姓。行日月中，常有十二影随身。浴潭水，水辄暖。一日，浴不暖，闻山中有鞭抶声，若责其不燂者，智广自是不复浴于潭矣。太祖入闽，问十世可知邪？智广曰："骑马来，骑马去。"识者谓太祖与司空以光启丙午有闽，至天德帝归唐之明年丙午，而继勋继成始离闽土也。又曰："功下田，刀交连，井底坐，二十年。"后留从效据有泉州，皆如其言。光启二年卒，年八十世，谓其龙树化身。乾宁中谥"正觉禅师"。

了拳

【〔清〕同治《福建通志》】了拳，永定人。初生左手拳曲，有僧抚之，书"了"字于掌中，指遂伸，因名了拳。八岁牧牛，枯坐石上如老僧，以杖画地，牛不逸去。咸通间，修行阴那坑，解法悟道，称为"惭愧祖师"。

【〔明〕《闽书》】了拳，咸通间，修行广东阴那山。解法悟道，行雨露间不濡。临殁说偈，趺坐而化，号"惭愧祖师"。

惟亮

【〔清〕同治《福建通志》】惟亮　长溪县太姥山金峰寺僧也。咸通中，结庵龟湖山上，乘龟而游，后移住金峰。每月下山乞米一次，日用二三合，煮野菜杂食之，或转施贫，乏则经旬不食。其后庵毁于樵火，改居柘阳里。久之，见饿虎，因弃身饲焉。

文偁

【〔清〕同治《福建通志》】文偁　仙游人，住持晋江开元寺。时仙游属泉州，刺史闻偁有道，延致之于州，四门募施者为造浮图于寺东。偁性行高洁，手未尝出入泉布，凡工直使匠自取之，多取则迷不知所如。凡六年浮图成，赐名"镇国塔"。偁自是闭户三十年，昼夜诵金刚经不辍，室为生白，净瓶水不涸，寒燠盥濯，辄随其宜。乾符三年坐化。葬时途遇大雷雨，停棺石嘴中，雨止石合，棺不可出，至今禽鸟莫敢栖止其上。

如珣

【〔清〕同治《福建通志》】如珣　长溪龟山中漈寺僧也，（案，龟山自后唐长兴后属宁德县。）不知何许人。乾符中至中漈，相其地曰："是可为道场。"山人曾筼、林俊舍其山，遂开台建寺。先是长庆、太和间，宣城僧正源、扬州僧智具，偕镌铁钵、铜瓶，遍寻幽胜驻锡龟山，如珣因其旧址而葺治焉。有金衣仙人修炼于霍林洞，时入中漈与如珣说法谈元，灵光夜见，遂授如珣以修真之诀。

鸿休

【〔宋〕《宋高僧传》】唐福州黄檗山建福寺鸿休传　释鸿休，不知何许人也。神宇标挺，玄机斡运。居闽黄檗山寺。丛萃毳客，示教之外恍然怡乐。恒言："宿债须偿。偿尽则何忧何惧？物我俱逍遥矣。"人皆不喻其旨。及广明之际，巢寇充斥，休出寺外，脱纳衣于松下磐石之上。言曰："誓不污清净之地。"而安详引颈待刃。刃下无血，贼翻惊异，罗拜忏悔焉。门弟子景先阇维其尸，收舍利七颗，囊而宝之。有笃信者以菽粒如数易之，追之靡及。遂往筮焉，占之曰："死生贵贱罔分吾卦，在靡在之失宁失矣，孰知其然也。"洎获置之于塔，分之七粒缄于琉璃器中，莹然光色。时僧清豁著文作颂纪德焉。

本净

【〔宋〕《宋高僧传》】唐福州保福寺本净传　释本净者，未详何许人也。道气高抗，人睹肃然，响闽岭多禅宗知识，故历参之。闻长溪县霍童山多神仙洞府，乃经中所谓天冠菩萨领徒侣居此，说华严性海法，采樵者多闻天乐异香鸟兽之瑞。然山中不容凡恶，故多被斥逐。净入山结茅为室，有石穴谓之毒窟，净居于穴侧。其龙夭矫而出，变现无恒，遂呼召之而驯扰焉。又诸猛虎横路为害，采樵者不敢深入。净抚其头，诫约丁宁，弭耳而去。尝清宵有九人冠帻裤褶称寄宿，尽纳诸庵内。明旦告辞，偕化为鹤，鸣唳空中而去。净罔知其终也。

文矩

【〔清〕同治《福建通志》】文矩　字子熏，泉州崇福寺僧，世所称涅槃师也。本黄氏子，唐末生于延寿国欢院，生时火里开莲。长为县狱卒，每弃役，谒神光观和尚及西院安禅师，所听偈豁然有悟。后谒谈空和尚，落发不披袈裟，不受具戒，唯以杂彩为挂子。尝携青竹杖入西院法堂,安禅师遥见之,笑曰:"入涅槃堂去。"文矩应:"诺。"轮竹杖而入。时有五百许僧患时疾,矩次第以杖点之,随点随愈。闽王王审知甚加礼重,创崇福寺于泉州以居之,号"慧日禅师"。已而,隐莆田囊山岩下,趺坐不食,行则两虎随之,名其居曰伏虎庵。僧智广见之曰:"此古辟支佛也。"因号其岩为辟支岩。晚复返泉州,住锡护安院。所著有《博山经》。文矩言事多异,尝曰:"生吾前者非圣人,生吾后者非圣人。吾去世六十年后,当有无边身菩萨来治此国。"偈曰:"小月走烁烁,千村及万落。处处凤离穴,家家种葵藿。"时莆治在游洋,而指都巡检廨示人曰:"此地他日有鼓角声。"复为人语莆中事:"吾所居地不动干戈。"又曰:"乌石山前官职绵绵。"又曰:"白湖腰欲断,莆阳朱紫半。水绕壶公山,此时大好看。"或问木兰陂何时筑成?曰:"逢筑则筑。"人皆未邃解也。至宋建隆庚申,太祖受禅,上距唐光化戊午文矩示灭之岁,适六十有二年。(《闽书》引《王巘枕之记》云:世言艺祖自无边身菩萨以誓愿救来世者,未有所出,当俟寻讨,彼盖未见谶言也。)"小月走"者,赵也;"烁烁",火德王也;"凤离穴",藩镇散也;"种葵藿",人耕耘也。太平兴国八年,移兴化军治于莆田,以都巡检廨居之。五季云扰,莆不被兵,留从效、陈洪进先后归顺,民用安堵,故言不动干戈也。"乌石山前官职绵绵"者,宋以后,莆中林、陈、方、黄、宋、刘、王、郑、李九大姓,簪缨不绝,皆居山下也。"白湖腰欲断"者,熙宁时断木为桥也。"水绕壶公山"者,李宏创木兰陂也。"逢筑则筑"者,陂筑于钱媪林进士者再,竟不成,宏挟僧智日来木兰山下,插竹为表,乃成。智日俗姓冯,逢者冯也;筑者竹也。凡所谶验多类是。坐化后,封"妙应禅师"。宋崇宁初,加封"圆智大师"。绍兴中,石室院僧以文矩所传谶偈上于朝,赐塔额曰"慧熏"。

【〔明〕《闽书》】泉州国欢文矩禅师　生而有异,长为县狱卒,每每弃役,往神光观和尚及西院安禅师所。后谒谈空,落发,不披袈裟,不受具戒,唯以杂彩为挂子。复至神光,光曰:"我非汝师,师礼西院去。"师携一小青竹杖,入西院法堂,遥见笑曰:"入涅槃堂去。"师应:"诺。"轮竹杖而入。时有五百许僧患时疾,师次第以杖点之,随点各起。

妙觉

【〔清〕同治《福建通志》】妙觉　中和间居长溪凤山,开山建寺。匠人凿石为柱,石不开,妙觉封竹杖鞭之,石随裂。舁之不动,又封竹杖鞭之,石随起。天旱无水,卓锡出泉。

本寂

【〔明〕《闽书》】抚州曹山耽章本寂禅师　莆田黄氏子,涅槃之兄也。年十九,往福州灵石山出家,二十五登戒。寻谒洞山,遂往曹溪礼祖塔。回吉水,众向师名,请开法。师志慕六祖,遂名山为"曹"。值贼乱,乃之邑黄。法席大兴,学者云萃。洞山之宗,至师为盛。

【〔宋〕《宋高僧传》】梁抚州曹山本寂传　释本寂,姓黄氏,泉州莆田人也。其邑唐季多衣冠,士子侨寓儒风振起,号小稷下焉。寂少染鲁风,率多强学,自尔淳粹独凝,道性天发。年惟十九,二亲始听出家,入福州云名山。年二十五,登于戒足,凡诸举措若老苾刍。咸通之初,禅宗兴盛,风起于大沩也。至如石头药山其名寝顿,会洞山悯物高其石头。往来请益学同洙泗,寂处众如愚发言若讷。后被请住临川曹山。参问之者堂盈室满,其所酬对邀射匪停,特为龟客标准。故排五位以铨量区域，无不尽其分齐也。复注对寒山子诗流行寓内，盖以寂素修举业之优也，文辞遒丽，号富有法才焉。寻示疾终于山，春秋六十二，僧腊三十七。弟子奉龛窆而树塔。后南岳玄泰著塔铭云。

伏虎

【〔民国〕《福建通志》】伏虎　法名行儒。景福中，庵居山中。有虎啮人，乡人集众捕之。伏虎忽骑虎出迎，由是惊异之。后中峰寺有伏虎坛，石迹犹存。

一禅师

【〔民国〕《福建通志》】一禅师　河中南漈山僧，得法于石霜诸禅师。初出世，未山。乾宁三年间，闽帅请住长庆，后终于本山，谥"本净大师"，塔号"无尘"。

洪荐

【〔明〕《闽书》】福州覆船山洪荐禅师　将示寂三日前，令侍者唤第一座来。荐卧，出气一声，座唤侍者曰："和尚渴，要汤水吃。"荐面壁而卧。临终，令集众，乃展两手，出舌示之。时第三座曰："诸人，和尚舌根硬也。"荐曰："苦哉，苦哉！诚如第三座所言，舌根硬，去也。"言讫而寂。

弘则

【〔明〕《闽书》】泉州开元寺弘则禅师　林性简素，不求赢余，稍食亡有，虽王公予膏腴，却不纳。刺史王延彬赠句，有"莫怪我来偏礼足，萧宫无个似吾师"之语。

叔端

【〔明〕《闽书》】泉州开元寺叔端禅师　俗氏陈。咸通初，出钱塘，从钱塘道常鸿受学，通维摩、俱舍。遂如苏台，传因明契宗。卒业，去习《唯识》，洛阳义饭，所得之教，洞达真源。后制《艺苑搜隐》《宗镜四缘》诸抄数十卷。以黄巢乱，归隐乡山。生不知酒。州牧王延彬问亡恙，端曰："老苦难寐耳。"延彬遗之酒，而漫之曰药，曰："服之寝矣。"端服，果寐也。

【〔清〕同治《福建通志》】叔端　晋江开元寺僧也，本姓陈。咸通初，游钱塘，从常鸿禅师受学。时渤海敬田者岳岳禅林间，叔端辩辄折之，名日以响。乾符中黄巢乱，归隐乡山。十年，州牧王延彬闻其道，虔礼之，因建清凉精舍，延讲大德，号曰"明教大师"。著有《艺苑搜隐》《宗镜四缘》。

文超

【〔清〕同治《福建通志》】文超　泉州开元寺僧也，本姓卢。博洽内典，云游四方，声闻朝野，赐号"宏教大师"。唐天祐时，刺史王延彬以其能诗，构院开元殿东居之，题曰"清吟门"。弟子多贤者，无晦文章尤知名。

【〔清〕《十国春秋》】僧文超　福建人。博通内外，学声闻朝野。太祖从子延彬，时为泉州刺史，以文超雅善诗，构院于开元寺殿东，曰"清吟"，延之居焉。门弟子多贤者，无晦文章尤知名。

裴头陀

【〔民国〕《福建通志》】裴头陀　尝以铁履渡江，来居栟榈山，结草庐趺坐。座侧石窍，日涌米二升以赡之，客至则增。后窍迹犹存。

清豁

【〔清〕同治《福建通志》】清豁　漳州保福寺僧。尝参睡龙和尚，拈香有悟。将入苎溪待灭，遗偈于桥，曰："行人休说路行难，鸟道羊肠咫尺间。珍重苎溪溪上水，汝归东海我归山。"遂于湖头石上端坐而逝。

【〔民国〕《福建通志》】元应　字清豁，永泰人，姓张氏。

龙启初,受戒于国师神晏。闻油灯声,作偈有悟。已而参禅师道溥,与相证明,道溥深许之。南唐保大末,住泉州开元寺上方院。未几,留从效延主漳州保福院。宋建隆三年,辞众曰:"聚如浮沫散如云,君原是我我非君。"遂行涉二岭,归至贵湖居焉。刺史陈洪进奏赐紫方袍,号"性空禅师"。

契如

【〔清〕同治《福建通志》】契如　永泰大章山庵主也。颖悟幽旨,不务聚徒,不蓄童侍。初隐于小界山,剺大朽衫,若小庵然,趺坐其中。清豁、冲煦二长老闻其名,同访之,颇味高论。晤坐左右不觉及夜,虎豹满前,自然驯扰。二长老寻于大章山创庵,请契如居之。孤坐一龛,五十二载而化。

文偃

【〔民国〕《福建通志》】文偃　云门僧,嘉兴张氏子。初到雪峰庄,见一僧,乃问:"上座今日上山去哪?"僧曰:"是。"偃曰:"寄一则因缘问堂头和尚,只是不得道是别人语。"僧曰:"得。"偃曰:"上座到山中见和尚上堂,众才集便出,扼腕立地曰:'这老汉项上铁枷,何不脱却?'"其僧一依师教。雪峰见这僧与么道,便下座把住曰:"速道,速道!"僧无对。峰拓开曰:"不是汝语。"僧曰:"是某甲语。"峰曰:"侍者将绳棒来。"僧曰:"不是某语,是庄上一浙中上座教某甲来道。"峰曰:"大众去庄上迎取五百人善知识来。"偃次日上雪峰,峰才见便曰:"因甚么得到与么地?"师乃低头,从兹契合。温研积稔,密以宗印授焉。宋乾德三年,有旨诣云门开塔,真容如生,须发皆长。其真身迎入大内供养,逾月送归封塔。

三佛祖师

【〔民国〕《福建通志》】三佛祖师　其一本无姓,西域人，冒龚姓；一刘，则祖交趾人；一杨，原祖南华人。相见如故，同往参雪峰义存禅师，剪发为头陀，命法名曰龚志道、刘志达、杨志远。三人各受偈辞，遴舟望邵武郡境。杨适杨源，龚适道峰，刘从冯墩。过小溪，见一山高万仞，侵入云汉，路逢何公曰："上人当兴此。"遂于狮子岩前，挽袈裟诛茅结庵居焉。

慧恭

【〔宋〕《宋高僧传》】唐天台紫凝山慧恭传　释慧恭，俗姓罗氏，福州闽人也。家传儒素，不交非类。母妊之初，梦所居涌出浮图，上参于天，迨恭诞生，嶷然聪悟。年十七举进士。名随计车将到京阙，因游终南山奉日寺，目祖师遗像，释然世网，遂求出家。操执僧事，备历艰辛。二十有二，适值新创安国寺，受具足戒。寻乃游方，缘险涉荒而无难色。尝遇黑蛇伤指，不求医而毒螫自销。见魑魅占山，谕罪福而妖物遁息。至武陵德山，诣宣鉴禅师，领会风飞，由兹道合，因挂锡施门人礼。鉴公顺世后，游玉山至信州，刺史营西禅院而礼之，其徒数百人。居岁余，以鄽郭喧繁，复入福州长溪马冠山，自马冠抵泉州富阳山。所至之所，檀施臻集。徒侣解钵，禅坊立就。其为士庶向奉如此。景福三年，与门人游天台，州牧京兆杜雄留之而止。杜因创瑞龙院于紫凝山，祈恭兴扬法席以悟沦迷。缁俗云驰，香花山积。天复三年癸亥十二月午时，命众声钟，顾瞻左右，促言云去，加趺瞑目，俨然而化。春秋八十四，僧夏六十二。阐圆顿之宗，居道德之最。殁无易名，塔无题榜，足见浮名为桎梏耳。门人上足师遂植松负土，力崇塔庙，所谓法空不坏因缘矣，因缘有之孝行曷伤于道云。

怀道

【〔宋〕《宋高僧传》】唐福州爱同寺怀道传　释怀道，

迈德高情慈忍济物，思乎达法恒尔游方。凡遇通人卑礼求益，及还乡之日礼佛勤劬。收举坐具，获珠一颗，后置于文殊塑像额心安之。其珠圆莹且异蚌胎，又冥然降舍利骨，寻分于南涧塔中。洎至德二年，令弟子僧常持《法华经》，不舍昼夜。俄有白氎袈裟一领降于塔中，不知其来，此盖道修练之心感于冥理也。后滑台守李邕著碑文并书。相次智恒继居法华院，即怀一弟子也，道行与师相埒。卒后，礼部侍郎刘太真作碑颂，褚长文书，次有超悟行粥，皆名望相齐，化于闽俗，无不重焉。

全豁

【〔宋〕《宋高僧传》】唐鄂州岩头院全豁传　释全豁，俗姓柯氏，泉州人也。少而挺秀，器度宏远而疏略，礼清源谊公为师。往长安，造西明寺照公，与受满足法。即于左街保寿寺，听寻经律决择纲宗，垂成讲导。振锡南指，诣武陵德山，药病相应更无疑滞。后居所邻洞庭，地曰卧龙，乃筑室而投憩焉，徒侣影随。又居唐年山，山有石岩巉崒，立院号岩头欤。凡所施用皆削繁总，兀然而坐，任众围绕。曰："汝何不思，唯家中有多少事。实于逆顺之境，证得超越之相者。"豁值光启以来中原多事，诸侯角立。狂贼来剽掠，众皆回避，豁唯晏如。贼责弗供馈，忿怒俾挥刃之，曾无惧色。当光启丁未岁夏四月八日，门人权葬，葬后收焚之，获舍利七七粒。僖宗赐谥曰"清严"，塔号"出尘"。葬事檀越田咏兄弟率财营构，南岳释玄泰撰碑颂德，提唱斗峻。时号岩头法道，难其领会焉。

普闻

【〔明〕《八闽通志》】龙湖禅师名普闻，唐僖宗第三子。往湖南石霜寺参禅，及去，付之曰："汝逢乾即止，逢陈则住。"来邵武，问其山曰大乾，问居者曰一道士姓陈，师悟，遂结庵居焉。

一日，师聚徒说法，有老人在旁，师问之，对曰："某此山之龙，因病行雨不职见罚，愿师救之。"师曰："可，易形来。"俄为小蛇，引入净瓶，覆以袈裟，忽云雨晦冥，雷电绕空而散，蛇自瓶出，复为老人，谢曰："非借师力，则腥秽此地矣。山中无水，当以水报。"乃爪石成穴，涌泉一泓。后师跨虎而去，不知所终。

【〔宋〕《禅林僧宝传》】邵武龙湖闻禅师 禅师名普闻，唐僖宗太子。生而吉祥，眉目风骨。清真如画，不茹荤。僖宗钟爱之，然以其无经世意，百计陶写之终不回。闻霜华之风，梦寐想见。中和元年，天下大乱，僖宗幸蜀。亲王宗室皆逃亡，不相保守。闻断发逸游，人无知者。造石霜，诸与语叹异，曰："汝乘愿力而来，乃生帝王家，脱身从我，火中芙蓉也。"闻夜入室，恳曰："祖师别传事，肯以相付乎？"诸曰："勿谤祖师。"曰："天下宗旨盛大，岂妄为之耶？"诸曰："是实事。"曰："师意如何？"诸曰："待案山点头，即向汝说破。"闻俯而唯曰："大奇。"汗下再拜，即日辞去。至邵武城外，见山郁然深秀。问父老，彼有居者否，曰："有一苦行，隐其中。"闻拨草，望烟起处独进。苦行见至，欣然让其庐，曰："上人当兴此。"长揖而去，不知所之。闻饭木实饮谷而住十余年。一日有老人来拜谒。闻曰："丈夫家何许？至此何求？"老人曰："我家此山，有求于师。然我非人，龙也。以疲堕行雨不职，上天有罚，当死，赖道力可脱。"闻曰："汝得罪上帝，我何能致力？虽然汝当易形来。"俄失老人所在，视座榻旁有小蛇尺许，延缘入袖中屈蟠。暮夜风雷挟坐榻，电虺砰雨射，山岳为摇振，而闻危坐不倾。达旦晴霁，垂袖蛇堕地而去。顷有老人至，泣泪曰："自非大士之力，为血腥秽此山矣。念何以报厚德，即穴岩下为泉。"曰："他日众多无水，何以成丛林？此泉所以延师也。"泉今为湖，在半山，号龙湖。邦人闻其事，富者施财，贫者施力，翕然而成楼观，游僧至如归。湖之侧有神，极灵祸福。此邦民俗畏敬之，四时以牲餗祭。闻杖策至庙，与之约曰："能食素持不杀戒，乃可为邻。不然，道不同不相为谋。何山不可居乎？"是夕，邦之父老梦神告语曰："闻禅师为我受戒，我不复血食，祭我当如比丘，饭足矣。"自是神显异迹，护持此山。闻将化，令击钟集众，跏趺而坐。说偈："我逃世难来出家，宗师指示个歇处。住山聚众三十年，对人不欲轻分付。今日分明说似君，我敛目时齐听取。"于是敛目安坐，寂然良久，撼之已化矣。塔于本山，谥"圆觉禅师"。史不书名，但书僖宗二子，建王宸、益王升，然亦失其母氏位，及薨年月。传不书闻受业受具所，读偈曰"我逃世难来出家"，疑石霜亦其落发师与。

元表

【〔宋〕《宋高僧传》】元表，本三韩人也。天宝中来游华土，仍往西域瞻礼圣迹。遇心王菩萨指示支提山灵府，遂负《华严经》八十卷寻访霍童，礼天冠菩萨，至支提石室而宅焉。先是此山不容人居，居之必多霆震、猛兽毒虫，不然鬼魅惑乱于人。曾有未得道僧辄居一宿，为山神驱斥，明旦止见身投山下数里间。表赍经栖泊涧饮木食，后不知出处之踪矣。于时属会昌搜毁，表将经以华榈木函盛，深藏石室中。迨宣宗大中元年丙寅，保福慧评禅师，素闻往事，躬率信士迎出甘露都尉院。其纸墨如新缮写，今贮在福州僧寺焉。

志贤

【〔宋〕《宋高僧传》】志贤 姓江，建阳人也。夙心刚整，幼且成规。既遂出家，寻加戒品沾。尝渐教守护诸根，抗节修心，不违律范。天宝元年，于本州岛佛迹岩承事道一禅师，曾无间然，汲水拾薪，唯务勤苦。游方见金华山赤松洞，是黄初平叱石羊之地。郁林峻岭，泉湖百步许。意乐幽奇，既栖巅顶，野老负香粳蔬茹以供之。时天大旱，贤望空击石谩骂诸龙曰："若业龙无能为也，其菩萨龙王胡不遵佛敕救百姓乎？"敲石才毕，霈然而作，婺人咸悦。后游长安，名公硕德列请为大寺功德之师。贤悚然不顾，明日遂行登五台山，止甘泉寺。无疾而终，敕谥"大远禅师"。

五代

神晏	行修	元白	义韶	义英	道昭	朝悟	省澄	栖霞
惠宽	智亮	守贤	智宣	慧球	慧棱	惟劲	义收	从展
体静	萧头陀	蚬子	桂琛	神禄	道熙	道虔	文邃
明真	清皎	道闲	梦笔和尚	道怤	知琛	文展	元衲
灵照	行遵	常慧	无殷	如敏	清耸	契盈	行云	志端
香林	师解	古禅师	月轮	师护	微	从范	严宗
师彦	弘教	玄通	皎然	超证	契璠	永泰和尚	元俨
如体	妙空	绍孜	义因	重满	道希	明法	神禄
（永兴）	慧觉	洪俨	慧朗	静	清换	契讷	了空	令含
义端	澄静	从环	文钦	了觉	瀛	守清	法宝	妙虚	文彦
了宗	宗晓	照	智远	师贵	义聪	从贵	藏用	圆明
明	祥	玄旨	清慕	真觉	志恩	玄亮	慧居
睡龙山和尚	云顶	从允	行通	悟真	兴法	仁慧	东禅和尚
清禀	资化	洪忍	广法	定慧	明慧	玄觉	法骞
庆和尚	通玄	琛	疆	志勤	怀岳	无逸	行崇	可

俦　超悟　令弇　宗一　常慧　妙果　法辉　道熙（135）

神晏

【〔清〕同治《福建通志》】神晏　本卫州白鹿山僧。开平初，闽王王审知请住持鼓山涌泉寺，得兴法教。先是唐会昌中，除佛汰僧，有村民于山之白云洞旁凿井二丈余，得一古砖，上刻"僧晏兴法"四字，献于州。州承朝禁，取砖毁之，至是砖文始验。洞口有岩，岩有石龛，水穿石壁。神晏厌其嘈聒，喝之水逆东流，西涧遂涸。神晏移居岩中，尝掇石乳而食，指痕犹存。审知加号"兴圣国师"，人因名其岩为"国师岩"，亦名"喝水岩"。

【〔清〕《十国春秋》】神晏　汴州人，姓李氏。幼不茹荤，乐闻钟梵。年十二时，有白气数道腾于所居屋，神晏题诗壁间，气随灭。遂依白鹿山规禅师，披削久之，乃参雪峰。梁开平二年，闽王迎主鼓山，雪峰送至法堂，曰："一只圣箭，直射九重城里去也。"加号"兴圣国师"。先是唐会昌时，除佛汰僧，有村民于鼓山灵源洞旁凿井三丈余，得古砖刻"僧晏兴法"四字，以献于州。至神晏居此，大兴法教，砖文始验。尝诵经灵源洞，厌西涧水声喧轰，喝之，水乃逆流东涧，而西涧遂涸。时移坐涧底，或掇石乳而食，至今岩石尚有爪痕，其灵异盖不胜述云。

行修

【〔清〕同治《福建通志》】行修　晋江陈氏子。长耳垂肩，祝发金陵瓦官寺。后梁开平间，至四明山中说法，松下天花纷雨。后唐同光二年，至杭之法相院，依石为室。钱越王以诞辰饭僧，僧永明告王曰："长耳和尚，定光佛应身也。"王趣驾参礼，师默然，但云永明饶舌。少顷，跏趺而化。宋咸平三年，赐号"慧大师"。

【〔清〕乾隆《福州府志》】行修　陈氏子。生而异香满室。七载犹不能言，或曰："哑耶？"忽应声曰："不遇作家徒，撞破烟楼耳。"后参雪峰义存。梁开平间，至四明山，独栖松下说法，天花纷雨。又跌坐龙尾岩，结茅为盖，百鸟衔花飞绕。后唐同光二年，至杭之法相院，依石为室，禅定其中。乏水给饮，卓锡岩际，清泉迸出。

【〔宋〕《宋高僧传》】汉杭州耳相院行修传　释行修，俗姓陈，泉州人也。少投北岩院出家，小心受课，诵念克勤。十三削发，往长乐府戒坛受上品律仪。年始十八，参雪峰山存禅师。随众请问，未知诠旨，辞存师言入浙去。存曰："与汝理定容仪。"令彼二人睹相发心，遂指其耳曰："轮郭幸长，垂珰犹短。吾为汝伸之。"双手平曳登即及肩，如是者三，自此长垂，见者举目。后唐天成二年丁亥岁，入浙中。倾城瞻望，檀施纷纷。遂构室于西关高峰，为其宴息，后郁成大院。修别无举唱，默默而坐，人问唯笑而止。士女牵其耳交结于颐下，杭人号长耳和尚。以乾祐三年庚戌岁十一月示疾。动用如平时，以三月中夜坐终。檀越弟子以漆布，今亦存焉。后寄梦睦州刺史陈荣曰："吾坐下未完。"检之元不漆布，重加工焉。

元白

【〔清〕同治《福建通志》】元白　宁德支提山僧也。支提在霍童万山中，释家相传，天冠菩萨尝住此山演说道法，高丽僧元表归自西域，负木函华严经八十二本，至山中那罗延窟开涌，以候天冠。元白闻之，支筇搜奇，访元表告之曰："师欲卓庵借地龙潭？"元表如其言，果有神龙涌沙，塞渊成莲台九座。元表乃以经授之，腾云而去。经藏岩窦，元白乃抵甘露，邀都慰二僧迎归，状其事于吴越王闽王，是为支提开山祖师。

义韶

【〔清〕同治《福建通志》】义韶　长溪灵石山龙居寺僧也，本漳州谢氏子。后唐天成二年（案，前志称宝正二年，宝正乃吴越年号，是时闽奉后唐正朔，当称天成为是。宝正有元年，无二年，其元年即天成元年也）削发为僧。居常不食，裁纸为衣。一日，赴赤岸斋，被人推坠深潭，人以为死，韶乃先至斋所，衣殊不濡。出入山林，辄有虎随之，常买肉以饲。人姗笑之，遂不复买，虎饥索食，食以一指。宋太平兴国七年重九示寂，虎亦遁迹。

义英

【〔清〕同治《福建通志》】义英　俗姓陈氏，晋江人。年十五出家于邑之开元浴室院。厉精佛书，浃洽空妙。闽王王审知造金银二藏经，闻义英善笔札，征之缮写，厚施以奖其劳，义英辞不得。买田三十亩，归粥院，为千人结夏咸粥。疏词略曰："天边之无兔无乌，斯缘方泯；世上之有僧有佛，此会长新。"学者纷诵，于是施者争割田为九十日粥，皆义英倡之。

【〔明〕《闽书》】泉州开元寺义英禅师　陈氏子。厉精佛书，浃洽空妙。闽王审知造金银二藏经，闻英善笔札，致之缮写，厚资之。不得辞，以买田归粥院，为千人结夏咸粥。疏词略云："天边之无兔无乌，斯缘方泯；世上之有僧有佛，此会常新。"学者纷涌而就，司南无虚日云。

道昭

【〔明〕《闽书》】泉州开元罗汉阁道昭禅师　姓王氏。从叔端怀仿连学《上生》《唯识》，悉臻其奥。有僧清信者，将礼文殊五台，道逢老人问："何之？"信具为言，曰："嘻！五顶辽琼，跋涉良苦。泉之开元罗汉阁钞《唯识论》者，文殊子也。何不即求而远为也？"信如教，请昭，一见而拜。昭问："固有众也，而何拜我？"信具言故。昭曰："我文殊耶？"信去，昭曰："此吾土地易言耳。"弃其像于外。夜深，人闻若有号诉者曰："我罗汉阁土地也。罗汉摈我，君幸哀存。"明求之，得弃像，为丛祠隘巷，尸祝之。昭所抄《唯识论解真书》八十卷，有魏晋笔法。

【〔清〕同治《福建通志》】道昭　晋江开元罗汉阁僧也，本姓王。从僧叔端学，上生唯识，悉臻其奥。闽龙启元年，王延彬奏锡命服。南唐保大元年，特征不赴。有僧清信者，将礼文殊五台，道逢老人问何之，清信具为言。老人曰："嘻，五顶辽琼，跋涉良苦，泉之开元罗汉阁钞《唯识论》者文殊子也，何不即求而远为也。"清信如教请谒，道昭曰："此本寺土地饶舌也。"所钞《唯识论解真书》，有魏晋笔法。

朝悟

【〔明〕《闽书》】泉州开元寺朝悟禅师　至自西域，以名语人，人称"大头陀"。以其神于灯，人又名之"挑灯道者"。凡暮夜明灯知殿事者，必告之，则其光达曙，不则不尔。

【〔清〕同治《福建通志》】朝悟　泉州开元寺僧，至自西域，有异行。既去，寺僧刻木为像奉之。凡暮夜明灯，知殿事者必告之，则其光达曙，不尔，随灭。故号"木头陀"，亦称"挑灯道者"。

省澄

【〔清〕同治《福建通志》】省澄　晋江鹦鹉山南禅寺僧也，本姓阮，仙游人。禅行高洁，尝游江左，历衡阳。每上堂，丛林先达皆为俯首。至泉州，王延彬创千佛院于开元寺居之，十年足不逾阈。留从效据泉，延主南禅寺。乾德中，赐号"真觉禅师"。尝夜至云堂，有沙门方熟寐，口吐异光，澄潜为作礼。

翌日，沙门谓澄曰："夜来梦观音作礼，此何祥也？"澄愕然。

栖霞

【〔清〕同治《福建通志》】栖霞　同安人，出家晋江开元寺。以道自高，得斗升储召之斋，则不赴。刺史王继勋欲广其居，力辞之。尝有客宿庵中，顾其寒色满屋，出囊金施之，栖霞置诸床下。客去七年复来，将更施，栖霞笑曰："前惠尚存。"出示之，封尘厚矣。客乃叹曰："如此道人，谁能诟之？"取金而去。

惠宽

【〔宋〕开庆《临汀志》】敕赐威济灵应普惠妙显大师　叶姓，法名惠宽，宁化县人。幼通悟，善根夙植，长得业于本郡开元寺，遍游诸方，悟旨而返。州境山谷深窈，虎豹出没为害。师以解脱慈悲力，为之训饬柔服，众异之，号伏虎禅师。南唐保大三年，憩于平原山麓，见左右有龟峰狮石，遂卓锡于此。蹑其巅，以开元钱已为开山兆。有樵者拾其一以归，诘朝复返故所，耆老欢传，咸起敬慕。程力督工，为创庵，名曰"普护"。庵侧一岭刺天，号吊军岭，道过其上，苦渴水，师于盘石上顿锡出水，至今不竭。七年，汀苦旱，靡神不宗。郡将闻师道行，结坛于龙潭侧，延师致祷。师云："此方旱气燔甚，实众生罪业自速其辜，今当普为忏悔。七日不雨，愿焚其躯。"及期旱如故，师延趺坐，命厝火于薪。众骇愕，火未及然，油云四起，甘雨倾注。师曰："未也，水流束薪乃已。"未几，果然。见闻赞叹。宋朝建隆三年九月十三日示寂，塑其坏身于庵，凡有所祷，应如响答。熙宁三年，郡列状以闻，赐庵为"寿圣精舍"。延平之庵，曰"油滩"、曰"小芹"、曰"白砂"。绍兴七年，敕封"净戒慈应大师"，时在汀者犹未封圣院。乾道三年，改赐"广福"，师所经从辄成也。至十二年，乃赐号于汀曰"威济"。乾道三年，加号"灵应"。淳熙十一年，复加"普惠"，皆以救旱功。自淳熙元年郡守迎均庆院定光真相入州后庵，复于广福院迎师真相差肩为宾主，以便祈祷。绍定群寇犯城，多方保护，显大威力，师与定光实相叶赞。嘉熙间，州人士列状于郡，乞申奏加赐师号，复加"妙显"，累封至八字，今为"威济灵应普惠妙显大师"。

智亮

【〔清〕同治《福建通志》】智亮　泉州戴云山僧也。本身毒人智广高弟。始居开元寺，四时恒袒一膊，行乞市中，人称袒膊和尚。后移居戴云山，不出累月，堆胚独坐，虎驯其侧。州旱，守延之祈雨，问雨期，曰："坐我丽谯外三日。"越三日，日转炽，亭午大雨，守遂创院居之。宋大中祥符间，与众诀而逝，其徒泥躯祀寺中。后有苏氏子亦居戴云山，每赴斋有紫云覆之上山，骑虎以归。

【〔清〕道光《晋江县志》】知亮　南唐时居开元东律巷。恒袒一膊，行乞于市，祁寒雪霜中亦然。后移居德化戴云山，不火累一月。堆胚独坐，虎驯其侧。有诗曰："戴云山顶白云齐，登顶方知世界低。异草奇花人不识，一池分作九条溪。"宋大中十二年逝。

守贤

【〔宋〕《宋高僧传》】宋衡阳大圣寺守贤传　释守贤，姓丘氏，泉州永春人也。少而聪达，渊懿沉厚。誓投吉祥院从师披剪焉，后游学栖云门禅师道场，明了心决。趋彼衡阳，众推说法。衲衣练若之人，若百州之会于朝夕池矣。贤不衣缯纩，布衣皮裤而已。度伏腊，必无更易。胁不着席，唯坐藤床，瞑目通宵。除有问者，随其启发，雍容自持。乾德中告众曰："吾有债愿未酬,心终不了。"明日入南窑山,投身饲虎。弟子辈去寻,见双胫皮裤缠且存耳。收阇维之,得舍利无数。报龄七十四。今小浮图藏遗体焉。

智宣

【〔宋〕《宋高僧传》】释智宣　泉州人也。壮岁慕法,学义净之为人也,轻生誓死。欲游西域,礼佛八塔,并求此方未流经法。以唐季结侣渡流沙,所至国土怀古寻师,好奇徇异,聚梵夹求舍利。开平元年五月中,达今东京,进辟支佛骨,并梵书多罗叶夹经律。宣壮岁而往,还已衰耄矣。梁太祖新革唐命,闻宣回大悦,召赐分物,请译将归夹叶。于时干戈,不遑此务也。

慧球

【〔明〕《闽书》】福州安国院慧球寂照禅师　莆田人。上堂,僧问:"佛法大意,从何方便顿入?"师曰:"入是方便。"

【〔民国〕《福建通志》】慧球　号寂照,莆田人。为僧备首座。尝问备曰:"如何是第一月?"备曰:"用汝个月为何?"慧球遂大悟。开平二年,备疾频危,闽王遣子问疾,仍请密示继踵说法者,备曰:"球。"子得闽王默记之。至开堂日,官僚与僧侣大会法筵,闽王忽问众曰:"谁是球上座?"众指之。闽王遂请升座,以续玄沙之席。上堂,僧问:"佛法大意,从何方便顿入?"球曰:"入是方便。"

慧棱

【〔宋〕《宋高僧传》】释慧棱　杭州海盐人也,俗姓孙氏。初诞,缠紫色胎衣。为童龀日,俊朗抗节,于吴苑通玄寺登戒。已闻南方有禅学,遂游闽岭,谒雪峰,提耳指订,顿明本性。乃述偈云:"昔时谩向途中学,今日看来火里冰。"如是亲依不下峰顶,计三十许载。冥循定业,谨摄矜庄。泉州刺史王延彬，召棱住昭庆院，禅子委输唯虔后至。及于长乐府居长庆院，二十余年出世不减一千五百众。棱性地慈忍，不妄许人，能反三隅方加印可。以长兴三年壬辰五月十七日长往，春秋七十九，僧腊六十，闽国王氏私谥之。大师号"超觉"，塔葬皆出官供。判官林文盛为碑纪德云。

【〔民国〕《福建通志》】慧棱　福州长庆寺僧，杭州盐官孙氏子。年十三，出家苏州通玄寺。初参灵云禅师，问："如何是佛法大意？"云曰："驴事未去，马事到来。"慧棱自是往来雪峰、玄沙，二十年间，坐破七个蒲团，未明此事。一日卷帘，忽然大悟，乃有颂曰："也大差，也大差，卷起帘来见天下。有人问我解何宗，拈起佛子劈口打。"峰举谓玄沙曰："此子彻去也。"沙曰："未可。此是意识著述，更须勘过始得。"至晚，众僧上来问讯，峰谓棱曰："备头陀未肯汝在，汝实有正悟，对众举来。"棱又颂曰："万中之中独露身，唯人自肯乃方亲。昔时谬向途中觅，今日看来火里冰。"峰乃顾沙曰："不可更是意识著述。"棱问峰曰："从上诸圣传授一路，请师垂示。"峰良久，棱设礼而退，峰乃微笑。棱入方丈参峰，曰："是什么？"棱曰："今日天晴好□请。"自此酬问未尝爽于玄旨，不下峰顶，计三十许载。冥循定业，谨摄矜庄。天祐三年，泉州刺史王延彬，召棱住昭庆院，禅子委输唯虔后至。梁开平三年，闽帅请移长庆院，奏号"超觉大师"。嗣王时，夫人崔氏自称练师，时与往复论难。院中有一千五百众。棱性地慈忍，不妄许人，能反三隅方加印可。以后唐长兴三年壬辰五月十七日示寂怡山，春秋七十九，僧腊六十，闽国王氏私谥之。棱号"超觉"。塔葬皆出官供。判官林文盛为碑纪德云。

惟劲

【〔宋〕《宋高僧传》】后唐南岳般若道场惟劲传　释惟劲,福州长溪人也。节操精苦,奉养栖约。破纳拥身,衣无缯纩,号头陀焉。初参雪峰,便探渊府。乾化中,入岳住报慈东藏,亦号三生藏。中见法藏禅师鉴灯,顿了如是广大法界,重重帝网之门,因叹曰:"先达圣人具此不思议,智慧方便,非小智之所能。"又岳道观中亦设此灯,往因废教时窃移入仙坛也,有游岳才人达士留题颇多。劲乃叹曰:"卢橘夏熟,宁期植在于神都?舜韶齐闻,不觉顿忘于肉味。嗟其无识,不究本端。盗王氏之青毡以为旧物,认岭南之孔雀以作家禽。后世安知?于今区别,乃作五字颂,颂五章,览者知其理事相融。灯有所属,属在乎互相涉入,光影含容,显华严性悔。主伴交光,非道家之器用也。"楚王马氏奏赐紫,署"宝闻大师"。梁开平中也,劲续《宝林传》,盖录贞元以后,禅门祖祖相继源脉者也。别著《南岳高僧传》,未知卷数,亦一代禅宗达士文采可观。后终于岳中也。

义收

【〔民国〕《福建通志》】义收　少剃发为僧,有道行,居闽之万岁寺。贞明三年,闽自春不雨,至于五月。义收以膏爇指,不雨。积薪通衢,约七日自焚,及期举炬而天雨,莫不神之。后游洪州,将归,人其遮留,乃截左臂付之,曰:"去后不雨,出祷必应。"已而果然。

从展

【〔明〕《闽书》】漳州保福院从展禅师　年十五,礼雪峰为受业师。游吴楚间,后归执侍。梁贞明四年,潭州刺史王公创保福禅苑,迎请居之。开堂之日,王公礼跽三请,躬自扶掖升座。

【〔民国〕《福建通志》】从展　福州人，姓陈氏。年十五，礼雪峰义存为师。已而游吴楚间，后归侍雪峰。贞明四年，漳州刺史创保福院，迎居之。开堂之日，刺史以下礼跽三请，躬自扶掖，不具录。一日，闽王遣使送朱记至院，从展上堂提印，曰："去即印，住即印。"破其玄语甚多，不具录。后传闽王奏加命服，忽示微疾而逝。

体静

【〔民国〕《福建通志》】体静　住福州郡城东山华严寺。时为后唐同光三年，未几，庄宗征入辇下。众僧看经，唯体静与徒众不看。帝问静为甚不看？静曰："道泰不传天子令，时清休唱太平歌。"帝曰："众徒为甚也不看？"静曰："狮子窟中无异兽，象王行处绝狐踪。"帝曰："众僧为甚看经？"静曰："水母原无眼，求食须赖虾。"帝曰："师是后生，为甚却称长老？"静曰："三岁国家龙凤种，百年殿下老朝臣。"

萧头陀

【〔民国〕《福建通志》】萧头陀　本名孔冲，建安人。登同光时进士第，不乐仕进，入连江之兑峰，剪发为头陀。志行艰苦，能伏虎豹。既殁，邑人祀之。

蚬子

【〔宋〕《神僧传》】蚬子和尚　京兆蚬子和尚事迹颇异。居无定所，自印心于洞山，混俗闽川，不畜道具，不循律仪。冬夏一衲，逐日沿江岸采掇虾蚬，以充其腹，暮即宿东山白马庙纸钱中，居民目为蚬子和尚。华严静禅师闻之，欲决真假，先潜入纸钱中。深夜师归，严把住曰："如何是祖师西来意？"师遽答曰："神前酒台盘。"严放手曰："不虚与我同根生。"严后赴庄宗诏入长安，师已先至。每日唱歌自拍，或乃佯狂泥雪，去来俱无踪迹，厥后不知所终。
桂琛
【〔宋〕《禅林僧宝传》】潭州罗汉琛禅师　禅师名桂琛，生李氏，常山人也。幼卓越，绝酒胾。见万寿寺无相律师，即前作礼。无相拊其首曰："若从我乎？"乃欣然依随之，父母不逆也。年二十余即剃发为大僧，无相使习毗尼。一日为众升堂，宣戒本布萨已，乃曰："持犯但律身而已，非真解脱也。依文作解，岂发圣乎？"一众愕然。琛顾笑，为无相作礼辞去，无相不强。初谒雪峰存公，不大发明。又事玄沙，遂臻其奥，与慧球者齐名，号二大士。琛能秘重大法，痛自韬晦。然丛林指目，以为雪峰法道之所寄也。漳州牧王公请住城西石山，十余年，迁止罗汉。破垣败箦，人不堪其忧，非忘身为法者不至。僧问："如何是罗汉一句？"曰："我若向汝道，却成两句。"又问："以字不成，八字不是，是甚字？"琛曰："汝不识此字耶？"曰："不识。"琛曰："看取其下注脚。"琛尝垂头，颓然坐折木床。见僧来，即举拂子曰："会么？"对曰："谢和尚指示学人。"琛曰："见我竖起拂子，便道指示学人。汝每日见山见水，可不指示汝耶？"又见僧来，举拂子。其僧礼拜称赞，琛曰："见我竖起拂子，便礼拜赞叹。那里扫地，竖起扫帚，为甚不赞叹？"有僧来报，保福迁化也。琛曰："保福迁化，地藏入塔。"琛时住地藏，乃石山也。于时学者莫测其旨。琛悯之，为作明道偈。其词曰："至道渊旷，勿以言宣。言宣非指，孰云有是。触处皆渠，岂喻真虚。真虚设辨，如镜中现。有无虽彰，在处无伤。无伤无在，何拘何碍。不假功成，将何法尔。法尔不尔，俱为唇舌。若以斯陈，埋没宗旨。宗非意陈，无以见闻。见闻不脱，如水中月。于此不明，翻成剩法。一法有形，翳汝眼睛。眼睛不明，世界峥嵘。我宗奇特，当阳显赫。佛及众生，皆承恩力。不在低头，思量难得。捺破面门，盖覆乾坤。快须荐取，脱却根尘。其如不晓，谩说而今。"后唐天成三年戊子秋，琛复至闽城旧址，遍游近城诸刹。乃还示微疾，沐浴安坐而化。阅世六十有二，坐四十二夏，阇维收舍利建塔。有得法上首，清凉益禅师。

神禄

【〔民国〕《福建通志》】神禄　福清人，住温州温岭瑞峰院。由福清天竺寺出家，得法于瑞岩，久为侍者，后开山创院，学侣依附。神禄有偈曰："萧然独处意沉吟，谁信无弦发妙音。终日法堂唯静坐，更无人问本来心。"时有朋彦上座，蹑前偈而问曰："如何是本来心？"禄召曰："朋彦。"彦应："诺。"禄曰："与老僧点茶来。"彦于是信入。太平兴国元年示灭，寿百有五岁。

【〔明〕《闽书》】温州瑞峰院神禄禅师　久为瑞岩侍者，后开山创院，学侣依附。有偈曰："萧然独处意沉吟，谁信无弦发妙音。终日法堂唯静坐，更无人问本来心。"

道熙

【〔明〕《闽书》】漳州报恩院道熙禅师　僧问："明言妙句即不问，请师真实道将来。"师曰："不阻来意。"

【〔民国〕《福建通志》】道熙　漳南人，住报恩院。初与潭州保福禅师献书闽王从子延彬，延彬时加太尉、刺史泉州，问："漳南和尚近日还为人也无？"道熙曰："若道为人，即屈着和尚；若道不为人，又屈着太尉。"延彬良久又问："驴来马来？"熙曰："驴马同途。"具机辩如此。

道虔

【〔明〕《闽书》】瑞州九峰道虔禅师　僧问："人人尽

言请益,未审师将何拯济?"虔曰:"即道巨岳曾乏寸土也。"问:"祖祖相传,复传何事?"虔曰:"释迦悭,迦叶富。"曰:"如何是释迦悭?"虔曰:"无物与人。"曰:"如何是迦叶富?"虔曰:"国内孟尝君。"曰:"毕竟传底事作么生?"虔曰:"百岁老人分夜灯。"

【〔宋〕《禅林僧宝传》】筠州九峰虔禅师　禅师名道虔,刘氏,福州侯官人也。容姿开豁明济,气压丛林。至霜华,诸禅师见之,谓人曰:"此道人从上宗门爪牙也。"诸殁时,虔作侍者,众请堂中第一座,嗣诸住持。方议次,虔犯众曰:"未可,须明先师意旨,乃可耳。"众曰:"先师何意?"虔曰:"只如道,古庙香炉,一条白练如何会?"第一座曰:"是明一色边事。"虔曰:"果不会先师意。"于是,第一座者起炷香誓曰:"我若会先师意,香烟灭则我脱去,不然烟灭不能脱。"言卒而脱去。虔拊其背曰:"坐脱立亡不无。"首座会先师意,即未也。庐于普会塔之旁,三年而去。经行于末山之下,住崇福寺。僧问无间中人:"行什么行?"曰:"畜生行。"曰:"畜生复行什么行?"曰:"无间行。"曰:"此犹是长生路上人。"曰:"汝须知有不共命者。"曰:"不共什么命?"曰:"长生气不常。"复曰:"大众还得命么?欲知命,流泉是命,湛寂是身。千波竞起,是文殊境界。一亘晴空,是普贤床榻。其次借一句子,是指月,于中事是话月。从上宗门中事,如节度使符信。且如诸先德,未建许多名目,指陈已前。诸人约什么体格商量。这里不假三寸试话会看,不假耳根试采听看,不假两眼试辨白看。所以道,声前抛不出,句后不藏形。尽乾坤都来,是汝当人个目体。向什么处,安眼耳鼻舌。莫向意根下,图度作解。尽未来际,亦未有休歇分。所以古人道,拟将心意学玄宗,大似西行却向东。"

先是马大师殁于豫章开元寺，门弟子怀海、智藏辈，葬舍利于海昏石门。海亦庐塔十余年，乃浴冯川上车轮峰。逢司马头陀劝海留止，因不复还石门。虔自九峰往游焉，遂成法席。为泐潭第一世，继海遗踪也。吴顺义初，告众安坐而化，塔于寺之西。号"圆寂"，谥"大觉禅师"，得法上首殷禅师。

文邃

【〔明〕《闽书》】澧州钦山文邃禅师　僧问："如何是祖师西来意？"曰："梁公曲尺，志公剪刀。"问："一切是诸佛法，皆从此经出。如何是此经？"师曰："常转。"

【〔明〕《楚宝》】澧州钦山文邃禅师　福州人。少依杭州大慈山寰中禅师受业。时岩头、雪峰在众，睹师吐论，知是法器，相率游方，二大士各承德山印记。师虽屡激扬，而终然凝滞，后于洞山言下发解，乃为之嗣。年二十七，止于钦山。对大众前自省过，举参洞山时语。山问："什么处来？"师曰："大慈来。"曰："还见大慈么？"师曰："见。"曰："色前见？色后见？"曰："非色前后见。"洞山默置，师乃曰："离。"师大口，不尽师意。与岩头、雪峰过江西，到一茶店吃茶。师曰："不会转身通气者，不得茶吃。"头曰："若恁么我定不得茶吃？"峰曰："某甲亦然。"师曰："这两个老汉话头也不识。"头曰："甚处去也？"师曰："布袋里。老鸦虽活如死。"头退后曰："看看。"师曰："蟊公且置，存公作么生？"峰以手画一圆相，师曰："不得不问。"头呵呵曰："太远生。"师曰："有口不得茶吃者多。"师与道士论义，士立义曰："粗言及细语，皆归第一义。"师曰："道士是佛家奴。"士曰："太粗生。"师曰："第一义何在？"士无语。

明真

【〔明〕《闽书》】福州安国院弘瑫明真禅师　陈氏子。僧问："凡有言句，皆落因缘方便。不落因缘方便事，如何？"师曰："桔槔之士频逢，抱瓮之流罕遇。"问："如何是高尚底人？"师曰："河滨无洗耳之叟，磻溪绝垂钓之人。"问："十二时中，如何救得生死？"师曰："执钵不须窥众乐，履冰何得步参差。"

【〔民国〕《福建通志》】弘瑫　号明真，泉州陈氏子。参雪峰，峰问："什么处来？"曰："江西来。"峰曰："什么处见达摩？"曰："分明向和尚道。"峰曰："道什么？"曰："什么处去来。"一日，雪峰见弘瑫，搦住曰："尽乾坤是个解脱。"门把手拽伊不肯入，曰："和尚怪瑫不得。"曰："虽然如此，争奈背后许多师僧何？"僧尝问瑫："凡有言句，皆落因缘方便。不落因缘方便事，如何？"曰："桔槔之士频逢，抱瓮之流罕遇。"问："如何是高尚底人？"曰："河滨无洗耳之叟，磻溪绝垂钓之人。"问："十二时中，如何救得生死？"曰："执钵不须窥众乐，履冰何得步参差？"后闽帅命居安国，大阐玄风。

清皎

【〔明〕《闽书》】蕲州四祖山清皎禅师　临终遗偈曰："吾年八十八，满头垂白发。颛颛镇双峰，明明千江月。黄梅扬祖教，白兆承宗诀。日日告儿孙，勿令有断绝。"

【〔民国〕《福建通志》】清皎　蕲州四祖山僧，福州王氏子。僧问："师唱谁家曲，宗风嗣阿谁？"清皎曰："楷师岩畔祥云起，宝寿峰前震法雷。"临终遗偈曰："吾年八十八，满头垂白发。颛颛镇双峰，明明千江月。黄梅扬祖教，白兆承宗诀。日日告儿孙，勿令有断绝。"

道闲

【〔明〕《闽书》】福州罗山道闲禅师　长溪陈氏子。出家龟山寺，年满受具。遍历诸方，参石霜岩头，服膺其教。闽帅饮其法味，请居罗山，号法宝禅师。临迁化，上堂，良久乃曰："欲报佛恩，无过流通大教。归去也，归去也。"莞尔而寂。

【〔清〕《十国春秋》】道闲　长溪陈氏子也。闽王延居福州罗山，号法宝禅师。临终时，上堂曰："归去也，归去也。"莞尔而寂。时又有僧宝闲著《续宝林传》四卷；僧神禄住福州莲华山；僧慧觉居福州报慈院，皆深晓宗义，为闽王父子所优礼。

梦笔和尚

【〔民国〕《福建通志》】梦笔和尚　闽王时，居建州梦笔山，因名。闽王常召见，问："还将得笔来否？"曰："不是稽山绣管，惭非月里兔毫。"又问："如何是法？"曰："此非梦笔家风。"

道怤

【〔宋〕《宋高僧传》】后唐杭州龙册寺道怤传　释道怤，俗姓陈，永嘉人也。丱总之年性殊常准，而恶鲑血之气。亲党强啖以枯鱼，且虞呕哕。求出家于开元寺，具戒已游闽入楚。言参问善，知识要决，了生死根源。见临川曹山寂公，大有征诘若畀询之间僧稠也，终顿息疑于雪峰。闽中谓之小怤布纳，时太原同名年腊之高故。暨回浙，住越州鉴清院。时皮光业者日休之子，辞学宏赡，探赜禅门，尝深击难焉。退而谓人曰："怤公之道崇论闳议，莫臻其极。"武肃王钱氏钦慕，命居天龙寺，私署"顺德大师"。次文穆王钱氏创龙册寺，请怤居之，吴越禅学自此而兴。以天福丁酉岁八月示灭，春秋七十。茶毗于大慈山坞，收拾舍利起塔于龙姥山前。故僧主汇征撰塔铭，今舍利院弟子主之香火相缀焉。

知琮

【〔明〕《闽书》】泉州开元寺知琮禅师　王氏子。事观音甚谨，预知休咎。知军州事王延彬问："寺近何祥？"曰："寺西地涌者数十尺，一二年矣，莫省谓何？"未期月，闽王审知来造七级木塔于此，延彬嘉叹。初，琮因感痞疾，塑观音祷于堂，日诵其名万，其品百。一夕，梦人咽以丸药，既觉，得遗丸床褥间，痞疾遂愈。

文展

【〔民国〕《福建通志》】文展禅师　秉戒高洁，闽王从子延彬招之不就。积薪自焚，属弟子以骨投笋江。既焚，舍利自飞江上。

元衲

【〔民国〕《福建通志》】元衲　高丽人。闽王从子延彬建福清寺于南安以居之。延彬问："如何是家乘？"元衲叱之。一僧问："如何是物物上辨明？"元衲展示一足。其说法多此类也。

灵照

【〔民国〕《福建通志》】灵照　高丽人。初入闽中，得雪峰妙旨。平居唯一衲服，勤细事，闽人谓之照布衲。已而来居杭之龙华寺。天福中，卒于大慈山。

行遵

【〔宋〕《宋高僧传》】晋阆州光国院行遵传　释行遵，福州闽王王氏之仲子。后唐庄宗即位，入洛进方物，因留京邸。同光末会明宗将入，兵乱相仍，乃自剪饰变服为僧，窜身巴蜀。逮晋开运中，状貌若七十余，然壮力不衰，或询其年腊则必杜默。于阆中寓光国禅院，院徒以律法住持，人不之知遵之能否。有李氏子家命斋，饮啖之次欸起出门，叫噪若有所责。谓李曰："今夜有火自东南至于西北街,邻居咸令备之。"是夕,果然煨烬无遗。众聚问其故,曰:"昨一妇女衣红秉炬而过,老僧恨追不及耳。"又于赵法曹家,指桃树下云:"有如许钱不言其数。"赵乃召人,发之。畚锸方兴,适遇客至,为家僮所取。喧喧之际,尽化为青泥,人各争得百余。后圬墁之,门壁坏往往而有焉。遵或经人冢墓,知其家吉凶。至于风角鸟兽闻见之间,预言灾福后必契合,故州间远近咸以预言用为口实。终于晋安玉山,缁徒为其茶毗焉。

常慧

【〔民国〕《福建通志》】常慧　号嗣棱,福州人。僧问:"不犯宗风,不伤物议,请师满口道。"慧曰:"今日岂不是?"长兴三年,闽王请住长庆,有《语录》行世。

无殷

【〔明〕《闽书》】吉州禾山无殷禅师　七岁从雪峰出家,依年受具。谒九峰,问:"汝远远而来,晖晖随众,见何境界而能修行?由何径路而能出离?"曰:"重昏廓辟,盲者自盲。"峰乃许入室。后住禾山,学徒济济,诸方降叹。

【〔宋〕《禅林僧宝传》】吉州禾山殷禅师　禅师名无殷,生吴氏,福州人也。七龄,雪峰存禅师见之,爱其纯粹,化其亲,令出家。年二十,乃剃落受具。辞游方,至九峰虔公,问:"汝远来何所见?当由何路出生死?"对曰:"重昏廓辟,盲者自盲。"虔笑以手挥之,曰:"佛法不如是。"殷不怿,请曰:"岂无方便?"曰:"汝问我。"殷理前语问之。曰:"奴见婢殷勤。"殷于是依止十余年。虔移居石门,亦从之。及虔殁,去游庐陵。至永新,见东南山奇胜,乃寻水而往,有故寺基。盖文德中,异僧达奚道场。遂定居,学者云集。唐后主闻其名,诏至金陵,问佛法大意,久之有旨,延居扬州祥光寺,恳辞归西山。诏住翠岩,又住上蓝寺，赐号"澄源禅师"。建隆元年庚申二月，示有微疾。三月二日，令侍者开方丈。集大众曰："后来学者，未识禾山，即今识取。"于是泊然而化。阅世七十，坐夏五十。谥"法性禅师"，塔曰"妙相"。

如敏

【〔明〕《闽书》】韶州灵树如敏禅师　广主刘氏奕世钦重，署"知圣大师"。四十余年，教被岭表。广主将兴兵，就决臧否，师已先知，怡然坐化。主怒知事，曰："和尚何时得疾？"对曰："初无疾，适封一函子，令呈大王。"主开函，得一帖子云："人天眼目，堂中上座。"主悟，遂寝兵。

【〔宋〕《宋高僧传》】后唐韶州灵树院如敏传　释如敏，闽人也。始见安禅师，遂盛化岭外，诚多异迹。其为人也，宽绰纯笃，无故寡言，深悯迷愚，率行激劝。刘氏偏霸番禺，每迎召敏入请问，多逆知其来，验同合契。广主奕世奉以周旋，时时礼见，有疑不决，直往询访。敏亦无嫌忌，启发口占，然皆准的，时谓之为乞愿，乃私署为"知圣大师"。初，敏以一苦行为侍者，颇副心意，呼之曰："所由也。"一日随登山脊间，却之潜令下山，回顾见敏入地焉。苦行隐草中覆其形，久伺之乃出往迎之。问曰："师焉往乎？"曰："吾与山王有旧，邀命言话来如是。"时或亡者乃穴地而出。严诫之曰："所由无宜外说，泄吾闲务。"后终于住院，全身不散，丧塔官供。今号"灵树禅师真身塔"是欤。

清耸

【〔明〕《闽书》】杭州灵隐清耸禅师　初参法眼，眼指雨谓师曰："滴滴落上座眼里。"师初不喻旨，后因阅《华严经》感悟，承眼印可。回止明州四明山卓庵，节度使钱亿执事师之礼。

后居灵隐上寺。

【〔民国〕《福建通志》】清耸　福州人。初参法眼禅师文益，文益谓曰："滴滴落在上座眼里。"　师初不喻旨，后因阅《华严经》感悟，止明州四明山卓庵，节度使王弟宏亿执事师之礼。忠懿王命于衣锦军两地开法，最后居国城灵隐上寺，署"了悟禅师"。开宝四年，忠懿王阅《华严经》，因询天冠菩萨住处，大会高僧，无有知者。耸习闻其处，遂遣使至闽支提山，得《华严经》八十二本，仿佛见天冠千躯金灯四耀。随奏王，捐金建寺，铸天冠铜容，循海而来。会飓风作，舟人以半沉水。及抵寺，其半投水者已至，国人莫不异之。

契盈

【〔明〕《闽书》】契盈　从钱吴越王登绿波亭，时两浙贡赋，由海上达青州登陆，凡三千里。王命对曰："三千里外一条水。"契盈应声曰："十二时中两候潮。"人称骈切。

【〔民国〕《福建通志》】契盈　闽中人。通内外学，性尤敏速。广顺初，游戏钱塘。一旦，陪吴越王游碧波亭时，潮水初满，舟楫辐奏，望之不见首尾。王喜曰："吴国地去京师三千余里，而谁知一水之利有如此耶！"盈答曰："可谓三千里外一条水，十二时中两度潮。"时人谓之佳对。时江南未通，两浙贡赋自海路而至青州，故云三千里也。

行云

【〔明〕《闽书》】行云　自福州来泉，陈洪进礼之。一日，谓洪进曰："君当主此山河。"及洪进牧泉，复谓之曰："凡世报莫不前定，苟怀疑杀人，鲜能令终。"故陈虽废张汉思，终不杀之。

【〔清〕《十国春秋》】行云　福州僧也。得异术，言未来事奇中，陈洪进甚尊礼之。一日诣泉州，谓洪进曰："君当主此山河。"又曰："世报莫不前定，苟怀疑杀人，鲜得令终。"后洪进幽张汉思别室，卒得善终，行云一言力也。行云常谓人曰："陈氏有五侯之象，去此五年后，有戎马千万辇，前歌后舞入泉州城。"未几，洪进入宋献地，改镇徐州，子文颢通州团练使，文颢等并授诸州刺史。宋师入城，作笳鼓为乐，悉如其言。

志端

【〔明〕《闽书》】福州林阳瑞峰院志端禅师　初参安国，见僧问："如何是万象之中独露身？"国举一指，其僧不荐，师于是冥契玄旨。僧问："如何是佛法大意？"师曰："竹箸一文一双。"有僧夜参，师曰："阿谁？"曰："某甲。"曰："泉州砂糖，舶上槟榔。"僧良久，师曰："会不？"曰："不会。"师曰："会即廓清五蕴，吞尽十方。"

【〔宋〕《禅林僧宝传》】林阳端禅师　禅师名志端，福州俞氏子，受业于南涧寺。年二十四，谒安国弘瑫禅师。有僧问："万象之中，如何独露身？"瑫举一指，其僧惘然而退。端忽契悟，至夜启瑫曰："今日见和尚一指，乃知和尚用处。"瑫曰："汝见何道理？"端亦举一指，瑫笑令去。寻住林阳。问："如何是祖师西来意？"曰："木马走似烟，石人趁不及。"问："如何是佛法大意？"曰："竹箸一文一双。"有僧夜至方丈，端以衲蒙首，僧忽搴衲。问："谁？"僧曰："某乙。"端曰："泉州沙糖，舶上槟榔。"僧不解，端瞠目，曰："会么？"曰："不会。"曰："汝若会即廓清五蕴，吞尽十方。"又谓门弟子曰："佛法无许多般。但凡圣一真，犹têm见隔。见存即凡，情忘即佛。教中谓之称性缘起，则俯仰进止，屈申谦敬。无一法可转变，有生住异灭相。况我祖师门下，合作何理论？"开宝元年八月，作偈曰："来年二月二,与汝暂相弃。灰散长江,勿占檀那地。"道俗皆写记之。越明年正月二十八日,郡人竞入山。二月一日,太守亦至。从官驺史侦伺,信宿如市。二日饭罢,端升座叙行脚本末,辞众。有长老圆应者出众问曰："云愁雾惨,大众鸣咽。未当告别,愿赐一言。"端垂一足,进曰："法镜不临于此土,宝月又照于何方?"端曰："非汝境界,曰怎么?则沤生沤灭还归水,师去师来是本常。"端作嘘声,复与数僧酬答罢,归方丈。至亥时问众曰："世尊灭度时节是何日?"对曰："二月十五日子时。"端曰："吾今日子前。"于是泊然而化。阅世七十八,坐六十夏。

香林

【〔民国〕《福建通志》】香林　居闽上通寺,戒行精严,时露灵异。初至开山,水源浅薄,不足供山中用,因枯坐泉侧,废寝食七日。忽一长蛇盘统其旁,香林属之曰："汝为龙,曷悯大众,使水源出乎?"蛇屈曲蹒跚,遂不见。是夕,泉忽涌出,自是汲取不竭。由寺左旋层崖,梯级而上,另构一静室。留一僧,供焚扫、晨钟暮鼓。时有虎来扣门,僧奔避不敢往。林遂独往,果遇虎,叱曰："若亦具灵根,不当随我礼佛耶?"虎闻言低首竟去,因不复至。寺旁有桃,实甚盛见,樵夫、牧竖冒险摘取以食。为之恻然,指树言曰："若亦安用繁其实,以误生命?自今以往,但开花可矣。"明年,果应其言。至今桃花烂漫,都不结实。闽人相传为香林三异云。

师解

【〔明〕《闽书》】福州寿山师解禅师　闽帅问："寿山年多少?"师曰："与虚空齐年。"曰："虚空年多少?"曰："与寿山齐年。"

古禅师

【〔明〕《闽书》】福州双峰古禅师　本业讲经，因参双峰，后到石霜，但随众而已，更不参请。众谓："古侍者尝受双峰印记。"往往闻于石霜，霜欲诘其所悟，而未得其便。师因辞去，霜将拂子送出门首，召曰："古侍者。"古回首，霜曰："拟著即差，是著即乖。不拟不是，亦莫作个会。除非知有，莫能知之。好去，好去。"古应："诺。"即前迈。寻属双峰示寂，乃继续住持。僧问："和尚当时辞石霜，石霜何如道？"古曰："教我不著是非。"

月轮

【〔明〕《闽书》】抚州黄山月轮禅师　福唐许氏子。上堂："祖师西来，特唱此事，自是诸人不荐。向外驰求，投赤水以寻珠，就荆山而觅玉，所以道从门入者，不是家珍。认影迷头，岂非大错？"

师护

【〔明〕《闽书》】广州光圣院师护禅师　僧问："学人乍入丛林，西来妙诀，乞师指示。"师曰："汝未入丛林，我已示汝了也。"曰："如何领会？"师曰："不要领会。"

【〔民国〕《福建通志》】师护　福州人，住广州光圣院。

微

【〔明〕《闽书》】福州牛头山微禅师　僧问："不问骊龙颔下珠，如何识得家中宝？"曰："忙中争得作闲人。"

从范

【〔明〕《闽书》】福州香溪从范禅师　披衲衣次，说偈曰："迦叶上行衣，披来须捷机。才分招的箭，密露不藏龟。"

严

【〔明〕《闽书》】福州圣寿严禅师　补衲次，僧参，师提起示之曰:"山僧一衲衣,展示众人见。云水两条分,莫教露针线。"

慧宗

【〔明〕《闽书》】吉州灵岩慧宗禅师　僧问:"如何是灵岩境?"师曰:"松桧森森密密遮。"曰:"如何是境中人?"曰:"夜夜有猿啼。"问:"如何是学人自己本分事?"曰:"何为抛却真金拾瓦砾?"

【〔民国〕《福建通志》】慧宗　福州人,住吉州灵岩僧。

师彦

【〔明〕《闽书》】台州瑞岩师彦禅师　初礼岩头全豁,豁每与语,征酬无忒。后谒夹山,寻居丹丘瑞岩,坐盘石终日如愚。每自唤主人公,复应:"诺。"乃曰:"惺惺着他,后莫受人谩。"师统众严整,江表称之。一日,有村媪作礼,师曰:"汝速归,救取数千物命。"媪回舍,见儿媳拾田螺归,遂放之水滨。师之异迹颇多,不繁录矣。

【〔民国〕《福建通志》】师彦　福州人,住台州瑞岩僧。

【〔宋〕《宋高僧传》】梁台州瑞岩院师彦传　释师彦,姓许氏,闽越人也。早悟羁縻忽求拔俗,循乎戒检俄欲观方。见岩头禅师领会无疑,初乐杜默似不能言者,后为所知敦喻允请住台州瑞岩山院。时道怂往参问,答对响捷,怂公神伏,后二众同居。彦之威德凛若严霜,纠正僧尼无容舛悟。故江表言御众蒉齐者,瑞岩为最。尝有三僧,胡形清峭,目睛转若流电焉,差肩并足致体。彦问曰:"子从何来?"曰:"天竺来。"问:"何时发?"曰:"朝行适至。"彦曰:"得无劳乎?"曰:"为法忘劳。"乃谛视之足皆不蹈地。彦令入堂,上位安置。明旦忽焉不见,云是辟支迦果人,然莫知阶级。时有不测,人入法会非止一过。彦参学时号为小彦长老。两浙武肃王钱氏累召方肯来仪，终苦辞去。寺仓常满。尝有村媪来参礼，彦曰："汝休拜跪。不如疾归家，救取数十百物命，大有利益。"媪匆忙到舍，儿妇提竹器拾田螺正归，媪接取放诸水渍。又数家召斋，一一同日见彦来食。至终阇维，有巨蛇缘树杪，投身火聚。当乎薪尽舍利散飞，或风动草木上纷纷而坠，神异绝繁。具如别录。

弘教（道溥）

【〔明〕《闽书》】泉州睡龙山道溥弘教禅师　僧问："凡有言句，不出大千顶。未审顶外事如何？"师曰："凡有言句，不是大千顶。"曰："如何是大千顶？"师曰："摩醯首罗天，犹是小千界。"

【〔民国〕《福建通志》】道溥　号弘教，福州人。泉州睡龙山僧。

玄通

【〔明〕《闽书》】福州太普山玄通禅师　问："如何是祖师西来意？"师曰："咬骨头汉出去！"问："拨尘见佛时如何？"曰："脱枷来商量。"

皎然

【〔明〕《闽书》】福州长生山皎然禅师　久依雪峰。一日，与僧斫树次，峰曰："斫到心且住。"师曰："斫却著。"峰曰："古人以心传心，汝何道斫却？"师掷下斧，曰："传也。"

超证

【〔明〕《闽书》】福州莲华永福院从耷超证禅师　上堂："长庆道：'尽法无民。'永福即不然。若不尽法，又争得民？"

契璠

【〔明〕《闽书》】福州南禅契璠禅师　上堂，僧问："如何是第一义？"曰："何不问第一义？"曰："见问。"曰："已落第二义也。"

永泰和尚

【〔明〕《闽书》】福州永泰和尚　问："如何是天真佛？"师拊掌曰："不会，不会。"

元俨

【〔明〕《闽书》】福州极乐元俨禅师　僧问："如何是极乐家风？"曰："满目看不尽。"

如体

【〔明〕《闽书》】福州芙蓉山如体禅师　僧问："如何是古人曲调？"师示颂曰："古曲发声雄，今时韵亦同。若教第一指，祖佛尽迷踪。"

妙空（守讷）

【〔明〕《闽书》】池州寿昌院守讷妙空禅师　僧问："未到龙门，如何凑泊？"师曰："立命难存。"

绍孜

【〔明〕《闽书》】福州罗山绍孜禅师　定慧禅师自西川来参，至法堂叹曰："我在西蜀峨眉山脚下，拾得一只蓬蒿箭，拟拨乱天下，今日打罗山寨，弓折箭尽也。"

义因

【〔明〕《闽书》】福州罗山义因禅师　僧问："承古有言，自从认得曹溪路，了知生死不相闻。曹溪路即不问，如何是罗山路？"因展两手。僧曰："恁么则一路得通，诸路亦然？"因曰："什么诸路？"僧近前叉手，师曰："灵鹤烟霄外，钝鸟不离窠。"

重满

【〔明〕《闽书》】福州兴圣重满禅师　上堂："觌面吩咐，不待文宣。对眼投机，唤作参玄。上士若能如此，所以宗风不坠。"

道希

【〔明〕《闽书》】福州升山白龙院道希禅师　问："如何是西来意？"曰："汝从何处来？"问："如何是佛法大意？"希曰："汝早礼三拜。"

明法

【〔明〕《闽书》】福州螺峰冲奥明法禅师　问："牛头未见四祖时如何？"曰："德重鬼神钦。"曰："见后如何？"曰："通身圣莫测。"

神禄（永兴）

【〔明〕《闽书》】福州莲华山永兴神禄禅师　闽王请开堂，僧问："大王请师出世，未委今日一会何似灵山？"师曰："彻古传今。"问："如何是和尚家风？"曰："毛头显沙界，日月现其中。"

慧觉

【〔明〕《闽书》】福州报慈院慧觉禅师　闽王问："报慈与神泉，相去近远？"曰："若说近远，不如亲到。"

洪俨

【〔明〕《闽书》】福州水陆院洪俨禅师　上座，大众集定，师下座，捧香炉巡行，曰："供养十方诸佛。"便归方丈。

慧朗

【〔明〕《闽书》】福州报慈院慧朗禅师　问："三世诸佛尽是传语人，未审传什么人语？"师曰："听。"曰："未审是什么语？"曰："你不是钟期。"问："如何是学人眼？"

曰:"不可更撒沙。"

静

【〔明〕《闽书》】福州古佛院静禅师　僧问:"学人欲见和尚本来面目。"曰:"洞上有言亲体取。"曰:"恁么则不得见去也?"曰:"灼然。客路如天远,侯门似海深。"

清换

【〔明〕《闽书》】福州枕峰观音院清换禅师　上堂:"诸禅德若要论禅说道,举唱宗风,只如当人分上,以一毛端上有无量诸佛转大法轮,于一尘中现宝王刹。佛说众生,说山河大地,一时说未尝间断,如毗沙门王,始终不求外宝。既各有如是,家风阿谁欠少?"

契讷

【〔明〕《闽书》】福州东禅契讷禅师　僧问:"如何是现前三昧?"曰:"何必更待道?"

了空

【〔明〕《闽书》】福州东禅院可隆了空禅师　上堂:"大好省要,自不仙陀。若是听响之流,不如归堂向火。"

令含

【〔明〕《闽书》】福州万山令含禅师　上堂:"还恩恩满,赍愿愿圆。"便归方丈。

澄静

【〔明〕《闽书》】福州祥光院澄静禅师　僧问:"如何是道?"曰:"长安路上。"曰:"向上事如何?"曰:"谷声万籁起,松老五云披。"

从环

【〔明〕《闽书》】杭州报慈院从环禅师　僧问:"承古有言,

今人看古教,未免心中闹;欲免心中闹,应须看古教。如何是古教?"曰:"如我是闻。"曰:"如何是心中闹?"曰:"那畔雀儿声。"

文钦

【〔明〕《闽书》】福州报慈院文钦禅师　僧问:"如何是平常心合道?"师曰:"吃茶吃饭随时过,看水看山亦畅情。"

了觉

【〔明〕《闽书》】福州鼓山智岩了觉禅师　上堂:"多言复多语,由来反相误。"

瀛

【〔明〕《闽书》】福州永隆院明慧瀛禅师　上堂:"日出卯用处,不须生善巧。"便下座。

守清

【〔明〕《闽书》】洪州清泉山守清禅师　问:"诸余即不问,如何是向上事?"师曰:"消汝三拜,不消汝三拜。"

法宝

【〔明〕《闽书》】福州康山契稳法宝禅师　初开堂,僧问:"威音王佛已后,次第相承,未审师今一会法嗣何方?"师曰:"象骨举手,龙溪点头。"

妙虚

【〔明〕《闽书》】福州龙山智嵩妙虚禅师　僧问:"古佛化导,今祖重兴。人天辐辏禅庭,至理若为于开示。"师曰:"亦不敢辜负大众。"曰:"恁么则人天不谬殷勤请,顿使凡心作佛心。"师曰:"仁者作么生?"曰:"退身礼拜,随众上下。"曰:"我识得汝也。"

文义

【〔明〕《闽书》】福州龙山文义禅师　僧问:"如何是人王?"师曰:"威风人尽惧。"曰:"如何是法王?"曰:"一句令当行。"曰:"二王还分不分?"曰:"适来道什么?"

了宗

【〔明〕《闽书》】福州鼓山智岳了宗禅师　上堂:"我若全举宗乘,汝向何处领会?所以道古今常露体用,无妨。"

宗晓

【〔明〕《闽书》】福州鼓山清谔宗晓禅师　僧问:"亡僧迁化,向什么去也?"曰:"时寒不出手。"

照

【〔明〕《闽书》】福州报国院照禅师　上堂:"我若全机,汝从何摸索?盖为根器不等,便成不具惭愧,还委得么?如今与诸仁者作个人底门路。"乃敲绳床两下,曰:"还见么?还闻么?若见便见,若闻便闻,莫向意识里卜度,却成妄想颠倒,无有出期。"

智远

【〔明〕《闽书》】复州资福院智远禅师　上堂:"只据诸贤分上,古佛心源,明露现前。匝天遍地,森罗万象,自己家风,与众生本无差别。涅槃生死,幻化所为,性地真常,不劳修证。"

师贵

【〔明〕《闽书》】福州白鹿师贵禅师　问:"牛头未见四祖时,百鸟衔花供养,见后为什么不来?"师曰:"曙色未分人尽望,及乎天晓也平常。"

义聪

【〔明〕《闽书》】福州罗山义聪禅师　上堂,僧问:"如何是出窟狮子？"师曰："什么处不震裂？"曰："作何音响？"曰："聋者不闻。"

从贵

【〔明〕《闽书》】福州安国院从贵禅师　僧问："请师举唱宗乘。"师曰："今日打禾，明日搬柴。"问："牛头未见四祖时，如何？"曰："香炉对绳床。"曰："见后如何？"曰："门扇对露柱。"

藏用

【〔明〕《闽书》】福州怡山长庆藏用禅师　僧问："如何是伽蓝？"曰："长溪莆田。"曰："如何是伽蓝中人？"曰："新罗白水。"问："如何是灵泉正主？"曰："南山北山。"问："如何是和尚家风？"曰："斋前厨蒸南国饭，午后炉煎北苑茶。"

彦端

【〔明〕《闽书》】福州永隆院彦端禅师　上堂，大众云集，师从座起作舞，谓众曰："会么？"对曰："不会。"师曰："山僧不舍道法而现凡夫事，有底不会？"

明

【〔明〕《闽书》】福州仙宗院明禅师　上堂曰："幸有如是门风，何不炟赫地绍续取去？若也绍得，不在三界。若出三界，即坏三界。若在三界，即碍三界。不碍不坏，是出三界，是不出三界。恁么撤去，堪为佛法种子，人天有赖。"

祥

【〔明〕《闽书》】福州安国院祥禅师　问："如何是宗乘中事？"曰："淮军散后。"问："如何是和尚家风？"曰："众眼难漫。"

玄旨

【〔明〕《闽书》】福州广平玄旨禅师　僧问:"如何是法身体?"曰:"廓落虚空绝玷瑕。"曰:"如何是体中物?"曰:"一轮明月散秋江。"曰:"未审体与物分不分?"曰:"适来道什么?"曰:"恁么则不分也?"曰:"穿耳胡僧笑点头。"

清慕

【〔明〕《闽书》】福州升山白龙清慕禅师　僧问:"一切众生日用而不知,如何是日用?"曰:"别祇曾与争得耶?"

真觉

【〔明〕《闽书》】福州仙宗洞明真觉禅师　仙宗符禅师法嗣也。

志恩

【〔明〕《闽书》】福州灵峰志恩禅师　僧问:"如何是佛?"曰:"更是阿谁?"曰:"既是如此,为何迷忘有差殊?"曰:"但自不亡羊,何须泣歧路。"

玄亮

【〔明〕《闽书》】福州东禅玄亮禅师　僧问:"祖祖相传传法印,师今继嗣嗣何人?"曰:"特谢证明。"曰:"恁么则白龙当时亲授记,今日应圣度迷津?"曰:"汝莫错认定盘星。"

慧居

【〔明〕《闽书》】杭州龙华寺慧居禅师　自天台领旨,钱王俶命住上寺。开堂示众曰:"大施门开,何曾壅塞。生凡育圣,不漏铁尘。言凡则全凡,举圣则全圣。凡圣不相待,个个独称尊。所以道,山河大地,长时说法,长时发光。地水风火,一一如是。"

圆明

【〔明〕《闽书》】广州文殊院圆明禅师　参大沩,得旨。后造雪峰,请益法无异味。尝游五台山,睹文殊化现,乃随方建院,以文殊为额。开宝中,枢密使李崇矩巡护南方,因入院睹地藏菩萨,问僧:"地藏何以展手?"僧曰:"手中珠被贼偷却也。"李却问师:"既是地藏,为何遭贼?"师曰:"今日捉下也。"李礼谢之。

睡龙山和尚

【〔明〕《闽书》】泉州睡龙山和尚　上堂,举拄杖曰:"三十年住山,得他气力。"时有僧问和尚:"得甚气力?"曰:"遇溪过岭,东拄西拄。"

云顶

【〔明〕《闽书》】福州东山云顶禅师　上堂:"儒门画八卦、造契书,不救六道轮回。道门朝九皇,炼真气,不达三祇劫数。我释迦世尊洞三祇劫数,救六道轮回,以大愿摄天人,如风轮持日月;以大智破生死,若劫火焚秋毫。入得我门者,自然转变天地,幽察鬼神,使须弥、铁围、大地、大海入一毛孔中,一切众生,不觉不知。我说此法门,如虚空俱含万象,一为无量,无量为一。若人得一,即万事毕。"

从允

【〔明〕《闽书》】泉州开元寺九佛从允禅师　清慎寡欲,夜诵昼习。后唐长兴三年,省询禅师游闽,允参谒,一言而契,询奇之。自尔喧静一致,心境同如。闽通文二年五月,取笔写伽陀告寂。火浴,舍利有数百颗。

行通

【〔明〕《闽书》】泉州开元寺行通禅师　一食三衣,恬能苦澹。博洽经论,教观无懈。州刺史陈洪进以旱请雨,通期三日,果如言。洪进奏赐命服,名"法慧大师"。

悟真

【〔明〕《闽书》】杭州西兴化度院师郁悟真禅师　僧问:"如何是随色摩尼珠?"师曰:"青黄赤白。"曰:"如何是不随色摩尼珠?"曰:"青黄赤白。"问:"摩尼与文殊对谈何事?"师曰:"唯有门前镜湖水,清风不改旧时波。"

兴法

【〔明〕《闽书》】漳州隆寿绍卿兴法禅师　侍雪峰,山行见芋叶动,峰指动叶示之。师曰:"绍卿甚生怕怖。"峰曰:"是汝家物,曷生怕怖?"师便有省。寻居龙溪,示法僧徒。

仁慧

【〔明〕《闽书》】福州仙宗院行瑫仁慧禅师　僧问:"如何是西来意?"师曰:"白日无闲人。"

东禅和尚

【〔明〕《闽书》】泉州东禅和尚　僧问:"如何是佛法大意?"曰:"幸自可怜生,刚要异乡邑。"

清廪

【〔明〕《闽书》】瑞州洞山清廪禅师　参云门印悟,金陵主请居光睦。未几,命入澄心堂,集诸方语要。经十稔,迎住洞山。

资化

【〔明〕《闽书》】泉州万安院清运资化禅师　僧问:"如何是万安家风?"曰:"苔羹仓米饭。"曰:"忽来上客,将何祇侍?"曰:"饭后三巡茶。"

洪忍

【〔明〕《闽书》】泉州凤凰山从琛洪忍禅师　僧问:"学人根思迟回,方便门中乞师傍瞥。"琛曰:"傍瞥。"曰:"深领师旨,安敢言乎?"琛曰:"太多也。"

广法

【〔明〕《闽书》】泉州福清行钦广法禅师　僧问:"如何是佛法大意?"师曰:"诸上座,大家道取。"

定慧

【〔明〕《闽书》】漳州报劬院玄应定慧禅师　僧问:"如何是第一意?"师曰:"如何是第一意?""学人请益,师何倒问学人?"曰:"汝适来何请?"曰:"第一意。"曰:"尚谓倒问耶?"

明慧

【〔明〕《闽书》】泉州报恩院宗显明慧禅师　僧问:"昔日灵山一会,迦叶亲闻,未审今日谁是闻者?"师曰:"却忆七叶岩中尊。"

玄觉

【〔明〕《闽书》】金陵报慈行言玄觉导师　江南国主建报慈院,命师大阐宗猷,海会二千余众,别署导师之号。上堂:"此日英贤共会,海众同臻,谅唯佛法之趣无不备矣。若是英鉴之者,不须待言也。然言之本无,何以默矣?是以森罗万象,诸佛洪源,显明则海印光澄,冥昧则情迷自惑。苟非通心上下逸格高人,则何以于诸尘中发扬妙极,卷舒物象?纵夺森罗,示生非生,应灭非灭,生灭洞已,乃曰真常。言假则影散千途,论真则一空绝迹,岂可以有无生灭,而计之者哉?"

法骞

【〔明〕《闽书》】（漳州）隆寿法骞禅师　有僧来参，次日请问"心要"，师曰："昨日相逢序起居，今朝相见事还如。如何却觅呈心要，心要如何特地疏。"

庆和尚

【〔明〕《闽书》】泉州后昭庆和尚　僧问："如何是和尚家风？"师曰："一缶兼一钵，到处出生涯。"问："如何是佛法大意？"师曰："扰扰匆匆，晨鸡暮钟。"

通玄

【〔明〕《闽书》】泉州福清院师巍通玄禅师　僧问："如何是西来的的意？"师曰："立雪未为劳，断臂方为的。"曰："恁么则一华开一叶，芬芳直至今？"师曰："圆因三界外，果满十方知。"

琛

【〔明〕《闽书》】泉州西明院琛禅师　僧问："如何是和尚家风？"师曰："竹箸瓦碗。"曰："忽遇上客来时，如何祇侍？"师曰："黄荠仓米饭。"

疆

【〔明〕《闽书》】泉州凤凰山疆禅师　僧问："白浪滔天境，何人住太虚？"师曰："静夜思尧鼓，回头闻舜琴。"

志勤

【〔明〕《闽书》】福州灵云志勤禅师　本州岛岛长溪人也。初在沩山，因见桃华悟道，有偈曰："三十年来寻剑客，几回落叶又抽枝。自从一见桃华后，直至如今更不疑。"沩览偈，知其所悟，与之符契。往后山，堂僧问："如何得出离生老病死？"师曰："青山原不动，浮云任去来。"

怀岳

【〔明〕《闽书》】漳州报恩院怀岳禅师　僧问："十二时中如何行履？"师曰："动即死。"曰："不动时如何？"师曰："犹是守古冢鬼。"问："如何是学人出身处？"师曰："有何缠缚？"曰："争奈出身不得何。"师曰："过在阿谁？"

无逸

【〔明〕《闽书》】漳州隆寿无逸禅师　开堂升座，良久曰："诸上座，若是上根之士，早已掩耳；中下之流，竞头侧听。虽然如此，犹是不得已而言。诸上座，他时后日到处，有人问着今日事，且作什生举拟？他若也举得，舌头鼓论。若也举不得，如无三寸，且作什生举？"

行崇

【〔明〕《闽书》】漳州报恩院行崇禅师　僧问："如何是佛法大意？"曰："碓捣磨磨。"

可俦

【〔明〕《闽书》】漳州保福院可俦禅师　僧问："如何是和尚家风？"曰："云在青天水在瓶。"

超悟

【〔明〕《闽书》】漳州保福院超悟禅师　僧问："鱼未透龙门时如何？"曰："养性深潭。"曰："透出时如何？"曰："才升霄汉，众类难追。"曰："升后如何？"曰："垂云普覆，润及大千。"曰："还有不受润者也无？"曰："有。"曰："如何是不受润者？"曰："直机撑太阳。"

令弇

【〔明〕《闽书》】建州白云令弇禅师　学徒问："三台有请，四众临筵。既处当仁，请师一唱。"弇曰："夜静水寒鱼不食，满船空载月明归。"

宗一

【〔民国〕《福建通志》】宗一　号守威,侯官人。参天台韶国师,得受衣法。吴越忠懿王命之开法。后住广平,寻迁住长庆,终焉。

常慧

【〔明〕《闽书》】福州长庆常慧禅师　僧问:"不犯宗风,不伤物议,请师满口道。"师曰:"今日岂不是?"

妙果

【〔明〕《闽书》】福州长庆元弘辨妙果禅师　僧问:"海众云臻,请师开方便门,示真实相。"师曰:"这个是方便门。"曰:"恁么则大众侧聆去也。"曰:"空侧聆作么?"

法辉

【〔明〕《闽书》】泉州开元寺法辉禅师　禅余颇以诗自娱,与吕缙叔、石声叔、陈原道、释居亿、居全为同社。尝题宪师壁曰:"远侵溪光碧,寒生松桧阴。渔舟惊暮雨,高吹入秋林。此境常年在,吾师静隐心。"

道熙

【〔明〕《闽书》】漳州报恩院道熙禅师　僧问:"明言妙句即不问,请师真实道将来。"师曰:"不阻来意。"

宋

道臻　可仕　遇安　本逸　可瞻　文德　庆闲　圆玑　张圣者　佛灯　有谏　宗一　义隆　师术　通法　象敦　常委　择要　可真　净空　显端　海印　慎徽　惟礼　如

璨觉藏朴元者悟足严慧昌行琼疑	文慧禅鉴珣弥慧妙可遵尊清契定守道	继超大智达珠鼎需咸杰绍铣圆悟法辉法圆有需彦圆通济道旻源	善秀齐佛心才隆义初思岳安永木蛇怀琏守智道询有南佑卜从显祖鉴可湘	守恩明慧慧深昌懿志清普华戒环有朋常总宜灿从密会畅自镜（140）	康源慧空昭禅师坦宗逮道隆了他祖珍无求元琏智玫谷泉唯裡	祖璲表自慧琳遵璞宗颖自然惟慎了性陈善倚遇了证系南善珍	最乐元礼慧忠可封南书记者净空大士者法超太初邓法洪英文雅子淳元智	达杲表自慧琳遵璞南书记者宋已道潜陈琏小南普济证悟广闻	妙知了祖行道普岩赖慧妙道止

道臻

【〔明〕《闽书》】 道臻禅师　古田戴氏子。持一钵走江淮，遍参知识，得旨于浮山远师。游京师，谒大觉琏禅师于净因，琏使首众僧于座下。琏归吴，众请师继住净因。开堂日，英宗遣中使降香，赐紫方袍，徽号。年八十，说偈坐化。

【〔清〕同治《福建通志》】 道臻　古田戴氏子。祝发本州岛上生院，游江淮，得宗旨于浮山。北至京师，谒大觉于净因寺，若凤契。及觉归吴，请以臻嗣焉。开法之日，英宗诏至庆寿宫说法，曰："水流元在海，月落不离天。"赐号"净照禅师"。臻奉身至约，一衲二十年，无他嗜好。常请文与可扫墨竹于方丈之西壁，曰："使人见之，心目清凉。此君盖代我说法也。"

【〔宋〕《禅林僧宝传》】净因臻禅师　禅师名道臻，字伯祥，福州古田戴氏子也。幼不茹荤，十四岁去上生院，持头陀行。又六年，为大僧。阅大小经论，置不读。曰："此方便说耳。"即持一钵走江淮，所参知识甚多，而得旨决于浮山远禅师。江州承天虚席致臻非所欲，而游丹阳，寓止因圣。一日行江上，顾舟默计曰："当随所往，信吾缘也。"问舟师曰："载我船尾可乎？"舟师笑曰："师欲何之？我入汴船也。"臻云："吾行游京师。"因载之，而北谒净因大觉琏禅师。琏使首众僧于座下。及琏归吴，众请以臻嗣焉。开法之日，英宗遣中使降香，赐紫方袍徽号。京师四方都会，有万好恶。贵人达官日填门，而臻一目之。慈圣上仙，神宗诏至庆寿宫，赐对甚喜。诏设高广座，恣人问答。左右上下，得未曾有。欢声动宫殿，赐与甚厚。神宗悼佛法之微，慭名相之弊。始即相国，为慧林、智海二刹。其命主僧，必自臻择之，宿老皆从风而靡。高丽使三僧来就学，臻随根开悟。神宗上仙，被诏至福宁殿说法。诏道臻素有德行，可赐号"净照禅师"。臻为人渠渠静退，似不能言者。所居都城西隅，衲子四十余辈，颓然不出户，三十年如一日。元祐八年八月十七日殁。前尝语门弟子净圆曰："吾更三日行矣。"及期沐浴、更衣、说偈已，跏趺而化。阅世八十，坐六十有一夏。臻性慈祥纯至，奉身至约。一布裙二十年不易，用五幅才掩胫，不多为丛褶，曰徒费耳。无所嗜好，乃能雪方丈之西壁，请文与可扫墨竹。谓人曰："吾使游人见之，心目清凉。此君盖替我说法也。"初说法于庆寿宫，僧问："慈圣仙游，定归何所？"臻曰："水流元在海，月落不离天。"上悦，以为能，加敬焉。赞曰：余至京师，尚及见之。时年已八十，褊首婆娑，面有孺子之色，取次伽梨，曳履送客，可画也。黄鲁直题其像曰："老虎无齿，卧龙不吟。千林月黑，六合云阴。远山作眉红杏腮，嫁与春风不用媒。老婆三五少年日，也解东涂西抹来。"

可仕

【〔明〕《闽书》】可仕　天圣间诗僧。有《送僧诗》云："一钵即生涯，随缘度岁华。是山皆有寺，何处不为家。笠重吴天雪，鞋香楚地化。他年访禅室，宁惮路岐赊。"

遇安

【〔宋〕《五灯会元》】温州瑞鹿寺上方遇安禅师　福州人也。得法于天台，又常阅《首楞严经》，到"知见立知，即无明本。知见无见，斯即涅槃。"师乃破句读曰："知见立，知即无明本。知见无，见斯即涅槃。"于此有省。有人语师曰："破句了也。"师曰："此是我悟处，毕生不易。"时谓之"安楞严"。至道元年春，将示寂，有嗣子蕴仁侍立，师乃说偈示之："不是岭头携得事，岂从鸡足付将来。自古圣贤皆若此，非吾今日为君裁。"付嘱已，浴身易衣，安坐，令舁棺至室。良久，自入棺。经三日，门人启棺，睹师右胁吉祥而卧，四众哀恸。师乃再起，升堂说法，呵责垂诫："此度更启我棺者，非吾之子。"言讫，复入棺长往。

本逸

【〔明〕《闽书》】智海本逸禅师　闽县人。九岁出家，参庐山禅师，入室顿悟宗旨。元丰中，诏往住大相国寺，赐"正觉禅师"。上堂："开口是，合口是，眼下无妨更着鼻。开口错，合口错，眼与鼻孔都拈却。佛也打，祖也打，真人面前不说假。佛也安，祖也安，衲僧肚皮似海宽。此乃一出一人，半合半开，是山僧寻常用底。"

可瞻

【〔明〕《闽书》】苏州净慧寺可瞻禅师　长乐罗氏子。

熙宁辛亥，鸣鼓坐化，偈云："佛法本无事，本来须自知。汝心若不了，向以消白日。"后七日荼毗，获舍利五色。

文德

【〔明〕《闽书》】福州灵光院文德禅师　坐化，偈云："四大本空，十大何有？澄澄秋月，沥沥寒泉。古岸孤舟，铁帆高挂。去则去，住则住。谢三不上钓鱼船，雒阳城里东西路。"

庆闲

【〔明〕《闽书》】吉州江山隆庆院庆闲禅师　古田卓氏子。苏子由碑云："闲禅师者，临济玄公九世法孙，面黄龙南老嫡嗣也。南老以道化江西，其徒常数百人，而师为高弟。南虽在世，学者归之已如云矣。南既寂，一时尊宿，无有居其右者。熙宁间，庐陵太守张公鉴请居隆庆。未期年，钟陵太守王公韶请居龙泉。不逾年，以病求去。庐陵人闻其舍龙泉也，舟载而归，居隆庆之西堂，事之愈笃。居二年，元丰四年三月十三日，浴讫趺坐，以偈告众以将人灭，遂泊然而化。神色不变，须发剃而复出。庐陵守与其人来观者如堵，皆愿留事真相。长老利俨禀师遗言，阇维之，薪尽火灭，全身不散，以油沃薪益之，乃化。是日，云起风作，飞瓦折木，烟气所至，东西南北四十里。草木砂砾之间，皆得舍利如金色，碎之如金沙。居士长者购以金钱，细民舍而鬻之，数日不绝。计其所获，几至数斗。"

【〔宋〕《禅林僧宝传》】隆庆闲禅师　禅师名庆闲，福州古田卓氏子也。母梦胡僧授以明珠，吞之而娠，及生白光照室。幼不近酒蔌，年十一事建州升山沙门德圆。十七得度，二十远游。性纯至，无所嗜好，唯道是究。貌丰硕，寡言语。所至自处，罕与人接。有即之者，一举手而去。以父事南禅师，南公钟爱之。时与翠岩顺公同在黄檗，顺时时诘问闲，闲横机无所让。

顺诉于南公曰："闲轻易，且语未辩触净。"南公曰："法如是，以情求闲，乃成是非，其可哉。"闲尝问南公："文首座（即云庵也）何如在黄檗时。"南公曰："渠在黄檗时，如人暴富，用钱如粪土。尔来如数世富人，一钱不虚用。"南公尝以事至双岭，闲自翠岩来上谒。南公问："什么处来？"对曰："百丈来。"又问："几时离？"对曰："正月十三日。"南公曰："脚跟好痛三十棒。"对曰："非但三十棒。"南公喝曰："许多时行脚，无点气息。"对曰："百千诸佛，亦乃如是。"曰："汝与么来，何曾有纤毫到诸佛境界？"对曰："诸佛未必到庆闲境界。"又问："如何是汝生缘处？"对曰："早晨吃白粥，至今又觉饥。"又问："我手何似佛手？"对曰："月下弄琵琶。"又问："我脚何似驴脚？"对曰："鹭鸶立雪非同色。"南公咨嗟，而视曰："汝剃除须发，当为何事耶？"对曰："只要无事。"曰："与么则数声清磬是非外，一个闲人天地间也。"闲曰："是何言与？"曰："伶利衲子。"闲曰："也不消得。"南公曰："此间有辩上座者，汝着精彩。"对曰："他有什么长处？"曰："他拊汝背一下，又如何？"闲曰："作什么？"曰："他展两手。"闲曰："甚处学得这虚头来。"南公大笑，闲却展两手。南公喝之，又问："胧胧松松，两人共一碗。作么生会？"对曰："百杂碎。"曰："尽大地是个须弥山。提来掌中，汝又作么生会？"对曰："两重公案。"南公曰："这里从汝胡言汉语。若到同安如何过得？"（时英邵武在同安，作首座，闲欲往见之。）对曰："渠也须到这个田地始得曰。"忽被渠指火炉曰："这个是黑漆火炉，那个是黑漆香卓。甚处是不到处？"对曰："庆闲面前且从恁么说话。若是别人，笑和尚去。"南公拍一拍，闲便喝。明日同看僧堂，曰："好僧堂。"对曰："极好工夫。"曰："好在甚处？"对曰："一梁挂一柱。"曰："此未是好处。"闲曰："和尚又怎么生？"南公以手指曰："这柱得与么圆，那枋得与么扁。"对曰："人天大善知识，须是和尚始得。"即趋去，明日侍立。乃问："得坐披衣，向后如何施设？"闲曰："遇方即方，遇圆即圆。"曰："汝与么说话犹带唇齿在。"对曰："庆闲即与么？和尚又作么生？"曰："近前来，为汝说。"闲抚掌云："三十年用底，今朝捉败。"南公大笑云："一等是精灵。"南公在时，学者已争归之。及殁，庐陵太守张公鉴请居隆庆。未期年，钟陵太守王公韶请居龙泉。不逾年，以病求去。庐陵道俗，闻其弃龙泉也，舟载而归，居隆庆之西堂，事之益笃。元丰四年三月七日，告众将入灭，说偈乃入浴。浴出裸坐，方以巾搭膝而化，神色不变。为着衣手足和柔，发剃而复出。太守来观，愿留全身。而僧利俨曰，遗言令化阇维。薪尽火灭，跏趺不散。以油沃薪，益之乃化。是日云起风作，飞瓦折木。烟气所至，东西南北四十里。凡草木沙砾之间，皆得舍利如金色，碎之如金沙。道俗购以金钱，细民拾而鬻之，数日不绝，计其所获几数斛。阅世五十有五，坐三十有六夏。初苏辙子由欲为作记，而疑其事。方卧贴梦，有呵者曰："闲师事何疑哉？疑即病矣。"子由梦中作数百言，甚俊伟，而其铭略曰："稽首三界尊，闲师不止此。愍世狭劣故，聊示其小者。"子由其知言哉！

　　赞曰：潜庵为余言，闲为人气刚而语急。尝同宿见其坐而假寐，梦语衮衮而领略识之，皆古衲机缘。初以为适然，已而每每连榻，莫不尔。盖其款诚于道，精一如此。唐道氤讥明皇，曩于般若，闻熏不一，而沉仾想，自起现行。闲之去留，践履之验，非闻熏不一者也。

圆玑

【〔明〕《闽书》】金陵保宁寺圆玑禅师　上堂："广寻文义，镜里求形。息念观空，水中捉月。单传心印，特地多端。德山、临济枉用功夫，石巩、子湖翻成特地。若是保宁总不恁么，但自随缘饮啄，一切寻常。深遁白云，甘为无学之者。敢问诸人，保宁毕竟将何报答四恩三有？"良久曰："愁人莫向愁人说，说向愁人愁杀人。"

【〔宋〕《禅林僧宝传》】保宁玑禅师　禅师名圆玑，福州林氏。子生方晬而孤，舅收育之。年十六，视瞻精彩。福清应天僧传捧见之，异焉，曰："若从我游乎？"玑仰视欣然，为负杖笠去归，俄试所习得度。游东吴，依天衣怀。怀殁，师事黄檗南禅师，密授记别。玑天姿精勤，荷担丛林，不知寒暑。垦荒地为良田，莳松杉为美干。守一职，十年不易，南公称以为本色出家儿。及迁黄龙，携玑与俱。熙宁二年，南公殁。建塔毕，辞去。东林总公命为堂中第一座，人望益峻。信之龟峰、潭之大沩争迎致，而玑坚卧不答。宝觉禅师欲以继黄龙法席，玑掉头掣肘径去，宝觉不强也。人问其故，对曰："先师诫我，未登五十不可为人。"玑客于归宗，时年四十八矣。佛印元公劝之以应翠岩之命，从南昌帅谢景温师直请也。又十年，移住圆通，从金陵帅朱彦世英请也。崇宁二年，世英复守金陵。会保宁虚席，移玑自近。江淮缙绅都会休沐，车骑填门。弈棋煮茗，如兰丛、如玉树，而玑俎豆其中，兀如枯株，然谈剧有味。睢阳许顗彦周，锐于参道，见玑作礼。玑曰："莫将闲事挂心头。"彦周曰："如何是闲事？"答曰："参禅学道是。"于是彦周开悟。良久曰："大道甚坦夷。何用许多言句葛藤乎？"玑呼侍者理前语问之，侍者瞠而却。玑谓彦周曰："言句葛藤又不可废也。疾学者味著文字。"作偈曰:"不学文章不读书,颓然终日自如愚。虽然百事不通晓,是马何曾唤作驴。"政和五年,易保宁为神霄,即日退庵于城南。八年九月示微病,二十二日浴罢,说偈而逝。阅世八十有三,坐六十三夏。阇维有终不坏者二,而糁以五色舍利,塔于雨华台之左。

赞曰:玑雅自号无学老,而书偈于所居之壁,曰:"无学庵中老,平生百不能。忖思多幸处,至老得为僧。"宣和元年正月,诏下,发天下僧尼为德士女德,而玑化去已逾年矣。夫岂苟然哉。

张圣者

【〔清〕同治《福建通志》】张圣者　永福人。以采薪鬻锄柄为业,乡人目为张锄柄。状貌丑怪,口能容拳。一日入山遇仙人对弈,投之以桃,苦不可食,咽及半弃其余而归。忽忽若狂,绝烟火,食草木,能道未来祸福。素不读书,奋笔作字,得羲、献体。口占颂偈立成,如宿构。因度为僧人,号为张圣者。尝募造邑之高盖石桥,富屋醵金争先,人曰:"圣者作大功德,不可无颂。"圣者笑曰:"只两好事耳。石桥半,出通判;石桥全,出状元。"及桥方半,吴通判某生;桥成,萧状元国梁生。其言无不验者。黄中立未第时,倦游太学,善人伦者多言油腻,天罗屯滞相也。中立稍有沮意,圣者谓曰:"待我及第,汝当及第。"复自笑曰:"僧人及第,理所无也。"既而中立以张孝祥榜登第。孝祥,字安国。访圣者,乃适住安国寺云。

佛灯

【〔清〕同治《福建通志》】佛灯禅师　本姓阮,号晦庵。为僧于建之登科院,后住持闽之鼓山寺。归本里,造云居塔,显迹现存,圆寂后自能放光。宣和间,闻诸朝,敕赐"佛灯晦室禅师"。

有谏

【〔明〕《闽书》】福州长乐报恩有谏禅师　元祐丁卯，作颂坐化。

宗一

【〔明〕《闽书》】福州广平院守威宗一禅师　上堂："达摩大师云：'吾法三千年后不移丝发。'山僧今日不移达摩丝发，先达之者，共相证明。若未达者，不移丝发。"

义隆

【〔明〕《闽书》】福州玉泉义隆禅师　上堂："山河大地，尽在诸人眼睛里，因甚么说会与不会。"时有僧问："山河大地眼睛里，师今欲更指归谁？"师曰："只为上座，去处分明。"曰："若不上来伸此问，焉知方便不虚施？"师曰："依稀似曲才堪听，又被风吹别调中。"

师术

【〔明〕《闽书》】福州岩峰师术禅师　开堂升座，极乐和尚问曰："大众颙望，请震法雷。"师曰："今日不异灵山，乃至诸佛国土。天上人间，总皆如是。亘古亘今，常无变异。如何会无变异底道理？若会得所以道无边刹境，自他不隔于毫端，十世古今，始终不离于当念。"

通法

【〔明〕《闽书》】福州保明院道诚通法禅师　僧问："如何是和尚西来意？"师曰："我不曾到西天。"曰："如何是学人西来意？"曰："汝在东土多少时？"

象敦

【〔明〕《闽书》】福州雪峰象敦禅师　僧问："如何是佛？"

曰："火把照鱼行。"曰："如何是法？"曰："唐人译不出。"曰："佛法已蒙师指示，未审毕竟事如何？"曰："腊月三十日。"

常委

【〔明〕《闽书》】福州广明常委禅师　僧问："知师久蕴囊中宝，今日当场略借看。"师曰："看。"曰："恁么则谢师指示。"师曰："等闲垂一钓，容易上钩来。"

择要

【〔明〕《闽书》】福州广因择要禅师　僧问："佛未出世时如何？"曰："隈岩傍壑。"曰："出世后如何？"曰："前山后山。"

可真

【〔明〕《闽书》】洪州翠岩可真禅师　逢烟未可休上堂，举龙牙颂曰："学道如钻火，逢烟未可休。直待金星现，归家始到头。"神鼎曰："学道如钻火，逢烟即便休。莫待金星现，烧脚又烧头。"师曰："若论顿也，龙牙正在半途；若论渐也，神鼎犹少悟。在于此复且如何？诸仁者，今年多落叶，几处扫归家？"上堂："临阵抗敌，不惧生死者，将军之勇也；入山不惧虎兕者，猎人之勇也；入水不惧蛟龙者，渔人之勇也。如何是衲僧之勇？"拈拄杖曰："这个是拄杖子，拈得，把得，动得，三千大千世界一时动摇。若拈不得，把不得，动不得，文殊自文殊，解脱自解脱。"

净空

【〔明〕《闽书》】处州遂昌县龙安洞净空禅师　初创精庐于遂昌之大楼岩，既徙居龙安振锡。龙井之侧，有黄龙出，受戒。至其巅，虎狼蹲距，叱之曰："亟去，吾欲此居。"遂结庵其中。后归弋阳百花岩寺，未几入寂，寺塑像祀之。既百年矣，一夜，假梦僧徒欲还本寺，乃迎以归。遂昌人遇水旱，舁像出祷，愿往则轻如一羽，不即数夫莫致也。

显端

【〔明〕《闽书》】福州白鹿山显端禅师　问："如何是无相佛？"曰："滩头石狮子。"曰："意指如何？"曰："有心江上住，不怕浪淘沙。"问："凝然湛寂时如何？"曰："不是阇黎安身立命处。"曰："如何是学人安身立命处？"曰："云有出山势，水无投涧声。"问："如何是教意？"曰："楞伽会上。"曰："如何是祖意？"曰："熊耳山前。"曰："教意、祖意，相去几何？"曰："寒松连翠竹，秋水对红莲。"

海印

【〔明〕《闽书》】福州大中德隆海印禅师　上堂："法无异法，道无别道。时时逢见释迦，处处撞见达摩。放步即交看，开口即咬破。"

慎徽

【〔明〕《闽书》】福州天宫慎徽禅师　上堂："八万四千波罗蜜门，门门长开；三千大千微尘诸佛，佛佛说法。不说有，不说无，不说非有非无，不说亦有亦无。何也？离四句，绝百非，相逢举目人少知。昨夜霜风漏消息，梅花依旧缀寒枝。"

惟礼

【〔明〕《闽书》】福州衡山惟礼禅师　上堂："若论此事，直下难明。三贤罔测，十圣不知。到这里须高提祖令，横按莫邪。佛尚不存，纤尘何立？直教须弥粉碎，大海焦枯。"

如璨

【〔明〕《闽书》】福州妙峰如璨禅师　上堂："今朝是如来降生之节，天下缁流，莫不以香汤灌沐，共报洪恩。为何教中却道，如来者无所从来？既是无所从来，不知降生底是谁？试请道看。若道得，其恩自报。若道不得，明年四月八，还是蓦头浇。"

文慧

【〔明〕《闽书》】福州长庆惠暹文慧禅师　僧问："离上生之宝刹，登延圣之道场，如何是不动尊？"曰："孤舟载明月。"曰："忽遇舻棹俱停，又作么生？"师曰："渔人偏爱宿芦花。"

继超

【〔明〕《闽书》】福州栖胜继超禅师　上堂，拈拄杖，良久曰："三世诸佛，尽在这里踔跳，大众还会么？过去诸佛说了，未来诸佛未说，现在诸佛今说。敢问诸人作么生是说底事？"卓一下，曰："苏噜，苏噜。"

善秀

【〔明〕《闽书》】福州普贤善秀禅师　僧问："如何是正中偏？"曰："龙吟初夜后，虎啸五更前。"曰："如何是偏中正？"曰："轻烟笼皓月，薄雾锁寒岩。"曰："如何是正中来？"曰："松瘁何曾老？花开满来萌。"曰："如何是兼中至？"曰："猿啼音莫辨，鹤唳响难明。"曰："如何是兼中到？"曰："拨开云外路，脱去月明前。"

守恩

【〔明〕《闽书》】福州地藏守恩禅师　上堂："衲僧现前三昧，释迦老子不会。住世四十九年，说得天花乱坠。争似饥餐渴饮，展脚堂中打睡。"

康源

【〔明〕《闽书》】福州兴福院康源禅师　上堂："山僧有一诀，寻常不漏泄。今日不囊藏，分明为君说。"良久曰："寒时寒,热时热。"

祖瑃

【〔明〕《闽书》】潭州大沩祖瑃禅师　上堂:"道无定乱,法离见知。言句相投,都无定义。自古龙门无宿客,至今鸟道绝行踪。欲会个中端的意,火里蟭蟟吞大虫。"

最乐

【〔明〕《闽书》】福州宝寿最乐禅师　古田人也。上堂:"诸佛不真实,说法度群生。菩萨有智慧,见性不分明。白云无心意,洒为世间雨。大地不含情,能长诸草木。若也会得,犹存知解。若也不会,堕在无记。去此二途,如何即是?海阔难藏月,山深分外寒。"

达杲

【〔明〕《闽书》】福州广慧达杲禅师　上堂:"佛为无心悟,心因有佛迷。佛心清净处,云外野猿啼。"

妙觉

【〔明〕《闽书》】福州越峰粹珪妙觉禅师　僧问:"机关不到时如何?"曰:"抱瓮灌园。"曰:"此犹是机关边事。"曰:"需要雨淋头。"

禅鉴

【〔明〕《闽书》】福州鼓山体淳禅鉴禅师　上堂:"繇基弓矢,不射田蛙;任氏丝纶,要投溟渤。发则穿柳破的,得则修鲸巨鳌。只箭既入重城,长竿岂钓浅水?而今莫有吞钩啗镞底么?若无,山僧卷起丝纶,拗折弓箭去也。"掷拄杖,下座。

大智

【〔明〕《闽书》】福州雪峰大智禅师　僧问:"如何是祖师西来意?"师衔拂柄示之。僧曰:"此是香严底,和尚又作么生?"师便喝。僧大笑,师叱曰:"这野狐精。"

齐

【〔明〕《闽书》】吉州青原齐禅师　二十八辞父兄,从云盖智禅师出家。执事首座,座一日秉拂罢,师问曰:"某闻首座所说,莫晓其义,伏望慈悲指示。"座谆谆诱之,使究无着说这个法。逾两日,有省,以偈呈曰:"说法无如这个亲,十分刹海一微尘。若能于此明真理,大地何曾见□人。"座骇然,因语智,得度。遍扣诸方,后至石门,深蒙器可。出住清原,一纪示寂。

佛心才

【〔明〕《闽书》】潭州上封佛心才禅师　上堂:"达摩未来东土以前,人人怀媚水之珠,个个抱荆山之璞,可谓壁立千仞。及乎二祖,礼却三拜之后,一一南询诸友,北礼文殊,好不丈夫!或有一个半个不求诸圣,不重己灵,不匹马单枪,投虚置刃,不妨庆快平生。如今有么,自是不归,归便得。五湖烟景有谁争?"

明慧

【〔明〕《闽书》】福州玄妙合文明慧禅师　僧问:"如何是道?"师曰:"私通车马。"僧进一步,师曰:"官不容针。"

慧空

【〔明〕《闽书》】福州雪峰东山慧空禅师　上堂:"俊快底点着便行,痴钝底推挽不动。便行则人人喜欢,不动则个个生嫌。山僧而今转此痴钝为俊快,去也!"弹指一下,曰:"敢问诸人,所做底是何佛?空王佛邪?燃灯佛邪?释迦佛邪?所说底是何法?根本法邪?无生法邪?出世间法邪?若道得,山僧出世事已毕。如或未然,逢人不得错举。"

表自

【〔明〕《闽书》】蕲州五祖表自禅师　僧问："如何是祖师西来意？"曰："荆棘丛中舞柘枝。"曰："如何是佛？"曰："新生孩子掷金盆。"

元礼

【〔明〕《闽书》】元礼首座　受业焦山。初参演和尚于白云，言下豁如，且曰："今日缁素明矣！"终于四明之瑞岩。

知藏

【〔明〕《闽书》】普融知藏　至五祖入室次，祖举倩女离魂话问之，有契，呈偈曰："二女合为一媳妇，机轮截断难回互。从来往返绝纵繇，行人莫问来时路。"

珣

【〔明〕《闽书》】福州鼓山山堂僧珣禅师　上堂："朔风扫地卷黄叶，门外千峰凛寒色。夜半乌龟带雪飞，石女溪边皱两眉。大家在这里，且道天寒人寒？"喝一喝，云："归堂去。"

达珠

【〔明〕《闽书》】镇江府甘露达珠禅师　上堂："圣贤不分，古今唯一。可谓火就燥，水流湿，凿井而饮，耕田而食大众。东村王老去不归，纷纷黄叶空狼藉。"

隆

【〔明〕《闽书》】福州雪峰隆禅师　上堂："一不成，二不是。口吃饭，鼻出气。休云北斗藏身，说甚南山鳖鼻。家财运出任交关，劝君莫竞锥头利。"

义初

【〔明〕《闽书》】福州龟山义初禅师　上堂："久默斯要，不务速说。释迦老子寐语作么？我今为汝保任，斯事终不虚也。

大似压良为贱,既不恁么,毕竟如何?白云笼岳顶,翠色转崔嵬。"

慧深

【〔明〕《闽书》】福州雪峰慧深首座　示众:"未得入头应切切,入头已得须教彻。虽然得入本无无,莫守无无无问歇。"

昭禅师

【〔明〕《闽书》】福州玄沙僧昭禅师　上堂:"天上无弥勒,地下无弥勒,且道弥勒在什么处?"良久曰:"夜行莫踏白,不是水,便是石。"

慧琳

【〔明〕《闽书》】安吉道场普明慧琳禅师　上堂:"一即多,多即一,毗卢顶上明如日。也无一,也无多,现成公案没肴讹。拈起旧来毡拍板,明时共唱太平歌。"

慧忠

【〔明〕《闽书》】福州雪峰球堂慧忠禅师　上堂:"终日忙忙,那事无妨,作么生是那事?"良久曰:"心不负人,面无惭色。"

了朴

【〔明〕《闽书》】庆元府天童慈航了朴禅师　上堂:"观音岩玲玲珑珑,太白石丁丁东东。西园菜虀,似不堪食。东谷花发,却无赖红。且道是祖意教意,途中受用,世谛流布。若辨不出,雪峰覆却饭桶。若辨得出,甘赘礼拜蒸笼。"

弥光

【〔明〕《闽书》】泉州教忠晦庵弥光禅师　出岭谒圆悟禅师,于云居次,参黄蘗祥高庵悟,机语皆契。以淮楚盗起,归谒佛心,会大慧寓广,因往从之。久承教旨,既大朗悟。慧挝鼓告众曰:"龟毛拈得笑哈哈,一击万重关锁开。庆快平生在今日,孰云千里赚吾来。"师亦以颂呈之曰:"一拶当机怒雷吼,惊起须弥藏北斗。洪波浩渺浪滔天,拈得鼻孔失却口。"

鼎需

【〔明〕《闽书》】福州西禅懒庵鼎需禅师　上堂:"句中意,意中句,须弥耸于巨川。句划意,意划句,烈士发乎狂矢。任待牙如剑树,口似血盆,徒逞词锋,虚张意气。所以净名杜口,早涉繁词。摩竭掩关,已扬家丑。"

思岳

【〔明〕《闽书》】福州东禅蒙庵思岳禅师　上堂:"达摩来时,此土皆知梵语。及乎去后,西天悉会唐言。若论直指人心,见性成佛,大似羚羊挂角,猎犬寻踪。一意乖疏悚,万言无用。可谓来时他笑我,不知去后我笑他。唐言梵语亲分付,自古斋僧怕夜茶。"

守净

【〔明〕《闽书》】福州西禅此庵守净禅师　上堂:"若也单明自己,不悟目前,此人有眼无足。若也只悟目前,不明自己,此人有足无眼。直得眼足相资,如车二轮,如鸟二翼。"又云:"善斗者,不顾其首,善战者,必获其功。其功既获,坐致太平。太平既致,高枕无忧。罢拈三尺剑,休弄一张弓。归马华山阳,放牛桃林野。风以时而雨以时,渔父歌而樵人舞。虽然如是,尧舜之君,犹有化在,争似乾坤收不得。舜尧不知名,浑家不管兴亡事,偏爱和云占洞庭。"

昙懿

【〔明〕《闽书》】福州玉泉昙懿禅师　久依圆悟,自谓不疑。绍兴初,出住兴化祥云,法席颇盛。大慧入闽,知其所见未谛,致书令来,师迟迟。慧小参,且痛斥,仍榜告四众,师不得已,破夏谒之。慧鞫其所证,既而曰:"如此见解,敢嗣圆悟老人耶?"居亡何,语之曰:"香岩悟处,不在击竹边。俱胝得处,不在指头上。"懿遂顿明。后住玉泉,为慧拈香,继省慧小溪。慧升座,举"云门一日拈拄杖"示众,曰:"凡夫实谓之有,二乘折谓之无,缘觉谓之幻有,菩萨当体即空。衲僧见拄杖子,但唤作拄杖子。行但行,坐但坐,总不得动着。"慧曰:"我不似云门老人,将虚空剜窟窿。"蓦拈拄杖曰:"拄杖子不属有,不属无,不属幻,不属空。"卓一下,曰:"凡夫、二乘、缘觉、菩萨,尽向这里,各随根性,悉得受用。唯于衲僧分上,为害为冤,要行不得行,要坐不得坐。进一步,则被拄杖子迷却路头;退一步,则被拄杖子穿却鼻孔。即今莫有不甘底么,试出来与拄杖子相见。如无,来年更有新条在,恼乱春风卒未休。正恁么时,合作恁生。"下座,烦玉泉为众拈出。师登座,叙谢毕,遂举前话,曰:"适来堂头和尚,怎么批判,太似困鱼止泺,病鸟栖芦。若是玉泉则不然。"拈拄杖曰:"拄杖子能有、能无、能幻、能空,凡夫、二乘、缘觉、菩萨。"卓一下,曰:"向这里百杂碎,惟于衲僧分上,如龙得水,似虎靠山,要行便行,要坐便坐。进一步,则乾坤震动;退一步,则草偃风行。且道不进不退,一句作么生道?"良久曰:"闲得经卷倚松立,笑问客从何处来。"

坦

【〔明〕《闽书》】福州清凉坦禅师　有僧举大慧竹篦话请益,师示以偈曰:"径山有个竹篦,直下别无道理。佛殿厨库三门,穿过衲僧眼耳。"

遵璞

【〔明〕《闽书》】庆元府育王大圆遵璞禅师　幼同玉泉懿问道圆悟,数载后还里,佐懿于莆中祥云。绍兴甲寅,大慧居洋屿,师往讯之,入室次,问答,慧欣然许之。

可封

【〔明〕《闽书》】常州宜兴保安复庵可封禅师　上堂:"天宽地大,风清月白。此是海宇清平底时节,衲僧家等闲问着十个有五双。知有只如夜半华严池,吞却扬子江开明桥,撞倒平山塔,是汝诸人还知么?若也是,去试向非非想天道,将一句来。"其或未知,掷下拂子曰:"须是山僧佛子始得。"

祖元

【〔明〕《闽书》】温州雁山能仁枯木祖元禅师　上堂:"雁山枯木实头禅,不在尖新话句边。背手忽然摸得着,长鲸吞月浪滔天。"

慧温

【〔明〕《闽书》】通州狼山萝庵慧温禅师　上堂:"释迦老子,四十九年坐筹帷幄;弥勒大士,九十一劫带水拖泥。凡情圣量,不能划除。理照觉知,犹存露布。佛意佛意,如将鱼目作明珠;大乘小乘,似认橘皮为猛火。诸人须是豁开胸襟宝藏,运出自己家珍,向十字街头普施贫乏。众中或有个灵利汉,出来道:'美食不中饱人吃。'山僧只向他道,幽州犹自可,最苦是新罗。"

咸杰

【〔明〕《闽书》】庆元府天童密庵咸杰禅师　自幼颖悟,出家为僧,不惮游行,遍参知识。后谒应庵于衢之明果,庵孤硬难入,屡遭呵。一日,庵问:"如何是正法眼?"师遽答曰:"破沙盆。"庵颔之。未几,辞为省亲。庵送以偈曰:"大彻投机句,当阳廓顶门。相从今四载,征诘洞无痕。虽未付钵袋,气宇吞乾坤。却把正法眼,唤作破沙盆。此行将省觐,切忌便蹉跟。吾有末后句,待归要汝遵。"出世衢之乌巨，次迁祥符、蒋山、华藏。未几，诏往径山、灵隐，晚居太白。

安永

【〔明〕《闽书》】福州鼓山木庵安永禅师　上堂："要明个事，须是具击石火、闪电光底手段，方能险峻岩头全身放舍，白云深处得大安居。如其觑地觅金针，直下脑门须迸裂。到这里假饶见机而变，不犯锋芒，全身独脱，犹涉泥水。"

【〔明〕《明高僧传》】福州鼓山安永，号水庵，闽县吴氏子也。永生具道质，行止肃然，身汩爱缠，心怀遐举。弱冠薙发，高标物外。闻有别传之道，乃谒懒庵禅师于云门。入室之际，庵顾而问曰："不问有言，不问无言。世尊良久，不得向世尊良久处会。"随后便喝，永倏然契悟。"诸人未得个入处，须得个入处，既得个入处，不得忘却老僧。"永曰："恁么说话面皮厚多少。"木庵则不然。"诸人未得个入处，须得个入处。既得个入处，直须扬下入处始得。"凡所说法简明如此。时有安分庵主少与永共隶业于安国，后永偕依懒庵，不契，辞。谒大慧于径山，行次钱塘江干，仰瞻宫阙，忽闻街司喝："侍郎来。"忽大悟，偈曰："几年个事挂胸怀，问尽诸方眼不开。肝胆此时俱裂破，一声江上侍郎来。"竟回西禅。懒庵迎之，付以伽梨衣，自尔不规所寓。后庵居剑门，化被岭表，学者从之。

志清

【〔明〕《闽书》】福州天王志清禅师　上堂，竖起拂子云："只这个天不能盖，地不能载，遍界遍空，成团成块。到这里三世诸佛向甚么处摸索？六代祖师向甚么处提持？天下衲僧向甚么处名邈？除非自得自证，便乃敲唱双行。虽然如是，未是衲僧行履处。作甚么是衲僧行履处？是非海里横身人，豺虎丛中纵步行。"

宗逮

【〔明〕《闽书》】福州鼓山宗逮禅师　上堂："世尊道，应如是知，如是见，如是信解，不生法相。"遂喝曰："玉本无暇却有瑕。"

宗颖

【〔明〕《闽书》】福州乾元宗颖禅师　上堂，卓拄杖曰："性燥汉子只在一槌。"靠拄杖曰："灵利人不劳再举，而今莫有灵利底么？"良久曰："比拟张麟，兔亦不遇。"

南书记者

【〔明〕《闽书》】南书记者　久依应庵，于赵州狗子无佛性话，豁然契悟。有偈云："狗子无佛性，罗睺星入命。不是打杀人，被人打杀定。"庵见，喜其脱略。绍兴末，终于归宗。

行者妙心

【〔明〕《闽书》】福州西禅寺行者妙心　母犯疯疾，累年不能步履。受本寺差监作碓坊，尝用纸糊一球，实以纸钱，焚香告天曰："妙心母老而苦疯疾，闻世人取肝割股，以行孝者，今愿破脑出髓救母。余年望三界赐佑。妙心今贮火球内，若使纸钱成灰，而外球不损，当即偿答。"已而果然，遂对空再拜，以左手持斧置颅门，右手执木椎击之，应手头裂，晕倒在地不自知。忽有神人呼之曰："汝适祷何事，乃不起耶？"始苏，扪其顶，则髓已出，如鸭卵大，殊不痛楚。漫覆以药，急走归。母云："吾儿将何药来？吾已闻馨香矣。"对曰："昨遇道人，与我此药，令煮粥和服。"粥成，一室皆香。母一啜而尽，便觉手脚轻快，呼曰："试扶我行。"比下床，若无疾者，母子俱喜。妙心还碓坊，掌事者欲纠其夜出，乃以实告监守。僧验之不诬，具白长老，达于州。时王与道尚书作牧，赐钱五十千、绢二十匹，以为孝养之劝。士夫多作诗赞咏。绍兴三十年九月也。

绍铣

【〔宋〕《禅林僧宝传》】兴化铣禅师　禅师名绍铣，泉州人也。住潭州兴化禅寺，开法嗣北禅贤禅师。铣有度量，牧千众，如数一二三四。长沙俗朴质，初未知饭僧供佛之利。铣作大会以诱之，恣道俗赴，谓之结缘斋。其后效而作者，月月有之，殆今不绝。荆湖之民向仰之笃，波及蛮俗。章丞相惇，奉使荆湖，开梅山，与铣偕往。蛮父老闻铣名，钦重爱恋，人人合爪，听其约束，不敢违。梅山平，铣有力焉。湘南八州之境，岁度僧数百。开坛俱集，以未为大僧。禅林皆推挤，铣榜其门曰："应沙弥皆得赴饭。"自其始至，以及其终。三十余年不易，人以为难。时南禅师道价，方增荆湖，衲子奔趋，入江南者出长沙百里，无托宿所，多为盗劫掠，路因不通。铣半五十为馆，请僧主之以接纳，使得宿食而去。诸方高其为人。晚得风痹疾，左手不仁，然犹领住持事。日同僧众，会粥食不懈。铣以精进为佛事，公卿礼敬，以为古佛。元丰三年辛酉九月二十一日，右胁累足，以手屈枕而化，阇维收舍利。两目睛不坏，肠二亦不坏，益以油火焚之，如铁带屈折，色鲜明，并塔之。阅世七十二，坐六十四夏，号"崇辩大师"。

木蛇

【〔明〕《闽书》】木蛇禅师　宁德漳湾阮氏子。大观中，受业杭州天竺寺，法名邦静。词偈高古，程尚书显谟师之。绍兴辛亥，程帅闽，请住持鼓山寺。僧堂有木蛇，或预戒，及乐施者登山，木蛇辄出门迎之，因号"木蛇禅师"。

普华

【〔明〕《闽书》】普华　宁德黄氏子。年十六从释,为丛林重。初住持金陵报德寺,数年又住持吴门万寿寺,领袖缁流。

道隆

【〔明〕《闽书》】道隆　普华侄也。割股刲肝以疗母病。母死,庐墓数年。后落发入空门,戒行清洁。叶侬寇境,道隆具牛酒,焚香顶臂入贼中,贼为感动,一乡全活。

【〔清〕同治《福建通志》】道隆　宁德黄氏子。幼尝割股疗母,母死,庐墓数年。后入空门,戒行清洁。建炎中,叶侬寇境,道隆具牛酒,焚香顶臂入贼中,贼为感动,乡民赖以全活。

【〔宋〕《五灯会元》】东京华严道隆禅师,初参石门彻和尚,问曰:"古者道,但得随处安闲,自然合他古辙。虽有此语,疑心未歇时如何?"门曰:"知有乃可随处安闲。如人在州县住,或闻或见,千奇百怪,他总将作寻常。不知有而安闲,如人在村落住,有少声色则惊怪传说。"师于言下有省。门尽授其洞上厥旨,后为广慧嗣。一日,福严承和尚问曰:"禅师亲见石门,如何却嗣广慧?"师曰:"我见广慧,渠欲剃发,使我擎凳子来。"慧曰:"道者,我有凳子诗听取。"乃曰:"放下便平稳,我时便肯伊。"因叙在石门处所得,广慧曰:"石门所示,如百味珍馐,只是饱人不得。"师至和初游京,客景德寺,日纵观都市,归常二鼓。一夕不得入,卧于门之下。仁宗皇帝梦至寺门,见龙蟠地,惊觉。中夜遣中使视之,睹师熟睡鼻鼾,撼之惊矍,问名归奏。帝闻名"道隆",乃喜曰:"吉征也。"明日召至便殿,问宗旨。师奏对详允,帝大悦。后以偈句相酬唱,络绎于道,或入对留宿禁中,礼遇特厚,赐号"应制明悟禅师"。

皇祐间，诏大觉琏禅师于化成殿演法，召师问话，机锋迅捷，帝大悦，侍卫皆山呼。师即奏疏举琏自代，禁林待问，秘殿谈禅，乞归庐山。帝览表不允。有旨：于曹门外建精舍延师，赐号"华严禅院"。开堂，僧问："如何是道？"师曰："高高低低。"曰："如何是道中人？"师曰："脚瘦草鞋宽。"师年八十余，示寂于盛暑。安坐七日，手足柔和。全身塔于寺之东。

自然

【〔清〕同治《福建通志》】自然　本姓程，崇安人，回龙山僧也。咸平中，奉旨往西竺取经，得石铫，煮药治病无弗愈者。归诣阙，奏对称旨，赐号"了空大师"。

净空大士者

【〔清〕同治《福建通志》】净空大士者　宋庆历初，汀、邵、建三州大疫，死者万计。十月，炎郁不减，李知孝（案，浦城知县有李知孝。《闽书》作绍兴间任，与下熙宁中卒，年代不符）请之祷焉，风雨旋及，继以瑞雪浃旬，疠气如洗。明年夏旱，知孝又祷焉，越二日大雨，岁以有秋。熙宁中，隐山岩，待制章公衡迎归南峰寺。跏趺卒，封"慧应大师"。

道悟

【〔清〕同治《福建通志》】道悟　禅师本姓祖。尝参建州开元寺莹禅师，遂落发。后结茅擎天岩，清修苦节。大观元年入灭。淳祐中，草寇猖獗，官兵粮绝。道悟化身诣军门，自称擎天住持僧，携一囊食之兵，皆取足，遂大破贼。有司奏闻，赐谥"寂感大师"，额曰"擎天护国"。侍郎谢迭山撰《记》。

存真

【〔清〕同治《福建通志》】暨存真　瓯宁人。结庐仁德冲源间，出入常有云覆其上。时为人耕耘，虽极炎歊，云辄随其耕处。遇岁旱潦，顶香颙天，呼雨即雨，呼晴即晴。人有疾病，饮以法水立愈。绍兴中，游建阳莲源峰，乞地为庵，居二十余年。坐化时，形骸不坏，异香满室。元至正间，赐号"定应通觉惠昭普济大师"。

圆悟

【〔清〕乾隆《福建通志》】圆悟　住崇安开善院。法性圆彻，善画能诗。尝作朱子像，赞云："岩岩泰山之耸，浩浩海波之平。凛乎秋霜腾肃，温其春阳发生。立天地之大本，极万物之性情。传先贤之心印，为后人之典型。"示寂之日，晦翁哭以诗曰："一别人间万事空，焚香瀹茗恨相逢。不须更活三生石，紫翠参天十三峰。"

怀琏

【〔宋〕《禅林僧宝传》】大觉琏禅师　禅师名怀琏，字器之，漳州陈氏子也。初其母祷于泗州僧伽像，求得之。故其小字泗州。幼有远韵，聪慧绝人。长为沙门，工翰墨声称盛著。游方爱衡岳胜绝，馆于三生藏有年，丛林号"琏三生"。闻南昌石门澄禅师者，五祖戒公之嫡子也，往拜谒，师事之十余年。去游庐山圆通，又掌书记于讷禅师所。皇祐二年正月有诏，住京师十方净因禅院。二月十九日召对化成殿，问佛法大意，奏对称旨，赐号"大觉禅师"。斋毕传宣，效南方禅林仪范，开堂演法，又宣左街副僧录。慈云大师清满，启白倡曰："帝苑春回，皇家会启。万乘既临于舜殿，两街获奉于尧眉。爰当和煦之辰，正是阐扬之日。"宣谈祖道，上副宸衷。问答罢，乃曰："古佛堂中曾无异说，流通句内诚有多谈。得之者妙用无亏，失之者触途成滞。所以溪山云月处处同风，水鸟树林头头显道。若向迦叶门下，直得尧风荡荡，舜日高明。野老讴歌，渔人鼓舞。

当此之时，纯乐无为之化，焉知有恁么事。"皇情大悦，与琏问答诗颂。书以赐之，凡十有七篇。至和中，上书献偈，乞归老山中。偈曰："千簇云山万壑流，归心终老此峰头。余生愿祝无疆寿，一炷清香满石楼。"上曰："山即如如体也。将安归乎？"不许。修撰孙觉莘老，书问宗教，琏答之书。其略曰："妙道之意，圣人尝寓之于易。至周衰先王之法坏，礼义亡。然后奇言异术，间出而乱俗。逮我释迦入中土，醇以第一义示人，而始末设为慈悲。以化众生，亦所以趣时也。自生民以来，淳朴未散，则三皇之教简而素，春也。及情窦日凿，则五帝之教详而文，夏也。时与世异，情随日迁，故三王之教密而严，秋也。昔商周之诰誓，后世学者有所难晓。彼当时人民，听之而不违。则俗与今如何也？及其弊而为秦汉也，则无所不至，而天下有不忍愿闻者。于是我佛如来，一推之以性命之理，教之以慈悲之行，冬也。天有四时循环，以生成万物，而圣人之教迭相扶持，以化成天下，亦犹是而已矣。至其极也，皆不能无弊。弊迹也，道则一耳。要当有圣贤者，世起而救之也。自秦汉至今，千有余岁，风俗靡靡愈薄。圣人之教裂而鼎立，互相诋訾，不知所从。大道寥寥莫知返，良可叹也。"琏虽以出世法度人，而持律严甚。上尝赐以龙脑钵盂，琏对使者焚之曰："吾法以坏色衣，以瓦钵食。此钵非法。"使者归奏，上嘉叹久之。琏居处服玩，可以化宝坊也，而皆不为。独于都城之西，为为精舍，容百许人而已。有晓舜禅师住栖贤，为郡吏临以事民其衣，走依琏，琏馆于正寝而处偏室。执弟子礼甚恭。王公贵人来候者，咸怪之。琏具以实对曰："吾少尝问道于舜。今其不幸，其可以像服，二吾心哉。"闻者叹服。仁庙知之，赐舜再落发，居栖贤寺。治平中，琏再乞还山坚甚。英宗皇帝留之不可，诏许自便。琏既渡江，少留于金山西湖。遂归老于四明之育王山广利寺。四明之人相与出力，建大阁藏所赐诗颂，榜之曰"宸奎"。命翰林学士兼侍读端明殿学士苏轼为之记。时京师始建宝文阁，诏取其副本藏焉。琏归山二十余年，年八十二无疾而化。

赞曰：琏公生长于寒乡，栖迟于荒远。钵饭布衲，若将终身。一旦道契主上，名落天下，而能焚龙脑，让正寝。非其素所畜养，大过于人者，何以至是哉！至于与士大夫论宗教，则指物连类，折之以至理，使其泮然无疑。则亦知为比丘之大体者欤。

戒环

【〔清〕同治《福建通志》】戒环 晋江开元寺僧也。深造道妙，论《般若》《楞严》《法华》三经前后，曰："《般若》之后慧学方盛，定力未全，故先以楞之大定，使定慧合一，然后可进于无上。等法则是先以《般若》发明，次以《楞严》修证，终以《法华》印可。序固如是也，谈道者宗之。"先是寺之千佛院有主者，诵《莲华经》，一鸽日集于前听之。忽不至，主者夜梦一童子告曰："我鸽也，得师经力转身为人矣。生某腋有白毛可识。"如言求之，果然。其父母遂舍为僧，即戒环也。

了他

【〔清〕同治《福建通志》】了他 德化葛陂人。幼出家香林寺，天圣初移居西林，持律甚严。不澡浴者三十余载，曰："形骸外物，何取明净。"元丰间，年九十七而终。将入灭，取豕首不割而啖之，将尽，遂坐化，其徒尊奉如生。后三十年，爪发复长四寸，或刺其臂，血流三日。

惟慎

【〔清〕同治《福建通志》】惟慎 晋江人。戒行洁清，尤邃于理。天圣中，游京师，人争重之。曾公亮曰："阙下无禅侣，如何住得君？"惟慎应声曰："敢言知己，少性本类孤云。"后住同安之罗山。

法超

【〔清〕同治《福建通志》】法超　晋江北山僧。本施氏子，明道中试经为僧，具戒游方，返居北山。阅藏经，蓄一铁钵以爨，日一食，或过午则不复食。既以亲老归养，建塔其乡，名镇海塔，结庵以居。二十余年朝夕亲侧，乡人皆化其孝。乡有海支港，寒月潮汐行人出没泥涂间。法超悯焉，募造石桥。长八百尺，凡一百三十间，中为亭，以休来往，名曰悲济桥。行人德之。

宋己

【〔清〕同治《福建通志》】宋己　字子正，晋江人。初主资圣寺，郡守汤夏贻诗，有"净瓶常载水，破衲任生尘"之句。后主承天寺，刘忠顺题其居，有"展榻殊无地，看山别有门"之句。生平最为蔡君谟、吕缙叔所知。治平三年示化。

普足

【〔清〕同治《福建通志》】普足　清溪县蓬莱山僧也，本永春小姑村人。幼出家大云院，长事大静山明禅师。业就，辞还。募造桥梁数十所，以度往来。为众请雨，如期辄应，众大悦，筑室蓬莱山清水岩以居之。普足名重建、剑、汀、漳间，坛施为盛。居岩十九年，造成通泉、谷口、汰口诸桥，砌洋中亭路，糜费巨万，皆出于施者。其徒杨道、周明于岩阿累石为窣堵二，临崖距壑，若有神相，非人巧所能逮。岩石中日出米足工匠食，役毕米绝。有公锐者素不茹荤，坚持梵行，普足常称为高足。一日，属以后事，说偈端坐而逝，建中靖国元年也。乡人甃塔刻像事之。分身应供，现影赴斋，稍不虔，辄有雷电迅击之异。累封"昭应广惠慈济善和大师"。俗传普足初筑室时，有畲鬼穴其中，普足与约以法相胜。鬼置之穴中，火熏七日夜不死。普足曰："汝任吾治。"出布悬崖，延鬼遍坐其上，布断尽坠岩底，遂而穴闭之。今塑遗像黝黑，鬼之所熏也。后其像为山寇所斫伤鼻，僧人取以傅之，鼻如故。有不悛，辄不见，或得之袍袖中，或得之胸腹前，其灵异如此。先是普足尝指邑之阆山，曰："此真佛家乡也。后数十年，吾当现身于此。"绍兴四年七月十日，雷火烧山，自夜达旦。乡人异之，跻攀崖险，至石门人迹不到处，见白菊一丛、姜三丛、香炉一，普足在焉，遂即其地创祠，号为"清水别岩"。

可遵

【〔清〕同治《福建通志》】可遵　晋江清源山遵岩僧也，本姓徐，南安人。胡须碧眼，状如胡僧，而精修无怠。得施则以镂经忏，缮桥道，构殿阁。朝散郎黄元功母病，梦神告之曰："得岩主供之即愈。"黄延可遵至，果愈。为建三石塔于岩之百丈坪。

法辉

【〔清〕同治《福建通志》】法辉　晋江人，居广福院。尝与吕缙叔、石声叔、陈原道结诗社。有寄吴山人诗曰："夜召山翁酌，花间聊抚琴。酒香来竹外，古意入云深。月色临诸水，溪光射远岑。拟教尘土客，对此涤烦襟。"又题宪师壁："远浸溪光碧，寒生松桧阴。渔舟惊暮雨，高唱入秋林。"著有诗集。

守智

【〔宋〕《禅林僧宝传》】云盖智禅师　禅师名守智，生于剑州龙津陈氏。幼依剑浦林重院沙门某为童子，年二十三得度，受具于建州开元寺。初出岭，至豫章，谒大宁宽禅师。时法昌遇公方韬藏西山，智闻其饱参诣之。至双岭寺，寺屋多僧少，草棘满庭，山雪未消。智见一室邃僻，试揭帘，闻叱诟曰："谁故出我烟？"盖遇方附湿薪火，藉烟为暖耳。智反走，遇呼曰："来汝何所来？"对曰："大宁。"又问："三门夜来倒，知否？"智愕曰："不知。"遇曰："吴中石佛大有人不曾得见。"智不敢犯其词，知其为遇也，乃敷坐具愿亲炙之。遇使往谒真点胸，久之无大省发，然勤苦不费剪爪之功。及谒南禅师于积翠，依止五年，又见英邵武于同安。南公殁，南游首众僧于石霜。谢师直闻其名，以书抵智曰："果游岳道由长沙，幸屈临庶款晤。师当恕其方以官，守不当罪其坐致也。"智过师直，师直问曰："庞居士问马大师，无弦琴因缘，记得否？"智曰："记得。"师直曰："庞公曰弄巧成拙，是宾家是主家？"智笑指师直曰："弄巧成拙。"师直喜之。出世住道吾，俄迁住云盖十年。疾禅林便软暖，道心澹泊，来参者掉头不纳。元祐六年，退居西堂，闭户三十年。湘中衲子闻其接纳容入室，则堂室为满。智为人耐枯淡，日犹荷锄理蔬圃，至老不衰。政和四年，年九十矣。潭师周种仁熟，遣长沙令佐诣山请供，智以老辞。令佐固邀曰："太守以职事，不得入山。遣属吏来迎意勤，乃不往贻山门之咎。"智登舆而至，入开福斋罢鸣鼓。智问其故，曰："请师住持此院。"智心知堕其计，不得辞乃受之。明年三月七日（或云七月七日）升座说偈曰："未出世，头似马构。出世后，口如驴嘴。百年终须自坏，一任天下卜度归。"方丈安坐，良久乃化。阇维得五色舍利。经旬，细民拨灰，烬中犹得之。坐六十六夏。

赞曰：余止云盖，依止之二年，详闻黄蘖翠岩故时事。曰："南公住黄龙，天下有志学道者皆集，南公视之犹不怪。"从容问其意，曰："我见慈明时。座下虽众不多，然皆堂堂龙象。今例寒酸，不上人眼。佛法盛衰、自今日始也。"云盖今又老矣，丛林去南公已五十年。当时号寒酸者，亦不可见。余因传其平生，感之遂并记。

有朋

【〔清〕同治《福建通志》】有朋　泉州开元寺僧。心根为宗，名相为叶。宣和六年，偈曰："张公吃酒李公醉，归去来兮何所泥。打破虚空笑一场，金刚脚拄帝释鼻。"跏趺脱去。(案，《直斋书录·解题》云：有朋，字困山，禅族陈氏闽帅岩六世孙。又《闽书》有尊胜有朋讲师卯岁试经不中选，下发多历教肆，学者宗之。)

祖珍

【〔清〕同治《福建通志》】祖珍　晋江鹦鹉山承天寺僧也，本莆田林氏子。母梦胡僧遗以明珠，问僧从何来，应曰："余黄涅槃也。"觉而有娠。既生相貌奇古，通身毛长二寸许。比壮，诣鼓山谒鉴淳禅师，一见奇之曰："此金毛狮子，异日法器也。"祖珍念东山大乘有狮子峰，佛心禅师实主之，遂往参焉。佛心喜曰："夜梦狮子入吾室，子其应乎。"佛心移住鼓山，请祖珍首座，众惊愕相顾曰："珍狮子平日不会开口，纵胸中有佛法，如何举为都讲？"一夜，佛心作偈，祖珍随机应答，叩攀不穷，禅誉大播，众议乃息。久之，住锡承天法堂，邑人傅自得极加敬重。一日，祖珍谓自得曰："某平生无长物，近倾囊中所有，造七佛石塔于三门之外，今已毕工，法缘尽矣。"即升堂别众去之，居夹岭白水岩傍。居民皆曰："昔有道者尝言，四十年后当有肉身菩萨来兴此山，师此来适四十年矣。"相与出力，一新岩居。未几，复还法堂，索笔大书曰："生本无生，死本无死。生死二途，了无彼此。"言讫趺坐而化，荼毗皆舍利。所造七塔间植榕树，苍蝇止塔者首悉下向，榕树栖禽从无矢污，人以为异。

了性

【〔清〕同治《福建通志》】了性　安溪黄氏子，出家晋江开元寺。先是绍兴中,开元东西两塔灾,至淳熙中了性并建之。复建安溪龙津桥、晋江安济桥。弟子守净有道术。了性方造镇国塔,守净来,即左右其间。塔成,守净复自建资圣僧伽塔,而安平朝天门楼、兴化军安利桥、延平可渡桥、武荣金鸡桥,皆守净所建也。嘉定中,尝镌石佛于岱峰山,语匠人以一斛灰抵一斛钱,工喜得价。久之,灰被风飘,较其值,正当所作。其造金鸡与镌佛同时兴工,法身双现,尤异事云。

太初

【〔清〕同治《福建通志》】太初　字子愚,晋江开元寺僧也。严律行,兼能诗文。南剑守陈宓招主报恩寺。后真德秀延之大沩寺。尝出《孟子夜气章》以授学者,名《牛山经》。所作文如《承天僧堂记》简严有体,而雌黄蔡端明《洛阳桥记》多三字者,至今传言也。著有《太初诗文集》。

道潜

【〔清〕同治《福建通志》】道潜　南安黄氏子。出家后参诸名山,适其兄教授饶州,奉母之官。潜至饶省侍,遇巨盗破城,潜负母逃归。游五峰龟岩,蔚棘屏翳,不出者十七年。老而退居晋江承天寺,作放生池,大旱不涸。卒年八十。著有《龟毛集》。

岩严尊者

【〔宋〕《禅林僧宝传》】南安岩严尊者　禅师讳自严,生郑氏,泉州同安人也。年十一弃家,依建兴卧像寺沙门契缘为童子。十七为大僧,游方至庐陵,谒西峰耆宿云豁。豁者,清凉智明禅师高弟,云门嫡孙也。太宗皇帝尝诏至阙,馆于北御园舍中,习定久之,恳之还山。公依止五年,密契心法,辞去渡怀仁。江有蛟,每为行人害,公为说偈诫之而蛟辄去。过黄杨峡,渴欲饮,会溪涸,公以杖掷之而水得。父老来聚观,合爪以为神,公遁。去武平南黄石,岩多蛇虎,公止住而蛇虎可使令。四远闻之大惊,争敬事之。民以雨旸,男女祷者随其欲应念而获,家画其像,饮食必祭。邻寺僧死,公不知法当告官,便自焚之。吏追捕坐庭中,问状不答,索纸作偈曰:"云外野僧死,云外野僧烧。二法无差互,菩提路不遥。"而字画险劲,如擘窠大篆。吏大怒,以为狂且慢己,去僧伽梨曝日中。既得释,因以布帽其首,而衣以白服。公恨所说法,听者疑信半,因不语者六年。岩寺当输布,而民岁代输之。公不忍,折简置布束中祈免。吏张晔欧阳程者,相顾怒甚,追至问状不答,以为妖,火所著帽明鲜。又索纸作偈曰:"一切慈忍力,皆吾心所生。王官苦拘束,佛法不流行。"自是时亦语。去游南康盘古山,先是西竺波利尊者经始,谶曰:"却后当有白衣菩萨来兴此山。"公住三年而成丛林,乃还南安。江南眠槎,为行舟碍。公舟过焉,摩挲之曰:"去去莫与人为害槎。"一夕荡除之。有僧自惠州来,曰:"河源有巨舟着沙,万牛挽不可动。愿得以载砖建塔于南海,为众生福田。"公曰:"此阴府之物。"然付汝偈取之。偈曰:"天零灞水生,阴府船王移。莫立沙中久,纳福荫菩提。"僧即舟倡偈而舟为动,万众欢呼。至五羊,有巨商从借以载,僧许之。方解索,俄风作,失舟所在。有沙弥无多闻性而事公谨愿,公怜之,作偈使诵,久当聪明。偈曰:"大智发于心,于心何处寻。成就一切义,无古亦无今。"于是世间章句吾伊上口。公示人多以偈,然题赠以之中四字于其后,莫有识其旨者。异迹甚著,所属状以闻,诏佳之。宰相王钦若、大参赵安仁以下皆献诗,公未尝视,置承尘上而已。淳化乙卯正月初六日,集众曰:"吾此日生,今正是时。"遂右肋卧而化。阅世八十有二,坐六十有五夏。谥曰"定光圆应禅师"。

赞曰：圆通诮曹将军而不屈，问军旅事而不答。此其识能知宗也。南塔初不受南平王之请，及闻移祸及人，因屑就之。此其行高一世也。学者囿于法爱，故初公语分生死，所以发其机。至于定应，则全提大用。于其化时曰："吾此日生，于化时而曰生。最后之训也。"临祸福死生之际，能如彼四老人，则正宗已坠之纲，尚可理也。

【〔清〕同治《汀州府志》】定光大师　姓郑名自岩，泉州同安人。年十一出家，十七游豫章，除蛟患。乾德二年，来汀之武平南岩。郡城南潭有龙，为民害，师投偈，沙涌成洲。郡守赵良以闻，赐南安均庆院额。真宗朝，因御斋赴谒，上问："何来？"答曰："今早自汀州来。"问："守为谁？"曰："屯田胡咸秩。"斋罢，上命持馔食往赐，至郡尚温。咸秩惊，表谢。淳化八年坐化，邑人塑其肉身以祀。绍定庚寅，磜寇起，围州城，师灵显助国，贼众奔溃。州人列状，奏请赐额，曰"定光院"。国朝顺治三年，大图章京率大兵至百步铺，见二僧云："城即开，幸勿伤民。"言讫不见。明日，复见二僧，从卧龙岭洒水。章京召郡民询之，且述二僧形状，民曰："郡有定光、伏虎二古佛者近是。"章京乃诣寺，揭帐视之，即前二僧也，命合郡新其宇。

【〔清〕同治《福建通志》】自严　本姓郑，泉州同安人，沙门家所称定光佛是也。年十一出家，得佛法，振锡于长汀狮子岩。十七，游豫章，除蛟患，咒徙梅州黄杨峡，溪流于数里外。乾德二年，隐于武平县南岩。（案，《闽书》方域门长汀县狮子岩云：乾德二年来南安岩。上杭县东安岩条云：宋定光佛常栖此岩，时何仙姑居武平县南岩辟谷，师谓宜建禅堂，仙姑遂舍岩宅施田与之。武平南安岩云：定光大佛卓锡于此，中有二岩，南岩窈窕虚明，石室天成；东岩差隘。据此，南安岩即南岩。定光盖由上杭东安岩徙武平南岩也。）摄衣趺坐，大蟒猛虎皆蟠伏。乡人神之，为构庵以居。有虎伤牛，自严削木书偈，厥明虎毙。岩院例输布于官，自严师内手批布中，郡守欧阳公程，追之问状，自严不语。程怒，命火焚其衲帽，火烬而帽如故，疑为左道。厌以狗血蒜辛，再命焚之，衲缕愈洁，乃谢之归。泛舟往南康，江有槎桩害船，手抚之去焉。盘古山井无水，薄暮举杖三敲，诘旦水涌。（案，《八闽通志》引《鄞江集》云：初波利尊者自西土来，住盘古山。古有谚曰：后五百岁有白衣菩萨自南方来居此山，是定光佛也。至是乃验。）终三年，复还南岩。郡守赵遂良结庵郡斋，延之居。庵前旧有枯池，自严投偈水溢，是为金乳泉。城南龙潭为民害，遂良复请治之，一偈龙殄，沙壅成洲。遂良以闻，赐南安"均庆院"额。真宗朝，因赴御斋谒真宗，问所从来，答曰："早自汀州来。"问汀守为谁，曰："屯田胡咸秩。"斋罢，真宗令持食赐咸秩。至郡尚燠，咸秩惊悚，表谢。淳化八年坐逝，年八十有二，赐号"定应"。绍定中，磜寇围州城，显灵御贼，州人列状奏请，赐额曰"定光院"。

法圆

【〔清〕同治《福建通志》】法圆处讷　本姓陈，兄弟同住锡南安高盖山报慈院。幼丧父，事母至孝。初卜地建庵，迎母居之。遇异人曰："此去百步胜地也。"及母卒，绝粒几陨。因迎其孀居从母，奉之如母焉。

道询

【〔清〕同治《福建通志》】道询　宝祐中，惠安白沙庵僧也，本姓王。母梦吞祥光而生道询。少遇了角髯道人王阳仙，授以丹丸，遂朗悟内典，精勤戒行，耐烦忍垢，漳泉人翕然信服之。尝募建晋江乌屿石桥，名凤屿盘光桥，与洛阳桥相望，修广皆加之。其余修桥梁二百余所，而惠安峰崎青龙桥、獭窟屿桥尤其著者。当獭窟未桥时，与道人待渡，屿前道人曰："何不桥此？"曰："风波日作，桥不易也。"道人曰："患无真念。"道询遂率其徒，成桥七百七十间。既而建庵，众舍之田，辞曰："世间田有数，我敢与人争食哉？"自障白沙海壖，田之垒其高处为庵。其始障也，岸为潮啮，道询以扇麾之，曰："海于天地最大，不能尺寸相让邪？"潮为立退三尺。景炎元年，敕号"灵应大师"。

常总

【〔清〕同治《福建通志》】常总　尤溪人，施氏子。初母梦金人长丈余，授以白莲花，觉而有娠生总。孩提时，闻酒肉气辄呕。年十一出家，有道行。杨时过庐山见之，与论性，总谓："本然之善，不与恶对。"时亟称之。苏轼尝为作真赞云："堂堂总公，僧中之龙。"闻者以为不诬。

无求

【〔清〕同治《福建通志》】无求　尤溪刘氏子。少业儒，博涉群书。寻为僧，遍游名山。长于诗赋，有尘外趣。县尉朱松重之，缔为诗友，为作诗集序。

陈善

【〔清〕同治《福建通志》】陈善　沙县人。世力农，弃家从释子游，坚持佛行。尝耕于田中，过芒种不插，或嗤之，答曰："吾六月乃插，与尔同获，不晚也。"众异之。至五月，山水暴涨，插者皆荡废，乃再插之，其时六月也。又尝佣兴国寺，主僧令之粪田，善舁粪，上流灌而下之，一里皆饶。或以告僧，僧责之，答曰："独汝田欲肥乎？"遂别去。出寺门，以锄自削其迹，曰：

"不复来此矣。"遂至杨溪隔头庵坐化焉。今此乡田必六月乃插，先插者亦不长。

邓法

【〔清〕同治《福建通志》】邓法　沙县人。习静于龙会山中，得佑正大师饶松心印。尝自杉口归，以笠为舟，以杖为楫。后敛柴自焚而化，所遗法器、法衣不火亦焚。

陈琏

【〔清〕乾隆《福建通志》】陈琏　龙溪陈氏子。皇祐中，住十方净因禅院。召对成化殿问佛法称旨，赐号"大觉"。时北方释氏皆囿于因果，琏独指道妙，与孔老合者。其言文而真，其行峻而通，一时士大夫多与之游。仁宗数与问答，亲书诗颂十七篇赐之。治平中，乞归，渡江栖老于四明阿育王山广利寺。四明人建大阁贮所赐诗颂，苏轼为制宸奎阁碑。

赖慧

【〔清〕同治《福建通志》】赖慧　归化人。少投罗汉寺师古空为僧，诵大乘金刚檀经有悟，出游方外二十余年。开宝中，结庵滴水岩，端坐不寝，能知休咎。乡人有游岩者，慧曰："好归，好归。"归家中有不医之疾矣。及归，妻尚无恙，至夜暴卒。见病而捧心者，曰："汝患乎，削岩中蜂窝石水研饮之即愈。"年九十余将入定，书几曰："生也了，死也了，九十三岁磨多少。而今打破大虚空，一轮明月清皎皎。"旬余，乡人始知其逝，颜色如生，破袄上犹有香气。佥曰佛也，泥躯祀之。

清忠

【〔清〕同治《福建通志》】清忠　仙游普惠院僧也。尝取经西川，往还数次，川人疑其为贩，欲杀之。清忠断右手以誓，血涌白红，川人异之。得墨字本以归，赐号"宏法大师"。

仁宗赐以篆书"明堂"，及飞白"明堂之门"四字。神宗赐以径尺草书古诗二首。清忠建御书阁以藏之。

有需

【〔清〕同治《福建通志》】有需　莆田僧也。工诗，有道行。创万安院于仙游之何岩，垦田西峰南湖，养徒百人。部使者陈觉民闻其名，延住福州鼓山，继住雪峰。（案，《闽书》作雷峰，误。）有《语录》行世。初，正法眼藏二十七，传至东土，九世为慧南。南之嗣曰常总，总之嗣曰应乾。需得法于乾者。寻移居蔡溪岩，与隐士陈易偕有释从登者怀安人。（案，前志《从登传》云：从登尝居石门，林艾轩、刘著作皆与友善。考《闽书》蔡溪岩条载：陈聘君易旧隐岩中，蔡郎中枢从聘君游。后云：陈聘君、蔡郎中邀从登同隐。易在崇宁中举遗逸，卒于宣和八年。石门即在蔡溪岩前，从登既与易同时隐此，当在徽宗朝，非林光朝、刘夙所及见也。）母梦僧伽曰，愿为己子。十四月乃孕，数岁不育。又梦僧伽曰，七日吾复来。后十年七月七日生，长号蒲庵，通经敏文，兼工草隶。易与蔡枢邀至岩中，与同隐云。

有南

【〔清〕同治《福建通志》】有南　莆田僧也。秉性慧达，以诗自娱。游泉之开元、承天诸寺，所过阛阓市易之家，获息倍蓰，市者争待其至。人遗之钱，纳怀袖中，满数百则抛与儿童，大笑为乐。有江给事者，特爱重之。一日，语其徒曰："翼日当与众别矣。"至期趺坐而化。或以告给事，给事急诣之，有南于座上微开目睐，口授偈云："东省书问频续，佛日衣钵相传。试问来去因缘，亭亭江月横天。"

宜灿

【〔清〕同治《福建通志》】宜灿　兴化叶氏子。弃儒就释，工诗律。游湖北，诸司延住公安三圣寺。萧状元国梁甚敬重之，贻以诗，曰："独向山间学悟禅，菩提影映般台前。一声长啸乾坤老，明月清风不用钱。"有诗集行荆楚间。

元琏

【〔宋〕《禅林僧宝传》】广慧琏禅师　禅师名元琏者，闽人也。得法于首山念禅师，住汝州广慧寺。琏褊颅广颡，瞻视凝远，望见令人意消。尝谓众曰："我在先师会中，见举竹篦子问省驴汉曰：'唤作篦子即触，不唤作篦子即背，作么生？'省近前掣得，掷地上云：'是什么？'先师云：'瞎。'省从此悟入。我道省驴汉，悟即大杀悟，要且未尽先师意旨。遮个说话，须是到此田地，方相委悉。情见未忘者，岂免疑谤。又见智门纲宗歌曰：'胡蜂不恋旧时窠，猛将那肯家中死。'曰：'祚兄消许多气力作么？'我寻常说禅，如手中扇子，举起便有风，不举一点也无。既称宗师，却以实法与人，好将一把火照看。与么开口，面皮厚多少。"岩头云："若以实法与人，士也消不得。知么究取好。莫面面相觑，在此作么？"内翰秘书监知郡，杨亿大年问曰："承云一切罪业，皆因财宝所生。劝人疏于财利，况南众生以财为命，邦国以财聚人。教中有财法二施，何得劝人疏财乎？"琏曰："幡竿尖上铁笼头。"大年曰："海坛马子似驴大。"琏曰："楚鸡不是丹山凤。"大年曰："佛灭二千年，比丘少惭愧。"大年尝书寄内翰李公维，叙师承本末。其词曰："病夫夙以顽蠢，获受奖顾。预闻南宗之旨，久陪上国之游。动静咨询，周旋策发。俾其刳心之有诣，墙面之无惭者，诚出席间床下矣。矧又故安公大师，每垂诱导。自双林影灭，只履西归，中心浩然，罔知所旨。仍岁沉痼，神虑迷恍，殆及小间再辩方位。又得云门谅公大士，见顾嵩蓬。谅之旨趣，正与安公同辙，并自庐山归宗云居而来，皆是法眼之流裔。去年假守兹郡，适会广慧禅伯。实嗣南院念，念嗣风穴。风穴嗣先南院，南院嗣兴化，兴化嗣临济，临济嗣黄檗。黄檗嗣先百丈海，海嗣马祖。马祖嗣让和尚，即曹溪之长嫡也。斋中务简，退食多暇。或坐邀而至，或命驾从之。请叩无方，蒙滞俱释。半岁之后，旷然弗疑。如忘忽记，如睡忽觉。平昔碍膺之物，曝然自落。积劫未明之事，廓尔现前。固亦决择之洞分，应接之无蹇矣。重念先德，率多参寻。如雪峰九度上洞山，三度上投子，遂嗣德山。临济得法于大愚，终承黄檗。云岩蒙道吾训诱，乃为药山之子。丹霞承马祖印可，而作石头之裔。在古多有，于理无嫌。病夫今继绍之缘，实属于广慧，而提激之自，良出于鳌峰也。忻幸忻幸。"大年所叙详悉如此，岂欲自著于禅林乎？予恨其手编《传灯录》，至首山之嗣，独载汾阳，而不录广慧机语，何也？

赞曰：广慧机缘语句，虽不多见，然尝一脔知鼎味。大率如刀斫水不见痕缝，真可谓作家宗师也。平生说法如云雨，暮年止得一杨大年，鲁国儒生何其少哉！

倚遇

【〔宋〕《禅林僧宝传》】法昌遇禅师　禅师名倚遇，漳州林氏子也。为人奇逸有大志，自剃发受具即杖策游方，名著丛林。浮山远禅师，尝指以谓人曰："后学行脚样子也。"辞远，谒南岳芭蕉庵主谷泉，三至三遭逐，犹谒之。泉揕之曰："我此间虎狼纵横，尿床鬼子三回五度，来觅底物？"遇曰："人言庵主见汾州。"泉乃解衣抖擞曰："汝谓我见汾州，有多少奇特。"遇即礼拜，问曰："审如庵主语，客来将何祇待。"泉曰："云门胡饼、赵州茶。"遇曰："谢供养。"泉曰："我火种也未有。早言谢，谢什么。"遇乃去，至北禅贤禅师。问曰："近离什么处?"遇曰:"福严。"曰:"思大鼻孔长多少?"遇曰:"与和尚当时见底一般。"曰:"且道老僧见时长多少?"遇曰:"和尚大似不曾到福严。"贤笑曰:"学语之流。"又问:"来时马大师健否?"遇曰:"健。"曰:"向汝道什么?"遇曰:"令北禅莫乱统。"贤曰:"念汝新到,不欲打汝。"遇曰:"倚遇亦放过和尚。"乃罢。遇因倒心师事之。时慈明禅师住兴化,过贤公室,遇侍立,看其谈笑。贤曰:"汾阳师子,可杀威狞。"慈明曰:"不见道,来者咬杀。"贤曰:"审如此。汾阳门下,道绝人荒耶。"慈明举拂子曰:"这个因甚到今日?"贤未及对,遇从旁曰:"养子不及父、家门一世衰。"贤呵曰:"汝具什么眼目,乃敢尔。"遇曰:"若是咬人师子终不与么。"慈明将去,至龙牙像前,指以问遇:"谁像?"遇曰:"龙牙。"慈明曰:"既是龙牙像,何乃在北禅?"遇曰:"一彩两赛。"慈明曰:"像在此,龙牙在什么处?"遇拟对,慈明掌之曰:"莫道不能咬人。"遇曰:"乞儿见小利。"慈明呵逐之。贤公除夕谓门弟子曰:"今夕无可分岁。共烹露地白牛。大家围炉,向榾柮火,唱村田乐,何也?免更倚他门户,旁它墙。"乃下座。有僧从后大呼曰:"县有吏至。"贤反顾问所以,对曰:"和尚杀牛,未纳皮角耳。"贤笑掷暖帽与之。僧就拾得,跪进曰:"天寒还和尚帽子。"贤问遇曰:"如何?"遇曰:"近日城中纸贵,一状领过。"后还江南,再游庐山,寓止圆通。时大觉琏公方赴诏,辞众曰:"此事分明须荐取,莫教累劫受轮回。"遇问曰:"如何是此事?"曰:"荐取。"遇曰:"头上是天,脚下是地。荐个什么?"曰:"不是知音者,徒劳话岁寒。"遇曰:"岂无方便。"曰:"胡人饮乳,反怪良医。"遇曰:"暴虎凭河,徒夸好手。"拍一拍归众。后游西山,睹双岭深邃,栖息三年。与英邵武、胜上座游。应法昌请,决别曰:"三年聚首,无事不知。检点将来,不无渗漏。"以拄杖画一画曰:"这个且止,宗门事怎么生。"英曰:"须弥安鼻孔。"遇曰:"临崖看浒眼,特地一场愁。"英曰:"深沙努眼睛。"遇曰:"争奈圣凡无异路,方便有多门。"英曰:"铁蛇钻不入。"遇曰:"有甚共语处。"英曰:"自缘根力浅,莫怨太阳春。却画一画。宗门且止,这个事作么生?"遇欲掌之,英约住曰:"这漳州子,莫无去就,然也是我致得。"法昌在分宁之北,千峰万壑,古屋数间。遇至止安乐之,火种刀耕。衲子时有至者,皆不堪其枯淡,坐此成单丁。开炉日,辄以一力挝鼓。升座曰:"法昌今日开炉,行脚僧无一个。唯有十八高人,缄口围炉打坐。不是规矩严难,免见诸人话堕。直饶口似秤追,未免灯笼勘破。不知道绝功勋,安用修因证果。"喝一喝云:"但能一念回心,即脱二乘羁锁。"大宁宽禅师至,遇画地作此牛相,便曳镘出。翌日未升座,谓宽曰:"昨日公案如何?"宽画此牛相,即抹撒之。遇曰:"宽禅头名下无虚人。"乃升座曰:"忽地晴天霹雳声,禹门三级浪峥嵘。几多头角为龙去,虾蟹依前努眼睛。"南禅师至,遇方植松。南公曰:"小院子栽许多松作么?"遇曰:"临济道底。"曰:"栽得多少?"遇曰:"但见猿啼鹤宿、耸汉侵云。"南公指石曰:"这里何不栽?"遇曰:"功不浪施。"曰:"也知无下手处。"遇却指石上松曰:"从什么处得此来?"南公大笑曰:"苍天苍天。"乃作偈曰:"头戴华巾离少室,所携席帽出长安。鹫峰峰下重相见,鼻孔元来总一般。"又画此口相示之。遇和曰:"葫芦棚上挂冬瓜,麦浪堆中钓得虾。谁在画楼沽酒处,相邀来吃赵州茶。"又画此口相答之。南公曰:"铁牛对对黄金角,木马双双白玉蹄。为爱雪山香草细,夜深乘月过前溪。"又画此□相示之。遇曰："玉麟带月离霄汉，金凤衔花下彩楼。野老不嫌公子醉，相将携手御街游。"又画此□答之。时南公道被天下丛林宗之，而遇与之酬唱如交友，一时豪俊多归之。宝觉心禅师问曰："不是风兮不是幡，黑花猫子面门斑。夜行人只贪明月，不觉和衣渡水寒。岂不是和尚偈耶？"遇曰："然，有是语。"宝觉曰："也大奇特。"遇曰："汝道祖师，前段为人，后段为人。"对曰："祖师终不妄语。"遇曰："意作么生？"对曰："岂不见道。不是风动，不是幡动。"遇曰："如狐渡水，有甚快活。"曰："师意如何？"遇以拂子摇之。对曰："也是为蛇画足。"遇曰："乱统作么？"对曰："须是和尚始得。"徐德占布衣时，未为人知。遇特先识之，山中往来、为法喜之游。及其将化前一日，作偈别德占。德占时方丁太夫人忧，居家。偈曰："今年七十七，出行须择日。昨夜问龟哥，报道明朝吉。"德占大惊，呼灵源叟俱驰往。遇方坐寝室，以院务什物付监寺曰："吾自住此山今三十年，以护惜常住故每自莅之。今行矣，汝辈着精彩。"言毕举手中杖子曰："且道这个付与阿谁？"德占灵源屏息无答者，掷于地投床，枕臂而化。

赞曰：予观法昌契悟，稳实宗趣淹博，荷担云门气无丛林。其应机施设，锋不可犯，殆亦明招独眼龙之流亚欤。然所居荒村破院，方其以一力挝鼓，为十八泥像说禅。虽不及真单徒之有众，亦差胜生法师之聚石。味其平生，未尝不失床顿足，想见标致也。

洪英

宋【〔宋〕《禅林僧宝传》】宝峰英禅师　禅师名洪英，出于陈氏，邵武人也。幼警敏，读书五行俱下。父母钟爱之，使为书生。英不食，自誓恳求出家。及成大僧，即行访道。东游至曹山,依止耆年雅公。久之辞去,登云居。眷岩壑胜绝,为终焉之计。阅《华严》十明论,至为真智慧无体性。不能自知无性,故为无性之性。不能自知无性,故名曰无明。华严第六地,曰不了第一义,故号曰无明。将知真智慧本无性,故不能自了。若遇了缘而了,则无明灭矣。是谓成佛要门。愿以此,法绍隆佛种。然今诸方,谁可语此?良久喜曰:"有积翠老在。"即日造黄檗,谒南禅师于积翠。夜语达旦,南公加敬而已。时座下龙象杂沓,而英议论尝倾四座,声名藉甚。尝游西山,遇南昌潘居士,同宿双岭。居士曰:"龙潭见天皇时节,冥合孔子。"英惊问何以验之。曰:"孔子曰:'二三子以我为隐乎?吾无隐乎尔。吾无行而不与二三子者,是丘也。'师以为如何?"英笑曰:"楚人以山鸡为凤,世传以为笑。不意居士此语相类。汝擎茶来,我为汝接。汝行益来,我为汝受。汝问讯,我起手。若言是说,说个什么。若言不说,龙潭何以便悟。此所谓无法可说,是名说法。以世尊之辩,亦不能加此两句耳。学者但求解会。譬如以五色,图画虚空。鸟窠无佛法可传授。不可默坐,闲拈布毛吹之。侍者便悟,学者乃曰:'拈起布毛全体发露,似此见解未出教乘。其可称祖师门下客哉!'九峰被人问:'深山里有佛法也无?'不得已曰:'有。'及被穷诘无可有,乃曰:'石头大者大,小者小。'学者卜度曰:'刹说众生说,三世炽然说。'审如是教乘自足,何必更问祖师意旨耶?要得脱体明去。譬如眼病人,求医治之。医者但能去翳膜,不曾以光明与之。"居士推床惊曰:"吾忧积翠法道未有继者,今知尽在子,躬厚自爱。"双岭顺禅师问:"庵中老师好问学者,并却咽喉唇吻,道取一句。首座曾道得么?"英乾笑已,而有偈曰:"阿家尝醋三赤喙,新妇洗面摸着鼻。道吾答话得腰氍,玄沙开书是白纸。"于是顺公屈服，以为名下无虚士。有同参在石门，分座接纳。英作偈寄之曰："万锻炉中铁蒺梨，直须高价莫饶伊。横来竖去呵呵笑，一任旁人鼓是非。"熙宁元年，首众僧于庐山圆通寺，学者归之如南公。明年春，南公下世。冬十月，英开法于石门。又明年六月，知事纷争，止之不可。初九日，谓众曰："领众不肃，正坐无德，吾有愧黄龙。"呼维那，鸣钟众集。叙行脚始末曰："吾灭后火化，以骨石藏普通塔，明生死不离清众也。"言卒而逝。阅世五十有九，坐四十三夏。

赞曰：英厌纷争之众而趋死，又诫以骨石藏普通塔。其以死生为儿戏乎？晋魏舒丧其室，一恸而止。曰："吾不及庄周远甚。"桓温殷浩儿时戏，温弃鞭、而浩取之。温后喜曰："吾固知浩出吾下。"古人哭泣戏剧之间，自验其材如此。英叹领众不肃，而愧黄龙，自鞭不赦，可以为法哉。

小南

【〔宋〕开庆《临汀志》】庐山罗汉院小南禅师　名系南，张姓，长汀县人。初住云居，继嗣法罗汉，诸方以"小南"呼之，有《语录》行于世。绍圣甲戌在罗汉，一日，忽更衣白众云："今日到骑铁马，逆上须弥，踏破虚空，不留朕迹。诸人还见么？夜来风起满庭香，吹落桃花三五树。"语讫，趺坐示寂。山谷黄鲁直为之伤悼，不食肉者累日，颂以祭之曰："一点黑漆，原无缝罅。罗汉云居，天上天下。出入奋迅，三界无家。以除烦恼禅，打鼓弄琵琶。沉却法船，留下戽斗，欲得不沉，戽干札漏。"既葬，复为铭以表其塔。

慧昌

【〔宋〕开庆《临汀志》】僧慧昌　张姓，长汀县人。母冯氏，襁褓中，常谓冠此儿当为法器，迨冠，勉之曰："为官不若为僧，我原来世，亦复如是。"未几祝发，遍参丛林，卒业小南禅师席下，住南岳雷峰。晚住云盖山，忽梦母来见，时亡十七年矣。无何，乃兄寄母真像自汀至；又有童子，林姓，自福清来，年方十七。昌默契于心，曰："此吾母也，愿力来矣。"于是展真堂上，命童子侍侧，演说因缘，赞之曰："前身女，后身男，清净摩尼触处参，应现顿忘前后际，从今青出胜于蓝。"乃立名汝襄。召大众曰："去水从襄，即吾母也。"明年为僧，士夫更赞迭咏，无虑百篇，镂板成集。昌素以担板翁自号，一日升坐视众，曰："担板老翁，性本虚空，永劫不死，明月清风。"奄然坐逝，时年八十一矣。创塔云盖山，有《语录》传世。襄亦屡主名刹，嗣灯传服。

契证

【〔宋〕开庆《临汀志》】广照大师契证　吕姓，长汀县人。以试经为僧，嗣法桃林倩禅师，住赣之天宁洪之翠岩上蓝。所至，禅衲辐辏。一日在上蓝，令侍者修启状告违师座及郡官檀信。翌午，命浴更衣，留颂云："七十年来自在，临行一着无碍，不向北斗藏身，直入法林三昧。"归丈室跌坐而化。留一七日，神色不变，及茶毗，舍利五色圆明，人竞拾得之盈掬。

彦圆

【〔宋〕开庆《临汀志》】僧彦圆　胡姓，长汀县人。靖康己酉五月不雨，至于七月，苗将就槁。守二僚属并走群望，邈然无应。圆乃具楪，请郡积薪龙湫之旁，跌坐其上，昼夜梵呗。五日不雨，欲焚其躯，守将如约，郡倅许公端夫争曰："水旱，数也。姑少迟之。"越三日，乃雨，槁苗复苏，上下胥庆。许公贻之诗，曰："净戒当年赛愿身，积薪危坐志通神；应诚甘霖苏群品，今有高人继后尘。"

佑卜

【〔宋〕开庆《临汀志》】僧宗佑卜　宣姓,长汀县人。母梦金紫人入室,曰:"吾故本州岛令公,来为尔嗣。"自是而娠。既生,骨相特异。韶龀中祝发,少长,遍礼十方,归主开元,云会百众。每杖锡所向,率前夕梦金紫人至。郡守黄御史彦臣入境之初,亦作是梦,意讵朝官属首迓者,必异日经贵人。凌晨,乃佑上谒,人物藏昂,宛如梦中所见,甚异之。贻之诗,曰:"潇洒丰姿迥不同,少年来住此禅丛;谁知今日佑和尚,便是当年钟令公。"陈侍郎轩踵至,尤雅重之。赞其真容曰:"不是十二面,虚堂空寂寂。不是一千年,丛林声呖呖。奇哉丹青者,具增减不得。珍重四方闻,一介善知识。"

从密

【〔宋〕开庆《临汀志》】祖镜大师从密　郑姓,长汀县人。幼颖悟多技能,且工吟咏。初住石霜山,临米书逼真。为人作字,率预言祸福,人皆珍重藏袭,至今多有者。又能隐形出神,剪纸为禽马,使之飞走。宗门宿德或以此咎之,晚方弃去。自号"未理翁",继往富沙之天宁。江给事帅福建,延主东禅法席,历九夏,忽示颂辞众,曰:"阅尽人间七十秋,万缘今日一时休;虚空扑破浑闲事,惊起全身露地牛。"跌坐而逝。有《语录》行世禅衲间。或传示寂时,以俗礼葬,逾月启棺,空然无有,谓之尸解去。

智孜

【〔宋〕开庆《临汀志》】禅鉴大师智孜　萧姓,长汀县人。尝住福之白鹿,豫章之上蓝。机法之外,尤长于诗。《四皓吟》曰:"忠义合时难,云林共掩关。因秦生白发,为汉出青山。不顾金章贵,终披白氅还。如今明圣代,高躅更难攀。"当时擅诗名如洪驹父见此作，击节称赏，与之酬唱。青山郭功父亦有往来篇章。自是见知名胜，缁素争传其后，门人编次几三百篇，板行曰《南山集》。一日，书颂示众，曰："五十春秋，如电如露；月映寒江，分明归去。"揖众摄衣，端坐而逝。

了证

【〔宋〕开庆《临汀志》】僧了证　钟姓，武平县人。生不茹荤，年十九，礼禅果院僧道松寿，且亟游诸方。一日，遇崇首坐者，机缘相契，以黄龙三关语勘之云："我手何似佛手？"证曰："不劳拈出。"又云："我脚何似驴脚？"证曰："两重公案。"崇云："如何是座上生缘？"证便喝，崇云："凭着什么？"证曰："这老汉犹未知落处。"崇乃印可。一坐十年，后崇驻锡常之东禅，证与之分座说法，学者宗仰。宣和初，道松以言招之，曰："吾将老矣，未闻般若。知子得道，幸归一见。"证曰："吾有誓，若得己事明白，愿普度一切，况吾师乎？"乃归一见之，悲喜而悟，有古灵之风。绍兴元年，郡倅许公端夫摄郡事，延驻开元一年，震潮音，衲子云会。未几，有桴鼓之警，亟归灵洞，结茅以居。五年二月，送客出洞归，谓侍者曰："吾缘尽矣！当紧锹草鞋为别。"侍者请颂，证曰："咄哉呆子。吾平居且倦为此，况临行乎？"请益坚，乃强草大字云："来时本无，去亦非有；珍重诸人，月明清昼。"掷众跌坐而逝。三日茶毗，五色舍利粲迸如雨。塔在灵洞院。

文雅

【〔宋〕开庆《临汀志》】僧文雅　林姓，号正庵，长汀县人。总角游方外，得业于毗陵，遍参丛林，顿悟宗旨。善医术，好儒书，以诗琴自娱，诸方知识呼为"小雅"，归主开元法席逾三十年。每游诸庄，梦户多先梦钟令公来。嘉熙间，一日忽沐浴更衣，遗偈云："萨埵装严已现成，老僧恰合去游循。有人问着西来意，天上无僧地绝尘。"遂趺坐而化。及荼毗，五色舍利灿然，骨骼不解。

普济

【〔宋〕开庆《临汀志》】僧普济　张姓，清流县人，住县北归仁里狮子岩。不事检柅，好赌博饮酒。取溪鱼作羹，但饮其沉，放鱼于水，复活而逝，人颇怪讶。邻境雨旸不时，诸祷辄应。嘉熙间，一日忽写偈云："记得黄梅气我时，忽然天气报君知。逆行顺化无交涉，撒手毗卢顶上归。"又云："山僧普济堂堂去，圆满天台旧故乡。"趺坐示寂，乡人以不坏身塑于岩中。

妙行

【〔宋〕《五灯会元》】金陵报恩院清护崇因妙行禅师，福州长乐陈氏子。六岁礼鼓山，披削于国师，言下发明。开堂日，僧问："诸佛出世，天花乱坠。和尚出世，有何祥瑞？"师曰："昨日新雷发，今朝细雨飞。"问："如何是诸佛元旨？"师曰："草鞋木履。"开宝三年示寂，荼毗收舍利三百余粒，并灵骨归于建州鸡足山卧云院，建塔。

定慧

【〔宋〕《五灯会元》】漳州报劬院元应定慧禅师　泉州晋江吴氏子。漳州刺史陈文颢创院，请师开法。僧问："如何是第一义？"师曰："如何是第一义。"曰："学人请益，师何以倒问学人？"师曰："汝适来请益甚么？"曰："第一义。"师曰："汝谓之倒问邪。"问："如何是古佛道场？"师曰："今夏堂中千五百僧。"开宝八年，将顺世，先七日书辞陈公，仍示偈曰："今年六十六，世寿有延促。无生火炽然，有为薪不续。

出谷与归源,一时俱备足。"及期诫门人曰:吾灭后不得以丧服哭泣。言讫而寂。

通济

【〔明〕嘉靖《衢州府志》】通济大师,姓江,忘其名,建安人。诛茅于西安之鸟石,遂为福应院以居焉。自唐龙纪至雍熙,累有褒表。咸平二年始化。

从显

【〔宋〕《五灯会元》】洪州观音院从显禅师,泉州人也。上堂,众集,良久曰:"文殊深赞居士,未审居士受赞也无。若受赞,何处有居士邪?若不受赞,文殊不可虚发言也。大众作么生会?若会,真个衲僧。"僧问:"居士默然,文殊深赞,此意如何?"师曰:"汝问我答。"曰:"忽遇恁么人出头来,又作么生?"师曰:"行到水穷处,坐看云起时。"问:"如何是观音家风?"师曰:"眼前看取。"曰:"忽遇作者来,作么生见待?"师曰:"贫家只如此,未必便言归。"问:"久负没弦琴,请师弹一曲。"师曰:"作么生听?"其僧侧耳。师曰:"赚杀人。"乃曰:"卢行者当时大庾岭头谓明上座言:莫思善,莫思恶,还我明上座本来面目来。观音今日不恁么道还我明上座来,恁么道,是曹溪子孙也无。若是曹溪子孙,又争除却四字。若不是,又过在甚么处?试出来商量看。"良久曰:"此一众真行脚人也。"便下座。太平兴国八年九月中,师谓檀那袁长史曰:"老僧三两日间归乡去。"袁曰:"和尚年尊,何更思乡?"师曰:"归乡图得好盐吃。"袁不测其言。翼日,师不疾,坐亡。袁建塔于西山。

会畅

【〔明〕崇祯《松江府志》】僧会畅,闽人,姓陈氏。驻锡秀州隆福寺。自诵法华经，夜礼兜率天宫。三十余载，始终一贯，故人呼为畅法华。或体羸气劣，不择酒食。遇康宁则曰："佛制枝叶花果，不许入口。"尝梦登一阁，有异人指谓曰："此兜率天宫也。师寿七十五，当来此居。"畅曰："愿得八十，诵经满二万部。"异人无语。祥符中示寂，寿果八十。阇维时，体柔色红，舍利五色，莹然烟焰中。

谷泉

【〔宋〕《五灯会元》】南岳芭蕉庵大道谷泉禅师，泉州人也。受法汾阳，放荡湖湘，后省同参慈明禅师。明问："白云横谷口，道人何处来？"师左右顾视，曰："夜来何处火，烧出古人坟。"明曰："未在更道。"师作虎声，明以坐具便搣，师接住，推明置禅床上，明却作虎声。师大笑曰："我见七十余员善知识，今日始遇作家。"师因倚遇上座来参，问："庵主在么？"师曰："谁？"曰："行脚僧。"师曰："作甚么？"曰："礼拜庵主。"师曰："恰值庵主不在。"曰："你聻。"师曰："向道不在，说甚么你我。"拽杖趁出。遇次日再来，师又趁出。遇一日又来，问："庵主在么？"师曰："谁？"曰："行脚僧。"揭帘便入。师拦胸搊住曰："我这里狼虎纵横，尿床鬼子，三回两度来讨甚么。"曰："人言庵主亲见汾阳来。"师解衣抖擞曰："你道我见汾阳有多少奇特。"曰："如何是庵中主。"师："入门须辨取。"曰："莫祇这便是么？"师曰："赚却几多人。"曰："前言何在？"师曰："听事不真，唤钟作瓮。"曰："万法泯时全体现，君臣合处正中邪，去也。"师曰："驴汉不会便休，乱统作么？"曰："未审客来将何祇待？"师曰："云门糊饼赵州茶。"曰："恁么则谢师供养去也。"师叱曰："我这里火种也未有，早言谢供养。"师因大雪，作偈曰："今朝甚好雪，纷纷如秋月。文殊不出头，普贤呈丑拙。"慈明迁住福严，师又往省之。少留而还，作偈寄之曰："相别而今又半年，不知谁共对谈禅。一般秀色湘山里，汝自匡徒我自眠。"明觉笑而已。

系南

【〔宋〕《五灯会元》】庐山罗汉院系南禅师　汀州张氏子。上堂："禅不禅，道不道，三寸舌头胡乱扫。昨夜日轮飘桂华，今朝月窟生芝草。呵呵呵，万两黄金无处讨。一向绝思量，诸法不相到。"师临示寂，升座告众曰："罗汉今日倒骑铁马，逆上须弥，踏破虚空，不留朕迹，乃归方丈。"跏趺而逝。

子淳

【〔宋〕《五灯会元》】邓州丹霞子淳禅师，剑州贾氏子。弱冠为僧，彻澄于芙蓉之室。上堂："乾坤之内，宇宙之间，中有一宝，秘在形山。肇法师怎么道，只解指踪话迹，且不能拈示于人。丹霞今日擘开宇宙，打破形山，为诸人拈出。具眼者辨取。"以拄杖卓一下，曰："还见么？鹭鸶立雪非同色，明月芦花不似他。"上堂，举德山示众曰："我宗无语句，实无一法与人。德山怎么说话，可谓是只知入草求人，不觉通身泥水。仔细观来，只具一只眼。若是丹霞则不然，我宗有语句，金刀剪不开。深深元妙旨，玉女夜怀胎。"上堂："亭亭日午犹亏半，寂寂三更尚未圆。六户不曾知暖意，往来常在月明前。"上堂："宝月流辉，澄潭布影。水无蘸月之意，月无分照之心。水月两忘，方可称断。所以道，升天底事直须扬却，十成底事直须去却。掷地金声，不须回顾。若能如是，始解向异类中行。诸人到这里，还相委悉么。"良久曰："常行不举人间步，披毛戴角混尘泥。"僧问："牛头未见四祖时如何？"师曰："金菊乍开蜂竞采。"曰:"见后如何?"师曰:"苗枯华谢了无依。"宣和己亥春,示寂。塔全身于洪山之南。

证悟

【〔宋〕《五灯会元》】平江府万寿如瑰证悟禅师,建宁魏氏。开堂日,僧问:"如何是苏台境?"师曰:"山横师子秀,水接太湖清。"曰:"如何是境中人?"师曰:"衣冠皇宋后,礼乐大周前。"师凡见僧,必问:"近日如何?"僧拟对,即拊其背曰:"不可思议。"将示寂,众集,复曰:"不可思议。"乃合掌而终。

道琼

【〔宋〕《五灯会元》】建宁府开善木庵道琼首座,信之上饶人。丛林以耆德尊之,泐潭亦谓其饱参。分座日尝举只履西归语,谓众曰:"坐脱立亡倒化即不无,要且未有逝而复出遗履者。为复后代儿孙不及祖师,为复祖师剩有这一着子。"乃大笑曰:"老野狐。"绍兴庚申冬,信守以超化革律为禅迎为第一祖。师语专使曰:"吾初无意人间,欲为山子,正为宗泒耳。然恐多不能往受请已。"取所藏泐潭绘像与木庵二字,仍书偈嘱清泉亨老寄得法弟子慧山曰:"口嘴不中祥老子,爱向丛林鼓是非。分付雪峰山首座,为吾痛骂莫饶伊。"顾专使曰:"为我传语侍郎,行计迫甚,不及修答。"声绝而化。

守卓

【〔宋〕《五灯会元》】东京天宁长灵守卓禅师,泉州庄氏子。上堂曰:"三千剑客,独许庄周。为甚么跳不出?良医之门多病,人因甚么不消一札?已透关者,更请辩看。"上堂:"譬如眼根,不自见眼,性自平等。无平等者,便怎么去。无孔铁锤,聊且安置。直得入林不动草,入水不动波,也是一期方便。若也篱内竹抽篱外笋,涧东华发涧西,红更待勘过了,打。"僧问:"丹霞烧木佛,院主为甚么眉须堕落?"师曰:"猫儿会上树。"曰:"早知如是,终不如是。"师曰:"惜取眉毛。"问:"如何是衲衣下事?"师曰:"天旱为民愁。"问:"佛未出世时如何?"师曰:"绝毫绝厘。"曰:"出世后如何?"师曰:"填沟塞壑。"曰:"出与未出,相去几何?"师曰:"人平不语,水平不流。"上堂:"平高就下,勾贼破家。截铁斩钉,狐狸恋窟。总不恁么,合作么生。所以道,万仞崖头亲撒手,须是其人。只如香积国中持钵一句,作么生道?"良久曰:"切忌风吹别调中。"上堂:"释迦掩室,过犯弥天。毗耶杜词,自救不了。如何如何,口门太小。"宣和五年十二月二十七日,奄然示寂。阇维日,皇帝遣中使赐香,持金盘求舍利。爇香罢,盘中铿然。视之五色者数颗,大如豆。使者持还,上见大悦。

道旻

【〔明〕《明高僧传》】江州圆通寺道旻,赐号圆机,世人称云古佛。兴化蔡氏子也。母梦吞摩尼珠遂妊。生五岁不履不言。一日,母抱游西明寺,见佛像,遽趣合掌作礼,称南无佛,见者大异之。稍壮,宦学大梁。弃,依景德寺德祥出家,得度。遍扣禅林,皆得染指。后亲沩山哲禅师无所,入谒泐潭乾公,具陈所得,潭不为印可。一日,潭举世尊拈花迦叶微笑话问之,不契。侍潭行次,潭以杖架肩,长嘘曰:"会么?"旻拟对,潭便打。有顷,复拈草示之曰:"是甚么?"亦拟对,潭便喝。于是顿悟元旨,便作拈花势曰:"这回瞒旻上座不得也。"潭曰:"便道。"旻曰:"南山起云,北山下雨。"即礼三拜,潭首肯印之。后开法于灌溪,迁圆通,以符道济之记也,学者如川赴海。朝廷闻其道,宰臣会请锡以命服,赐"圆机"之号,而尊宠之。

于是遐迩钦化,少长咸被其法泽。未详厥终。

祖鉴

【〔明〕《继灯录》】鼓山桧堂祖鉴禅师　怀安徐氏子。礼建康钟山真禅师薙度,往依豁堂远禅师,服勤五载。及归闽,参乾元颖禅师,始得大事了毕。出世滁之琅琊,无何,徙真之北山,复主资福。示疾革,侍者请偈,师说偈曰:"平生患语多,临终更何说。尽力举似人,红炉一片雪。"遂寂。

自镜

【〔明〕《增集续传灯录》】四明天童枯禅自镜禅师,俗姓高,闽之长乐人。谒木庵永、水庵一、或庵体最。后见密庵于灵隐,机缘吻契。久之开法隆兴上篮,迁建康旌忠、抚州白杨、福州太平西禅。宝庆元年,被旨升灵隐,移天童。上堂:"有句无句,如藤倚树。树倒藤枯,句归何处。"良久:"长忆江南三月里,鹧鸪啼处百花香。"上堂:"一拽石,二搬土,夜半月轮正卓午。老安曾牧沩山牛,南泉不打盐官鼓。报君知莫莽卤,火里鹧吞却虎。"上堂,举:僧到鹤林敲门,林云:"是谁?"僧云:"行脚僧。"林云:"非但行脚僧,佛来亦不著。"僧云:"既是佛来,因甚不著?"林云:"无你栖泊处。"师云:"若是天童有人敲门,即大开门户,与伊入来,当胸搊住,云:'道,道。'待伊拟开口,劈胸与一拳。若向这里,转得身,吐得气,便请明窗下安排。"

唯裎

【〔明〕《增集续传灯录》】吉州青原信庵唯裎禅师　福之长乐李氏子。年十有一而出闽,依旴江禅悦兰若广公为童子,阅五白而获僧服。因广以佛国白公五十三知识颂授诸摩那,师侍其傍,闻止住林"有时要见十方佛,无事闲观一片心"之句,便得要领。广异其根性,俾还闽,谒鼓山佛心才公、东禅月庵果公、西禅懒庵需公，皆蒙嘉赏。第闻禅状元之誉，未及一见，以光之禅高于天下，故有是称。时晦庵住龟山，至彼才期月，于夜榻摸索净巾次，恍然大彻。黎明趋方丈，通其所证，呈偈曰："业识茫茫，无本可据。昨夜三更，回头一觑。一段灵光，本来独露。"庵不觉解颜颔之。复出岭，见颜万庵于番阳荐福。入室，次相与酬酢，甚捷。颜厉声曰："这福州子被人教坏了也。"一众骇愕。时大慧居梅阳，师往见，慧问曰："如何是佛？"师曰："觌面相呈，更无别法。"又曰："如何保任？"对曰："饥来吃饭，困来打眠。"既而随大慧北还，住育王，迁径山。慧一日问师曰："许多人入室，几人道得着，几人道不着。"师曰："唯裡只管看。"慧忽展手曰："我手何似佛手？"师曰："天寒，且请和尚通袖。"慧遽打一竹篦，曰："且道是赏你，是罚你。"师遂以颂发挥佛祖机缘十数则，呈大慧，其《世尊初生》曰："撞出头来早自错，那堪开口更称尊。当时若解深藏舌，安得闲愁到子孙。"慧为之击节。开法天台真如，迁报恩豫章上蓝转青原，所至山川改观，法席增盛。僧问："三圣道：我逢人则出，出则不为人，意旨如何？"师云："移花兼蝶至。"僧云："兴化道：我逢人则不出，出则便为人，又作么生？"师云："买石得云饶。"上堂，举：僧问云门："树凋叶落时如何？"门云："体露金风。"师云："云门袖头打领，腋下剜襟不妨，好手子细看来，未免牵丝带线。"或问："报恩树凋叶落时如何？"只向他道："来年更有新条在，恼乱春风卒未休。"上堂，拈拄杖示众云："十方佛土中，唯有一乘法。这个是横泉拄杖子，那个是一乘法。"卓一下，云："千峰势到岳边止，万派声归海上消。"绍熙三年壬子六月，示疾。十九日，书偈云"末后一句，觌面分付。拟议思量，世谛流布。"遂跏趺而逝。罗湖莹仲温状其行。

善珍

【〔明〕《增集续传灯录》】杭州径山藏叟善珍禅师　泉州南安吕氏子。年十三，依郡崇福南和尚落发。游方至杭，受具。谒妙峰于灵隐，入室悟旨，后出世，里之光孝升承天。迁湖之思溪、圆觉，福之雪峰，朝命移四明育王、余杭径山。师生于宋绍兴甲寅十月十二日，示寂于嘉定丁丑五月二十一日，寿八十三。塔全身于南塔院。

元智

【〔明〕《继灯录》】福州鼓山愚谷元智禅师　长溪薛氏子。年十八，受业于本县湛然本禅师。时枯禅主凤山，师往从之，叩请甚勤。次参少林崧，而机契，遂蒙印可。住平江荐福，迁洞庭翠峰，宜兴芙蓉，退居灵隐。后起住泉之法石。未几，迁福州怡山，以病告退。趺坐书偈而化。寿七十一，腊五十八。塔全身于鼓山南院。

广闻

【〔明〕《增集续传灯录》】杭州径山偃溪广闻禅师　闽之侯官林家子。母陈氏。世业儒，疏眉秀目，哆口丰颐。从季父智隆于宛陵光孝，十八得度受具。初见铁牛印少室，睦无际派，追随甚久。参淅翁于天童，针芥虽投，自知未稳。及再参于双径，翁笑迎曰："汝来耶。"一夕坐檐间，闻更三转。入堂，曳履而蹶，如梦忽醒。翼朝造室，翁举赵州洗钵盂话，师将启吻，翁遽止之。平生疑情，当下冰释。绍定戊子，四明制阃胡公以小净慈致之，历住香山万寿、雪窦、育王、净慈、灵隐、径坞八山。所至革弊支倾，广容徒众。景定四年六月十四日，示寂。寿七十五，夏五十八。

止疑

【〔明〕《增集续传灯录》】福州鼓山皖山止疑禅师　龙舒太湖人，乃大唐神尧之后。其号皖山者，因生缘密迩三祖道场故也。年十七，二亲俱丧，投黄州双泉道瑛剃落，鄂渚开原受具。即游方遍参，往三祖见环庵、琏钟、山痴、绝冲、长芦、南山哲，皆不契。参双塔无明性，明问："达摩九年面壁时如何？"师曰："有理难伸。"被明劈胸一拳，师忽然有省，叹曰："我生平用底，遭这老汉一拳，瓦解冰消了也。"入闽之披秀，礼孤峰和尚。峰举狗子无佛性话令参究。及半年，得臻阃奥，乃颂曰："赵州道：无箭不虚发，筑着磕着，全杀全活。"峰曰："你也得，只是未在。"一日，峰举德山见龙潭话问："那里是德山亲到处？"师以手掩峰口，即说颂曰："潭不见龙，不现全身，已在空王殿。梦回忽听晓莺啼，春风落尽桃花片。"峰曰："汝今日方知泗洲大圣不在扬州出现，善自护持。"遂俾侍香。峰迁西禅囊山，师亦随侍。峰归寂，师登石鼓典藏教，上雪峰霜林果，请归板首。宝祐丁巳，出世福州钓台，升万岁。久之，太傅贾平章、魏国公札迁鼓山，槌拂之下，众盈四千。指七闽丛席，斯为第一贤士大夫，抠衣问道："恨识师之晚。"黄童白叟，见以郎罢呼之。至于家绘其像，饮食必祝，非于全闽宿昔有缘畴，克臻此哉。将终，集两序，示遗诫，索笔书偈云："八十四年，一梦相似。梦破还空，也无些事。"端坐而逝。

道源

【〔明〕《增集续传灯录》】苏州虎丘东山道源禅师　福建连江黄氏。肄业郡之白云，历两浙，见知识二十余员。末后到蒋山见淅翁，室中举"即心即佛"话，有省。出世奉化清凉。上堂："几载长庚度岁寒，横眠倒卧放痴顽。虽然不作住山计，却被无心趁出山。俯顺时机,高低普应。尧风荡荡,舜日熙熙。樵唱渔歌,咸归正化。"良久:"四海浪平龙睡稳,九天云净鹤飞高。"上堂,拈拄杖:"德山棒、临济喝,总是用过了闲家泼具,且道虎丘将什么为人?"卓拄杖云:"不假钳锤烹佛祖,惯将折着搅沧溟。"掷拄杖,下座。师居虎丘,以病朔望不至官。府守讦其简,师写一偈云:"业风吹我到姑苏,多病那能强自扶。珍重虎丘山上月,出门何处不逢渠。"建安徐直翁帅三山,以雪峰起师,至建宁光孝寺,遗偈而化。淳祐元年九月二十九日也。寿五十九。

可湘

【〔明〕《继灯录》】福州雪峰绝岸可湘禅师　台州宁海葛氏子,参无准范得旨,咸淳八年主雪峰。凡十年谢院事,退居杭州宝寿寺。尝颂僧问:"归宗如何是元旨?"曰:"三声鼎盖普门开,苦海劳生唤不回。九十春光今又半,空飞花片点莓苔。"又颂楞严八还辩见曰:"还还还后更无还,一个闲人天地间。昨夜大虫遭虎咬,皮毛落尽体元斑。"示寂寿八十五,归骨雪峰,建塔于西庵。

元

三元　平麓　契祖　大主　法助　如熙　崇会　祥上人　用平　无垢　海珠　月光　智顺　如如居士　原勋　慧空　如照　广漩　伯福　俊明　妙高　澄鉴　妙恩　至明　悟逸　自如　如照　法枢　正友　正璋(30)

三元

【〔清〕同治《福建通志》】三元禅师　姓何名让，永福人。初生时，瞋目呼曰："阿广何置我于此？斋堂工竣未？"母大骇，欲弃之，遂不语。两月余，有僧自宜兴来访，言其师志宁创斋堂未毕，忽示寂，见梦转世于此，故来相看。其父抱之出，见僧迎笑，如有所陈。僧泫然礼拜而去，止于方广岩。后让随僧出家，昼夜诵华严不绝，法号三元禅师。元乱，贼入岩，拟刃其项，不为动。自是常有二虎守岩，乱定乃去。明洪武十四年坐化，百一十岁矣。

平麓

【〔清〕同治《福建通志》】平麓　宁德凤山僧。每见香烟飘飘西往，乃随其所之至新岭中，群峰团绕，前有涧，水清澈可照可濯。夜坐其间，隐隐有钟鼓声，遂以至元五年建寺。先是平麓礼凤山云衲为师，会构佛殿，诸徒分运木石，平麓后至，为众所呵。及众运至，而平麓所分运者业已在寺，众乃骇服。至正二年元日，端坐石龛而化。遗言"十年一更衣"。后三百载幻身如故，人呼为"方广佛"。

【〔清〕乾隆《福建通志》】方广佛　俗姓黄，宁德人，法名平麓。礼凤山僧云衲为师，戒行清洁。复徙居方广寺，构石作龛，至正二年正月元日端坐而化。遗言十年一更衣，迄三百余载肉躯自如，座下衣屡十年一更，岁旱祷雨辄应。

契祖

【〔明〕《闽书》】泉州开元寺契祖禅师　同安张氏子。妙恩禅师主开元，名僧也，以西禅净淑，请致祖为堂中上坐。至，敬爱之。祖尝疾，恩馈资，不受。偈曰："政坐虚消人信施，生身受此铁围殃。熔铜热铁都吞了，那更教人入镬汤？"恩益爱其为人，后使嗣位，代行其道。祖善说法，语浑然天成。真首坐有能，颂声丛林间，以上隐颂要祖作，祖曰："自断胸中更没疑，行藏哪许鬼神知？直饶天下藏天下，未是羚羊挂角时。"真叹服，湖江往往传焉。

大圭

【〔明〕《闽书》】释大圭　姓廖，字恒白，晋江人。博极儒书，兼精内典，尝曰："不读东鲁论，不知西来意。"自号梦观。有《梦观集》及《紫云开士传》。尝作《穷箴》曰："家无其飧，君子不穷。德不有诸己，其穷也。耻彼何人？斯饥乎陈之都，其善自谋，即众人不如。"

【〔清〕同治《福建通志》】大圭　字恒白，本姓廖，晋江人。得法于妙恩，博极群书。尝曰："不读东鲁论，不知西来意。"为文简严古雅，诗尤有风致，自号梦观道人。至正间，居泉之紫云寺。著有《梦观集》及《紫云开士传》。

法助

【〔清〕同治《福建通志》】法助　本姓王，泉南农家子。年十二出家，研穷内典，日发猛勇，以毕志愿，人称平海头陀。尝麾翠缩潮，海滨埭田，得不舐啮。会城三面距江，水自上游而下，迅湍回洑，汇为南台。旧时浮舟为梁，连以大緪，洪潦骤涨，緪绝舟裂，民多溺死。法助思造桥以便涉者，命其徒吴道可奏诸朝，许之。于是大姓施财，小夫捐力，凡为墩二十有八，植木砻石腹而基之。工未竣，法助化去，其徒成之，长百七十丈有奇。后世蒙其利焉。

如熙

【〔明〕《闽书》】如熙　血书《华严》《楞严》《法华》三经，以精进闻。

崇会

【〔明〕《闽书》】崇会　莅众严，喜兴构。

祥上人

【〔明〕《闽书》】祥上人　号麟叟。受业禅大圭。为人修靖，喜究内典，若《莲经》数万言之广，诵之如流。又善书，得欧阳率更法。

用平

【〔明〕《闽书》】泉州东禅寺用平禅师　与释大圭善，其没也，大圭祭之文曰："公以硕朴，谦而弥尊。遇人以德，亦莫不亲。春风无言，勾萌津津。厥行孔淑，维道之醇。人徒知之，谓鸣以文。公推绪余，黻黻其身。四方问奇，茧足造门。公志坚高，却扫深云。室曰寒趣，艺惟松筠。"

【〔清〕乾隆《泉州府志》】用平　泉州人，有诗名，与陈旅、阮恂、王潜游，号"明道禅师"。

无垢

【〔清〕同治《福建通志》】无垢　松溪七峰山云际庵僧也。本姓凌，古田人。初佣松溪民家时，放牛山下，一日遇异人授以道术，遂就云际庵出家。常入市乞米，暮必䝓肉而还。人疑而瞷之，见无垢至中林，一虎出迎，饲肉骑归。大德间，结木塔于莲花峰，趺坐而逝。

海珠

【〔明〕《闽书》】海珠禅师　名道镇，住天心寺。口诵《金刚经》，告僧示寂。至期，香汤沐浴，袈裟龙座，自号"无尽意菩萨"，偈成而逝。

月光

【〔清〕乾隆《福建通志》】月光禅师　宁化人。生于元初，家贫，事寡母以孝闻。饲鸭田间，亡其一，虑失母欢，取泥团一雏补之，母莫辨。尝言欲归，人问何归，曰："欲西归耳。"后一日，坐化田间。久不还，母趋视之，异香绕袭。母抚之曰："汝真西归耶？"头点者再。乡人异之，以金漆垩其身祀焉，时大德四年也。

智顺

【〔明〕《闽书》】天宝山智顺禅师　枢院三铁开枢公，名僧也，授顺心要。顺运而行之，似有阶渐，欲依枢住，枢曰："奈何不于大丛林颉颃，局此蠡壳中耶？"拂袖入。顺潸然出泣。枢闻叹曰："吾知顺为法器，姑试之耳。"延入僧堂，顺壁立万仞，无所回挠。逾月，便于中园瓠瓜，触发妙机。四体轻清如新，浴出室，一一毛皆出光明。去之寻师，一无所遇，后来归枢，枢问所证，曰："最上一乘尚在万里。"一日忽有省，厉声告枢曰："南泉败开，今已见矣。"枢曰："不是心，不是物，不是物是何物？"顺曰："地上铺砖，屋上瓦覆。"枢曰："即今南泉在何处？"顺曰："鹞子过新罗。"枢曰："错。"顺亦曰："错。"枢曰："错错。"枢嘱顺善自护。枢捐馆，顺主院事。

如如居士

【〔清〕乾隆《福建通志》】如如居士　顺昌颜氏子，弃儒入释。元初过将乐万安都，见下洞建庵缺正梁，张氏墓侧有合抱梓，求之弗得。是夕风雨拔之，因鹜为梁，居士题诗于木上。后庵圮。明正统间，新其庵，于瓦砾中得旧梁，外朽中坚，所题字墨渍入水不没。

原勋

【〔清〕乾隆《福宁府志》】原勋　字大用，宁德人，俗姓李。少从凤山僧清溪，持戒甚严。元至正末，住持本山，大兴木石。

洪武五年，造普济鸾溪石梁建殿宇，开渠置田。进士黄世德记其功。

慧空

【〔清〕乾隆《福州府志》】慧空　奖山寺僧，古田人，姓苏。母林氏，祷于真济显佑刘神君祠，夜梦神愿为子，十年后归宗。已而有孕，生名神乞，能言，即喜诵佛号。父母丧，寓瓯宁，为刘氏养子。正符十年，归宗之梦。后受戒于即心堂，闻建阳有海珠和尚，往参之。尝于建阳募刻《法华经》。大德庚子，至政和东平里，与池觉应言奖山之胜，且曰："此真济显佑刘神君示现处也。"即悟夙因，曰："吾当返本还元于此山也。"觉应为立庵，一日入定，为大众说偈三首毕，即示寂。俄而雷雨大作，自出三昧火，荼毗真身。《古田县志》。

如照

【〔清〕乾隆《泉州府志》】如照　字符明，晋江蔡氏子。从开元祖膊院道符出家，尝典客雪峰，刺血书《法华经》。后出主安溪泰山岩，不旬月，归者如市。大德八年，还领开元后堂，十年移前堂，遂嗣法席。延接四方，迭迭若不及。朝命赐号"佛果宏觉大师"。至顺二年化，年七十有四。

广漩

【〔清〕乾隆《泉州府志》】广漩　字空海，晋江苏氏子。生不肉食，长礼开元寺如照为师。授以《楞严》，悉能洞彻，后虽宿衲无能当其辨。游方雪峰、龙华，寻知藏钥所为，颂偈语皆警策。尝咏鼠有"寻光来佛后，窃食犯僧残"之句。还寺复知寺藏钥，寻迁首众数年。忽不事，事托于潜以逃。一日，纵笔大书曰："百年大醉，今日方醒。"遂隐几而化。

伯福

【〔清〕乾隆《泉州府志》】伯福　字谦廋，惠安周氏子。年十三为僧于积善院，后乃居开元寺为知事。尝甃殿前大庭石，与匠者同卧起。环泉之东西南北市，凿井若干口，众人甘之。承天寺作龙藏及屋，皆求福为之。其后承天以堤董水田，福复助之金百。南安之蒙溪，其下可田，福垦筑之。身乘四载，蒙犯霜露，久之不怠。田成，归之常住。至顺元年二月八日，无疾而化。福为人沉毅清约，以释自娱。或闭门累月不食，其徒走视之，笑曰："子以为我死矣？"人以为其初扣天竺，宗心法，盖有得云。

俊明

【〔民国〕《福建通志》】俊明　号佛鉴圆照，连江阮氏子。年十二参古田大吉寺寂照光禅师，剃度后得其法。景定间，出世闽清禅林，次住大吉。咸淳二年，移住怡山。至元十年，太师王积翁请住鼓山。二十二年，瞻八大师，闻西番戒于杭州，移文招往。次年，杨总摄举住雪峰，奉旨护持，赐号"佛鉴圆照"。元贞改元，诏诸山朝京师，至通州告寂，回葬鼓山。明年，奉帝师法旨，赐号"普光之塔"。

妙高

【〔明〕《增集续传灯录》】杭州径山云峰妙高禅师　福之长溪人也，家世业儒。母阮梦池上婴儿，合爪坐莲花心，手捧得之。觉而生师，因名梦池，幼而神彩秀发。嗜书力学，尤耽释典，愿学出世。法依吴中云梦泽公，继受具戒。师锐意在道，首参痴绝，次见无准，准尤器重。寻之，育王见偃溪，入堂掌藏钥。一日溪举臂，如牛过窗棂，头角四蹄都过了，因甚尾巴过不得？师划然有省。即答曰："鲸吞海水尽，露出珊瑚枝。"溪云："也只道得一半。"后出世住南兴大芦,迁江阴劝忠雪川、何山、蒋山。虚席奉朝命,居之,历十有三载,众逾五千指。德祐改元。元兵渡江,军士有迫师求金者。以刃拟师,师延颈曰:"欲杀即杀,吾头非汝砺刃石。"辞色了无怖畏,军士感动叩头而去。丞相伯颜见师,加敬施牛百斋,粮五百,寺赖以济迁。径山寺罹回禄,草创才什一。师究心兴建,不十年悉还旧观。至元戊子春,僧录杨琏真伽奉旨,集江南教禅诸德,朝觐论道。上问:"禅以何为宗?"师进前奏云:"禅也者,净、智、妙、圆。体本空寂,非见闻觉知之。所可知,非思量。分别之,所能解。"上又云:"禅之宗裔可历说。"师云:"禅之宗裔,始于释迦世尊在灵山会上,拈起一枝金色波罗花,普示大众。唯迦叶,微笑世尊云:吾有正法眼,藏涅槃妙心。分付迦叶,由此代相授受。而至菩提达摩,达摩望此东震旦国,有大乘根器。航海而来,不立文字,直指人心,见性成佛。是为禅宗也。"上嘉之。师因从容奏云:"禅与教本一体也,譬如百千异流同归于海,而无异味。又如陛下坐镇山河,天下一统,四夷百蛮随方而至,必从顺承门外,而入到得黄金殿上,亲睹金面皮。方可谓之:到家。若是教家只依着文字,语言不达。元旨犹是顺承门外人。若是禅家虽坐破六七个蒲团,未得证悟。亦是顺承门外人,谓之到家俱未也。是则,习教者,必须达元旨,习禅者,必须悟自心。如臣等今日亲登黄金殿上,睹金面皮一番。方可称到家人也。"上喜,赐食而退陛。辞南归,示众云:"我本深藏岩窦,隐遁过时。不谓日照天临,难逃至化。"又云:"衲被蒙头万事休,此时山僧都不会。"山中复灾,师谓众曰:"吾负此山债耳。"遂竭力再营建。汇殿坡为池,他屋以次而成。癸巳六月十七日书偈而逝。寿七十五,腊五十九葬寺之西麓。

澄鉴

【〔明〕《继灯录》】福宁州支提山愚叟澄鉴禅师　本州岛宁德张氏子。依政和龙山，剃落参无文璨禅师，遂入其室。初住白云。至元二十年，世祖敕赐住持支提，赐号"通悟明印大师"。后示寂，书偈曰："八十二年落赚世，缘跃翻觔斗应迹。"西乾，沐浴更衣，趺坐而化。

妙恩

【〔明〕《继灯录》】泉州开元断崖妙恩禅师　全州倪氏子。初遍参名宿，旋入雪峰湘和尚之室。湘器之，至使分座，退居善见，痛自韬晦。至元二十二年，僧录刘鉴义言于行省，奏合开元百二十院为一。禅刹延师为开山第一世，坚致不获谢。师履行纯实，律身清苦，终始无斁，胁不沾席者四十二年。语言无华，而人心悦服。丛林法敝以之，具兴圆寂，既火而雨。舍利藏于西山。赐谥"广明通慧普济禅师"，有《上生经解语录》行世。

至明

【〔明〕《增集续传灯录》】湖州何山铁镜至明禅师　福唐长溪黄氏子。首谒冀叟尧于嘉禾天宁。虽蒙其策励，未大省。发后，依偃溪于净慈，俾侍左右，朝参暮叩，获臻智证。访清溪沉于虎丘，命司藏典。登双径藏叟，复俾掌藏。至元辛巳，何山虚席，请师补处，移住四明大梅。大德庚子，何山耆旧合辞上行宣政院，延致再住。延祐乙卯，十一月初五日，呼其徒，嘱以后事。索纸大书曰："绝罗笼没回互，大海波澄，虚空独露。"放笔翛然而逝。寿八十六。

悟逸

【〔明〕《继灯录》】雪峰樵隐悟逸禅师　怀安人，姓聂氏。既为僧，不肯局守一隅，屡叩名宿，后得法于雪峰佛海禅师。大德十年，郡帅举住雪峰，凡七载，退居西庵。皇庆三年，复奉旨再住，赐"佛智"之号，六年谢事。泰定二年，仍奉旨补前席，居七载。师三住雪峰，百废俱修，大为法门盛事。元统二年示寂，塔于佛海塔傍。

自如

【〔明〕《增集续传灯录》】杭州中天竺一溪自如禅师　福建人。元兵下江南，师年少，被游兵虏至临安，遗之而去。富民胡氏收养之，令伴其子弟读书乡塾。师隅立，凝神静听，默识无所失，胡氏喜。因子之既长，命隶里中无相寺为僧，参云峰于径山。得旨，戒检精严，法服、应器不离体。初住浙江万寿寺，后有大家黄氏重师道行，常供以伊蒲塞馔。一日请归其家，进供逾勤。乃开私帑，所藏金玉示师，欲动其心。师归，谓左右曰："彼黄氏以帑中宝示我，欲诱我死去，为其子耳。殊不知我视金玉如瓦砾，古人堕此辙者，颇众。不但为其子，为其牛马者有之。我自此其疏黄氏矣。"天历初，中天竺笑隐，奉诏开山大龙翔寺。因举，代住中竺者三人，御笔点师名。宣政院具疏敦请，久之，化去。茶毗灵异颇多。

如照

【〔明〕《继灯录》】开元佛果如照禅师　晋江蔡氏子，从本寺道符出家。开元合一，妙恩为第一世，师左右恩，恩甚器之。既而，遍参天慧内发，深有所悟。曰："雪窖生埋，幸可怜。六年曾不动，机缄眼皮爆绽，三更后明破，星儿即不堪。"上闻赐"佛果弘觉"之号。至顺二年，无疾溘化。

法枢

【〔明〕《继灯录》】建宁府天宝山铁关法枢禅师　温州

平阳林氏子。年十七辞父母，诣华藏，礼竺西坦为师，受具后参中峰本及庵。信俱不契，遂见元翁信于石门教。看《三不是话》凡三载。一日斋后，下床，忽大悟。作颂曰："不是心佛物，捞出虚空骨。金色狮子儿，岂恋野狐窟？"咄咄，翁印可。后南游，建州郡将请主天宝。不数载，遂成丛席。再住松溪之普载，示疾作书别诸外。护索浴毕，书偈曰："本无来去，一句全提。红霞穿碧落，白日绕须弥。"掷笔而逝，塔于本山。

正友

【〔明〕《继灯录》】建宁府高仰山古梅正友禅师　广信贵溪丁氏子。自幼出家，礼末山本公为师，往江淮南浙遍参知识。见绝学，往返十余，问皆为学。痛打后，上方丈求住，学曰："你去见无用、中峰、断崖三人，了却来，与我同住。"后到云岩见《法昌语录》曰："驱耕夫牛，夺饥人食。"忽有彻处，不觉汗下。便颂公案数则，寄呈学。学看毕，对众曰："此人得我第三番竹篦上气，力但是尚欠脱壳在。"越三年，因过堂打动钵盂，忽大悟。出住天心，继住高仰。至正壬辰五月，跏趺示寂，全身塔于凤山。

正璋

【〔明〕《继灯录》】建宁府斗峰大圭正璋禅师　福州福清人。礼湖南绝听祝发，参东屿海，令看赵州狗子话。工夫无间，只是不知落处。一日，闻海颂俱胝竖指话，言下顿悟，海抚而印之。后结茅斗峰，渐成丛席。临终偈曰："生本不生，灭亦无灭。幻化去来，何用分别。大众珍重，不在言说。"便合掌入灭。

明

文谦　正淳　源潭　独芳　洽上人　惠颛　法阐　至刚　古鉴　明秀　无可　石田和尚　照中　寂照　德庵　石岩和尚　真升　善缘　道通　曹源　原辅　正映　清源上人　本源　道超　真空　静上人　正森　正派　广轮　法果　东谷和尚　祖庭和尚　德智　金汉　金　无求　能持　常净　心明　法纯　石窦　超证　海印　机绍　行盛　彻空　悟空　海湛　智海　斗头岩僧　樵云　性满　原勋　祖恭　王破头　满和尚　无空上人　大智　慧明　元镜　道盛　道舟　觉浪　道奉　星朗　林野（67）

文谦

【〔明〕《闽书》】文谦　十一出家。游吴楚，历金陵诸山，住台之鸿福寺，振扬宗教。洪武初，召至京师，言论称旨。居久之，忽谓其徒曰："吾将去矣。"援笔书偈云："有世可辞，是众生见；无世可辞，是如来见。踏倒须弥庐，空虚无辈面。"遂端坐而化。

正淳

【〔清〕同治《福建通志》】正淳　字古心，闽县人。洪武中诗僧。《咏苔》云："青如蚨血染颓垣，汉寝唐陵几断魂。莫笑贫家春寂寞，渐随积雨上青门。"

源潭

【〔清〕同治《福建通志》】源潭　天顺中雪峰寺僧。雪峰有二十四景，源潭咏《雪峰》云："瑶台冻合深迷路，玉树花开半杂松。"《蓝田庄》云："松径月斜巢鹤唳，石门云湿雨龙还。"《无字碑》云:"剥落旧闻唯藓迹,模糊新样是蜗蜒。"《万松关》云:"琥珀气浮成翠霭,黄金花落混香泥。"《梯云岭》云:"云开鸟道层层险,路入松门步步通。"《醮月池》云:"弄珠神女乘空去,临镜嫦娥倒影看。"闽中诗僧,此为上乘。

独芳

【〔明〕《闽书》】独芳　闽县人。洪武中鼓山白云寺诗僧。

洽上人

【〔明〕《闽书》】(福州)神光寺洽上人　精通内外典,戒行高峻,一时林鸿诸公,俱与为方外之游。

惠顗

【〔明〕《闽书》】惠顗　闽县人。洪武中鼓山寺诗僧。

法阐

【〔明〕《闽书》】法阐　闽县人,邓定之兄。永乐中鼓山白云寺诗僧。

至刚

【〔明〕《闽书》】至刚　闽县人。永乐中鼓山涌泉寺诗僧。

古鉴

【〔明〕《闽书》】古鉴　闽县人。成化中鼓山涌泉寺诗僧。

明秀

【〔明〕《闽书》】明秀　侯官人。嘉靖中钟山寺诗僧。有《哭郑善夫》诗:"少谷高人无日起,百年清泪几时收?呜呼沧海谈诗夜,翻作延陵挂剑秋。"

无可

【〔明〕《闽书》】无可　诗僧也。有"虹收千嶂雨,湖展半江天"之句,世人诵之。

石田和尚

【〔清〕同治《福建通志》】石田和尚　会稽人，精通内藏，庄烈帝常召入禁中，问成佛宗旨。对曰："陛下治世自有帝王道法，佛教特臣等自善其身耳。"帝悚然重其言，留半年辞归。甲申，国变号哭，纠合义旅，屡著战功。及唐王入闽，杖策从之，封护国禅师，赐紫衣金印。后依鲁王，据连江。大兵至石田，隐琅岐白云山，已又结庵周溪白鼻岩。常以诗寓其感慨，咏《归燕》云："阳春转时和风起，燕子归来梁上语。天涯多少未归人，见汝来时泪如雨。"

照中

【〔明〕《闽书》】松溪照中禅师　连江缪氏子。出就建宁光孝寺可庭禅师学佛，未几得度，道资天成，不斫而器。

寂照

【〔清〕同治《福建通志》】寂照　景泰中，古田之九峰寺僧。尝独坐荒山三日夜，能使精魅伏匿，虎豹来参，猿鹿衔花献果。后圆寂于九峰。

德庵

【〔清〕同治《福建通志》】德庵　罗源人。幼投福清黄檗寺，既而还乡，寓紫峰庵。后游闽县万岁寺，宏开讲席。一日，谓其徒曰："某来日当去。"至期，沐浴遍体，礼诸佛，端坐而逝。

石岩和尚

【〔清〕同治《福建通志》】石岩和尚　不知何许人。尝孤栖燕坑东山石室中，采黄精服食。越数年忽不见，留一偈于石壁上，今存。

真升

【〔清〕同治《福建通志》】真升　福清陈氏子，人称曰"老四佛"。八岁茹素,祝发闭关,年五十不谙文字。寺在双金山,初建时,乡人患无材木,真升曰:"无虑。"越数日水暴涨,有大木数百根顺流而下,直入港口,寺遂成。居数年坐化。先一日,命徒薙发剪爪,嘱曰:"闭我四十八日,发爪长则龛以祀我。"至期开视,颜色如生,发爪渐长,乃龛以祀,竟不朽败。国朝寺废,移祀于郡南台沧霞洲。乾隆十一年复回本寺,其蜕犹存。

善缘

【〔清〕同治《福建通志》】善缘　长乐人,姓许,住连江山庵。有诸生读书庵中,会上元,生到庵,曰:"花灯何寂寞?"善缘曰:"热闹必苏杭,请同居士一玩。"生斥其诞,善缘令静坐合眼,顷刻间如梦,遍阅西湖诸名胜,从此敬信之。嘉靖间自焚。是日有乡人自郡归,至北岭,遇善缘,以锡杖挑僧鞋一只,曰:"烦将此鞋回敝庵。"乡人回诣其庵,僧众方候火化,大异之。

道通

【〔清〕同治《福建通志》】道通　侯官人。与其徒七人居永福高盖山,饮水啖草,礼念精勤。六人皆以不堪引去,有德完者独坚持不少退。历十九年,道俗咸皈依焉。嘉靖末,有道人圆滔者,晏坐荒秽中,久之颇能役使鬼神,知人休咎。道通过而呵曰:"大德修行,乃使鬼神得窥其际,非吾徒也。"圆滔瞿然,幻心顿灭,鬼亦不来。

曹源

【〔清〕同治《福建通志》】曹源　一名海溢,福清江氏子。年十七为僧,遍参诸方,乃倾心于博山无味和尚。味贻以偈曰:"宝林香水人先辨,知是西方分派来。更问最初流出意,祖庭深处不须猜。"源遂嗣之,结庵于长箕岭万松中,未几示寂。林之蕃铭其塔。

原辅

【〔明〕《闽书》】泉州承天寺仁山原辅　邑邵家子。戒行精专,道学著闻。洪武初,授本寺僧纲,示诲僧俗。

正映

【〔清〕同治《福建通志》】正映　抚州洪氏子。幼投三峰寺为沙弥,因读《法华》有悟火宅喻旨,始发出离之志。洪武中,试经得度,会有旨选泉州开元寺住持。到寺开堂演法,众志翕然。竖法堂,建甘露戒坛。后两至京,敕住灵谷。宣德初,擢僧录司左讲经。著《古镜三昧》。

【〔清〕乾隆《泉州府志》】正映　抚州人,洪姓。幼入三峰寺为沙弥,因阅《法华》火宅喻旨,始发出离之志。洪武中,试经得度。谒灵谷谦禅师,方入门,怀中香忽坠地,遂有省。领维那未满,谦逝,乃往天界挂搭。会有旨选泉州开元寺住持,到寺开堂演法,众志翕然。竖法堂,建甘露戒坛。不二年,百废俱修。后两至京,敕住灵谷。宣德初,擢僧录司左讲经,卒于灵谷。著有《古镜三昧》。

清源上人

【〔明〕《闽书》】南京天界寺清源上人　洪武间,归省泉州,宋学士濂送之文,称其:"历抵大方,期于深诣。虽尝绝学,不废明伦契经最神之训,如来孝亲之戒,服行不悖。"

本源

【〔清〕同治《福建通志》】本源　(泉州)郡人。幼不茹腥荤,习《法华》《楞严》诸经,通奥旨。尝游漳浦,坐道旁石上,夜辄放光,人异之,为构灵岭岩居焉。永乐中,敕召至京,谈论称旨,屡受奖赏。

道超

【〔明〕《闽书》】释道超　安平人。能诗,有《云外语录》。

真空

【〔明〕《闽书》】真空禅师　六岁出家,既长,游关洛间,历终南、衡岳。遇师授,解悟。嘉靖己未,入罗浮山永福寺寄食。僧为之纫针裹衲,或时趺坐弥日,人莫知也。壁间偈语微露禅机。时归善叶尚书梦熊读书寺中,叩其不繇文字,大加敬礼,而真空亦知梦熊非常人,间示神通,令自识念显晦休咎,且曰:"数十年来当验。"后至五年,止宿柯林,道力大著,遂广为众僧说法,顶礼者千余人。徙止观音山,一日醮集,令弟子置木龛,曰:"将归矣。"众惊异,争执卷请偈。龛成,辞众人坐,而梦熊适来,复出龛,辞毕,遂入闭龛,弟子环禅诵。夜半,三昧火自龛中出,遂化。

静上人

【〔明〕《闽书》】灵源紫云室静上人　通禅,与王慎中游。

正森

【〔清〕乾隆《泉州府志》】正森　晋江后洋杨氏子,号一如。苦行勤修,颇通诗书。住泉郡法石、泰嘉、狮岩、乐山、清源、南台、承天诸寺,所至躬治场圃,不畜徒属。一钵一衲,久辄徙去。曰:"身非吾有,又何为之挂碍?"年八十余,一日遽然坐化。詹司寇仰庇,为作"一如和尚传"。

【〔明〕《闽书》】一如和尚　詹司寇仰庇为作传:"一如和尚者,晋江后洋杨氏子。法名正森,又自名定心。住本郡法石泰嘉寺、狮头岩乐山寺、清源南台室、承天寺、漳天柱寺。所至躬勤作务,艺圃自活,不蓄徒属。一钵一衲,久辄徙去。曰:'身非吾有,又何为之挂碍?'年八十余,一日,为人画梅,遽然坐化。"

正派

【〔清〕同治《福建通志》】正派　晋江蔡氏子，住东塔院。博洽诸经，有诗名。詹仰庇以言事谴归，结屋北山巢云岩，延正派居之。时兴出游，吴越诸胜每有题咏，脍炙人口。

【〔清〕乾隆《泉州府志》】正派　晋江人，蔡姓，住东塔院。博洽诸经，有诗名。司寇詹咫亭以言事谴归，结屋北山巢云岩，延派居之。复与出游吴越诸胜，每有题咏，常脍炙人口。尝题东塔殿柱，云："最上一层，也要诸人共造；现前五级，还从平地增修。"尤为醒世偈语。临终示偈曰："勿毁勿赞，本无涯畔。云渡长空，月浮碧汉。"寿七十有九。

广轮

【〔清〕乾隆《泉州府志》】广轮　字若水，晋江陈氏子，为僧住持开元寺羼提庵。戒行精严。尝董建开元大殿廊庑、露台。三至江南，拜请藏经数万本贮之戒坛。郡名公共为图赞，以表其事。寺有藏经自此始也。闭关三年，坐斗室，勤参禅颂，一时莫及。寿五十九卒。著有《语录》行世。

法果

【〔清〕同治《福建通志》】法果　晋江人，居东禅寺。遇清明率其徒沿途收拾露骸，葬漏泽园。年九十余坐化，郡守熊尚初旌曰"义僧"。

东谷和尚

【〔明〕《闽书》】东谷和尚　名大震。洪武间天心寺僧。骨相奇秀，清修苦行。年八十余，趺坐化，人谓尸解。

祖庭和尚

【〔明〕《闽书》】祖庭和尚　初事儒，闻天界宗泐来复名，往师之。居东林庵，尝赋诗讽时上，云："除却渊明赋归去，更无一个肯休官。"有《语录》行于丛林。

德智

【〔清〕同治《福建通志》】德智　瓯宁人。幼不茹荤，依古心和尚，遂求剃度。洪武间，游郡之均亭，结茅山居三载。以地艰于水，弃之而去。有猛虎当道，以头抵地，智曰："汝欲留吾行乎？"虎颔之。智曰："吾以乏水故去，汝能为吾致水乎？"虎乃口衔智衣回山，用爪掘地，泉随涌出，清冽甘美。智乃复居，遂成梵刹。人因名为"虎井庵"。宣德间，无疾坐化，年一百一岁。

金汉

【〔清〕同治《福建通志》】金汉禅师　瓯宁人。（案，《杨志》作寿宁人。）生宣德间，年三十三入虎皮庵修道。清苦练行，略无倦色。弘治二年十月十五日，将化，预约乡人，程途相距各六七十里，一时躬诣俱遍。至期，登柴塔，烟焰四起，身塔俱焚。少顷，半空中掷下僧乌一只。

金

【〔清〕同治《福建通志》】金禅师　寿宁人，居宝峰庵。客至必先知之。一日，忽辞所知，溘然而逝。

无求

【〔明〕《闽书》】释无求　尤溪刘氏子。少业儒，博涉群书。寻弃为僧，遍游名山，有诗名。

能持

【〔清〕同治《福建通志》】能持　幼颖悟，稍长遍游名山，以探禅学，有得而归。结庵松关，会四方僧众，日谈元要。年四十余，足不出关。至八十一将示寂，集寺众曰："吾寂三年外，期日有星自东而西，葬吾时也。"其徒安置草堂龛中三年，至其时果有星大如斗,自东而西,遂葬之,号曰"天印禅师"。著有《天印语录》《彻空内集》《洞云外集》《黄檗心要》等书。

【〔民国〕《南平县志》】僧能持,幼颖悟,稍长遍游名山,以探禅学,有得而归。结庵松关,日谈内典,著《天印语录》《彻空内集》《洞云外集》《黄檗心要》。年四十余,足不出关。至八十一将示寂,集寺众曰:"吾寂三年后,某日有星自东而西,葬吾时也。"僧徒置龛草堂三年,蝇蚋不侵,并无秽气。至其日,众曰:"曩云星过,殆虚语耶?"言未毕,有星大如斗,自东而西,遂葬之,号曰"天印禅师"。

常净(尼)

【〔清〕同治《福建通志》】常净 徐姓,沙县历东民家女。鞠于富民,洪武间朱翁殁,以遗孤托焉。常净抚之长,尽归所遗资,乞为尼。知人休咎。一夕盗将至,常净戒侍者具斋供若干席,顷之盗至,斋供适与人数相合,相顾失色,不敢犯而去。

心明

【〔明〕《闽书》】心明 成化初,云游至天王寺,兴废垦田,为久驻计。敬礼士大夫,士大夫亦重之。年九十余,跌坐而化。

法纯

【〔明〕《闽书》】梅山了住法纯禅师 平海卫人。依漳州闲寂首座,剃发受具。往平和开创栖云岩,徒侣丛集。又弃去,孤隐芹山,六年不出。后从首座清源坐夏四。经同安,同安四众归依,遂筑室于梅山殿旁,恳师居焉。将示灭,七日前叮咛告众,闭目而化。十日后,弟子启龛视之,面色如生,头发更长。塔于漳之南山寺侧。

石窦

【〔清〕同治《福建通志》】石窦 莆田游氏子。得法于亘信老人，住壶山二十余年，尝有偈云："我本江边一钓翁，无文无字无神通。有人问我西来意，日向西沉月向东。"未几示寂，荼毗时舍利晶莹如绿玉。

超证

【〔清〕同治《福建通志》】超证　字禅源。道行清高，刻苦参究。住壶山白云庵，二十年不下山。一日，遍至平昔朋好家，无一遗者，归山三日坐化。

海印

【〔清〕同治《福建通志》】海印　莆田俞氏子，母才媛黄幼藻也。万历中为华严寺僧，工诗。同邑超圆、超嵩、超即、佺修、超素，皆诗僧。超圆，字华斯，本严姓儒家子，诗多奥句，兼工古文，得柳州法；超嵩，字石竺；超即，字月川，明季诸生，及为僧，聚徒讲艺如故；佺修，字二胜，工书画；超素，字莲峰，以戒行者。

机绍

【〔清〕同治《福建通志》】机绍　字天月，仙游诗僧。本姓顾，名招，字雪来，邑诸生。明末祝发，与诸遗老结逋山社，慷慨悲鸣，诗多廋辞隐语。同邑通津，字本止，号穷子。居无定所，或终日兀坐树根，煨品字柴，支折脚铛，耸肩苦吟不辍，诗甚寒僻。

行盛

【〔清〕同治《福建通志》】行盛　字本充，仙游人，明季诸生。为僧后掩关禁足，每入定幢幢时现光怪。同邑机绍，字天月；通津，字本止，皆诗僧。

彻空

【〔明〕《闽书》】彻空　光泽人。年二十余，善持戒行，凡六根之贼，一切屏弃。与其徒二人，枯坐武夷山大王峰岩阿中草团蒲筵，了无长物。其峰下饮上哆，垒石数十尺，石上架梯十数级，皆帖壁陡树，乃可以登。方伯赵维垣、万虞恺檄建安、崇安二县，营屋而居之。

悟空

【〔清〕同治《福建通志》】悟空　泰宁人。为僧居郡之狮子岩，善导神服气。每入关趺坐，四十九日不食，五鼓时但闻咽津声。期满乃出，不数日复入，如是者三十年。尝语人曰："如来作佛还在中间，我作佛直要在顶上，但须缘到，方能归寂耳。"万历四十八年正月，嘱其徒曰："我入关后当便灭度，然非七七期慎无轻启。"其侄自泰宁来，不如戒，遽启视，已坐化矣。肢体如生，遂漆其身。

海湛

【〔清〕同治《福建通志》】海湛　字涵清，漳浦人。有夙慧，初为人佣作，继披缁结庵梁山。明季兵乱，邑人蔡而烜为贼所逐，仓皇入庵中。时湛方入定，而烜负背之贼不能见。一日，扶杖下山别檀那，归而坐化。

智海

【〔明〕《闽书》】漳州开元寺智海禅师　号闲寂。该诵精讲，法力高胜。来开堂泉州半岭，王慎中赠诗二章："峻绝高峰透步难，黄龙三问是岩关。绣鸳呈出针纹隐，骏马自惊鞭影间。"其二："生如灵树契宜符，贬剥诸方没破除。自笑欲谈词忽丧，江州钝置老尚书。"

斗头岩僧

【〔清〕同治《福建通志》】斗头岩僧　失其名。相传与西漳吴尾公善，示寂时，尾公以事往福州，僧属其徒以履遗之。尾公回，途中遇僧，问何往？答曰："将云游，恐未归，有履在某处相赠。"又嘱云："贵乡水与路俱宜改,不然必有戈兵之惨。"到家方知僧已逝矣。未几倭至,男女多死者。

樵云

【〔清〕同治《福建通志》】樵云　故开元寺苦行僧也。万历初,万松关尚非孔道,行人以捷径多出此。樵云结小庵,日施茗山中,夜即诵书,数年诸经通晓。神宗欲索天下名僧从苦行得法者,有司有樵云应,旋赐紫衣,归乃于岐山依石结室终焉。

性满

【〔清〕同治《福建通志》】性满　本姓王,宁化人。弘治十年,住持沿口禅院。如痴如狂,众莫测其所为。一日,坐化室中,端凝不倚,众异之。置龛三年,色如生,乃以金漆胶土固之,称肉身菩萨。

原勋

【〔明〕《闽书》】原勋　字大用,宁德人,俗姓李。早从凤山僧清溪,持戒甚严。元末,住持本山。洪武初,造桥建寺,开渠置田,有功梵刹。

祖恭

【〔明〕《闽书》】祖恭　宁德黄氏子。居金鄜寺。操律甚谨,缁流推服。

王破头

【〔清〕同治《汀州府志》】王破头　不知何许人,头破一镈,因以自名。嘉靖中,由武平来上杭,假寓县北。有童子鬻茄,破头戏取茄置头镈中,顷刻尽。童子泣,破头笑曰："勿忧,茄还尔家矣。"归视果然。尝取杨枯梢花和药炼之,立成白金。人叩其术,秘不传。元夕燕坐,谈苏、杭灯花之盛,破头语:

"众暂瞑目，随我往。"众因遍览其胜，少顷还。居一岁，辞去。众约同时分饯以试之，破头同时各赴宴，若分身者然，比晓，遂不见。

满和尚

【〔清〕同治《汀州府志》】满和尚　宁化人，俗姓王，法名性满。弘治十年，住持沿口禅关，修参有悟，坐化一室中，三年面色如生。里人赖志亮以金漆、胶土固之，至今犹存。

无空上人

【〔清〕同治《汀州府志》】无空上人　汀州人。与逸士谢韶、李植友。韶病，无空往视，诫韶子曰："有二耗鬼索馔，与之即愈。"后三年，复至韶家，曰："可备丧具。"韶果无病而逝。

大智

【〔清〕同治《汀州府志》】大智　河南人。云游至永定，兀坐屠傍四十九日，或与之金，大智不受。屠子曰："僧不受金，岂受吾刀乎？"乃怀刀而去。屠子感悟，披剃为僧。时募铜铸观音像，跃冶不成。师曰："午当成像。"日午，果有陈商携金二锭投之，像成，见金锭于衣札间，届期示寂。

慧明

【〔清〕乾隆《武夷山志》】慧明　族里无考。天启初从南海来，结茅于火焰峰顶，不下山者四十余年，跌坐而化。

元镜

【〔清〕乾隆《武夷山志》】元镜　字晦台，号湛灵，建阳洪氏子。嗣法寿昌，曾住武夷虎啸岩。晚，又于一曲石瓶岩结茅以居。一日，指岩下谓徒曰："此处可埋我。"遂瞑。江右词部黄公端伯撰塔铭。有《语录》《诗集》，世称东苑镜禅师。

道盛

【〔清〕乾隆《武夷山志》】道盛　字觉浪，别号梦笔杖人，浦城张氏子。幼业儒，从元镜出家。一日，闻猫子坠地声，豁然有省，遂闭目梦笔山。又从寿昌博山，尽得曹洞宗旨，归侍东苑，殁，始出。坐道场五十余处，开法南都，宗风大振，其及门皆遁迹巨公，江宁倪民部嘉庆其最著也。初，道盛从师，住武夷数年，拜经于二曲虎啸洞，勒字于土地岭之石壁，曰："西来岩"。时崇祯庚午岁也。

道舟

【〔清〕乾隆《广信府志》】道舟　字古航，晋江人，姓郑氏。少嗜学，能文，一时士大夫皆器之。以娶妇不顺于母，遣去。母死，遂出家。年三十有八参博山，夜坐不语，目不交睫者三月。后闭关金陵山，以青布直裰并偈贻之。师力参两载，乃有省。入闽居戴云，峭削万仞，人迹罕至。师枯坐一室，历数载，刘孝廉延主博山，惠藩赐紫衣钣之，道风日著。四方来参者师如铁壁千寻，绝无肯诺。乙未三月，示寂。居士张九生问师："一口气不来时，向何处安身立命？"师曰："正好安身立命。"张曰："莫便是和尚得力处么？"师曰："何得认奴作郎。"遂跏趺而逝。

觉浪

【〔清〕雍正《浙江通志》】觉浪，浦城张氏子。投梦笔山出家，得法于东苑晦台禅师。后开堂金陵天界，及杭崇先、径山、虎跑等五十三处道场。禅律精严，儒释淹贯。尝示众云："有血性汉，被世界磨成。无血性汉，被世界磨灭。"临入灭上堂，僧历问："五位正偏至主中主？"师援笔，颂曰："万象指头明卓异，纵横不换机何利。无端掁断破蒲鞋，直入千峰万峰去。"遂掷笔而逝。塔于栖霞山，有《学庸宗旨》《庄子》，提正《宗三宝》及《语录》百余卷行世。

道奉

【〔清〕乾隆《广信府志》】道奉　字雪涧，建阳人。自幼不茹荤，礼闻谷和尚。闻问曰："去去来来所为何事？"师曰："为本分事。"闻曰："本分事作么生为？"师拟对掩口，自是疑愈切。谒博山，山曰："何处来？"曰："窑中来。"山曰："天不能盖，地不能载，因甚向窑里埋却？"曰："今日且喜得见和尚。"山曰："汝在窑中做甚么？"曰："看一归何处。"山曰："即今归在何处？"曰："伸手只在缩手里。"山曰："何处学得这虚头？"曰："今日不敢自瞒。"山曰："未在且去。"每入方丈，呈偈。山曰："透关的人，句中便有活眼。"山曰："明日来向汝道。"嗣后，每入方丈求益。山曰："佛法不是鲜鱼，何怕烂却。且为我入闽，化缘去。"师闽归，舟中扯缆忽断，呈偈答之曰："只这缆断可惜。吃惊船头，倒转打失眼睛，他时更有通霄路，不涉程途意自明。"嗣主博山，一以实行，振刷宗门。庚戌示寂，忽法堂扁坠，呼门人弘瀚、弘喜、弘裕示偈，黄龙湋和尚入省，按师身曰："屋破不蔽风雨，如何？"师曰："乾坤翻转更由谁？"曰："恁么，则大众景仰有分。"师作偈拱手而化。

星朗

【〔清〕康熙《庐江县志》】星朗　字闽漳，龙溪林氏子，相国鹤胎公弟也。母孕时，梦头陀披黄帔入寝室，而生师时异香满室，左胁有白毫，右胁有赤珠，襁褓便喜跏趺而坐。十一岁游泮，举天启丁卯乡试，仕屯部郎。政事之暇，闻有诵《法华经》，师往听之，至经行及坐卧常在于其中。问云："除却经行坐卧，在甚么处？"僧罔措。出守肇庆，渡扬子江，闻博山和尚主天界法席，恭诣参叩，深领法教。于是弃官薙发，遍历名山巨刹,住锡姑苏。申相国青门、钱宗伯牧斋俱闻风问道。后至庐江,住冶父山祖庭寺。江畔有古柏一株,枯而复荣者数矣,师至树复茂。师于荒芜中宏开殿宇,妙丽庄严,四方学者云集。师四坐道场,阐法三十余年,得度者二万余人。康熙癸丑春,树忽萎倒溪中。师曰:"树倒,老僧行矣。"沐浴更衣,跏趺说偈曰:"山中月满吟秋夜,树上星晖挂薜萝。"言讫而逝。有《文集》二十卷行世。

林野

【〔清〕《高僧摘要》】林野 姓蔡,长乐人。生即绝腥,依本里金钟寺道然、本然两师出家,志存释典,离蜀之江南入讲肆。明天启丁卯,息肩当湖,会毛俞诸公于德藏斋头谈楞严,即留掩关阅藏。适友送《密云师语录》,展卷,至参禅,偈曰:"一念未生前,试看底模样。"顿觉疑情猛发,食寝俱忘。至庚午春,密老人过当湖,因遣护关子传话,嘱云:"教他关中莫妄想。"此心益疑,不觉失足堕楼。如梦忽觉,便会一念未生前的道理。遂破关走姑苏,见密师于清凉庵,力为参究。乙亥冬,于素履黄公园中付拂。

清

宏济	定因	懒公	圆诸	智印	普受	太心	无疑	锐
锋参唯	许叔	圆珏	晓诚	知坚	戒文	海靖	元贤	道
霈古雪	波罗	至道	机锐	太积	德萃	圆实	宗标	明
光元飞	海印	曹源	隆琦	超宏	一元	惟真	照净	(35)

宏济

【〔民国〕《福建通志》】宏济　字益然，俗姓汪，名沐日，字扶光，歙县人。崇祯癸酉举人，官武选主事。甲申国变，遁迹入浦城为僧，主吴山者三十五年。山多虎，叱之咸慑服。邑令造访，途遇虎，麾使去，令为筑天香阁以延礼焉。晚寓扬州，将卒，作诗简黄山诸子，复言前身为孤山老僧，以所书《法华经》某卷藏某处为信。

定因

【〔民国〕《福建通志》】定因　明末泉州僧。膂力绝人，尤精少林拳棍，弟子习其技者数百人。每有远行，辄煮米数斗尽食之，途中可数日不食。时漳州有虎狞甚，食人畜亡算。太守必欲歼之，集兵士丁壮千人，持利械以往，虎负隅眈眈，无敢近者。定因适以事至，众见之噪曰："事济矣。"群走告之。定因曰："杀虎易耳，顾此虎非它比，须铁钯五十斤者乃足制之耳。"遍试无当意者，仅一钯满十五六斤。曰："此稍可耳。然不能制其死命，须弟子一人同行乃可。"以枪授弟子，己持铁钯先之。未至十步外，虎怒，腾起数丈，直取定因者三，皆避之。急以钯击虎首，虎咆哮，钯折。急呼弟子以枪刺之，自喉达尻，虎立毙。官重赏之，不受而去。时郑氏方据台湾，漳、泉间拳勇少年多往从之，往往得官，定因不屑也。或厚遗之，亦随手散去。以老寿终。

懒公

【〔民国〕《福建通志》】懒公　明益藩第八子，朱由□孙也。由□封永宁王，乙酉建昌陷，走粤招义勇，一月间复建、抚二郡。时敌将王得仁坚壁不敢出战，饷竭，遣世子入闽乞师。永胜伯郑采逗留不进，世子号泣徒步返，父子遂被执不屈死。

世子妃彭氏善兵法，亦提师驻闽汀州，为犄角势。闻王与世子变，乃命其子和㲄出关，属牙将曰："王死世子殉，吾无独生理。明事纵不可为，奈何绝一线脉也！尔善视此子。"妃鼓兵出，战败自经。和㲄即懒公，时方六岁，剃发入空门，结茅于建昌府东关外，寺名中洲。懒公嗜山水，能诗。

圆诸

【〔民国〕《福建通志》】圆诸　号心一，姓林氏，闽县人。年十一，剃度于楞伽山转华禅室偏公。逮偏公移入越山华林寺，诸与其师兄元和公随焉。华林为萧祖师法席寺，岁久且毁，和公竭力重修，诸尽捐衣钵，庄严金容，起人瞻仰。博山无异和尚入闽，开法鼓山，诸皈依座下，受具足戒，因闭关越山三年，参究本分。事朝林陈公澧源延住超山寺，久之，复移住梅花庵。后值玄沙古刹遭兵燹，邑人林之蕃辈延诸住持。钟鼓再震，祖庭重兴，诸之功也。诸严持戒律，修头陀行，性淡泊，菜根粗粝，破衲敝屦，泰然安之。平生捧诵《华严》《法华》《圆觉》《金刚》诸大乘经，几千万遍。以康熙戊申十月初九日巳时，无疾而终。

智印

【〔民国〕《福建通志》】智印　字古灵，更字幻寄。长汀人，家世业农。年十三四时，誓报亲恩，遂断荤酒。他日入寺礼佛，逢一老僧，指智印示人曰："此子形貌必不寿，曷不求寿？"智印愕然曰："寿可求乎？"老僧曰："若出家当入上乘，何只得寿？双亲四恩一时报毕。"印即哀请出家，两亲不许，且为择室，完配有期。印泣辞不获，父母终欲逼就之，逃去乃免。无何父母与所聘之室俱亡，自谓因缘时至，竟入上圆山，投无底大师剃度。素不识字，偶闻僧诵《法华经》，辄生疑悟，口授笔书，尽通大义。及参方问学，刻苦究心。凡丛林作苦与作厨厕，负戴劳□之事，莫不首先大众。冬不披絮，暑不挥扇，卧不贴席者三十余年。其所亲近当代知识，则来云、南山、曹岩、黄檗及鼓山永觉，最后受记莂于来云，为洞上二十五代嫡嗣。

普受

【〔清〕同治《福建通志》】普受　字常荣。康熙中，住上生寺，善射覆。有客取荔枝着器中，使射之，普受曰："内白外赤，炎荒嘉食。劈而食之，甘于石蜜。其荔枝乎？"有僧拳蝤蛑螯，使射之，普受叱曰："安有浮屠子而手握海错耶？"其精中如此。

太心

【〔清〕同治《福建通志》】太心　一名恒涛。祝发于上生寺，戒律坚苦。参方至鼓山，为霖和尚以法器相许，习静山阿庵中。庵有山魈，现形叵测，恒涛弗为动，昼诵经典，夜入禅定，魈遂灭。后传为霖衣钵，主持鼓山。值大旱，当道延之祈雨，雨大沛。间归莆，路见朽棺暴骨，偕其徒真仲鸠众力瘗之。后圆寂鼓山。

无疑

【〔清〕同治《福建通志》】无疑　同安人。戒行端严。顺治五年春，郑成功据同安，以叶翼云为知县，陈鼎为教谕。秋，官军攻破之，杀伪官守，屠其城，枕尸塞路。无疑率其徒达因等七人，亲以草荐裹尸，舁往城外火化，掘地十余丈而为之厝，标曰"同归所"。漳州被围，死者数万。解围时，无疑又偕其徒收瘗焉。终于长兴甘露寺。

锐锋

【〔清〕同治《福建通志》】锐锋　字德林，晋江人，本姓杨。少为儒，长薙发于戴云山寺，又入黄檗为记室五载受拂。归安溪，李光地家陷贼中，锐锋曰："寇强而骄，有玩心，夜覆其巢，家可夺取也。吾徒某能识贼山后路，使之为导，君家僮乡众随之，出贼不意，万一幸济。"卒用其言，脱于难。锐锋工诗，《山居》有句云："过雨龙蟠将蜕骨，新泥虎去尚留踪。青苔自滑非干雨，绿树长吟不藉风。"

【〔清〕乾隆《泉州府志》】德林　字锐锋，晋江人，杨姓。少为儒，淹贯经史。长遭内衅，薙发于德化戴云山寺，又入黄蘗为记室，历居安溪太山吾岩。精于禅理，风度端凝，言笑终日而体貌不失，有雄略知兵法。顺治间，大寇林某劫李文贞光地家。林划策，使其徒晦潭为向导，出之。耿郑之乱，料成败多奇中。生平茶奕燕谈，微文隐要，语有前知。年八十五端坐而化。著有《语录》《文集》八卷行世。其诗率尔而作，天真凑泊，如"过雨龙蟠若蜕骨，新泥虎去尚留踪。青苔自滑非干雨，绿树长吟不藉风"等句，皆清澈可颂。

参唯

【〔清〕乾隆《泉州府志》】参唯　初业儒，不知何所感愤为僧。行脚二十年，几遍区宇，来住安溪碧翠之妙峰山。其山初不名妙峰，自参唯卓锡于此，始名。凡开堂说法之事，不一谈及，若将浼焉者。门风高峻，神骨峭异，尝与里中余隐山人往复。余隐山人者，前癸未进士李光龙也。又有天闲和尚者，善修苦行，亦住持碧翠别墅。高山绝顶，弟子募缘下山数日不归，闲独处，虽魑魅虎豹皆所不惧，有来则持咒驱之。与德林、参唯相望，为三高人云。

许叔

【〔清〕同治《福建通志》】许叔　城北人。持长斋，每举动必称阿弥陀佛。衣褴褛，虱盈焉，佛号一声则落，乃置诸衣无所害。富家邓姓田满阡陌，常食之，受弗谢。忽问："君粟几何盍刈之？"曰："未及时。"则以匙挑所食饭坠地，慨然曰："既到日又弃之耶？"邓悟，尽刈其禾。甫毕，风雨骤至，余禾漂没。一日晨起，遍辞所知，迹之归家，积茅二束坐焉，手燃香一拂，火随香起。既化，里人葺其屋为"阿弥陀佛宫"祀之，巷曰"阿弥陀佛巷"。

圆珏

【〔清〕同治《福建通志》】圆珏　字无瑕，住持香炉寺。寺占一方山水之胜，幽竹茂林，清泉曲径。珏工诗善画，一时诸名士皆雅重之。著有《炉山诗集》四卷。

晓诚

【〔清〕同治《福建通志》】晓诚　同安端平岩僧。独居岩中数十载，戒行颇异。唐孝木令同安时，六月大旱，诚趺坐炎蒸中，水浆不入口者数日。与令约，某时不雨愿焚身，至期果大雨如注。后凡遇旱，辄命祷之，无不应。

知坚

【〔清〕同治《福建通志》】知坚　同安人，住太平岩顶。预知死期，置酒别所知凡七人，命设八人座，其徒讶之，坚曰："即有至者。"顷果有一人至。酒数行，起曰："余欲西归。"甫及禅床已圆寂矣。

戒文

【〔清〕同治《福建通志》】戒文　乾隆初天宁寺僧。善画竹，明窗净几，泼墨淋漓。有文兴，可迎风欲笑之致。释克参亦以善画称。

海靖

【〔清〕同治《福建通志》】海靖　延平人。善书画，尝从册封使臣往琉球，图其山川以归。

【〔清〕乾隆《武夷山志》】海靖　延平人。善诗及画，有《武夷图志》，尝同天使往琉球国，图其山川以归，即胡献卿也，后为僧。

元贤

【〔清〕同治《福建通志》】元贤　字永觉，本姓蔡，建阳诸生，宋儒西山先生（蔡元定）十四世孙也。年四十，弃家削发，投寿昌礼无阴和尚，后遁迹郡东之荷山。越十余载，母死忽归，绕棺拜毕即去，莫知所之。又十年，云游福州鼓山。石鼓自鸣，遂卓锡焉。顺治间圆寂，年八十一。

【〔民国〕《建阳县志》】元贤　字永觉，三桂里人。西山先生裔孙，名懋德，邑诸生。年四十，因乩笔有"莲华国里人"之语，感触弃家往寿昌，礼无明和尚，密受心印，遁迹郡东之荷山十余载。母死奔丧，事毕仍归荷山。崇祯间，闻谷师推主鼓山上座，百废俱举，其法席之盛与圣教无异。后至漳、泉，传有天垂甘露、海潮舟涌、伽蓝受戒、阎王索偈等异征。顺治间，示寂鼓山，年八十有一。著有《广录》诸书。

道霈

【〔清〕同治《福建通志》】道霈　字为霖，鼓山六十五代住持也。本建安丁氏子，少依白云寺深公，继参闻谷、密云诸禅师。后侍永觉于当山，传授大法，继席十四载，智能知来。耿逆叛，延为国师，不就，逆亦不能致。续历上游，兴宝福、白云、广福、开元四大刹。还山后，法门之盛，人称古佛再世云。

古雪

【〔清〕同治《福建通志》】古雪　名通喆，西瓯陈氏子。幼业儒，十六岁出家黄岩，得法天童悟和尚。初受吏部侍郎熊文举请，兴江西翠岩寺。入闽扫塔，众请住佛顶，重兴龙山，又请重兴斗峰。进院日，石鼓自鸣者三。有《语录》四十卷。

波罗

【〔清〕同治《福建通志》】波罗　光泽云溪寺僧。精于医，里人邱某母病，波诊之谓："证虽属热，然非桂、附不为功。"服半剂，病减六七，旋弃其药，曰："此权宜计也，再投则误。"易凉剂而愈。又贫士某父病，将属纩，波察其症不绝，试以方，某视方泣曰："此药数服罔效。"波曰："昔非其时，今其时矣。"果如其言。志在施济，不事私积。康熙初，大当未革，众苦逋粮，波倾囊完解。县令王某旌之。

至道

【〔清〕同治《汀州府志》】至道禅师　名性戒，本吴中人。明崇祯间，至上杭，结茅庵于小吴地之马头山。顺治三年，示寂，遗命僧众六年后依教焚化。至期启视，肉色不坏，骨节珊然。里人惊异，即遗蜕，漆之以金。

机锐

【〔清〕乾隆《泉州府志》】机锐　字希觉，晋江林氏子。母康氏，举家长素好善，未有子。一夕，梦日轮坠地，遂生机锐。幼不茹腥，稍长读书山寺。出辄有二虎伏地，后叱之遂不至。一日，见僧持砵过，如旧相识，便问："作么？"僧曰："我只恁么，尔不恁么。"机锐心动，即日往开元寺出家。举话头七日不悟，即截臂自罚，忽闻殿上钟声，顿失所疑。鼓山道霈和尚登戒坛，出拂子付嘱。旋开山崇福，说法四方，禅子有自云贵杖锡而来者。即而琼人延主圆通院开堂。越岁归崇福，建万佛道场。满期，沐浴结跏，登座问曰："日昃否？"侍者对曰："向午，欲西矣。"机锐曰："可也。"留偈掷笔而逝。

太积

【〔清〕乾隆《泉州府志》】太积　晋江人，苏姓。年十七，落发紫云寺。会鼓山道霈和尚来寺说法，即从禀戒。霈归，随往参叩。凡数载，深入堂奥。归建一叶庵以居，门风高峻，二十余年乃逝。有《一叶庵遗稿》，林太史之浚序之，其徒闻性为刊辑行世。

德萃

【〔清〕乾隆《泉州府志》】德萃　号岱英，南安人，宾州牧陈圣恩子。年十七，投开元寺晦文和尚为僧，授以《六度集经》，读之感悟。康熙壬申，鼓山道霈和尚来寺开堂结制，众推德萃入堂。逾年，从霈登鼓山，住八载。庚戌，至赣州崆峒山，得卤庵和尚真传，寻举座元，为众说法。癸丑春，至云间青龙寺。丁巳，游浙江诸丛林。戊午回闽，至柘浦憩天心寺，为绅士耆宿延请，驻锡龙岩寺，开堂说法。明年，回开元寺主戒坛，三年，仍往赣州，为卤庵师扫塔。未几，闻晦文示寂，驰归。乙亥，绅士敦请就本寺说法，环听者数千人。丁丑，彭镇杨公延至署。戊寅，回寺。所著有《春梦集诗草》九卷，侍者行远集刊其《语录》六本。

圆实

【〔清〕乾隆《泉州府志》】圆实　一名道实，字不虚，晋江柯氏子。幼不茹荤，年十五投毫光岩为僧，石山和尚以岩事委之。云游江湘，属香灯不继，实躬自负薪，鬻于大盈，市油供佛。一夕，读《证道歌》忽有悟，自是诸经皆了其大意。实素癯陋，至是丰伟。每入市，群稚聚观，呼为活弥勒。既闻樵云律师开毗尼席，于紫云从沾戒品，寻入小身岩居之。越年，更新其石像。会道亨和尚创楞严，期于承天，即趋赴讲筵，遍阅《大藏》《日益》《元津》《传灯》诸书，靡不洞贯。得《云栖弥陀疏抄》，欣然玩味，镂板为行，并为四众讲说。镌《接引》《观想》二佛板，及《十六观》《大弥陀》等文，以广其传。鼓山永觉和尚来寺开堂，实出其所著《禅余集》，深为赏识。有黄氏在广得观音像，高尺余，其妻梦大士说偈曰："问我是谁？妙名无迹。久厌尘中，愿归圆实。"遍访得之，遂送其像。年五十五坐化。所著有《禅净鞭影》，其徒太睿字思圣有《续广宏明集》及《玉毫集》行世。

宗标

【〔清〕乾隆《泉州府志》】宗标　字良准，号观幻，同安林氏子。生而不凡，有长者僧见而器之。幼即厌荤，年十七入开元寺为僧。往福清黄檗寺，受戒于广超禅师，授以拂。未几，广超寂化，宗标为建塔治丧，归隐本寺之清居寮。究明宗乘三余年，学者毕集。康熙戊子，福清绅士请继檗山祖席，期满告归。辛丑，说法云斋阁。甲辰，福清当道泊诸檀裔，再请到檗山，道望益隆。辛亥，泉绅士请归本寺戒坛开戒，时年已八旬，后三年入寂。著有《语录》八卷，为佛门所宗，春坊林之浚为之序。

明光

【〔清〕乾隆《泉州府志》】明光　号上中，少业儒，为僧开元寺涌幢庵。勤于参究，为诗清灵幽静，远离俗尘。尤工草书，求者无虚日。时有同寺僧如寿，精于楷书，与光齐名，时人称之曰："明光草，如寿真。"晚年与阮旻锡倡和，锡为选其诗三百余首，名为《偶然草》，缙绅苏埧、陈镇峰序而刊之以行。

【〔清〕同治《福建通志》】明光　号上中，同安涌幢庵僧。勤于参究，为诗清灵幽静，远离尘俗。与阮旻锡相唱和，锡为选其诗三百首，名曰《偶然草》。尤工草书。时有同寺僧如寿精于楷书,摩赵文敏笔法,诗亦有致,与光齐名,时人称之曰:"明光草,如寿真。"僧雪芝亦工草书,兼精画兰。明光、如寿所著见方外撰述。

元飞

【〔清〕道光《晋江县志》】元飞　字石龙,十四入资福寺为僧,师事哲老和尚。一日闻霹雳声,信口诵云:"个事不从字与文,□归何处说纷纷?而今劈破虚空后,卸却肩挑二百斤。"哲老奇之,授拂焉。辛巳,威略将军吴英迎住同安虎溪岩。时岩中仅敝屋三间,元飞竭力募建,不三十年次第成巨观。山下暴棺累累,元飞劝葬于其子孙,而代葬其无主者。后建报恩堂于南偏,迎母就养,奉父主祀焉。母殁,与父合葬寺侧。乾隆壬戌圆寂,年七十一,是为虎溪寺开山祖云。

海印（号愧庵）

【〔清〕乾隆《泉州府志》】海印　字端章,号愧庵,德化张氏子。年二十,投开元寺云斋阁为僧。己卯,登鼓山,受戒于道霈和尚。年二十七,雪峰照拙和尚与谈有契,病笃趣海印到山,俾主法席。日夜参究,透破禅关。戊子,往黄檗分座,复还雪峰。改六和楼为库堡,募修大楼下层。丙申,移锡云斋阁。时议以开元两庑建仓,众僧忧之。值旱,海印以祖胛祖师祈雨事白当道,果有应,建仓遂寝。后于郡北修仁寿庵,将为卓锡处。而雪峰苏氏檀越力请还山,于是筑堂基,改山楼,易门径,盖方丈,塑佛像,百凡更新。郡绅请开堂说戒于云斋阁三次,雪峰及德化之戴云各说法一次。修葺性天寺,改造虎头岩,有请辄应。南邑令元公举为僧录。晚年与林之浚、李光焕游,皆成妙契。年八十一坐化。海印博学能文,尤深于《易》,得怀远廖先生真传。所著有《周易说》、《明德解》、《罗经集解》、《愧轩语录》、

《诗文集》若干卷、《和雪关六言诗》一卷、《雪峰志》四卷。

曹源

【〔清〕乾隆《福建通志》】释曹源　讳海溋，江氏子。年十七落发为僧，既而遍参诸方，乃倾心于博山无异和尚。和尚贻以偈曰："宝林香水人先办，知是西方分□来。更问最初流出意，祖庭深处不须猜。"源遂嗣之，结庵于长基岭万松内，后坐化于山中。

隆琦

【〔清〕乾隆《福建通志》】隆琦　福清人，参金粟费隐和尚，继黄檗法席。住狮子岩下，有侧石如舟，游者以不平为憾。琦持咒默祝曰："此石若平，禅道大行。"次早石果自平。著有《语录》十卷、《灵涛集》一册。

超宏

【〔清〕乾隆《泉州府志》】超宏　字如幻，惠安人，明潮州府教授刘佑子。为诸生，屡试冠军，淹贯经史，工临池。何乔远、黄道周皆器之。丙戌后，与邑令赵公及王忠孝投平山寺，削发为僧。戎马稍靖，往漳州南山寺，依黄檗亘信和尚，居侍寮。随历泉之招庆、延福、福之芙蓉、雪峰十余载，精参默究。一日，亘信问："檐前雨滴声点点，落在何处？"答曰："落在和尚鼻孔里。"亘信颔之。安为西堂颂，马祖因缘曰："好鸟双栖占一枝，高飞健翮独称奇。若教言下分斤两，笑杀汀西马簸箕。"后复随往庆城，亘信遂以拂授之。乙巳，南安苏氏延住雪峰。刀耕火种，讲说大义，道望蔚然。丹霞绅士请为南山继席，往还再四不应。泉绅士请主紫云寺，亦辞之。募众鸠工，拓新本寺。又于二里许惠泉古迹，偕苏氏檀越营□舍居焉。年七十四，预戒逝期坐化，僧腊三十有二。所著有《瘦松集》八本，法嗣照拙、法孙海印先后刊以行世。照拙字道余,能诗,有《语录》二卷,海印另有传。

一元

【〔清〕乾隆《福宁府志》】僧一元　寿宁九都人。顺治间,修灵岩寺,不事募化,人以钱谷与者,转赈贫人。施茶卅溪。康熙十六年,结塔自焚。作偈二首,深彻禅关,见者异焉。

惟真

【〔清〕乾隆《福宁府志》】惟真　寿宁库坑人。因父死,梦父曰:"我欠某债二十两,今为犊,生其家矣,四蹄白色是也。"往观果然,变产赎回。落发为僧,从师受行,知人休咎,结庐南山之阳。

照净

【〔清〕乾隆《福宁府志》】照净　寿宁人。康熙初年,修行南山楼中,足迹不到山下。年栽芋三百六十余颗,日食其一。常坐松下,群鸟集其肩。有虎常至,令其徒以饭饲之。后池白莲盛开,有龟浮上,即谢众曰:"老僧功行当归矣。"遂圆寂,年八十五云。

本书辑录史料书目

《淳熙三山志》 宋淳熙九年（1182），梁克家、陈傅良撰，收录清乾隆四库全书。

《八闽通志》 明弘治二年黄仲昭编纂，日本内阁文库弘治四年刻本。

《闽书》 明万历四十四年何乔远编纂，崇祯二年刻本，福建省图书馆收藏。

《福建通志》（康熙） 福建巡抚金鋐主持编纂，清康熙二十三年（1684）刊刻，收录凤凰出版社《中国地方志集成》。

《福建通志》（同治） 陈寿祺等编纂，清同治十年（1871）重刊本，收录台北华文书局《中国省志汇编之九》。

《福建通志》（民国） 李厚基等修，陈衍、沈瑜庆等纂，民国二十七年刻本，收录凤凰出版社《中国地方志集成》。

《延平府志》 郑庆云纂，明嘉靖四年（1525）刊刻，收录《天一阁藏明代方志选刊》。

《邵武府志》 陈让撰，明嘉靖二十二年（1543）刊刻，收录清乾隆四库全书，上海古籍书店1964年刻本影印。

《建宁府志》 张琦主修，清康熙三十二年（1693）刊刻，收录上海书店出版社《中国地方志集成》。

《福州府志》 徐景熹主修,清乾隆二十一年(1756)刊刻,收录清乾隆四库全书。

《福宁府志》 清乾隆二十七年朱珪、李拔编纂,光绪六年重刊本,收录台北成文出版社《中国方志丛书》。

《泉州府志》 怀荫布、黄任、郭赓武纂修,清乾隆二十八年(1763)刊刻,收录上海书店出版社《中国地方志集成》。

《永春州志》 郑一崧修,颜铸等纂,清乾隆五十二年(1787)刻本,收录上海书店出版社《中国地方志集成》。

《宋高僧传》 释赞宁撰,宋至道二年(996)成书,收录清乾隆四库全书。

《禅林僧宝传》 宋慧洪觉范(1071—1128)撰,明洪武六年重刊本,收录清乾隆四库全书。

《五灯会元》 释普济编集,宋宝祐元年(1253)和元至正二十四年(1364)两个刻本传世,中华书局,1984年。

《神僧传》 不著撰人名氏(明代版本皆题为明成祖朱棣撰),明永乐十五年(1417)内府刻本,收录清乾隆四库全书。

《楚宝》 明湘潭周圣楷辑撰,收录清乾隆四库全书。

《十国春秋》 仁和吴任臣撰,清康熙八年(1669)成书,乾隆五十三年(1788)周昂重刊,收录清乾隆四库全书。

附录1：

福建佛寺史志书目

福州《鼓山志》　清黄任编　清乾隆刊本

《续修鼓山志稿》（残）　清陈祚康撰　清道光传抄本

《泉州开元寺》　明释元贤撰　民国十六年重刻本

厦门《南普陀寺志》　民国虞愚、释寄尘撰　民国二十二年排印本

《黄檗山寺志》　明释隐元编　清释性幽增订　清同治元年重刊本

安溪《清水岩志》　清夏以槐重修　民国陈家珍增修　民国刊本

福清《灵石寺志》　清乾隆释昙现等撰

仙游《龙华寺志》　明释正禄编　清明谦续修

长乐《沙京龙泉寺志》　清林墨翰纂修

宁德《支提寺志》　明谢肇淛等辑　清释照微增补　清同治重刊本

《温陵开元寺志》　明释元贤撰　民国重刊本

莆田《广化寺志》　民国张琴编纂

福州《灵光北禅事迹合刻》　明释元贤撰　清康熙刊本

福州《西禅长庆寺志》　清释法纬撰

福州《九峰志》　清陈祚康、魏杰等撰修　清同治刊本

福州《雪峰志》　明徐𤊹撰　清乾隆刊本

附录2：

福建历代高僧著述书目

唐
《真觉语录》（福州释义存撰）
《顿悟入道要门论》（建州释慧海撰）
《艺苑搜隐》《宗镜四缘》（仙游释叔端撰）
《博山经》（莆田释文矩撰）
五代
《语录》（晋江释行修撰）
《唯识论解真书》十卷（晋江释道昭撰）
宋
《捡金集》九卷（福州释可尚撰）
《圆悟集》（闽县释圆悟撰）
《鼓山兴圣国师语录》一卷（闽县释兴圣撰）
《平山诗集》（福清释有贞撰）
《语录》（泉州释道英撰）
《金刚经注》（泉州释石禅师撰）
《楞严维摩经注》《两会语》《惊世颂》《禅余咏》（泉州释有朋撰）
《泉南录》二卷（泉州释洞源撰）
《法辉诗集》（晋江释法辉撰）
《法华笺》《语录》（晋江释本观撰）
《牛山经》《太初诗文集》（晋江释太初撰）

《去华集》（晋江释定诸撰）

《龟毛集》（南安释道潜撰）

《五会语》（惠安释子琦撰）

《绍修漳州罗汉和尚法要》三卷、《绍修语要》一卷（漳州释持琛撰）

《富沙信老语录》一卷（延平释信老撰）

《剑门安分庵主偈颂》（延平安分庵主撰）

《无求诗集》（尤溪释无求撰）

《宗门统要》十卷（建溪僧宗永撰）

《百句图》一卷、《惠崇集》三卷（建阳释惠崇撰）

《宜灿诗集》（兴化释宜灿撰）

元

《紫云开士传》、《梦法》一卷、《梦偈》一卷、《梦事》一卷、《杂文》十五卷、《梦观集》五卷（晋江释大圭撰）

明

《鼓山无异大师语录》一卷（福州释无异撰）

《黄檗寺志》二卷（福清释行玑撰）

《寄瓢诗集》（莆田释行高撰）

《寄虚庵诗集》（莆田释超雍撰）

《寱言录》《卓小仙诗》（莆田卓晚春撰）

《影月集》（莆田释超圆撰）

《镢边草》（莆田释超嵩撰）

《处庵集》（仙游释机绍撰）

《冰雪集》（仙游释广禅撰）

《古镜三昧》（泉州释正映撰）

《云外语录》（泉州释道超撰）

《释笑堂诗集》（泉州释笑堂撰）

《释正派诗集》（泉州释正派撰）

《语录》（晋江释广翰撰）

《总持诗集》四卷（惠安释智琰撰）

《天印语录》《彻空内集》《洞云外集》《黄檗心要》（延平释能持撰）

《祖庭和尚语录》（建宁释祖庭撰）

《罐醍醐》三卷（瓯宁释古音撰）

《戴云山志》（德化释圆朗撰）

清

《鼓山志》十二卷、《永觉禅师语录》二卷、《孤释录》三卷、《禅余集》四卷（建阳释元贤撰）

《西禅长庆寺志》六卷（福州释法纬辑）

《黄檗山志》八卷（福清释清馥重修，释达光续修）

《语录》十卷、《灵涛诗》一卷（福清释恒涛撰）

《竺山集》（莆田释明宗撰）

《山侗鄙集》（莆田释海贤撰）

《别庵诗草》（仙游释真净撰）

《檐林庵诗》（莆田释明炜撰）

《归宗漫稿》（莆田释明昙撰）

《茎草集》（莆田释明乘撰）

《韬庵集》（仙游释明昭撰）

《狮窟集》（仙游释际圣撰）

《吟涛集》（仙游释明谦撰）

《吴越草》（仙游释净玉撰）

《东林集》（仙游释圆巽撰）

《垆山诗集》（泉州释圆珏撰）

《禅余集》《西江集》《武夷草》（泉州释真炽撰）

《怡神轩存稿》一卷（泉州释宝轮撰）

《语录》二卷（泉州释照拙撰）

《玉毫集》《续广宏明集》（泉州释太睿撰）

《涌幢庵偶然草》（泉州释明光撰）

《如寿诗集》（泉州释如寿撰）

《禅净鞭影》一卷（晋江释圆实撰）

《文集》《语录》八卷（晋江释德林撰）

《一叶庵遗稿》（晋江释太积撰）

《语录》六卷、《春梦诗集》九卷（南安释德萃撰）

《语录》八卷（泉州释宗标撰）

《旅泊庵语录》百九十六卷（建宁释道霈撰）

《通喆语录》四十余卷（建宁释古雪撰）

《语录》八卷、《诗集》十卷（崇安释衍操撰）

《不敢闲集》一卷（浦城释通元撰）

《青山小迷》一卷、《原道七论》、《龙湖外录》（浦城释道盛撰）

《武夷导游记》（崇安释如疾撰）

《随山草》二卷（上杭释德瑞撰）

《周易说》、《明德解》、《雪峰志》四卷、《愧轩语录》、《罗经集解》、《和雪关六言诗》一卷、《愧庵诗文集》（德化释海印撰）

《鼓山涌泉寺》二卷（释名阙）

后　记

　　福建自古以寺多僧多闻名于世,"无山没有寺,无路不逢僧"。《福建省宗教古籍丛书》首推《佛教卷》,为全面了解福建佛教中国化的历史状况提供参考。

　　作为史料典籍汇编,《佛教卷》收集摘录福建多部省志以及府、县地方志和有关著述文献中的记载,分"佛寺概览"与"高僧传略"两大部分,时间截止至清代以前。"佛寺概览"共收录佛寺2356所,按清代地域区划分述。"高僧传略"包括省内佛寺大师和闽籍省外高僧,共收录502位。由于史料庞杂,或有所遗缺,或表述不尽到位,敬请谅解。

　　史料底本多为影印件,为力求最大限度保留古籍原貌,仅对原文中的明显错字、别字给予直接改动,按现代汉语规范标点、分段,并使用简化字。

　　编辑整理水平有限,失误在所难免,一并见谅。

福建省宗教古籍丛书编辑室